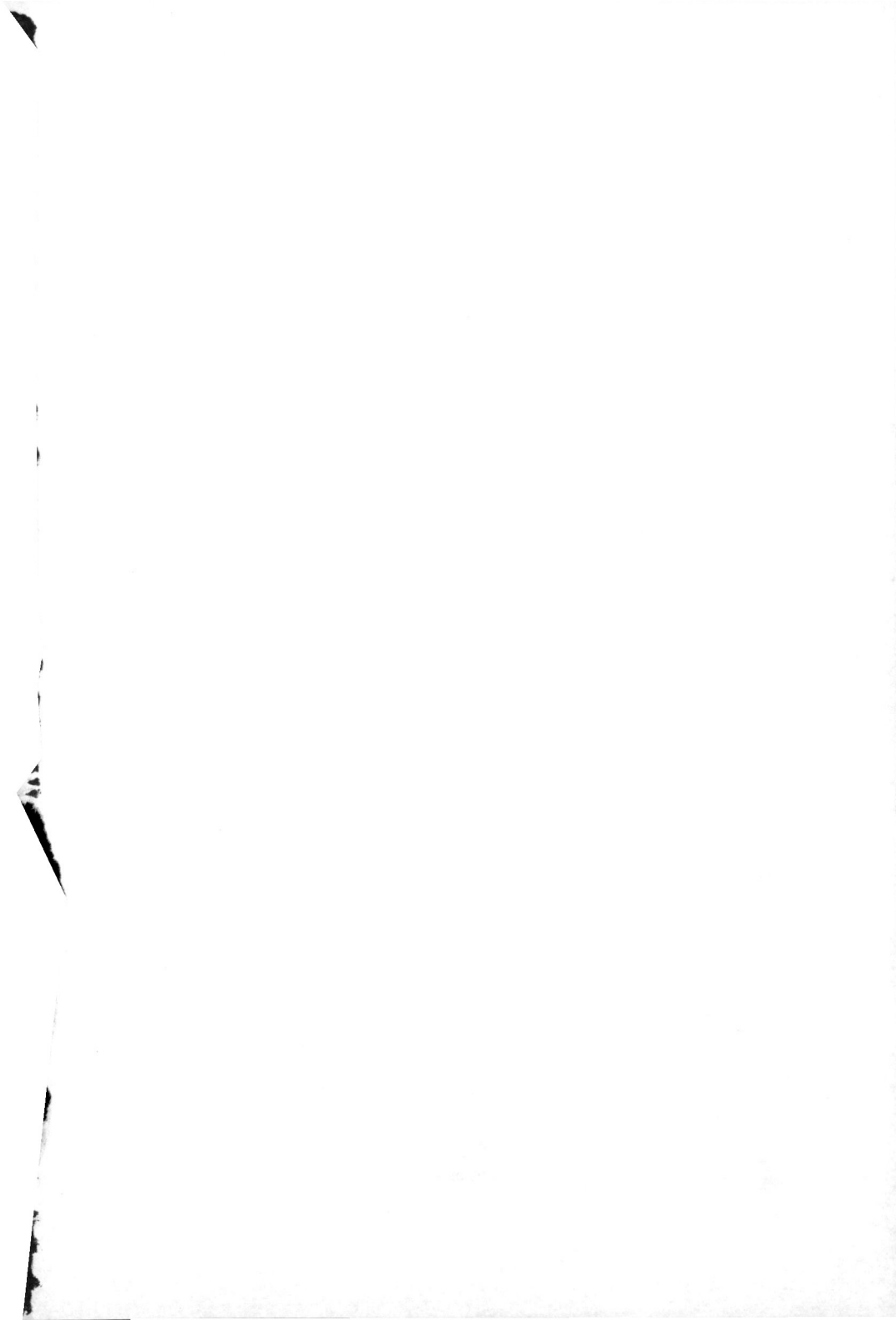

高高 BOOKS

泉水里的中国

余道范　著

SPM 南方传媒

全国优秀出版社
全国百佳图书出版单位

广东教育出版社

·广州·

图书在版编目（CIP）数据

泉水里的中国 / 余道范著. — 广州：广东教育出版社，2022.4

ISBN 978-7-5548-4672-8

Ⅰ. ①泉… Ⅱ. ①余… Ⅲ. ①泉水－文化－中国－通俗读物 Ⅳ. ①K928.4-49

中国版本图书馆CIP数据核字(2021)第266361号

出　版　人：朱文清
策　　　划：高高 **BOOKS**　卞晓琰
责任编辑：林洁波　廖炜琳　杨利强
责任技编：姚健燕
装帧设计：高高 **BOOKS**

泉水里的中国
QUANSHUI LI DE ZHONGGUO

广 东 教 育 出 版 社 出 版 发 行
（广州市环市东路472号12—15楼）
邮政编码：510075
网址：http://www.gjs.cn
广东新华发行集团股份有限公司经销
北京盛通印刷股份有限公司印刷
（北京市大兴区亦庄经济开发区经海三路18号）
880毫米×1240毫米　32开本　17.5印张　16插页　438 000字
2022年4月第1版　2022年4月第1次印刷
ISBN 978-7-5548-4672-8
定价：88.00元
质量监督电话：020-87613102　邮箱：gjs-quality@nfcb.com.cn
购书咨询电话：020-87615809

目 录

叁
见证

肆
四方·东

推荐序

唐翼明

道范兄是我的高中同班同学，我们相识已满一甲子，念书时常常见面，毕业后则天各一方。早就听说道范兄成了军工专家，为国家的国防军工事业做出了重要贡献。但直到不久前读到他的《泉水里的中国》书稿，我才认识到道范兄热爱生活、兴趣广泛，工作之余流连山水、博涉文史的一面。

道范兄此书罗列中国名泉，几无遗珠，必为喜欢山水泉石者所爱。一般人没有道范兄的条件，虽喜爱也不能一一游览，而把此一卷，就可以在斗室中坐游、卧游了，岂不快哉！此书尤可贵者在于全系道范兄亲历亲见，而非抉摘群籍。

道范兄不仅写山、写水、写泉、写石，而且广收山水泉石背后之人文故事，让我们在瞻望崇山峻岭、倾听飞瀑流泉之余，重温了一遍中国的历史和传说。人创造了文化，也生活在文化之中，自然在人的眼中也是一种"人化的自然"，这是人和动物的根本区别。此书深会此义，再三致意于名泉背后之史事，或抒兴亡之感，或发沧桑之叹，读时于我心有戚戚焉。

让我特别佩服的是，道范兄的文笔也很好，全书畅达雅洁，收放有度，风格内敛。道范兄是一个科学工作者，学生时代就给人老成持重、严谨实在的印象。现在读完此书，感觉道范兄还是跟几十年前我认识的一样，依旧是那个诚实朴素、可信可靠的道范。古人云"言为心声""文如其人"，诚不我欺也。

老友写书，请我作序，此人生美事，友谊佳话，乌可以笔拙而辞之？乃为数语，聊为同好绍介，亦以表达我心中由衷之钦佩。

自　序

刘禹锡《陋室铭》曰："山不在高，有仙则名；水不在深，有龙则灵。""仙"与"龙"其实是山水与人之间的一种关系，是山水人文的升华。山水是否有名，不在于其是否高大，也不在于其是否秀美，而在于它与人之间的关系，在于它在人们历史活动和现实生活中的关系是疏远还是密切，在于山水人文背景的分量轻重，说到底，是在于山水文化的底蕴是否厚重。

白居易自撰墓志铭说："外以儒行修其身，中以释教治其心，旁以山水风月歌诗琴酒乐其志。"白居易是文人的楷模，流连山水、寄情诗酒是华夏文人的时尚，正是这种风尚给山水注入了丰富的文化内涵。

山之风骨在石，山之秀气在树，山之灵性在水，山之幽幻在云雾，山之精神在峻峭，而山之情韵在文化。鲁迅先生说："有好茶喝，会喝好茶，是一种'清福'。"意思是喝茶要品，尤其是好茶要会品，牛饮鲸吞是品不出味道的。游山玩水也要品，既要看山水的外在美，也要品鉴山水内在的情韵，即山水的文化内涵。女人再美，若是缺乏情韵，则不耐看；山水若抽去文化内涵，则缺乏情韵，如同丰盛的宴席缺少了油盐，将索然无味。

明代文学家钟惺说："山水者，有待而名胜者也。曰事、曰诗、曰文，之三者，山水之眼也……借山水为规，而内事与诗文其中。"山水能成为名胜，或者是有相应的故事与传说，或者是有名人的诗咏，或者是有前贤的凭吊文章。游山玩水，要将山水和与其有关的事、诗、文作为一个整体来鉴赏，要以山水为载体，将相关的事和诗文纳入其中。

本书介绍名泉，其实是以泉为牵引，介绍相关的故事与诗文，即介绍一点山水文化。我有幸能够时常到各地走走，在游览中注意名泉及其相关文化。前后二十年间，我观赏"冠名"的井泉近二百处，并拍摄了照片，所涉地域达 19 个省市。我选择了部分井泉，整理成文重点介绍。但是个人经历毕竟有限，更主要的是本人水平有限，功力不够，本书也难免有错误之处，请读者指正。

本书在编写过程中得到唐翼明先生、谢麓彬先生的鼓励和帮助，特在此致谢。

壹

皇家

北京皇家园林与泉

清朝时的北京皇家园林有"三山五园"，公认的说法是玉泉山静明园、香山静宜园、万寿山清漪园（今颐和园）、圆明园和畅春园。英法联军攻入北京，三山五园遭受极大破坏。同治、光绪年间对"三山"进行了局部修缮，作为园林保存下来了，但圆明园成为废墟，畅春园遗址成为北京大学校址的一部分。

北京玉泉山玉泉

北京玉泉山在颐和园西侧。颐和园佛香阁与玉峰塔相互辉映，风光无限。其实颐和园里无塔，塔在玉泉山上，这在园林艺术中称为"借景"。乾隆营建清漪园时，佛香阁址原本是塔，塔将封顶时，乾隆下旨拆除，改建佛香阁。其中原因乾隆含糊其辞。人们猜测是因为玉泉山上已经有塔，再建一塔就"撞景"了，追求完美的乾隆乃改塔为阁，但毕竟造成了财力浪费，乾隆只好闪烁其词了。

玉泉山相对高度仅五十多米，但山形秀丽，山表林木葱郁，奇岩幽壑，风景绝佳。山上清泉甚多，共有十四股，所谓玉泉山玉泉，实为一组泉群。颐和园昆明湖水实际源自此泉群。

最早在玉泉山上建园的是金章宗完颜璟，他在此修建的行宫称"芙蓉殿"。金章宗为人行事颇似宋徽宗，一笔瘦金体书法也颇得宋徽宗神韵，世间传说金章宗是宋徽宗转世。传说金世宗完颜雍梦见宋徽宗来献宝，梦醒，宫人报喜称太孙诞生。这个太孙就是完颜璟。金元两代，玉泉山是皇家御苑。

明代时，玉泉山是京畿名山，对民众开放，佛道两教争相在山上建寺筑观，有华严寺、金山寺、普陀寺、观音寺、一笑庵、崇真观、吕公祠，等等。寺观云集山中，香火旺盛，颇有"仙气"。

到了清代，康熙在玉泉山建行宫，初名"澄心园"，后改称"静明园"。乾隆予以扩建，玉泉山又成为皇家御园。

康熙、乾隆都在玉泉山中有题诗，山上有崖刻乾隆诗："象胁林园遍大千，偶然趺坐在山巅。壶中弱水三千尺，若个能撑无底船。"玉泉山之清泉，以南坡为最多，其中最大的一股泉水自石穴中涌出，形成水柱，高出水面一尺，金章宗命名为"玉泉垂虹"，列为"燕京八景"之一。但乾隆对"玉泉垂虹"之命名颇不以为然，改名"玉泉趵突"，且题字刻碑并赋诗云："玉泉昔日此垂虹，史笔谁真感慨中。不改千秋翻趵突，几曾百丈落云空。廊池延月溶溶白，倒壁飞花淡淡红。笑我亦尝传耳食，未能免俗且雷同。"认为玉泉可以与济南趵突泉媲美。泉池临高坡，坡台立碑刻"玉泉趵突"，碑阴、碑侧刻御诗。高坡护坡下立二碑，一碑刻乾隆御笔"天下第一泉"，一碑刻乾隆御撰并书"玉泉山天下第一泉记"。

乾隆在碑记中说："水之德在养人，其味贵甘，其质贵轻，然三者正相资。质轻者味必甘，饮之而蠲疴益寿。故辨水者，恒于其质之轻重分泉之高下焉。"乾隆特制了一个银斗，巡跸各地时令侍者取泉水精量而得者，"较之京师玉泉之水，斗重一两，塞上伊逊之水亦斗重一两，济南珍珠泉重一两二厘，扬子金山泉重一两三厘，则较玉泉重二厘或三厘矣。至惠山虎跑则各重玉泉四厘，平山重六厘，清凉山白沙虎丘及西山之碧云寺各重玉泉一分"。乾隆认为，北京玉泉水质最轻，当居天下第一。人们好争第一，冠以"天下第一"的名泉甚多，但玉泉山的玉泉是乾隆御封的第一泉，这是其他名泉比不了的。此处提到的名泉，后文将逐一介绍。

乾隆游山玩水，尝遍天下名泉，而其饮茶格调之高，历代帝王无出其右者。乾隆烹茶品茗，对用水极其讲究，必是名泉之水、冬藏雪水或夏季荷露，非此三者不饮。乾隆饮茶讲究四美：水美、茶叶美、茶具美和环境美。玉泉山的泉水是清代宫廷御用之水，每天从玉泉山运八十车至紫禁城中。

玉泉在玉泉山下形成一片沼泽地，泉水富含矿物质，以此泉灌溉种植出来的水稻颗粒圆润，晶莹剔透，用于熬粥则汤汁澄清，呈绿玉色，油性十足，是专供朝廷的"御米"。玉泉水和玉泉稻有"京西双绝"之称。

元世祖忽必烈入主中原，刘秉忠奉旨营建元大都，依照风水理论，他选择相对高大、地表植被丰富的玉泉山作为"少祖山"，祖山流出的泉水为龙脉。沿泉水勘察，他认为中南海、北海等一片湖区乃龙脉凝聚之地，王气之所在，于是奏请在此营建宫殿，建元大都，得到元世祖批准。刘秉忠将华夏风水理论与蒙古民族逐水草而居的习俗结合了起来。

中南海、北海、后海一片湖区，原本是永定河故道。永定河改道后，湖水之所以未干涸，是因为得到了高梁河水的补给，而高梁河水就是来源于玉泉山玉泉。玉泉水在玉泉山下形成沼泽，康熙、乾隆时期，将沼泽疏浚成静明湖。静明湖水与颐和园昆明湖相连通，再流向玉渊潭，谓之昆玉河。玉渊潭水再流向积水潭，成为中南海北海湖区的补给水源。故而著名历史地理学家侯仁之说："没有北海，就没有北京城。"

北京是缺水的地区，出水量大的玉泉是珍贵资源。刘秉忠的弟子郭守敬以玉泉水为主，汇集白浮泉水等水系，将水引至积水潭，除了给湖区补给水之外，还形成通惠河，这是京杭大运河北端的源头。什刹海桥是通惠河源头起点的标志。由于水源开发利用形成的通惠河解决了北京至天津一段缺水的问题，才使大运河的漕运物资可以从江南直达北京城，将北京这个政治中心与物产丰饶的江南直接沟通，这对巩固北京的首都地位意义重大。在昆玉河流经的麦钟桥，立有乾隆御碑曰："京师之玉泉，汇而为西湖（昆明湖），引而为通惠，由是而达直沽而放渤海。"有古诗赞曰："跳珠溅玉出岩多，尽日寒声洒薜萝。秋影涵空翻雪练，晓光横野落银河。潺潺旧绕芙蓉殿，漾漾今生太液波。更待西湖春浪阔，尊罍再听濯缨歌。"

北京香山双清泉

双清泉在双清别墅里。双清别墅是在香山静宜园松坞云庄的废墟上修建的。1949年1月北平和平解放，中共中央进入北平，并未直接进城，而是驻扎在香山。党中央机关在香山，双清别墅是毛主席的居住地。毛主席在这里指挥了渡江战役，筹备了开国事宜，直到中国人民政治协商会议开幕前夕，才移居中南海。

英法联军以及后来的八国联军攻入北京，香山静宜园遭受极大破坏，松坞云庄成为废墟，仅存山崖上刻书乾隆御笔"双清"二字。直到后来熊希龄在此建别墅，起名"双清别墅"。熊希龄是湖南凤凰人，1894年光绪甲午科进士，因支持戊戌变法被革职，曾在袁世凯任总统时任国务总理。他在辞官后从事慈善事业，办"香山慈幼院"，现葬于香山。

香山本名香炉山，关于其得名，有一种说法是因山顶有巨石形同香炉，故名。金章宗最早在香山建行宫。金章宗行猎至此，小憩入梦，大雁当空而过，他张弓射之，连发双箭，双雁应声而落，惊喜而梦醒，细观四周景象，与梦境相符，而双雁落地处有两股清泉从崖上泻下，于是称其为"梦感泉"，遂在此修建行宫。乾隆在此建松坞云庄，并在双清泉泻下的山崖上题刻"双清"二字。题字崖旁有一片古建房舍，称"欢喜院"，据说当年江青居此，如今是茶舍。我在茶舍休息饮茶，请教售茶人，他告诉我说他在此工作近二十年了，但只看到了一股清泉。清泉从蟾蜍峰沿山崖泻下，并非随时可见，须在雨季中适宜的时间才可看到。

别墅是独立院落，院门题书"双清别墅"四字，因山就势布置了一片房舍，主体建筑是三间平房，南向正对蟾蜍峰。因为山上有两巨石突兀，形同一对蛤蟆，故名蟾蜍峰，此三间平房即毛主席故居。屋内陈设保持着当年主席生活时的状况：东间为卧室，西间办公兼会客，中间横隔成前后两室，后室供工作人员使用，前室为过厅。平房前为空地，再前为六角亭，铁皮顶，中式新作，符合民国初年风格。亭前为水池，约一亩地大小，此即双清泉池。池对岸是蟾蜍峰绝壁，绝壁与泉池之间有一狭长空地，空地立牌书写"栖云楼遗址"。栖云楼是松坞云庄主体建筑。栖云楼遗址与主席故居隔双清泉池相望。栖云楼遗址旁筑防空洞，有进出两个洞口，洞内迂回曲折，洞口牌示文字说明是第四野战军工兵营开凿，毛主席曾经用过。

毛主席故居西侧有一段短墙，我不确定是什么建筑，估计是"影壁"。影壁正中塑小佛龛，左右刻乾隆御笔对联："翠竹满庭瞻法相，白云一坞识宗风。"影壁似乎是松坞云庄仅存的旧物。从乾隆对联及正中所塑佛像可以猜测影壁正对的应该是佛堂一类的建筑，可惜如今完全找不到痕迹了。影壁的背后是松坞云庄正门遗址。正门遗址面临一条宽敞的盘山路，路的另一侧是香山寺遗址。

香山寺曾经是西山一带最大的寺院，始建于唐代，金世宗重修香山寺，赐名"大永安寺"。金世宗之孙金章宗在寺后修建行宫"会景楼"。乾隆扩建寺庙，将会景楼也囊括入寺院，改名"香山大永安禅寺"，也称香山寺，并赋诗："雁堂传宝界，鹿苑本仙区。结夏参摩诘，和南礼曼殊。分茶驰调水，清馔饱伊蒲。欲拟题新句，寻思色相无。"诗前小序："寺建于金世宗大定间，依岩架壑，为殿五层，金碧辉映，自下望之，层级可数。旧名永安，亦曰甘露，予谓香山在洛中龙门，白居易取以自号。山号既同，即以山名寺，奚为不可?""大定"是金世宗的年号。

香山寺已成废墟。随山势遗址分为五层台地，可以看到当年香山寺规模之宏伟。遗址内仅存乾隆御碑一座，以及山门前的水池。水池方形，石桥跨池而过。石砌池壁有螭头伸出，一股泉水从螭口中汩汩流出，泉水源出双清泉池。螭头上方壁刻"知乐濠"三字，是乾隆御笔。遗址第三层台有两株古松，高二十五米，松树下石刻"听法松"三字，是乾隆御笔。当年乾隆在第五层最高层庙宇里，看见二松如同老僧探头听法，故取名听法松。

乾隆扩建香山园林，赐名"静宜园"，并钦定静宜园二十八景，命名并赋诗。栖云楼、蟾蜍峰、知乐濠和听法松都列入二十八景之中。乾隆御诗录几首如下:

蟾蜍峰

久竹生青宁，洪炉善委形。试看蹲海物，将欲补山径。腹尚礌礌果，声疑阁阁听。空怀玉川子，咄咄笔无停。

栖云楼

过去心难得，未来亦复然。以此例现在，毕竟谁火传。高楼号栖云，题句忆昔年。阶畔碎琼声，报我无留迁。

知乐濠

濠濠鸣曲注，然否是濠梁。得趣知鱼乐，忘机狎鸟翔。唅喁云雾上，泼剌柏松傍。寄语拘墟者，来兹悟达庄。

听法松

点头曾有石，听法讵无松？籁响疑酬偈，枝拏学扰龙。佛张苍翠盖，僧倚水云筇。比似灵岩寺，何劳摩顶重。

《听法松》诗有小序："山多松柏，惟香山寺前有松数株，虬枝秀挺。山门内一松尤奇，百尺乔耸，侧立回向。自殿中视之，如偏袒阶下。生公石不得专美矣。"苏州虎丘云岩寺白莲池中有点头石，高僧竺道生公讲法，讲到精妙处，顽石频频点头，故有"生公说法，顽石点头"之说。

香山脚下有静翠湖，双清泉水汇聚于此湖中，风景幽美，是游人驻足的好地方。香山东门的勤政殿侧临崖有泉池，双清泉水最终注入此池中。

北京碧云寺卓锡泉

碧云寺在香山东北角，单独售票，自成景区。1925年3月12日，孙中山病逝于北京，灵柩曾暂厝碧云寺，碧云寺因此蜚声海内外。

最初元朝才子宰相耶律楚材在香山营建别墅，其后人捐宅为庙，称"碧云庵"。明代布衣诗人谢榛《初冬夜同李伯承过碧云寺》："并马寻名寺，登高藉短筇。飞泉鸣古涧，落月在寒松。石路经千转，云岩复几重。人间多梦寐，谁听上方钟。"明末大太监魏忠贤看中此地风水，在此为自己营建坟墓。由于魏忠贤后被崇祯皇帝治罪，这个坟茔未用上而成为空圹，却一直得到碧云寺僧人的妥善维护。直到康熙年间，有人向朝廷举报了这件事情，康熙认为"佞臣阉人"的空圹不雅，令人铲平。乾隆扩建碧云寺，在魏忠贤的坟茔故址上修建了金刚宝座塔。

碧云寺山门前有一对石狮，原是魏忠贤墓道前的镇墓兽。21世纪初维修碧云寺时，从地下挖出一对石翁仲，一文官，一武将，是魏忠贤墓前的守护神。如今它们被放置在金刚宝座塔北侧墙根，成了宝塔的守护神。

碧云寺金刚宝座塔是国内现存最高的金刚宝座塔，属于藏传佛教建筑。塔分塔座与塔顶两部分。塔座由巨石砌成，中空五层，内部有楼梯可以攀缘而上。塔顶有五座小塔，代表佛教金刚界五方佛，故而称"金刚宝座塔"。五塔中，中间塔体量稍大，塔塑如来佛。四方塔稍小，雕塑四方佛，即东方阿閦佛、南方宝生佛、西方阿弥陀佛、北方不空成就佛。各佛身侧站立两位菩萨，一共八位，即文殊菩萨、普贤菩萨、观世音菩萨、地藏王菩萨、弥勒菩萨、虚空藏菩萨、除盖障菩萨和金刚手菩萨。

金刚宝座塔建成后，乾隆欣然登塔，赋诗《登碧云寺金刚床塔》：

> 百丈之山，延缘徐步忘其高；十丈之塔，矗尔拔地直上，乃讶高岢峣。何况窣堵迥据西山半，宜其下视无地，上已干青霄。太行西来历万古，杯水沧溟金弹吐。康回能使东南倾，女娲谁见西北补。我闻佛谛要令万缘忘，胡为梵志传此金刚床？高秋

乘兴一拾级，目穷千里心万方。

金刚塔内部五层，无处不雕，无处不刻，工艺精美。雕刻题材别致，既有佛教故事，也有道教传说，反映了佛道两教的融合。塔座一层东门为拱券式门洞，洞楣额书"灯在菩提"四字。门洞口砌墙堵隔，墙上嵌汉白玉石，刻书"孙中山先生衣冠冢"，孙中山先生就任临时大总统时穿的礼服就安奉在里面，成为镇冢之宝。孙中山先生出生于广东香山，逝世后灵柩暂厝香山碧云寺，或许这就是"香山"缘。寺里有孙中山先生纪念堂，堂内存放着一副水晶棺材，是苏联赠送的，但是并未使用。1929年国民党移灵柩至南京中山陵，将水晶棺存在碧云寺里。

金刚宝座塔一面临绝壁，绝壁之下有"水泉院"，是碧云寺中的一座幽静院落，道光皇帝对水泉院之幽"情有独钟"。院内有泉，泉水从乱石罅中渗出，名"卓锡泉"，不知是哪位大德高僧以锡杖卓地出泉。明代诗人穆光胤有诗赞曰："杖锡原龙化，山泉一卓通。根深连地脉，溜曲绕珠宫。小时吼惊雨，斜飞不任风。掬来一洒濯，顿觉世缘空。"

泉池前有水渠，将泉水先引入厨房，再绕行到寺庙正殿两庑，注入石池，养鱼、养花。有诗云："山僧不放山泉出，缭绕阶前声瑟瑟。"据说乾隆将天下名泉分为七品，将"清凉山、白沙（井）、虎丘及京师碧云寺泉均列第七"。乾隆《碧云寺》诗云：

隔岭别为区，精蓝静以俱。
每参相与好，难论有和无。

法雨真优渥，碧云任卷铺。

设云云那碧，迭树岂非乎？

颐和园延年井

颐和园是慈禧归政后颐养天年的地方，但军国大事仍由慈禧决断，四品以上官员的任用，需向老佛爷"谢恩"。此话说得含蓄，是指四品以上官员的任用需老佛爷同意。颐和园按功能分为政务区、起居区和苑林区。政务区以仁寿殿为中心，是官员叩见老佛爷、谢恩的场所。

仁寿殿东北角有一口水井，井台旁石刻"延年井"三字。据说有一次慈禧生病，久治不愈，服用了此井之水后病愈，故赐名"延年井"。不知道发生了什么偶然状况，慈禧用此井水而病愈。倘若慈禧之病不愈，甚至恶化，当值的太监、宫女恐怕就要倒大霉了。

北海古井和静心斋沁泉

历史地理学家侯仁之说："没有北海，就没有北京城。"金世宗在北海琼岛上建"大宁宫"，其孙金章宗将"琼岛春阴"列为燕京八景之一。

宋徽宗在汴京营建园林"艮岳"，穷尽国力，大肆收罗太湖石。此石在《水浒传》中即"生辰纲"，又叫"花石纲"。

古人有诗叹曰："中原自古多亡国，亡宋谁知是石头。"金世宗效仿宋徽宗，在金中都营建园林，并将太湖石从汴京转运到北海。艮在八卦中的方位是东北方，"艮岳"在汴京东北方。金中都的位置在如今宣武门外，以金中都为坐标，北海也正好是东北方，属于"艮"位。北海琼华岛就是用太湖石垫高的。乾隆游北海曾有诗"摩挲艮岳峰头石，千古兴亡一览中"。乾隆御书"琼岛春阴"碑立在琼岛东北角，亦即艮位上。碑背面和两侧面刻有乾隆御制诗，此处录一首："琼华瑶岛郁嵯峨，春日轻阴景色多。云护凤楼松掩映，瑞凝仙掌竹婆娑。低临禁苑滋苔藓，远带郊畿荫麦禾。更向五云最深处，好风时送九韶歌。"

乾隆扩修北海御苑时，在琼岛西坡发现了一口古废井，予以疏浚，御制《古井记》一文，刻字立碑，文中说："工人于山之西麓掘地得废井一……寻丈以深，汋汋有水……"据有关记载，井在阅古楼后。

阅古楼在琼岛西坡下，楼内藏《三希堂法帖》石刻。三希堂在故宫内，乾隆珍藏王羲之《快雪时晴帖》、王献之《中秋帖》和王珣《伯远帖》，视为稀世珍宝，名之"三希"。乾隆还令人审定古代名帖，编辑于《石渠宝笈》中，珍藏在故宫三希堂内，令匠人将法帖刻石珍藏于北海阅古楼里。乾隆御题"阅古楼"匾挂于檐下。阅古楼为二层，环抱中空形成天井，四壁嵌石刻帖。石刻最终刻乾隆诗："宝笈三希萃法珍，好公天下寿贞珉。楼飞四面开屏障，神聚千秋作主宾。不杂嬴刘夸博广，略存魏晋要精真。游丝灯影参元契，大块文章沆瀣津。"落款为"乾隆甲戌春御题"。有诗《阅古楼》："三希法帖铁潭泉，鹊顾龙盘妙迹传。御刻珍藏丁卯岁，筑楼漫仿大观年。"法帖刻石于乾隆十二年（1747），是年为丁卯年。"大观"是宋徽宗的年号。

阅古楼后有个小院，依山势而建，院内有"烟云尽态亭"和"亩鉴室"。在长方形水池正中，一亭架空于池上，成为榭亭。亭檐下有乾隆御匾书"烟云尽态亭"，石亭八角八柱，石柱八方，亭柱各面以及石额、石枋，尽刻乾隆御诗，共26首。如今亭额、亭柱皆用钢化玻璃罩保护起来了。水池两端有螭头，是进水口，但水池已经干涸。

烟云尽态亭北还有一水池，稍小，长方形，也因无水而干涸。池西有屋三楹，即"亩鉴室"。室门对联："天光水态披襟袖，岸芷汀兰入画图。"室内南楹对联："一泓水镜呈当面，满魄月轮映举头。"北楹对联："镜光呈朗照，竽韵发清机。"对联皆乾隆御笔。乾隆咏亩鉴室诗很多，录二首。

其一：

方塘开一亩，朴室得三楣。
古井新成记，春明昔费辞。
松头浴月影，藻面漾风漪。
幽致今朝别，当前冰鉴宜。

其二：

古井方深浚，天池讶迥成。
涟漪半亩澈，风月四时清。
繁藻赪鱼跃，新林黄鸟鸣。
宁惟斯用汲，即事凛王明。

赪为淡红色，今书作"橙"。亩鉴室之名取意于朱熹诗《观书有感》："半亩方塘一鉴开，天光云影共徘徊。问渠那得清如许？为有源头活水来。"

有关文字介绍和乾隆诗作都提到此处有井，可是烟云尽态亭和亩鉴室两处水池皆已干涸。我在附近找寻，没有找到井或者井的遗迹。井是已湮没还是另在别处？我心中疑惑。游览了琼岛之后，沿北海东岸返回。濠濮间正在修缮，隔离墙张贴了很多北海景观图片，介绍琼岛西坡的图片中标明西坡古井位于水精域，并非在阅古楼后。

水精域是个楼阁，其前还有一楼阁为甘露殿。水精域距烟云尽态亭小院很近，是另一独立小院，不对外开放。两院之间仅以一登山小路相隔，从烟云尽态亭小院，还可清晰地看到乾隆书"水精域"楼匾，古井就在水精域阁内。从水精域、甘露殿之名推测，此说应该可信。阅古楼后有古井之说应是讹传。烟云尽态亭池和亩鉴室方池之水当源自水精域古井。水精域不对游人开放，不能识古井真容，实在遗憾。

沁泉在静心斋内，位于北海北岸。静心斋原名镜清斋，是北海公园中最美的园中园，是园林艺术的珍品。静心斋始建于乾隆二十二年（1757），取名镜清斋；慈禧太后予以修缮，更名静心斋。

大门挂匾"静心斋"，进门迎面方池，绕池曲廊壁刻名人书画。方池后九间平房一字形铺开。正中檐下匾书"镜清斋"三字隶书，是民国二年（1913）陆征祥补书。陆征祥曾任袁世凯北洋政府外交总长，是年袁将静心斋作为外交部宴请外宾的地方。镜清斋后也是水池，斋前后安装了玻璃窗。坐在堂内可以同时观看南北风景，前后水池互为镜鉴，故乾隆赐名"镜清斋",并赋诗《镜清斋》：

> 冰床原辗镜中来，据蹜回看镜面开。
> 自有一方呈照鉴，本无半点惹尘埃。
> 延虚恰喜栏边竹，入影犹喜缶里梅。
> 收得腊前雪盎盎，三清便兴试茶杯。

　　斋前抱柱对联："凭观悟有求，妙理契无为。"门上对联："照槛净无尘风来水面，开帘光有象月印波心。"斋内正中挂匾书"不为物先"。所有匾、联皆乾隆御笔。

　　镜清斋北面泉池，太湖石环围。高低适度，错落有致，池中北面有榭廊架于池面上，名"沁泉廊"。泉池位于整个静心斋园林的中心位置。沁泉廊西面和北面有太湖石垒砌的山峦。清泉从山峦石中沁出，形成泉池。廊上有牌示文字："沁泉廊，位于全园中心，自园内北部叠石山麓中渗透的泉水，使此处山泽气息清爽，沁入心脾，故称沁泉。"夏天，廊内设有茶座，出售茶水、冷饮，游人在廊内休息，品饮赏景，沁心怡情。乾隆《沁泉廊》诗曰：

> 回回百道泉，其上三间屋。
> 漾影惟云霞，品声定丝竹。
> 却忆夏月旱，瓶罄罍亦恧。
> 今来弄泛光，潆瀯清可掬。
> 流为太液波，潜飞任鱼鹜。
> 于此悟探原，一足无不足。

当代文人有诗《沁泉廊》：

茗饮能销十载情，一瓢曾此浣诗情。
重来草木寒泉涧，无声淙琤漱玉声。

沁泉廊西假山突兀，假山之顶有枕峦亭。假山之前有石板曲桥，将沁泉廊与南岸相连。沁泉廊东有单拱桥，称"玉带桥"，将沁泉廊与镜清斋连成一体，突出了沁泉廊与镜清斋在园内的主体地位。慈禧太后时常乘小火车从中南海直达静心斋，在沁泉廊中纳凉、传膳。刘晓庆与梁家辉主演的电影《垂帘听政》中，初入宫的兰儿唱小曲与咸丰帝调情的一场戏，就是在静心斋里拍摄的。

沁泉廊东，泉池北太湖石垒砌高岸，高岸之上有平房三间，正中檐下匾书"罨画轩"。抱柱对联："花香鸟语无边乐，水光山色取次拈。"乾隆《罨画轩》诗曰：

适步读画廊，高轩见罨画。
来凭罨画窗，读画隔岸对。
彼此谁主宾，一例供清会。
景纳春秋佳，格突倪黄派。
想象轩有言，却不劳行迈。

与罨画轩隔岸相对的是"焙茶坞"，平房两间在泉池之东南角。室内对联："岩泉澄碧生秋色，林树萧声带曙霞。"临窗曾经放置一牌示文字："此处是帝后们焙茶的地方。"有专家指出，这种望文生义的解释是不对的。乾隆有诗《焙茶坞戏题》诗前小序："北方无茶树，安得有焙茶事，不过取其名高耳。"诗曰：

> 虽曰焙茶岂焙茶，北方安得有新芽。
> 浙中贡茗斯恒至，荷露烹成倍静嘉。

焙茶坞是乾隆烹茗之地，从乾隆二十三年（1758）镜清斋建成之后，几乎每年都有题名《焙茶坞》的诗作，表明乾隆每年都到此烹茶品茗。乾隆在镜清斋题写诗作《荷露烹茶》：

> 秋荷叶上露珠流，柄柄倾来盎盎收。
> 白帝精灵青女气，惠山竹鼎越窑瓯。
> 学仙笑彼金盘妄，宜咏欣兹玉乳浮。
> 李相若曾经识此，底须置驿远驰求。

诗中解答了乾隆每年到此烹茶的缘由——这里便于收集荷露。诗中描述了宫女清晨在北海收集荷露"柄柄倾来盎盎收"的情景，也描述了对茶具的讲究，"惠山竹鼎越窑瓯"。李相是指唐代名相李德裕命令驿站为其送水，将无锡惠山泉水千里迢迢运至长安，史称"水递"。人们讽刺李德裕，将其与唐玄宗为杨贵妃送荔枝相比。乾隆诗意为，若李德裕知道荷露之妙，何必用驿站千里送水。惠山竹炉是无锡惠山寺僧为了烹茶而特制的一种竹炉，乾隆令人仿制，如今竹炉存列在故宫博物院。

焙茶坞是北向平房，在焙茶坞背后，有一个独立小院，是位于静心斋东南角的一个院中院。小院内有水池，与大院泉池相通，时常因有水位差而听到泉水叮咚。小池北面的"抱素书屋"是乾隆读书的地方。抱柱对联："地学蓬瀛尘自远，身依泉石兴偏幽。"乾隆《抱素书屋》曰：

> 书屋山之阴，朴斲非藻棁。
> 室宝藏委宛，廊亦循曲折。
> 硌砟既延步，于焉称休歇。
> 开窗揽岩姿，岩林叶未发。
> 漫诮画鲜韵，却见山有骨。
> 适然称素抱，宜向兰台说。

《汉书·礼乐志》载："易乱除邪，革正异俗，兆民反本，抱素怀朴。"乾隆将自己读书的地方命名"抱素书屋"，反映了乾隆的政治理念与追求。

小池之东是"韵琴斋"，是乾隆抚琴自娱的地方。乾隆自诩有"茶琴书画"四好。琴斋为二间平房，原有对联："赏心乐事无伦比，妙色真声兼占之。"重游时不见此对联。乾隆《韵琴斋》曰：

> 调轸拭徽都谢，春温廉折自呈。
> 惟是角徵关意，未须云海移情。

有文章说，将镜清斋改名静心斋是民国时期袁世凯所为，但也有文章指正说改名之人是慈禧太后。乾隆将其取名镜清斋，除了写景，还有很深的寓意。乾隆诗《镜清斋》曰：

临池构屋如临镜，那藉旀摩亦谢模。

不示物形妍丑露，每因凭切奉三无。

"旀摩"为研磨铜镜的锡粉、白毡，诗意说这个镜子不用研磨，也不用铸造起模，是比拟社会治理如同镜面清静的三无世界。《礼记·孔子闲居》载："无声之乐，无体之礼，无服之丧，此之谓三无。""三无"反映了乾隆的政治追求格调不低，但是到了慈禧当政的年代，清代已进入多事之秋，风雨飘摇，而"镜清"与"靖清"谐音，慈禧忌讳，遂改名"静心斋"。

民国二年（1913），袁世凯将静心斋作为招待外国政要的活动场所，静心斋遂与北海公园分离。新中国成立后，这里是中央文史研究馆和国务院参事室的办公地，末代皇帝溥仪作为文史馆馆员曾在此工作，《我的前半生》一书就是在静心斋定稿的。20世纪80年代，静心斋交回北京市园林局，重新划归北海公园，对游人开放。

故宫二泉

珍妃井

故宫有七十二口水井，珍妃井原是七十二口水井中的一口普通水井，由于珍妃淹死于此中而成名。

慈禧与珍妃的矛盾是复杂的，既有类似普通家庭的婆媳矛盾，也有宫廷内部的后妃争斗，当然也有政治争斗，但是不应过分做政治化解读。珍妃性情倔强，恃宠而骄，不把皇后放在眼里，弄得皇后时常到老佛爷面前哭哭啼啼，而皇后是慈禧的亲侄女。此外，珍妃时有逾越礼制的行为，比如乘坐皇帝的龙辇，这在古代是犯大忌的；珍妃还私自在宫外开设照相馆，甚至有买卖官爵的行为。慈禧曾经将珍妃降为贵人，后来虽然恢复了她的妃位，但婆媳关系完全破裂了。戊戌变法失败后，慈禧将珍妃囚禁起来，因为后妃不得干政是清代皇帝立的铁律，珍妃支持变法是干预朝政。但慈禧名声不好，因而人们同情珍妃，似乎珍妃做的都对，错的都是慈禧。

珍妃井在景祺阁小院内，景祺阁位于故宫东北角，是最偏远的一个宫院。景祺阁西墙与后院的夹道里有一口井，墙上钉牌标示"珍妃井"三字。井由铁栅栏围住，石井沿井口很小，一个小孩手臂粗细的铁杆贯穿石井沿。井南面有三间小平房，是景祺阁的西耳房。门窗北向，俗称北房，不见阳光，北风直贯，夏热冬冷。北房的居住条件是很差的，檐下正中挂匾书"怀远堂"，是瑾妃为其妹珍妃设置的灵堂，意为深远的怀念。此北房即当年囚禁珍妃的地方，屋里中室供珍妃灵牌，侧室供珍妃照片。

八国联军攻入北京，珍妃未能随慈禧西逃，被淹死在水井之中。至于是自投入井还是被推入井，有不同说法。一年多以后，慈禧从西安回銮北京，才令人将珍妃从井中捞出，草草安葬于宫女墓地。据说珍妃出水时面容栩栩如生。传说景祺阁中夜间常有哭声，慈禧时常心神不宁，梦见珍妃水淋淋地站在床前。慈禧追封珍妃为贵妃，并重新安葬，令和尚、道士大做法事，超度亡灵，并在井口作了禁制，特制一个小口石井沿，并贯穿铁杆，企图镇住井中的冤魂怨气。对于珍妃的亡魂，慈禧是恩威并济了。

珍妃井成了故宫著名景点。游故宫如果是走东北路，参观了珍宝馆和钟表馆之后，向北走景祺阁夹道，观看珍妃井，就结束故宫之游了。

钦安殿纛旗座井

钦安殿为故宫中轴线上最后一座宫殿，是一座道观，供奉真武大帝。紫禁城中建道观，而且是在中轴线上，有着特殊的意义。

真武又称玄武，原是"四象"之一。四象即东方青龙、南方朱雀、西方白虎、北方玄武。玄武的动物形象是龟蛇互缠。古人注意到一年四季的循环变化与天上的星座变化有关，而农耕需要掌握四时的变化。为了便于观测天象，古人选择了二十八个星区作为参照基准，称之"二十八宿"，将其分成四组，每组七个星宿，分布于天空的四方，并以四种动物给每组冠名。最早关于四象的记载是《礼记》："行，前朱雀而后玄武，左青龙而右白虎。"《淮南子·天文训》载："东方，木也，其帝太皞……其神为岁星，其兽苍龙……南方，火也，其帝炎帝……其神为荧惑，其兽朱鸟……西方，金也，其帝少昊……其神为太白，其兽白虎……北方，水也，其帝颛顼，其佐玄冥，执权而治冬，其神为辰星，其兽玄武。"《楚辞·远游》："时暧曃其曭莽兮，召玄武而奔属……路漫漫其修远兮，徐弭节而高厉。左雨师使径侍兮，右雷公以为卫。"记载表明，先秦时期已经将玄武等四象列为神灵，担任"保卫"工作，但四象级别不高。

道教创立之后，将玄武等四象纳入神仙谱系。起初四象的神仙品级也不是很高，玄武本为北方紫微大帝座下的四大部将之一，四大部将即天蓬、天猷、黑煞和玄武，对应四种形象：猪、狗、熊和龟蛇互缠。宋真宗宣称赵氏始祖为赵玄郎，为了避讳改玄武为真武。宋、元、明三代，真武的地位一路飙升，直封到"太上玄天大圣真武大帝"。据《玄天宝诰》载，玄武封号是"混元六天传法教主修真悟道济度群迷普为众生消除灾障八十二化三教祖师大慈大悲救苦救难三元都总管九天游奕使左天罡北极右垣大将军镇天助顺真武灵应福德衍庆仁慈正烈协运真君治世福神玉虚师相玄天上帝金阙化身荡魔天尊"。封号中文字堆砌，反映了信徒的愿望和玄武在道教中的声威。而将真武大帝的声威推崇到极致，则要归功于明成祖永乐皇帝朱棣。

朱棣作为燕王，以藩王对抗朝廷，发动"靖难之役"，生死一搏。起兵誓师大会经过精心策划，选择了一个雨天，正当大雨骤至时，朱棣登台。他披发赤足，身着黑麾，右手仗剑，左手掐诀，步踏斗罡，神神道道地亮相，声称真武神附体。真武乃北方之神，燕王在北方，是北方之师，得真武庇佑，寓意北师必胜。明代皇族子弟按五行相生排辈，如太子朱标、燕王朱棣，为木字辈；木生火，下一辈太孙建文帝朱允炆、朱棣之子朱高炽，等等。五行相生亦相克，例如水生木而克火。真武乃水神，真武助朱棣而克朱允炆。这种骗术在现代人看来是小儿科的骗人把戏，但是古人对此却深信不疑，士兵坚信燕王必胜。朱棣当上皇帝之后，下圣旨说："重惟靖天奉难之役，北极真武玄帝，显彰圣灵，始终佑助，感应之妙，难尽形容。"在建筑北京紫禁城时，永乐帝下旨要求修建钦安殿，供奉真武大帝，并要求匠人按照自己的面容塑造真武大帝形象。钦安殿中，真武大帝赤足披发、手执宝剑的形象就是当年誓师大会朱棣登台形象的再现，以此向人们昭示永乐帝乃真武大帝的化身，神即是帝，帝即是神。钦即帝王的行动，钦安殿供奉真武，既是神安天下，也是帝安天下，神帝一体，维护大明江山永固。

钦安殿在紫禁城之北，殿前左右原有东西方七所，象征北斗七星，真武帝坐拥极天。北方属水，八卦中属"坎"位，坎卦卦形中间长竖而上下皆二短竖，形状似水，卦辞曰："坎卦，东西分流于乾坤之四德，曰贞。"钦安殿后有"顺贞门"。最后的神武门原名玄武门，后因避康熙名"玄烨"之讳而改名。神武门是故宫北大门，钦安殿前之门称"天一门"，是北京中轴线上唯一的单洞门。《易经》称"天一生水，地六成之"，单洞门以应"天一生水"；钦安殿前的台阶左右侧的护栏数为六，台阶中间的丹陛上雕刻六条龙，以应"地六成之"。钦安殿前后的建筑都与真武为水神相应。

直觉告诉我，钦安殿周围应该有水，可我绕钦安殿转了两圈，没有找到水，但是钦安殿前西南角一个特别的构筑引起了我的注意。这个构筑是一人多高的汉白玉石板，共八块，用铁条箍起，围成一个方体，上面有顶，下面坐落在汉白玉古板铺成的方形石台上，颇似一个井台。所有的汉白玉石板都雕刻水云龙纹。钦安殿前有故宫工作人员值班，我向他请教此为何物，他告诉我：石板内围砌着一口水井。我再请教水井何名，告之：无名。我大喜，终于找到了水。找到了水井，石板围起的高台是旗杆座，真武大帝的纛旗插在水井之上，符合真武是水神的身份。我想此井应该有名称，只是我不知道，姑且称之为"纛旗座井"吧！

永乐帝修筑紫禁城，建钦安殿，将自身形象塑成真武大帝，自诩是真武化身，希望帝神共佑大明万年。然而大明王朝终究还是灭亡了。取代它的王朝来自更北方，朝代的名称"清"字也含水。

明清两代，钦安殿平时香火不断，遇到节日，道官在殿里举行斋醮活动，每年正月十五皇帝都要到殿里拈香。明仁宗朱高炽驾崩于钦安殿。明嘉靖帝笃信道教，在钦安殿里祈求长生不老。清雍正帝服食钦安殿道士呈供的丹药，有人认为雍正之死就是误服丹药所致。看来钦安殿里也不安宁。

承德避暑山庄热河泉

承德避暑山庄与颐和园、苏州拙政园和留园并称"四大园林"，是清朝最大的皇家园林，也是现在国内规模最大的园林，占地面积 504 万平方米。

承德避暑山庄从康熙四十二年（1703）开工建设，康熙四十六年（1707）基本建成，并不断扩建，直到乾隆五十七年（1792）以后才不再营建。直到咸丰十一年（1861）咸丰病逝于山庄烟波致爽殿为止，这 150 多年里，清朝皇帝都到承德山庄避暑。这里是清朝夏季的政治中心，也是清朝的"夏都"。

避暑山庄以山为名，景色却以水为中心，康熙称之为"水心山骨"，乾隆说"山庄以山名，而趣实在水"。避暑山庄七十二景，康熙命名三十六景，以四字命名；乾隆命名三十六景，以三字命名。七十二景中，以水景为主者达三十多处，其山庄用水之妙，在中国园林艺术中可谓独树一帜。山庄中的水源主要是热河泉。热河泉是温泉，由其形成的河流名热河，只有短短数百米，注入武烈河，后者是滦河的支流。热河冬天不结冰，形成一片湖区，呈现塞外江南的景象。正是因为有了热河，康熙才决定在此营建行宫，初名"热河行宫"，后改名"避暑山庄"。有了热河行宫的避暑胜地，清朝皇帝每年到此避暑，又将保障生活需求的城市命名为承德。为了拱卫这个夏季的行政中心，又设置了热河行营的军政合一的机构，这个机构演化成民国时期的热河省。1949年中华人民共和国成立，保留热河省，到1955年才撤销。

满人是北方民族，入主中原后，对于夏天颇为无奈，多尔衮曾说"北京夏月溽暑难堪"。多尔衮在关外营建了一个避暑小城，但顺治、康熙都不喜欢，弃而不用。康熙在收复台湾、撤销三藩、平定噶尔丹之后，志得意满，久蓄心中的建筑避暑行宫的欲求日益强烈。康熙四十年（1701），康熙在祭祀了父亲顺治的孝陵之后，回奉天谒祖陵，路经关外一个名叫"哈仑告鲁"（蒙语"热河营"）的地方，见那片荒略不毛之地虽名不见经传，却是"山林郁叠，河陬环抱，热泉涌流，水面无冰"。康熙对此冬令景象十分欣赏。次年六月，康熙再次出巡关外，随行人员中有大学士和各部尚书，皆为饱学之士或"堪舆相地，考较风水"的行家，康熙此行是特意为避暑行宫选址。经过近一个月的反复考察比较，最后决定以"哈仑告鲁"作为行宫地址，结论是"既有群峰回合，又有清流萦绕。绮绾错绣，烟景万状，蔚然深秀，山富北国之雄奇，水具江左之幽明，是飞龙在天的福地"。

康熙在此营建避暑山庄，除了因为此地风貌雄奇峻秀之外，还有更深的政治目的。朝鲜驻跸陪臣柳得恭说："窃观热河形势，其左通辽沈，右引回回，北压蒙古，南制天下，此康熙之苦心也。而其曰避暑山庄，特讳之也。"乾隆也承认："我皇祖建此山庄，所以诘戎绥远，意深远也。"

清朝是少数民族统治华夏，满蒙联盟是其政治基石。加强与蒙古王公的联络是非常重要的，这一点在满蒙联姻上表现得很明显。皇太极一后四妃，全是蒙古人；顺治帝之母是蒙古人，顺治的两位皇后也是蒙古人；康熙、雍正、乾隆都有蒙古妃子，至于公主远嫁蒙古的情况，则历代更多。光联姻还不够，还得加强交往。清初北京地区流行天花，顺治帝就死于天花，康熙之所以能从诸皇子中胜出，被选作皇帝，一个重要的原因是他已得过天花，有了免疫力。蒙古王公从塞外到北京，缺乏免疫力，更易染天花，所以他们害怕到北京来。如今在塞外建避暑山庄，接受蒙古王公的朝见，君臣在行猎之中畅谈情谊，增进联盟，乐哉而优哉。

避暑山庄外围有八座寺庙，多属于藏传佛教，俗称"外八庙"。藏传佛教在蒙古人中影响深远，蒙古人称清朝皇帝为"曼殊师利"，意为满洲的文殊菩萨。中华历史上，北方游牧民族与农耕文明的冲突成为稳定的主要不利因素，而冲突的中心地带就在长城内外。可是清代一朝，长城内外一派祥和，蒙疆安宁，证明清代的民族政策是成功的。乾隆说："兴黄教所以安众蒙古，所系非小。"乾隆有诗曰："何分西土东天，倩他装点名园。""一寺能顶十万兵。"正是避暑山庄及外八庙的文化与宗教包容，造就了民族的和睦与蒙疆的祥和，避暑山庄的历史功绩不言而喻，其中热河泉的贡献也功不可没。

避暑山庄中的澹泊敬诚殿是皇帝处理政务的地方，其后的烟波致爽殿是皇帝的寝殿。康熙有诗咏之：

山庄频避暑，静默少喧哗。
北控远烟息，南临近壑嘉。
春归鱼出浪，秋敛雁横沙。
触目皆仙草，迎窗遍药花。
炎风昼致爽，绵雨夜方赊。
土厚登双谷，泉甘剖翠瓜。
古人戍武备，今卒断鸣笳。
生理农桑事，聚民至万家。

康熙称赞"十里澄湖，致有爽气"，表明了他对烟波致爽殿的喜爱。烟波致爽殿为三开间，西间是皇帝卧室，卧室北墙单开小门，直通殿外。小门很窄，仅供担架出入，侍寝的妃嫔用担架从此门抬入抬出，据说妃嫔是光着身子用被子裹着抬入，为的是保护皇帝的安全，以防不测。

嘉庆和咸丰两位皇帝都是在烟波致爽殿驾崩的。嘉庆帝是崩于急症，临终对由谁来承继大统都未交代，朝臣不得已，令人疾驰回京请皇后定夺。有人发现嘉庆一随从小太监手中始终捧持一密封盒，从未开启过，大臣们情急中开视，为钦定嗣皇帝诏书。所幸诏书与皇后指定人选一致，道光皇帝才得以顺利登基。

咸丰帝崩于烟波致爽殿。咸丰帝曾与八位顾命大臣在病榻上安排后事，有历史学家指出，咸丰皇帝的临终交代被慈禧听到了，于是才有了两宫太后联合京内的恭亲王在归京途中发动"辛酉政变",逮捕了托孤大臣,开始由两宫太后垂帘听政。

慈禧是否偷听了呢?历史学家的推测是很难证实的。不过慈禧若是诚心偷听,确实很方便。烟波致爽殿西墙外为一胡同,不宽,仅可供两人并排走过。胡同之西为后妃住宅区,慈禧居住地院门与烟波致爽殿北墙外的小门斜对。安静的时候,慈禧在院门即可听到殿内病榻上的谈话。有人或许会觉得顾命大臣不加防范,太大意了。我个人认为,顾命大臣并非大意,而是太过自信——遗诏在手,大权在握,孤儿寡母能奈其何!他们小看了这个不到三十岁的深居内宫的女人。烟波致爽殿发生的事情,或许改变了晚清的历史走向。

清朝灭亡,避暑山庄也历经劫难,七十二景中有很多已不复存在,乾隆御字金匾"烟雨楼"曾经成为沈阳某饭店的招牌。新中国成立后,重修烟雨楼,金匾才完璧归赵,重新挂在烟雨楼上。烟雨楼濒临热河泉池,热河泉经历了历史的沧桑和烟雨,正如董必武《初到承德避暑山庄》一诗所言:

> 革命人民自掌权,已将禁苑作公园。
> 从前殿陛森严地,一任游观礼不烦。

乾隆《避暑山庄》写道:

> 轩墀敞御园,草树静高原。
> 淤豫思仁祖,麻和逮孝孙。
> 桥山将酹爵,玉馆此停辕。
> 毫画山容在,修蛇电影奔。

32

禽言欣客至，蛮语诉秋繁。
阶篆苔纹暗，碑诗钗脚存。
圣踪犹可想，衷曲向谁论。
倍切乾乾志，虞孤覆载恩。

貳

天下

天下第一泉

人们好争第一，号称"天下第一泉"者有多少，我也说不清楚，除了乾隆御封北京玉泉山玉泉为"天下第一泉"之外，我还游览过另外几处天下第一泉，下面分别予以介绍。

临汾尧井——天下第一井

山西汾河流域是华夏文明的发祥地之一，尧都临汾，舜都永济，禹都夏县，尧、舜、禹三代活动中心都在汾河流域下游。

《帝王世纪》载"帝挚封异母弟放勋为唐侯"。古代唐国的中心地带在今河北省唐县，尧灭古唐国，帝挚封尧为唐侯。

尧后来徙晋阳，故而晋阳（今太原）亦称唐。《帝王世纪》还记载："帝尧陶唐氏，祁姓也，母庆都，孕十四月而生尧于丹陵。"《纲鉴易知录》载："（尧）帝母陈锋氏女，曰庆都，为高辛氏妃，感赤龙之祥，孕十有四月而生尧于丹陵。育于母家伊侯之国，后徙耆。故曰伊耆氏。"《史记》："帝喾高辛者，黄帝之曾孙也。……帝喾溉执中而遍天下，日月所照，风雨所致，莫不从服……帝喾娶陈锋氏女，生放勋，娶娵訾氏女，生挚。帝喾崩，而挚代立。帝挚立，不善，而弟放勋立，是为帝尧。"诸文献记载，文字略有差异，实则一致。陈锋、庆都实为同一人，只是由传说转为文字记载，对读音的不同记载而已。伊耆氏、祁姓也是同一部落。放勋立为天子，居平阳，即今临汾。

临汾西南有伊村，村口牌楼额书"尧都遗风"。村内有古碑刻书"帝尧茅茨土阶"。北宋刘克庄《尧庙》诗云：

> 帝与天同大，天存地亦存。
> 桑麻通绝徼，箫鼓出深村。
> 水至孤亭合，山居列岫尊。
> 尚余土阶意，樵牧践篱藩。

诗中歌颂了尧的功德，但也指出了丹陵的荒芜。我游览时，看到以丹陵碑为中心修建了"唐尧遗风"景区，祭祀大殿刻有一幅图画，冠名"尧姓氏图腾"。图腾是一人头顶长板，两手扶板，板上前后放陶罐，中间放"缶"形罐，是窑工装窑的情景，尧（堯）字是由此图腾简化而来的。尧（堯）、窑二字不仅同音，而且同意。帝尧，陶唐氏，是在古唐地活动而善于烧制陶器的部落。临汾是帝尧的出生地，也是他作为天子的统治中心，而在登天子位之前，唐是尧的封地。

传说庆都氏怀孕后就回到了娘家，再也未回到帝喾身边。放勋不但出生在娘舅家，而且在娘舅家生活到十来岁才被帝喾接回。依此推断，庆都应该已经失宠。放勋既非嫡子，又非长子，母亲又失宠，凭什么能够取代帝挚而继承帝位呢？其中一定有故事，司马迁大概将故事删除了，以致后人无法知晓真相。

帝尧陵在临汾东北郭村，濒临涝河而位于霍山之下。最早建筑的陵园是唐代的，现存古建筑是元明时期的。新近又进行了扩建，新建陵区规模很大。陵园山门殿额匾"尧帝陵"是欧阳中石题书。陵门抱柱对联："三皇五帝陵居首，百世千秋泽流长。"享殿是古建筑，大概建于元明时期，前柱对联："身寝中州一抔土，名垂华夏五千年。"后柱对联："一代圣贤千古德风薰海内，千秋俎豆一般心曲到天涯。"享殿是过殿式，穿过享殿登台阶而上是碑亭，碑亭对联："巍巍霍岳，千嶂绵亘结龙脉；潺潺涝河，九曲环流毓神林。"碑刻"古帝尧陵"，款识"大明万历十二年秋八月钦差兵巡河东副使关西栗在庭立"。碑亭两侧有碑廊，立有古碑，因游览时间有限，来不及细读。碑亭正对享殿后檐，檐下书曹植《帝尧赞》：

火德统位，父则高辛。

克平共工，万国同尘。

调适阴阳，其惠如春。

巍巍成功，配天则神。

檐下还题书忽必烈圣旨:

> ……平阳临汾县创建尧庙……拨地壹拾伍顷,
> 以资营缮,乃仰禁约:蒙古、汉军并诸人等,并
> 不得纵令头足,于前顷地由踩践苗稼,损坏桑果,
> 准此。

尧庙在临汾城南,山门是三座门楼,正中重檐歇山顶式门楼,檐下扁书"尧庙"是朱镕基题书,左右是单檐歇山顶,檐下匾分别书"虞舜门"和"大禹门"。尧庙分左、中、右三路,中路祭祀尧,左右路分别祭祀舜和禹。

从中路进门,迎面牌楼,重楼四柱三门,正面额书"文明始祖",背面额书"光被四表"。《尚书·尧典》:"帝尧曰放勋,钦明文思安安,允恭克让,光被四表。"牌楼后有甬道,甬道两旁有碑刻。如刻古诗《击壤歌》:"日出而作,日入而息,凿井而饮,耕田而食,帝力于我何有哉!"诗歌后下方刻文字:"最早记载于《古诗源》一书中,相传采集于帝尧时期的襄汾席村,是我国最早的诗歌之一,反映了帝尧时期民众的安居乐业。"甬道旁还刻着《康衢谣》:"立我蒸民,莫匪尔极。不识不知,顺帝之则。"诗后文字:"其最早记载于《古诗源》一书,相传采集于帝尧时期临汾康庄村,是我国最早的歌谣。"《古诗源》注解:"帝治天下五十年,不知天下治与不治与,亿兆愿戴己与,乃微服游于康衢,闻儿童谣云。"

甬道尽头是"五凤楼",重檐歇山顶,尧和四位大臣时常在此商讨大事。四位大臣是皋陶、契、后稷和夔,皋陶是秦人先祖,契是商人先祖,后稷是周人先祖。人们将尧和四位

大臣尊称"五凤"。

五凤楼后是主殿广运殿，始建于唐显庆三年（658）。现存殿宇是近几年新建的。1998年，尧庙毁于火灾。正中檐下匾书"广运殿"，《尚书·大禹谟》曰："帝（尧）德广运，乃圣乃神，乃文乃武。"檐下左右匾书"共戴尧天""大德教化"。大殿檐下原先还有"民无能名"四个大字。孔子曰："大哉，尧之为君也！巍巍乎惟天为大，惟尧则之。荡荡乎，民无能名焉！"意思是说尧太伟大了，民众难以用言辞来歌颂了。殿前抱柱内对联："居平阳倚河汾深植民族之根，启文明定中华垂誉国家先祖。"抱柱外对联："非皇非帝尊为皇帝，非神非仙敬若神仙。""共戴尧天"匾是"台北市山西同乡会公元两千年季春立"，反映了海内外华人的共同情怀。广运殿内供奉尧和四位大臣的塑像。

广运殿后是寝殿，塑有尧和鹿仙女夫妻像。传说尧妻是姑射山上的鹿仙。姑射山在临汾西，山上碧岩寺是山西省重点文物保护单位，山上还有南仙洞、梳妆台等景点。尧和鹿仙女在洞中结婚，至今人们称结婚的新房为"洞房"，可能来源如此。

广运殿前与五凤楼之间是广场，广场中央有井台，井台上铺石刻书"天下第一井"五字。井台旁立牌书写文字："尧井台，井是人类生活由依赖自然走向文明的重大发明。尧开凿水井，开始了地下水资源的利用。人类逐渐以井而居，形成村落，由此而产生聚居文化，被称之为市井文明。"井产生后，人类摆脱了过分依赖自然环境、沿河而居的习惯，可以一定程度上自主选择居住点，是人类文明进步的重要标志。帝尧带领人们凿井而居，尧井有重要意义。

现在的井台上，石砌台阶、尧井沿石均以红色花岗岩用现代工艺打磨，光亮照人，制作成"井"字形，用篆字刻书"尧井"二字，着实气派，但总让人觉得与古典文化不协调。我这次是重游，第一次游时，尧井不是这样的，当时井是砖砌井台，台上坐一井亭，亭中六方石井沿，上小下大，为棱锥台形状，石上刻书"尧井"二字，古朴典雅，虽不气派，却与广运殿、五凤楼主体景观风格一致。

经过临汾陶寺考古发掘，专家认定古遗址即是尧都平阳城址。

北宋范仲淹《谒帝尧庙》曰：

千古如天日，巍巍与善功。

禹终平泽水，舜亦致薰风。

江海生灵外，乾坤揖让中。

乡人不知此，箫鼓谢年丰。

济南趵突泉

"济南山水甲齐鲁，泉甲天下。"济南号称"泉城"，著名之泉七十有二，趵突泉为七十二泉之冠。关于七十二泉，将另有文章介绍。

趵突泉古称泺水。北魏时期的《水经注》载："济水又东北，泺水出焉。泺水出历县故城西南，泉源上奋，水涌若轮。春秋桓公十八年，公会齐侯如泺是也。俗谓娥姜水也，以泉源有舜妃娥英庙故也。城南对山，山上有舜祠，山下有大穴，谓之舜井……"城南之山，名千佛山，又名历山，济南古名历城。"舜耕于历下"，历城有关于舜活动传说的遗址。

趵突泉为泺水之源。泺，古水名，齐鲁间水也。"泺"字最早在甲骨文"鲂克东夷"中出现，至今有近3500年历史了。元代于钦《齐乘》记载："古泺水自华不注山东北入大清河。伪齐刘豫乃导之东行，为小清河。"趵突泉的名字最早见于北宋曾巩《齐州二堂记》一文。曾巩任齐州知州时，在泺水之源修建了"历山堂"和"泺源堂"两个馆堂，相当于现代的高级招待所。二堂建成，曾巩作题记，文中说："有泉涌出，高或至数尺，其旁之人名之曰趵突之泉。"趵，方言，跳跃之意。趵突泉，指泉水喷涌跳跃窜突的特征而言。

清代刘鹗《老残游记》描述："三股大泉从池底冒出，翻上水面有二三尺高。"历代文人多有诗咏趵突泉者，康熙帝三游趵突泉，题书"激湍"二字（原碑立于泺源堂后），并赋诗。录其二首。

其一：

十亩风潭曲，亭间驻羽旄。
鸣涛飘素练，迸水溅珠玑。
汲杓旋烹鼎，侵阶暗湿衣。
似从银汉落，喷作瀑泉飞。

其二：

突兀泉声涌净波，东流远近浴羲和。

源清分派白云洁，不虑浮沙污水涡。

乾隆帝《再题趵突泉作》：

济南城南古观里，别开仙境非尘市。
致我清跸两度临，却为突泉三窦美。
喷珠屑玉各澜翻，孕鲁育齐相鼎峙。
汇为圆池才数亩，放泺达江从此始。
朱栏匼匝接穹楼，祀者何仙钟吕子。
曲廊蜿蜒壁勒字，题咏谁能分姓氏。
过桥书室恰三楹，砚净瓯香铺左纸。
拈咏名泉亦已多，汔兹实可称观止。
曾闻地灵古所云，屯膏殄享恐非理。
拟唤天龙醒痴眠，今宵一洒功德水。

此诗末尾题书"是日至此拈香祈雨故云，再题趵突泉。乾隆御笔。"此诗碑刻于碑阴面，碑阳面刻"激湍"，康熙御笔。一碑刻祖孙二帝翰宝，立于来鹤桥头，是最近新立的。趵突泉曾经在吕祖阁内，故诗中有"古观里""钟吕子"等句。

北宋苏辙有《和孔教授武仲济南四咏》，录其四《槛泉亭》：

连山带郭走平川，伏涧潜流发涌泉。
泂泂秋声明月夜，蓬蓬晓气欲晴天。
谁家鹅鸭横波去，日暮牛羊饮道边。
滓秽未能妨洁净，孤亭每到一依然。

趵突泉又名槛泉，槛与滥相通假。

北宋曾巩《趵突泉》云：

> 一派遥从玉水分，暗来都洒历山尘。
> 滋荣冬茹温常早，润泽春茶味更真。
> 已觉路旁行似鉴，最怜沙际涌如轮。
> 曾成齐鲁封疆会，况托娥英诧世人。

齐鲁封疆会指春秋时期齐襄公与鲁桓公曾经在此会晤。

元代张养浩《趵突泉》云：

> 绕栏惊视重徘徊，流水缘何自作堆。
> 三尺不消平地雪，四时常吼半天雷。
> 深通沧海愁波尽，怒撼秋涛恐岸摧。
> 每过尘怀为潇洒，斜阳欲没未能回。

赵孟頫《趵突泉》云：

> 泺水发源天下无，平地涌出白玉壶。
> 谷虚久恐元气泄，岁旱不愁东海枯。
> 云雾润蒸华不注，波澜声震大明湖。
> 时来泉上濯尘土，冰雪满怀清兴孤。

在历代文人歌咏趵突泉的诗作中，赵诗为翘楚之作。诗人将华不注山和大明湖拉来作陪衬，烘托趵突泉的气势。华不注山在黄河岸边，泺水自华不注山东北注入大清河。乾隆御书赵孟頫诗刻碑嵌于趵突泉池之南廊。

泺源堂后院墙上石刻和韵赵诗两首。

其一：

一镜天光澹欲无，忽惊平地涌玉壶。

层层雪浪长飞白，混混源泉不受枯。

千里伏流终入海，百花环汇更成湖。

观澜亭上中宵坐，万象无言月影孤。

其二：

雨洗浮尘半点无，青山削出翠蓬湖。

银河雪乳三层秀，金井梧桐一叶枯。

铿尔清声彻霄汉，渺然佳兴在江湖。

别筵美酒倾秋露，徙倚亭前石笋孤。

诗后跋文："正德辛巳……观趵突泉次赵松雪韵……"省略号处文字斑驳难辨，不知诗作者何人。赵松雪即赵孟頫。

明代晏璧为七十二名泉逐一题诗，其中《趵突泉》曰：

渴马崖前水满川，江心泉迸蕊珠圆。

济南七十泉流乳，趵突独称第一泉。

蒲松龄称赞趵突泉"海内之名泉第一，齐门之胜地无双"。

趵突泉池方形，东西长约30米，南北宽约20米。池南碑廊，前述诸诗大多刻碑嵌于墙上。池东为来鹤桥，游人如织，是观赏趵突泉的绝佳点。池北的泺源堂为一座二层小楼，堂前抱柱对联："云雾润蒸华不注，波澜声震大明湖。"对联摘自赵孟頫诗句。早年游玩时所见对联为郭沫若书写，如今对联不知何人书写。泺源堂后是娥英庙，庙门对联："琴瑟友之钟鼓乐，凤凰归矣潇湘吟。"庙内神龛供娥皇、女英神像，神龛横批"孝友齐家"。娥英庙后是"三圣殿"，供奉尧舜禹，殿门对联："趵突腾飞，三泉歌唱尧舜禹；中华昌盛，万代长明日月星。"泺源堂、娥英祠和三圣殿连成一体，形成三进院落。清代这里曾是吕祖阁，北宋时曾巩修建二堂故址即在此处。娥英殿侧有《齐州二堂记》碑刻，院内有御碑，正面刻"激湍"，背面刻乾隆诗，碑已斑驳，如今用玻璃钢罩罩住了。另刻新碑立于泉池东南角。

泉池之西有亭，亭前左右临池立碑书"趵突泉""第一泉"。"趵突泉"碑有落款"都察院右都副御史天水胡缵宗书……"。"第一泉"落款为"同治八年己巳二月立"，题书人是王钟霖。王钟霖《第一泉记》云：

> 齐郡唐际武先生云："吾行几遍天下，所谓第一、第二泉者，皆不及吾济诸泉，惜陆羽未品之耳！"夫泉之著名在甘与清。趵突泉甘而淳，清而冽，且重而有力。故潜行远而矗腾高，若水晶三峰，欲冲霄汉而四时若雷吼也。噫，异矣！毛海客云"济南泉水七十二，独有趵突称神功"。呜呼！此泉洵第一。因名之为第一泉。

亭名观澜，亭有碑书"观澜"二大字，是明代嘉靖年间山东左布政使张钦题书。孟子曰："观水有术，必观其澜。"澜，大波浪。亭柱对联："三尺不消平地雪，四时常吼半天雷。"对联取自元代张养浩诗句。

我先后多次游览趵突泉。第一次游览是1964年，确如诗咏中描述，池中三泉并突，水声哗哗，响声如雷，令人震撼。到了20世纪90年代重游，池面平静如镜，三窟并突看不到了。后来有文章介绍说，济南市政采取措施，限制地下水的汲取，三窟并突的景象恢复了。我再游时的确看到了三窟并突，但喷柱不高，响声如雷、动人心魄的景象没有了。第四次游览是在2018年初夏，三窟并突的景象又看不到了。济南如果不加强对地下水的保护，趵突泉之趵突，恐将会成为历史而空有其名了。

在趵突泉泉池之东、来鹤桥之北、泺源堂之东，有"登鹤亭"，今改作"蓬莱茶社"，游人至此小憩品茶，也可以自备器皿在茶社中灌茶。游览之中品一口用趵突泉水沏的茶，是一种享受。趵突泉是个公园，景色很美；趵突泉也是一组泉群，公园里冠名之泉多达28处，后面有文章另作介绍。

趵突泉泉池西"观澜"碑背面刻书："十有八年春王正月公会齐侯于泺。"这是《春秋》中的一段记载。鲁桓公十八年（前694），鲁桓公与齐襄公在此会晤。这段记载表明，早在春秋时期，趵突泉就已经是旅游胜地了。关于这次两国国君的会晤，《左传》记载："公会齐侯如泺，遂及文姜如齐。齐侯通焉。公谪之，以告……享公，使公子彭生乘公，公薨于车。"这段记载的意思是：鲁桓公与齐襄公到泺水会晤，鲁公夫人文姜一同前往，文姜与齐襄公私通，被鲁公察觉。鲁桓公责备文姜，并声明中止会晤，将返回鲁国。齐襄公借告别宴将鲁桓公灌醉，指使公子彭生在车上将鲁桓公打死。春秋时期，两国国君会晤是大事，泺在齐鲁边境，属于齐国境内。一国国君被打死，是重大事件，这背后发生了什么事呢？

原来齐襄公与鲁桓公夫人文姜是兄妹，同父异母。文姜小齐襄公二岁，出落得国色天香，且聪慧过人。齐襄公当世子时是花花公子，小名诸儿，与文姜有兄妹畸形恋情，被父亲齐僖公及时发现，严加防范，禁止兄妹见面，兄妹未及乱伦。文姜出嫁，诸儿送行。诸儿临别赋诗："桃树有华，灿灿其霞。当庭不折，飘而为苴。吁嗟复吁嗟！"苴，枯败的花草。文姜回诗："桃树有英，烨烨其灵。今兹不折，讵无来春。叮咛兮叮咛！"英、华即花。多年后，姜诸儿当上国君，邀请鲁桓公到齐国访问。《左传·桓公十八年》："公将有行，遂与齐氏如齐。"文姜要与鲁桓公同行，但是申繻反对，意思是女子已经出嫁，若父母在，可以回娘家省亲，父母已不在，回家省兄，不合礼数，违礼必败。但是鲁桓公不听讽谏，仍然带着文姜到了齐国。齐襄公与文姜一见面，不顾一切，通奸乱伦。打死鲁桓公后，齐襄公将彭生当作替罪羊。齐强鲁弱，事情也就不了了之。有诗讽刺鲁桓公："男女嫌微最要明，夫妻越境太胡行。当时若听申繻谏，何至车中六尺横。"《诗经》中有诗影射了文姜的丑事。《诗经·南山》："南山崔崔，雄狐绥绥。鲁道有荡，齐子由归。既曰归止，曷又怀止？"讽刺了文姜与襄公的淫乱和鲁桓公的不防范。《诗经·载驱》云"汶水汤汤，行人彭彭，鲁道有荡，齐子翱翔"，讽刺了鲁桓公去世后，文姜依旧招摇过市，到处游荡。《左传·庄公二年》载："二年冬，夫人姜氏会齐侯于禚，书，奸也。"庄公为鲁桓公与文姜之子。在桓公去世后，文姜继续与襄公私通。

这就是春秋时期发生在趵突泉周边的重大事件。趵突泉泉池西侧观澜亭后有一堵墙，墙上贴有铜版浮雕画，描述了鲁桓公与齐襄公会晤的重大场面。

镇江金山寺中泠泉

苏东坡有诗《游金山寺》：

我家江水初发源，宦游直送江入海。
闻道潮头一丈高，天寒尚有沙痕在。
中泠南畔石盘陀，古来出没随涛波。
试登绝顶望乡国，江南江北青山多。
羁愁畏晚寻归楫，山僧苦留看落日。
……

诗中说苏东坡游金山寺，山僧劝留，夜宿金山寺。诗中提到的中泠即中泠泉，称"天下第一泉"。

古时，长江江面宽阔，金山为江中小岛，中泠泉也位于江心。只有在枯水季节，江水水位下降时，泉眼才露出水面。通常情况下，泉眼在江水水面之下。由于江水流经此处，受礁石阻拦，江水拐了三个弯。泉眼在第二道弯之下，故名中泠泉。泠，水曲也。从江水下面汲取中泠泉水，需要特制的容器。后来江水后退，江面变窄，金山与陆地连成一体，而中泠泉却被淤泥湮没。到了清朝同治年间，人们在江岸重新找到了泉眼，砌石成池，并在池壁上刻书"天下第一泉"，题书人王仁堪，光绪年间任镇江知府。

中泠泉又称金山寺泉，唐代徐寅诗《题金山寺》曰：

> 潮随暗浪雪山倾，远浦渔舟钓月明。
> 桥对寺门松径小，槛当泉眼石波清。
> 迢迢绿树江天晓，霭霭红霞晚日晴。
> 遥望四边云接水，翠峰千点数鸥轻。

诗中提到了泉对寺门。此诗是回文诗，可以倒过来咏诵，饶有风趣。

康熙南巡，曾几次游金山寺，并赐名"江天禅寺"，题书"江天一览"，刻碑立于金山最高点，如今山顶有御碑亭。康熙同时赋诗《金山并序》：

> 金山在大江中，南眺润州，北临瓜州，登陟其上，纵目千里，泱泱乎大观也。朕率扈从诸臣应览诸胜，江天之奇，未有逾此者：一览江天胜，东南势尽收。帆樯来极浦，台榭起中流。路出丹崖上，烟同碧汉浮。登临豁心目，浩荡俯沧洲。

中泠泉水绿如翡翠，浓似琼浆，以水煮茶，清香甘冽。康熙品饮中泠泉水，赋诗二首：

其一：

静饮中泠水，清寒味日新。

顿令超象外，爽豁有天真。

其二：

缓酌中泠水，曾传第一泉。

如能作霖雨，沾洒遍山川。

乾隆南巡也多次游金山寺，题有《试中泠泉》：

一江之水泠分三，古来志乘为斯谈。

伯刍中泠称第一，又新第一又属南。

水与人乃漠然者，犹各阿好甘其甘。

究之平流讵有异，南北中岂殊同潭。

头陀近试偶因便，德裕远取还嫌贪。

松枝煮茗月初上，翻听谡籁鸣方酣。

落款为"壬午仲春月中澣试中泠泉作"。壬午是乾隆二十七年（1762），乾隆奉太后第三次下江南。诗中点明了评中泠泉为天下第一泉之人是刘伯刍，此人是唐代元和年间人士，曾任刑部侍郎。又新，即张又新，是刘伯刍的女婿，他转述茶圣陆羽评泉，天下第一泉为庐山谷帘泉，故而诗句"又新第一又属南"。但是如今人们都习惯性地认为评中泠泉为天下第一泉之人是陆羽，因为茶圣名气大。

岳飞《题金山寺》云：

第一泉头过九日，黄花犹待客重来。

男儿有意扶中国，不斩楼兰不易回。

文天祥曾游中泠泉，赋诗：

扬子江心第一泉，南金采此铸文渊。

男儿斩却楼兰首，闲品茶经拜羽仙。

南宋景炎二年（1277），文天祥以左丞相兼枢密使出使北营议和。元方表面上接待，实际上将文天祥扣留在镇江，打算将其暗中押往北方。幸亏有人相助，文天祥才侥幸逃脱。镇江北固山下有"文天祥脱险渡口遗址"纪念碑。文天祥借口游北固山，观瞻刘备甘露寺，乘机摆脱元营，登上事先备好的渡船逃走。

第一泉边有芙蓉楼，为二层楼，一面临中泠泉，一面临湖，临泉大门对联："蓉楼话雨，雨连吴江楚山，见诗人心志；中泠闲泉，泉通龙窝蛟室，涌茶仙情怀。"门上书匾"秀气文人"。楼原在金山下，因扩建金山寺，被迁建至中泠泉边。唐代王昌龄《芙蓉楼送辛渐》云：

寒雨连江夜入吴，平明送客楚山孤。

洛阳亲友如相问，一片冰心在玉壶。

千古名诗造就千古名楼。

中泠泉池边有王仁堪公纪念馆，现为天下第一泉历史文化展示馆。门前抱柱对联："茗外风情移月影，壶边夜静听江涛。"馆内立柱对联："喜有清音相问答，绝无尘意与周旋。"馆内正中壁画"中泠泉图"，图左右对联："泉冷石为瘦，峰高树与遥。"馆内展出《中泠泉记》《中泠泉辨》等碑文，上引康熙、乾隆、岳飞、文天祥等人诗赋都在展示之列。

距第一泉数百步有小岛名"云根岛"，岛上有郭璞衣冠墓，无墓碑，有一牌坊，额书"云根"，书对联："天地有正气，园林无俗情。"郭璞，东晋时人，文学家、训诂学家，著有我国第一部词典《尔雅》，善于相命。《晋书·郭璞传》载：

> 敦将举兵，又使璞筮。璞曰："无成。"……乃问璞曰："卿更筮吾寿几何？"答曰："思向卦，明公起事，必祸不久。若住武昌，寿不可测。"敦大怒曰："卿寿几何？"曰："命尽今日日中。"敦怒，收璞，诣南岗斩之。

当时王敦镇守武昌，郭璞是王敦幕僚，王敦造反，"众皆言吉，独郭不言"。不久，王敦兵败被杀。

中泠泉与金山寺比邻，泉是湖区，与金山寺山门仅隔一个水沟，于今有桥沟通。人们听说金山寺，往往是从《白蛇传》中"水漫金山寺"的故事中知道的。法海和尚在历史上真有其人，是金山寺的重兴祖师。金山寺有白龙洞和法海洞。

金山寺始建于东晋，名泽心寺，梁武帝天监四年（505）在此举办水陆法会，为水陆法会之起始。金山寺有"水陆法会祖庭"之誉。水陆法会是重大的佛事活动，活动的仪式至今称"金山仪"。泽心寺到了唐代已经败落，高僧法海游方至此，决心重兴庙宇。一日在山下挖土，获得黄金数镒，法海将其转呈朝廷。皇帝将黄金回送法海和尚以重兴寺庙，并将寺院赐名"金山禅寺"。寺成，法海不知所终。

法海，唐代高僧，唐代名相裴休之子。裴休送子至湖南密印寺出家，取名法海。法海行头陀行，又名裴头陀。《裴休丞相送子出家警策笺》：

> 含悲送子入空门，朝夕应当种善根。
> 身眼莫随财色染，道心须向岁寒存。
> 看经念佛依师教，苦志明心报四恩。
> 他日忽然成大器，人间天上独称尊。

法海洞在金山山腰，法海在洞中打坐参禅，并燃指一节，誓兴庙宇。洞口上方刻书"古法海洞"，洞旁岩石刻"头陀岩"三大字，并刻小字："生而颖异，胎素不群。行头陀行，精炼形神。清斋一食，六时危坐。每入禅关，降龙断臂。重兴庙宇，功成身隐。"宋代张商英诗：

> 半间石室安禅地，盖代功名不易磨。
> 白蟒化龙归海去，岩中留下老头陀。

洞中有法海塑像。诗中也点出了白蛇的故事：法海驱走了白蛇，并引导它走向正果。

在金山山脚下，临近江边有白龙洞，洞口高大如同房门，洞内壁上刻"白龙洞"三字，洞壁上套有小洞，小洞口旁书文字"传说直通杭州西湖"。洞外塑有白娘子与小青像，虽为好事者为之，像前香火却很旺盛。唐代《神僧传·灵坦》载："此洞为龙穴，常吐毒气如云，有近者多病或毙，坦居之，毒云灭迹。"高僧灵坦是武则天侄孙。法海、灵坦都是唐代高僧，是真实人物，法海驱蟒、灵坦灭龙的故事与《白蛇传》故事迥异。

金山寺山门里有副对联："诸恶莫作，众善奉行，三藏圣言演真谛；四大本空，五蕴非有，翰林玉带镇山门。"对联为金山寺住持慈舟撰书，对联旁题小字"北宋三藏法师佛印与翰林学士东坡酬对印祖依圣言'四大本空，五蕴非有，翰林何处坐'之句赢得坡公玉带作镇山之宝传为千古绝唱耳"。对联中点出了苏东坡打赌输玉带的故事。苏东坡号称不着袈裟的僧人，与佛禅颇有渊源。一次，苏东坡与金山寺长老佛印打赌"斗机锋"，即用佛禅语言斗嘴。苏东坡问："大师缘何不给在下让座？"长老反问："佛说四大皆空，五蕴非有，翰林该坐何处？"苏东坡无以对，只好认输，将身佩玉带解下作为赌资送给长老。而长老也以衲裙作为回报。苏东坡有诗《以玉带施元长老长老以衲裙相报次韵》记述了此事：

> 病骨难堪玉带围，钝根仍落剑机锋。
> 欲教乞食歌姬院，故与云山旧衲衣。

金山寺有留玉阁，存放苏东坡玉带，东坡玉带是镇寺之宝。乾隆游金山寺，见玉带有损坏，令人补配了四块玉片，并在玉片上题诗。乾隆补配题诗，使东坡玉带增值不少。

南岳衡山水帘洞泉

南岳衡山有四绝：祝融峰之高，方广寺之深，藏经阁之幽和水帘洞之奇。

水帘洞不在南岳主景区之内，而在祝融峰之东的紫盖峰下。紫盖峰是南岳第二高峰，据说山高积雪，南飞的大雁难以飞越而折回，故名回雁峰。源自紫盖峰的几股泉水，如太阳泉、洗心泉、洞真源、仙人池等汇聚到一起形成福寿湖，再倾泻而下，形成几叠瀑布，即水帘洞。

水帘洞又名"朱陵洞天"，是道教三十六小洞天之一，位列第三，即"第三洞真虚福地"。南北朝时有九位真人曾在此修炼飞升，曾有"九仙观"。东晋女道士魏华存在南岳修炼，被尊称为南华夫人，是"上清派"第一代祖师，著《黄庭经》，是道教的重要经典。上清派是道教主流流派之一。魏华存书法成就很高，是王羲之的书法导师。南岳有"黄庭观"，是魏华存修炼和羽化之地。

宋人白玉蟾是道教全真教南宗的祖师之一，他游水帘洞曾赋诗《次水帘洞韵》：

> 天上真珠真下垂，更无钩箔惹尘埃。
> 青鸾白鹤从教入，紫诏黄封不用来。
> 夜月只为苏邝照，晚风端与葛黄开。
> 纵饶展挂长千尺，莫掩罗浮紫翠堆。

山谷中崖刻明代罗桢《楚辞赋》：

山林无迹兮巍然，容谷流音兮啸然。

参天兮日月同眠，赞地兮山水并传。

醒目兮苍穹，快胸兮流泉。

带金茎兮骨汗连连，冒太阳兮地火炎炎。

佛思兮骚人笔尖，耸耳兮牧童笛弦。

诗赋歌咏了水帘洞景色之奇妙如同仙境。

为了省力，我是乘车至半山，从风雨桥进入水帘洞山谷的，游览是一路下行。我前后游览两次，第一次顺利进入了，第二次却被阻挡在门外。风雨桥设置了小门，禁止游人进入，游人只可从山下登山，然后再下山，环行一周。小门有一老人守门，从对话中听出他是当地农民，我苦苦相求，陪同的出租车司机还送出了一盒烟，他才让我进去。

风雨桥其实是水库大坝，将紫盖峰上泻下的泉水拦截在坝内，下方是福寿湖。我游览的时节是秋冬之交，已过了雨季，湖中储水不多，大坝闸门放出的水量不大，但也刚好能形成瀑布供游人观赏。从风雨桥而下，泉水依山势形成了几叠瀑布。我沿山谷下行，随路赏景观泉，想起明代伍让《水帘洞》云：

路险扪萝入洞天，翠微隐处见灵泉。

银河倒泻蛟龙窟，珠箔高垂日月边。

清响和云鸣杖底，飞花带雨落樽前。

坐来已觉尘缘尽，方外何处更寻仙。

明代名相张居正游水帘洞赞曰："瀑泉洒落，水帘数叠，挂于云际，垂如贯珠，霏如削玉。"并赋诗《水帘洞》：

> 误疑瀛海翻琼浪，莫拟银河倒碧流。
> 自是湘妃深隐处，水晶帘挂五云头。

沿山路曲折而下，行至"雪浪亭"。亭为清光绪十年（1884）李元度修建，亭旁岩石上刻书"夏雪晴雷"四字。此处是观景的绝佳地点，可眼观瀑布跳珠溅玉如雪，耳听声震晴空如雷。山崖上刻满擘窠大字，有"水帘洞""朱陵太虚洞天""南岳第一泉"等，还刻有游人题咏诗句，如："石岭路滑不可度，我来跨鹤驭罡风。喷泉九月飞霜冷，举袖擎天晓日红。"落款小字为"湛若水诗《登朱陵洞最高处》，其年83岁，游水帘洞赋此诗"。湛若水是明代人。

据《南岳志》记载，唐玄宗开元二十六年（738），内侍奉旨带道士孙智凉至朱陵洞投放金龙玉简。后人在其投简处书对联予以讽刺："北向独不朝，泻千尺银河，溅玉飞珠，相望源头来紫盖；西巡应有恨，弃九重金阙，投龙续命，空寻洞穴问朱陵。"信仰道教的唐玄宗尊老子为圣祖太上玄元皇帝，到朱陵洞天投金龙玉简祈求江山永固，结果在安史之乱中弃长安西逃四川。崖上还刻书："羽客下棋处，金龙曳尾处，宝篆浮水处，投金龙玉简处。宋政和丁酉七年六月仪真李亘通微书圣迹。"政和是宋徽宗的年号，徽宗笃信道教，自称"道君皇帝"，派道士至此投放金龙玉简。可惜我找不到唐玄宗当年投简的具体地点。相比唐玄宗，后来投简的宋徽宗更惨，当了亡国奴。

几叠瀑布中，最大的主瀑布在雪浪亭的下方，从雪浪亭至主瀑布，正常路径是沿山崖而下山至谷底，再折而上行至瀑布下，需走很长一段路。我从雪浪亭攀崖而下，虽无道路，但谨慎小心，手抓树枝，足踏岩坎，终于到达谷底，来到瀑布之下。我这八旬老翁也算是"老夫聊发少年狂了"。

泉水流量不是很大，但足够均匀地薄薄地铺在悬崖之上，形成水帘，晶莹剔透。瀑布旁山崖刻书"天下第一泉"擘窠大字，落款为"大明正德戊寅岁衡郡知府萧山计道宗书衡山知县临川邹冈上石"。大字的右下方另有一段小字："正德十有三年冬十有一月戊寅，翰林编修严嵩、翰林检讨易舒诰、湖广提学副使张邦奇、衡州知府计宗道同游。"从题字落款可以看出，正德十三年（1518），时为翰林编修的严嵩游衡山，衡州知府计道宗以东道主身份作陪，并在山崖上题书"天下第一泉"擘窠大字，这是水帘洞的标志性景点。从这一段刻字可以看出南岳"天下第一泉"的说法似乎与严嵩有关。

在"天下第一泉"大字右侧，另有"水帘洞"擘窠大字，落款小字为"淳熙甲辰冬十二月金华潘時书"。淳熙是南宋孝宗的年号。北宋毕田《朱陵洞水帘》云：

> 洞门千尺挂飞流，玉碎珠帘冷喷秋。
> 今古不知谁卷得，绿萝为带月为钩。

清代潘耒《朱陵洞天观瀑布》云：

> 万古朱陵闷洞天，洞门无锁瀑泉悬。
> 青霄雪练飞千尺，白昼风霆吼一川。
> 洗耳醉眠非俗客，排帘出入是真仙。

璇台肃穆清都近，石上尘踪莫漫镌。

继续下行，岩石上刻"朱虚"二字，此处谷面稍为开阔，是观赏谷中风光的好地方。再往下有醉湖，崖上刻"醉"字。

有一种说法称水帘洞"天下第一泉"之誉源自"南岳第一泉"，而"南岳第一泉"之说源自唐代李商隐。李商隐，字义山，曾赴桂林任幕僚，他是否来过衡山，是否曾留下赞咏南岳的诗歌和文字，我不知道，但是山崖上"南岳第一泉"大字旁有"李义山书"落款，而此李义山却不是李商隐。因为落款全文是"咸淳庚午李义山书"，"咸淳"是南宋度宗的年号，庚午是咸淳六年（1270），可见题书"南岳第一泉"之李义山是南宋人，不是唐人李义山，崖刻与唐代李商隐无关。我的看法是，除非另有根据，"南岳第一泉"的提法与李商隐无关，而"天下第一泉"的提法则与严嵩有关，只是严嵩是奸臣，人们不愿意提他罢了。

关于水帘洞何以名"朱陵洞天"，我曾请教导游，他说炎帝曾在此生活过，炎帝火德，火则赤，赤则朱，故名朱陵。对此解释，我似信非信。《淮南子·天文训》曰："南方，火也，其帝炎帝，其佑朱明。"书中原注："朱明，旧说云祝融。"郭璞注："祝融为火神，朱、祝古音相近，明融同义，朱明祝融异名同实。"我认为朱陵乃朱明的音转。朱陵实乃朱明之讹传，朱陵洞实乃朱明洞。南岳有祝融峰，朱陵洞实为祝融洞。传说朱陵洞通罗浮山朱明洞，而罗浮山朱明洞是道教十大洞天之一。

敦煌鸣沙山月牙泉

敦煌鸣沙山和月牙泉，沙泉共生，景观奇特，月牙泉有"沙漠第一泉"之称。"沙岭晴鸣"和"月牙晓澈"皆名列敦煌八景之中。

《唐代元和郡县图志》载：

> 其山积沙为之，峰峦危峭逾于石山，四面皆为沙垅，脊有如刀刃，人登之即鸣，沙随足颓落，经宿风吹辄复如旧。有一泉水，名曰沙井，绵历古今，沙填不满，水极甘美。

鸣沙山有迎风面和背风面，一般只允许游人从迎风面爬坡。人往上蹬，沙往下滑，晚上风一吹，又将沙子送上山坡，抚平如初。敦煌是典型的大陆气候，季风变化是恒定的。《敦煌县志》载："鸣沙山天气晴朗有丝竹管弦之音，如作乐然。至若雷鼓声，只寻常事。"有诗赞曰：

> 传道神沙异，暄寒也自鸣。
> 势疑天鼓动，殷似地雷惊。
> 风削棱还峻，人跻刃不平。
> 要寻枯井处，晚见白龙行。

各地开发旅游项目，宣称滑沙有沙鸣的沙丘、沙坡不少，我去过一些地方，印象深刻的滑沙沙坡有三处：敦煌鸣沙山、宁夏中卫沙坡头和内蒙古达拉特旗响沙湾。三处的共同特点是丘高坡陡，气势恢宏，沙水共存，自然天生。鸣沙山有月牙泉，沙坡头有黄河，响沙湾小河我不知何名，应是黄河支流。至于滑沙时的轰轰雷鸣，并不如诗文中渲染的那么神奇，耳畔鼓鼓生风、嗡嗡作响是真，说雷鸣则夸张了。导游解释说，要在中午阳光曝晒下滑沙才会有雷鸣，所谓"沙岭晴鸣"，姑且信之吧。沙漠中中午骄阳似火，滑沙得赤足，沙子灼热烫脚，不知是否有人愿意在此时滑沙体验雷鸣。

敦煌鸣沙山呈马蹄形，三面环抱一沙窝，缺口向东。沙窝中有一泓清泉，形如弯月，长一百多米，最宽处五十多米，有《月牙泉歌》：

> 天地巧瘗穷荒界，半山寒泉落天外。
> 千丈万丈不知深，支分定是银河派。
> 沙山四面如玦环，纤尘未敢侵衣带。
> ……

古时有"渥洼池"的说法，有人说"渥洼"是"月牙"的讹音。月牙泉边曾立碑刻书"汉渥洼池"。汉武帝元鼎四年（前113）得神马于渥洼池，作《天马歌》：

> 太一贡兮天马下，沾赤汗兮沫流赭。
> 骋容与兮跇万里，今安匹兮龙为友。

> 太一况，天马下，沾赤汗，沫流赭。
> 志俶傥，精权奇，籋浮云，晻上驰。
> 驰容与？跇万里。今安匹？龙为友。

天马徕，从西极，涉流沙，九夷服。

天马徕，出泉水，虎脊两，化若鬼。

天马徕，历无草，径千里，循东道。

天马徕，执徐时，将摇举，谁与期？

天马徕，开远门，竦予身，逝昆仑。

天马徕，龙之媒，游阊阖，观玉台。

苏履吉，清代人，曾三任敦煌知县，作诗《月牙晓澈》：

胜地灵泉彻晓清，渥洼犹是昔知名。

一弯如月弦初上，半壁澄波镜比明。

风卷飞沙终不到，渊含止水正相生。

歇来亭畔频游玩，吸得茶香自取烹。

月牙泉旁立碑刻书"第一泉"三大字，落款为"甲戌孟秋王立成建"。碑是新建的，这个甲戌应是1994年。不知王立成何许人也。月牙泉旁有一片小小绿洲，坐落着一组建筑群，有龙王宫、雷神台、娘娘殿等，最显眼的当数月泉阁。赵朴初为阁名书匾。楼阁各层有名家书匾，正门对联："聚粒沙而成山无欺自安，汇滴水以为泉有容乃大。"门上匾书"山泉辉映"。

"月牙晓澈"点明游览的最佳时间是清晨，我游时是傍晚。当时是八月份，车到敦煌正是下午四点，我们急着去月牙泉，司机兼导游却说："不急，先休息。"到达月牙泉时，已是北京时间九点钟了，但因时差再加上高纬度地区夏天日落晚，太阳依然高挂蓝天，太阳射向地面的角度，从阴影上判断仍有二十多度的斜角，进入景区正好可以看夕阳西坠。当我们登上沙山之巅时，沙漠的暑气已散，景色迷人而气温宜人。

我们一行五人，我已经年过花甲，同事们要滑沙，要登上山头看大漠落日，我体力不济，不愿爬，因为沙山难爬，每上抬一步待脚踏实了又滑下半步。月泉阁下有茶社，我要了一壶当地特产"杏皮茶"，坐在歇来亭前等大家。背亭面泉而坐，一桌，一椅，一壶，一杯，一口一啜，一人独品。对于品茶，我是外行，但我要的就是这个"劲"。仰望日落，鸣沙山头红霞漫天，风云变幻，俯视月牙泉水面侧影的绮丽炫目，是人生难得的享受。我想起了龚玥的《月牙泉》的歌词："她是天的镜子沙漠的眼，星星沐浴的乐园。"

武昌卓刀泉

武昌卓刀泉在伏虎山下，传说关羽曾在此驻军。附近虽有湖泊，但关羽害怕遭人暗算"投毒"，不敢放心汲用，就命人在驻地内凿井穿泉。关羽用青龙偃月刀刀柄往地下一"卓"，泉水涌出，故名"卓刀泉"。这是神化关羽的传说。

根据寺内石碑记载，卓刀泉寺作为寺庙，始建于宋代，在关羽卓刀之地建御泉寺，后更名卓刀泉寺，是武昌的重要寺庙之一，香火曾经盛极一时。寺内古碑记载：

> 四周松柏缭绕，拔地参天，每当烟开日出，天朗气清，则百鸟腾声，欢如乐作，及微风披拂，而云飞涛涌，谷应山鸣，其澎湃之声，恍如万马奔驰，

杂沓而至。往往呼吸之顷，百灵变幻，莫测其端，词人骚客靡不以得睹斯泉为快。

寺庙为两进院，进山门是关圣殿，关圣殿后是大雄宝殿。寺院占地面积很大，山门与关圣殿之间很宽阔。寺院中，在中轴线主殿上供关羽者不多见。一般大型寺院，关羽作为"护法伽蓝"，多供奉在偏殿。另外，寺院中称"圣"也少见，此处显然有佛道儒三教合流的色彩。录几副关圣殿中对联。其一："天地一完人，文武才情忠义胆；古今几夫子，英雄面目圣贤心。"其二："大义秉春秋，辅汉精神悬日月；威灵在宇宙，干霄正气壮山河。"其三："扶汉仰侯功，一心一德，浩气直吞吴魏；伏魔崇帝号，乃神乃圣，明威尚震华夷。"

关圣殿后墙三座门直通大雄宝殿，关圣殿与大雄宝殿之间形成闭合四合院，院正中是井台，白玉护栏。井台正中石井沿刻书"卓刀泉"三字，是楚王朱桢题书。朱桢是明太祖朱元璋第六子，封楚王，驻地武昌。院角石碑《卓刀泉记》载："水深三丈，冬温夏冽，其色淡碧，味甘如醴，饮之可以疗疾。"井台四周刻有诗文，录二首。

其一：

寿亭侯庙镇山麓，胜迹流传许共探。
偶试茶枪尝一勺，卓刀泉水果方甘。

其二：

英雄几见称夫子，豪杰如斯乃圣人。

万古勋名垂竹帛，千秋义勇壮山河。

关圣殿后墙三座门中，正中一门用石板砌堵，刻文"古卓刀泉寺简介"，文中提到"宋制道场"，从北宋起，人们在此祭祀关羽。中门前塑关羽立像，手执青龙偃月刀，威风凛凛。中门刻对联："气挟风雷，身现大勇，桃园叙结义；志垂日月，手挥阔刀，花山涌卓泉。"中门上方墙上石刻"天下第一泉"大字，无款识，不知是何人题书。

白崇禧有对联："山别东西，前夫子后夫子；圣分文武，著春秋读春秋。"华夏共尊为圣人，人人皆敬为夫子者，唯孔子与关羽而已。而民间对关羽的崇拜甚至远远超过孔子。孔庙只有在省、府、州、县治所在地才有，而关帝庙则几乎遍布乡镇乃至村庄。雍正曰：

> 孔子祀天下学官，而关帝庙食遍薄海内外，其地自通都大邑下至山陬海隅村墟僻穷之壤，其人自贞臣贤士仰德崇义之徒，下至愚夫愚妇儿童走卒之微贱，所在崇饰庙貌，奔走祈禳，敬畏瞻依，凛然若有所见，盖孔子以圣，关帝以神。

关羽佛教称神，道教称仙，儒教称圣，人间敬为夫子，拜为财神，尊为荡魔大帝。清朝对关羽灵佑最高封号："忠义神武仁勇显威护国保民精诚绥靖翊赞宣德关圣大帝"。有一座关圣帝庙对联："儒称圣，释称佛，道称天尊，三教尽皈依，式詹庙貌长新，无人不肃然起敬；汉封侯，宋封王，明封大帝，历朝加尊号，矧是神功卓著，真可谓荡乎难名。"

呼和浩特大召寺御泉井

呼和浩特大召寺御泉井的来历，说来话长。

明太祖建立明朝时，元朝并未灭亡，元顺帝从北京退回老家漠北，元政权依然存在，史称"北元"，明朝与北元是南北对峙的。明太祖、明成祖虽多次北伐，但并未取得决定性胜利，此后明朝再无雄才大略之帝王。北元在元顺帝驾崩之后，政权处于分裂状态，宗主汗失去掌控能力，藩汗各自为政，其政治生态颇似东周春秋时期。到了明中后期，占据河套地区的藩汗土默特部崛起，统一了内蒙古西部地区，势力直达宁夏、青海。土默特部藩王俺答汗听从其妻三娘子劝告，对明朝政策做了根本性调整，归顺明朝。当时著名僧侣索南嘉措在青海传教，俺答汗和三娘子夫妇远赴青海，在仰华寺与索南嘉措会谈，改信藏传佛教，封索南嘉措为"圣识一切瓦齐尔达赖喇嘛"，意思是圣识一切的智慧如海的上师，这就是"达赖喇嘛"的由来。索南嘉措依传承关系是根敦嘉措的转世灵童，根敦朱巴是宗喀巴的弟子，宗喀巴是藏传佛教格鲁派的创立者，依传承索南嘉措为达赖三世，根敦朱巴为达赖一世，根敦嘉措为达赖二世，也就是说达赖一世、达赖二世是追封的。宗喀巴座下八大著名弟子，皆有成就，皆有传承，根敦朱巴无论从年龄还是入教次序来说都是最小的，是宗喀巴的末座弟子。至于班禅的封号则更晚，首封是四世班禅，追封的一世班禅是宗喀巴的另一弟子克珠杰。索南嘉措建议俺答汗建造大召寺，并以大召寺为中心形成城池。"召"在蒙古语中是庙宇的意思。大召寺建成，俺答汗向明朝廷上表，请求敕名，明朝廷赐名"弘慈寺"，城池敕名"归化"。

后来在归化边上又形成一个军镇式的城市，敕名"绥远"，清朝末年，两城合称"归绥市"，此即呼和浩特前名。由于归化、绥远有大汉族主义意味，新中国成立后，遵从蒙古族人民的意愿，归绥改名"呼和浩特"，蒙语意为"青色的城"。

蒙古人皈依藏传佛教是一件大事，索南嘉措驻大召寺传教，使大召寺成为蒙疆宗教中心。大召寺在蒙古人心目中有崇高地位。索南嘉措圆寂后，其转世灵童是俺答汗的曾孙，而俺答汗是成吉思汗第十七代裔孙，也就是说，四世达赖是蒙古人，而且是成吉思汗第二十代孙。四世达赖少年读书、生活的地方名"席力图召"，在大召寺边上。

到了清代，准噶尔部首领噶尔丹叛乱，康熙帝三次御驾亲征。一世章嘉呼图克图驻锡于大召寺，支持大清朝廷平叛。大召寺僧侣对清朝的支持，使康熙在政治上赢得了主动。康熙御驾亲征，平定了噶尔丹，班师回朝时，特别指定要驻跸大召寺，这是对大召寺的恩宠。康熙明白，在军事上的胜利之后，利用大召寺和藏传佛教的影响争取蒙古人的民心，是政治安定所必需的。据传，康熙帝平息噶尔丹叛乱时路过大召寺，"过此，马蹄踏地，有泉涌出，味清而甘，四时不竭"。由于此泉为皇帝御马而生，故名"御泉井"。

康熙驻跸在大召寺这一着棋是成功的，蒙古人称康熙为"曼殊师利皇帝"，意为文殊菩萨转世的皇帝。文殊菩萨在佛教中的地位非常崇高，俗世时他是释迦牟尼的老师。由此可见清朝皇帝在蒙古人心目中的尊崇地位。从此大召寺成为康熙的家庙。我游大召寺时，寺中僧侣还骄傲地宣称大召寺比北京雍和宫要高一辈，因为雍和宫是雍正家庙，而大召寺是康熙家庙。

在大召寺游览时，我发现，山门的额匾颇为特殊，匾书"九边第一泉"五个大字，匾上方小字"古无量寺"。寺门匾不以寺名为主，而以泉为主。九边者，边关九"镇"，相当于九个军区，分别是：辽东、蓟州、宣府、大同、偏头关、延绥、固原、宁夏和甘肃。书匾人是清代王用桢，导游说王用桢用棉花蘸墨书写大召寺匾。如今，大召寺是内蒙古自治区佛教协会所在地。

御泉井并不在寺内，而在寺前广场上。由于市政建设的发展，广场上建成了房舍，御泉井与大召寺被分隔了。我游览时，御泉井还得单独买票，因此游御泉井的人不多。临街有一个狭长小院，匾书"御泉井"三字。院内有一位和尚看门，正在做饭，见我们几个人看井，颇为热情，还允许我们亲手摇辘轳取水。我尝了一口井水，清凉之中有一丝甘甜。塞外地区能有此甘泉，殊为难得。

庐山谷帘泉

谷帘泉在庐山康王谷内，位于庐山西南麓，在星子县境内。

康王谷因康王在此避难而得名。历史上有两个康王——周康王和楚康王，对此处的康王是哪位康王，人们有不同的看法，不过多数人倾向于是楚康王。

谷口牌坊对联："世上无双梦，天下第一泉。"牌坊背面对联："千秋康王谷，万古陶令篇。"额书"楚风""晋韵"。

康王谷终点称为"康王古城"，是一座简易砖城。车从门洞穿过后，马路到此为止，剩下的路程只能爬山了。石头台阶很陡，登完石阶，总算看到了牌坊。

牌坊是三门四柱的石牌坊，刻书对联："桃花源甲人间胜境，谷帘水冠天下名泉。"左右额书"玄玉之膏""云华之液"，正中额书"天下第一泉"，虽无款识，但文字记载是黄庭坚题书。黄庭坚写有《西江月·茶》：

> 龙焙头纲春早，谷帘第一泉香。
> 已醺浮蚁嫩鹅黄，想见翻成雪浪。
> 兔褐金丝宝碗，松风蟹眼新汤。
> 无因更发次公狂，甘露来从仙掌。

牌坊背面对联："名泉秀谷王维画，古舍良田靖节诗。""靖节"是陶渊明的谥号。左右额书"卉木繁荣"，款"陶潜诗句"；"和风穆清"，款"黄天璧"。正中额书"天下第一泉"，落款为"赵孟頫"。赵孟頫《水帘泉》云：

> 飞天如玉帘，直下数千尺。
> 新月如帘钩，遥遥挂空碧。

看完水帘瀑布，我要继续登山，问当地人到瀑布还要多久，他笑道："我走惯了，要十分钟，你们嘛，嘿嘿！"坚持到底就是胜利，我咬牙继续登山，终于看到了瀑布，只见瀑布从数百米高的山顶泻下来，形成条条白练，铺挂在高高的山崖上。北宋王禹偁在《谷帘泉水煮茶并序》中写道：

康王谷帘泉为天下第一，水帘高三百五十丈。水之来，计程且一月矣，而其味不败，取茶煮之，浮云散雪之状，与井泉绝殊。

北宋陈舜俞《谷帘泉》云：

玉帘铺水半天垂，行客寻山到此稀。
陆羽品题真黼黻，黄州吟咏尽珠玑。
重来一酌非无分，未挈吾瓶可忍归。
终欲穷源登绝顶，带云和月弄清晖。

瀑布下方为溪谷，有石桥跨溪而过，我本可从石桥走到溪旁，用矿泉水瓶掬一瓶泉水而归，但是走路和爬山已使我体力大减，我实在无力再多带一瓶水奔波，也就作罢了。

南宋朱熹《康王谷水帘》云：

循山西北骛，崎岖几经丘。
前行荒蹊断，豁见清溪流。
一涉台殿古，再涉川原幽。
萦纡复屡渡，乃得寒岩陬。
飞泉天上来，一落散不收。
披崖日璀璨，喷壑风飕飗。
采薪爨绝品，瀹茗浇穷愁。
敬酹古陆子，何年复来游。

朱熹诗恰是我游谷帘泉的写照。一路沿溪而行，溪水水量不小，景区拟建成桃花溪漂流项目。若不是读朱熹诗，我真弄不明白我的前行方向。

苏东坡《元翰少卿宠惠谷帘水一器龙团二枚仍以新诗为》云：

> 岩垂匹练千丝落，雷起双龙万物春。
> 此水此茶俱第一，共成三绝景中人。

宋代以谷帘泉水为馈赠礼品，足见谷帘泉水之珍贵。据说泉水有八德：清、冷、香、柔、甘、净、不饐、蠲疴。而谷帘泉水八德具备。北宋喻良能《谷帘泉》称赞道：

> 此水名传自昔贤，味甘谁敢斗芳鲜。
> 一瓯雪乳初尝罢，知是人间第一泉。

称赞谷帘泉无人敢比。苏东坡《西江月·茶词》云：

> 龙焙今年绝品，谷帘自古珍泉。雪芽双井散神仙，苗裔来从北苑。
> 汤发云腴酽白，盏浮花乳轻圆。人间谁敢更争妍，斗取红窗粉面。

在"天下第一泉"牌坊旁，立碑刻书唐朝人张又新《煎茶水记》一文，文中说："（唐代刑部侍郎刘伯刍）称较水之与茶宜者，凡七等：扬子江南零水第一，无锡惠山寺石泉第二，苏州虎丘寺石泉水第三，丹阳县观音寺水第四，扬州大明寺水第五，吴松江水第六，淮水最下第七。""淮水"当指淮河源，淮河泉源在河南省桐柏县境内。

《煎茶水记》一文还转述了茶圣陆羽评泉。陆羽将泉水列为二十等："庐山康王谷水帘水第一；无锡县惠山寺石泉水第二；蕲州兰溪石下水第三；峡州扇子山下有石突然，泄水独清冷，状如龟形，俗云蛤蟆口水，第四；苏州虎丘寺石泉水第五；庐山招贤寺下方桥潭水第六；扬子江南零水第七；洪州西山瀑布水第八；唐州桐柏县淮水源第九，淮水亦佳；庐州龙池山岭水第十；丹阳县观音寺水第十一……吴松江水第十六……"

乾隆帝评泉则为：北京玉泉第一，塞上伊逊水第二，济南珍珠泉第三，镇江金山寺泉第四，无锡惠山泉和杭州虎跑泉并列第五，扬州大明寺泉第六，清凉山泉、白乳泉、苏州虎丘泉、京师碧云寺泉第七。

了解了三大家评泉，就知道了名泉名次的混乱根源。

刘伯刍与陆羽品评不同，现在流行的名泉排行以刘伯刍版为主，但是旅游资料与导游讲解说的都是陆羽版，因为茶圣名气大。

张又新是刘伯刍的女婿，唐元和九年（814）状元，曾任江州刺史，才华出众，寄趣茶道，"以为佳茶须宜佳水煎之，方显佳性"，究前人品第之泉水，逐一尝试之，著《煎茶水记》。

康王谷中有岔道，立碑书"天地桃园"，想必是通往"桃花源"景区，那里有陶渊明墓和简寂观，是道教宗师陆修静（简寂先生）修炼和羽化的地方。

天下第二泉——无锡惠山泉

　　我游锡惠公园时，正拉开架子准备照相，这时走过来一老者，他对我说："第一泉有三个，而第二泉只有一个。"其实，人们好争第一，第一泉很多，岂止三个；而天下第二泉是否别处还有，我不确定，我只来过无锡惠山泉。

　　冠名第一泉者甚多，各有理由。但是对名泉做比较，系统评泉，则与品茶有关。烹茶与用水关系十分密切，"水唤醒茶，茶成就水，好茶配好水，方得人间至味"。品茶高手对用水十分讲究，也极有研究。名家品茗评泉，感受不同，说法不一，因此就有了不同的排名。系统评泉比较有影响的有三家，分别为唐代茶圣陆羽、唐代刑部侍郎刘伯刍和清代乾隆皇帝，三者都从汲水煮茶品茗角度将泉水分等级，故而评泉就离不开品茶。陆羽和刘伯刍都将无锡惠山泉列为第二，而乾隆则将塞上伊逊水列为第二，我不知伊逊水在何处，故而本章介绍的天下第二泉只有一个，即无锡惠山泉。

陆羽在《茶经》中说："茶之为饮，发乎神农氏，闻于鲁周公。"据说"神农尝百草，日遇七十二毒，得茶而解之"。我国是茶的原产地，人们何时开始饮茶，无明确记载。"茶"字出现较晚，是从"荼"字中演化而来的。《诗经·绵》中有"堇荼如饴"。荼是一种苦菜，说明周人已经有了用荼当茶作为饮料的习俗。现在比较普遍的说法是，"茶"字的出现最早见于唐代陆羽所著《茶经》一书，这也反映了当时饮茶已经进入上层社会。唐代李白《答族侄僧中孚赠玉泉仙人掌茶》最早在诗歌中写到"茶"字。陆羽将饮茶提升为茶道，饮茶于是成为上流社会的时尚。唐代名相李德裕嗜好无锡惠山泉水，令驿站为之送水，谓之"水递"。诗人皮日休写诗讽刺：

> 丞相常思煮茗时，郡侯催发只嫌迟。
> 吴关去国三千里，莫笑杨妃爱荔枝。

这也证明了无锡惠山泉在唐代已经名重一时。

茶之饮"兴于唐而隆于宋"。宋徽宗著有《大观茶经》，大观是宋徽宗的年号。宋徽宗将无锡惠山泉列为贡品，月进百坛，据传，曾经发生过运水过程中偷换泉水的"调包"事件。政和二年（1112），宋徽宗在御花园举行茶宴，以无锡惠山泉水煮宜兴阳羡茶招待文武百官。

无锡惠山泉分上、中、下三池。上池、中池靠得较近，上池圆，中池方，体现了天圆地方的观念。上、中池之上一亭名

"二泉亭"，赵孟頫为亭题匾"天下第二泉"，并赋诗一首：

> 南朝古寺惠山前，裹茗来寻第二泉。
> 贪恋君恩当北去，野花啼鸟漫留连。

赵之题字原是木匾，挂在亭檐下，后来改为石刻，置于亭中。二泉亭始建年代不详，宋高宗曾经在此亭中品茶。

惠山泉在一个封闭的院落里，院墙刻书"天下第二泉"擘窠大字，字后跋文："赵文敏旧有此额，字不盈尺，木朽剥蚀久矣。今年十月，余以行县到惠山，慨名迹不存，幸佳书之有托，因属同年王吏部虚舟为擘窠书，勒置泉上，雍正五年冬武林包同书。"包同，武林（今杭州市）人，时任常州太守，无锡当时归常州府管辖。王吏部，指王澍，字虚舟，与包同是同科进士，在康雍年间书法独步一时。

下池与中池之间有空地，中下池之间有暗渠相通。两池之间建有"漪澜堂"，乾隆钦定堂名，取自苏东坡诗句："还将尘土足，一步漪澜堂。"出自苏东坡《游惠山》：

> 梦里五年过，觉来双鬓苍。
> 还将尘土足，一步漪澜堂。
> 俯窥松桂影，仰见鸿鹤翔。
> 炯然肝肺间，已作冰玉光。
> 虚明中有色，清净自生香。
> 还从世俗去，永与世俗忘。

堂门上对联："雪芽为我求阳羡，乳水君应饷惠泉。"对联出自苏东坡诗《次韵完夫再赠之什某已卜居毗陵与完夫有庐里之约云》：

> 柳絮飞时笋箨斑，风流二老对开关。
> 雪芽为我求阳羡，乳水君应饷惠山。
> 竹簟凉风眠昼永，玉堂制草落人间。
> 应容缓急烦闾里，桑拓聊同十亩闲。

雪芽本是唐代贡茶，此处代指茶叶。宜兴阳羡茶是北宋时的贡茶。

堂前有池，石壁上螭头伸出，泉水从螭口中汨汨流出。惠山泉唐代又称漪澜泉，惠山有"九龙十三泉"，此处是第一龙第一泉。

唐代宰相李绅《悯农》云："锄禾日当午，汗滴禾下土。谁知盘中餐，粒粒皆辛苦。"诗人曾在无锡惠山读书，他赞扬说："惠山书堂前，松竹之下，有泉甘爽，乃人间灵液，清鉴肌骨，漱开神虑。茶得此水，皆尽芳味也。"苏东坡于元丰二年（1079）调任湖州知府，经过无锡，写诗《惠山谒钱道人烹小龙团登绝顶望太湖》：

> 踏遍江南南岸山，逢山未免更留连。
> 独携天上小团月，来试人间第二泉。
> 石路萦回九龙脊，水光翻动五湖天。
> 孙登无语空归去，半岭松风万壑传。

小团月，北宋贡茶。欧阳修《归田录》说："其品精绝，谓之小团，凡二十饼重一斤，其价值金二两，然金可有而茶不可得。"皇帝不轻易赏赐，赏也是几个大臣分一饼。由于珍稀，又得自皇帝赏赐，故称"天上小团月"。在品茶众人中，只有苏东坡有资格得到赏赐，有小团月，故谓独携。苏东坡是有备而来的，他千里迢迢，踏遍青山，怀揣小团月茶来品惠山泉水，足见二泉在他心目中的分量，以及他对此次品茶机会的重视和珍惜。"孙登无语"，是指曹魏时期的隐士、竹林七贤之一的嵇康去拜访孙登，孙登始终不说话，直至嵇康临别再三恳求，孙登才说嵇康"才识高而不识时务"，劝他谨慎为人。嵇康后来被司马昭杀害了。苏东坡是以孙登自喻还是以嵇康自喻呢？或许都有吧！苏东坡才识高而不识时务，苏东坡之侍妾王朝云曾说他"一肚皮不合时宜"，被苏东坡引为知己。想学孙登，当隐士，苏东坡纵然有此意，但隐士也不是人人都当得了的，苏学士就当不了隐士！

二泉亭后倚巨石，巨石之上有一小祠堂，名"陆子祠"。陆羽曾两次住在无锡惠山寺，著文《惠山寺记》对惠山泉赞赏有加。

陆羽文章，苏东坡诗，王澍题字，为"二泉三绝"。

我曾三次游惠山泉，第三次正赶上暴雨，便在漪澜堂里避雨。公园在漪澜堂内设有文艺表演点，演员为我们演奏名曲《二泉映月》。在二泉泉畔，漪澜堂内，聆听《二泉映月》，也算是人生难得的一次经历。名曲原来无词，今人王健填词，录词如下：

　　　　听琴声悠悠，是何人在黄昏后，身背琵琶沿街
　　走？阵阵秋风，吹动着他的青衫袖；淡淡的月光，

石板路上人影瘦。步履遥遥出巷口，宛转又上小桥头。四野寂静，灯火微茫映画楼。操琴的人儿，似问知音何处有？一声低吟一回首，只见月照芦荻洲。琴音绕丛林，琴心在颤抖，声声犹如松风吼，又似泉水匆匆流，憔悴琴魂作漫游。平生事啊难回首，岁月消逝人烟留，年少青丝，转瞬已然变白头。苦伶仃，举目无亲友，风雨泥泞怎忍受，荣辱沉浮无怨尤。唯有这琴弦解离愁，晨昏常相伴，苦乐总相守，酒醒人散余韵悠。莫说壮志难酬，胸中歌千首，都为家乡山水留，天地悠悠，唯情最长久。共祝愿，五洲四海烽烟收，家家笙歌奏，年年岁岁乐无忧。纵然人似黄鹤，一杯净土惠山丘，此情绵绵不休，天涯芳草知音有，你的琴声伴着泉水流。

陆子祠旁有一道院门，楣书"竹炉山房"，是惠山寺后门。惠山泉原是惠山寺中的一个院落，如今院落分隔成两个景区。惠山泉归入惠山公园，对民众免费开放，而惠山寺和寄畅园是售票景点，需买票才能进入。

二泉之水煮茶味道甘美，但二泉水却"脾气"古怪，必须用"瓦缶盛水，炭木温火"熬茶，火爆了就不好喝了。明朝洪武年间，惠山寺住持性海和尚特制了一种竹炉，用于煮制二泉水。竹炉后来失传，乾隆令人仿制的竹炉如今存放在故宫博物院。乾隆自带西湖龙井茶，用竹炉在此煮二泉水，房舍乃命名"竹炉山房"，并赋诗"今日始得四美具"。"四美"指水美、茶叶美、器具美、环境美。"四美"是乾隆的品茶格调。乾隆将北京各皇家园林命名为"竹炉山房""竹炉山舍""竹炉居"，等等，足见乾隆对无锡惠山竹炉山房情有独钟。

竹炉山房里有乾隆御碑四通，碑原立于二泉院里，为保护文物，现已移到山房里。录乾隆御诗二首。

其一：

一泓清照镜光新，耐可含风漾细沦。
印满半轮千古月，入龙凤影数竿筠。
题名乍尔怀苏轼，肆业还因忆李绅。
笑我匆匆催骑去，岂云潇洒个中人。

其二：

惠山画麓东，冰洞喷乳糜。
江南称第二，盛名实能副。
流为方圆池，一倒石栏甃。
圆甘而方劣，此理殊难究。
对泉三间屋，朴断称雅构。
竹炉就近烹，空诸大根囿。

二泉上池水味甘，中池水味道差，原因说不清。乾隆为惠山寺题匾"江南第一山"，因此寺内有对联："大哉王言山为第一泉第二，巍然庙貌祠以教孝寺教忠。"

惠山寺紧傍"寄畅园"，园名取自王羲之《答许椽》：

取欢仁智乐，寄畅山水阴。

清冷涧下濑，历落松竹林。

王羲之还有一首《兰亭》：

三春启群品，寄畅在所因。
仰望碧天际，俯磐绿水滨。
寥朗无厓观，寓目理自陈。
大矣造化功，万殊莫不均。
群籁虽参差，适我无非新。

二泉之水经暗渠进入寄畅园，流入"八音涧"，最终注入一汪湖水，名"锦汇漪"。寄畅园以锦汇漪湖区为中心展开布局。康熙、乾隆二帝南巡多次，均驻跸在寄畅园。乾隆令匠人实绘寄畅园图纸，在北京清漪园中仿造，初名"惠山园"，即如今颐和园中之"谐趣园"。

寄畅园因园主姓秦，又名秦园，园主是秦观后裔，乃无锡望族。初始建园人是明正德年间进士秦金。秦氏在明清两代高官辈出，明朝有三朝太保、五部尚书，清朝有连科三鼎甲。

二泉水由锦汇漪再流入园外一河，沿河形成惠山横街，是无锡的一条古文化街。不少古代名人要么在横街住过，要么曾在此留下足迹，如吴越王钱镠、宋代名臣李纲等。

惠山有九个山峰，原名九龙山，有"九龙十三泉"之说。除了二泉之外，还有若冰泉、龙缝泉、罗汉泉、龙眼泉、松泉、碧露泉、滴露泉、滤泉、珠帘泉、凤泉、遂初泉和松苓泉。若冰泉在若冰洞里，位于二泉上方，它才是二泉的正源。有兴趣者游惠山公园，可以探泉。

天下第三泉

三大家评天下第三泉，茶圣陆羽说是宜昌扇子峡蛤蟆泉，刘伯刍认为是苏州虎丘泉，乾隆说是济南珍珠泉。另外，杭州虎跑泉也号称天下第三泉，宣称是出自乾隆评泉（有人说乾隆评虎跑泉第五）。还有一种说法，杭州龙井泉与杭州虎跑泉并列为第三。

本文介绍的"天下第三泉"共计以下五处：济南珍珠泉、杭州虎跑泉、杭州龙井泉、苏州虎丘泉和浠水兰溪石下泉。

济南珍珠泉

珍珠泉，乾隆评为第三泉，在济南市城区山东省人大常委会大院附近，毗临清朝山东巡抚衙门故址。

元朝张荣字世辉，济南历城人，状貌奇伟，累立战功，被封为山东行尚书省兼兵马都元帅。忽必烈封他为济南公，在他死后追封其为济南王。张荣修建王府，将珍珠泉圈入王府之内。明代成化二年（1466），明宪宗封其弟朱见潾为德王，建德王府，六代德王传承，珍珠泉都在德王府里。德王府沿袭了一百七十多年，直到明朝灭亡。到了康熙五年（1666），山东巡抚周有德修建巡抚衙门，又将珍珠泉圈入衙门大院。清朝灭亡，民国成立，山东巡抚衙门改为督军衙署。作为天下名泉的珍珠泉，近几百年来并不对游人开放。康熙、乾隆皇帝等到济南，大多住在珍珠泉院内。1979年起，这里是山东省人大常委会办公地。珍珠泉宾馆是招待所，毛主席等国家领导人到济南也住在此地。珍珠泉对游人开放，似乎是21世纪初的事情。

珍珠泉泉池为方形，长42米，宽29米。池底泉眼甚多，串串水泡从池底升起，如同串串珍珠，传说是娥皇、女英与舜帝分别时的眼泪，有诗云"娥皇女英惜别泪，化作珍珠清泉水"。清人王昶《游珍珠泉记》："泉水从沙际出，忽聚忽散，忽断忽续，忽急忽缓，日映之，大者如珠，小者如玑，皆自底以达于面，瑟瑟然，累累然。"有古诗将之比作"百尺珠帘水面铺"。池中之碑刻书"珍珠泉"之字，落款为"庚申"（1980）。

池北的御碑亭内有石刻乾隆御制诗《戊辰上巳后一日题珍珠泉》：

　　济南多名泉，岳阴水所潴。

其中孰巨擘，趵突与珍珠。

趵突固已佳，稍藉人功夫。

珍珠擅天然，创见讶仙区。

卓冠七十二，分汇大明湖。

几曲绕琼房，一泓映绮疏。

可以涤心志，可以鉴眉须。

圆流有灵孕，颗颗旋相于。

乍如厉海峤，蛟人捧出余。

又如对溟渤，三五呈方诸。

作霖仰尧题，泽物留神谟。

我来值暮春，农夫正新畬。

看彼芃芃者，欣此涓涓如。

安得符圣言，远近均沾濡。

"戊辰"是乾隆十三年（1748）。"上巳"指农历三月初三，而此诗写于三月四日。乾隆首次下江南是乾隆十六年（1751）。此次不是下江南，不知何事到济南。

康熙帝曾经三次驻跸珍珠泉并赋诗，此处录《观珍珠泉并序》：

一泓清线漾珠圆，细浪滢洄小荇牵。

偶与群臣闲依槛，堪同鱼藻入诗篇。

历代文人歌咏珍珠泉的诗歌甚多，如金代雷渊《济南珍珠泉》曰：

大地万宝藏，玄冥不敢私。

抉开青玉罅，浑浑流珠玑。

轻明疑夜光，洁白真摩尼。

风吹忽脱串，日射俄生辉。

有时如少靳，齑沸却累累。

风色媚一川，老蚌初未知。

清代蒲松龄《珍珠泉抚院观风》曰：

稷下湖山冠齐鲁，官寮胜地有佳名。

玉轮滚滚无时已，珠颗涓涓尽日生。

泡涵天影摇空壁，派作溪流绕近城。

远波旁润仍千里，直到蓬莱彻底清。

一曲寒流印斗杓，凭轩载酒尽金貂。

萍开珠串凌波上，池涌瑶光弄影消。

偶倚斜栏清睡梦，暂听哀玉静尘嚣。

扁舟月夜弹清瑟，爱近泉声舣画桡。

清人乔岳《题珍珠泉》曰：

方塘澄见底，清波沸未了。

不知含浦珠，较此孰多少？

清人黄景仁《庭下有泉，即珍珠泉，入明湖之过脉也》曰：

跳珠溅玉碧玲珑，甃石回栏录曲红。

忽现沧溟池沼内，欲回天地枯槁中。

明河影向三霄接，清泺源知一脉通。

咫尺名湖输不尽，可知有本是无穷。

这里的摩尼是宝珠之意。

清末民国时期名人杨度为珍珠泉撰对联："随地涌泉源，对澄澈一泓，莫使纤尖滓渊鉴；隔城看山色，祈庄严千佛，广施法雨惠苍生。"

杭州虎跑泉

杭州虎跑泉位于西湖南面，原在定慧禅寺里。定慧禅寺已毁，后来在废址上改建公园，称"虎跑公园"。公园大门对联："智慧照十方庄严诸法界，大慈念一切无碍如虚空。"落款为"沙门演音"。"演音"是弘一法师的法名。

进门是长长的直道，直道右侧泉水成溪，景色幽美。路旁立牌书文字："虎跑径。长松叠翠，曲径通幽，听泉水淙淙，鸟语间关，令人尽消尘念。旧时以'虎跑径长松夹道'为景致之首。"

往前有一组大型塑像，有载水马车、押车衙役、取水劳役。塑像旁人们排队取水，且自带各种容器，取水队伍甚长，但排候时间并不长。泉水从一管口中流出，流量颇大，很快便可将容器注满。"虎跑泉水沏西湖龙井茶"，杭州人真有口福。

虎跑径尽头正对"含晖亭"。亭旁有牌示文字："亭正对玉皇山。晨曦之时，阳光映亭，有朝曦散彩景致，故名。"泉水从亭旁流过，岩石刻书"吟泉"二字。亭中对联："石涧泉喧仍定静，松阴路转入清凉。"语意双关，既是扣眼前景象，也是一种禅意追求。亭后"泊云桥"，桥面边为日池、月池。在桥边听泉水叮咚，能使人定心空明。

过桥拐弯拾台阶而上，迎面影壁书"虎跑泉"三个大字，游人往往在此拍照留念。顺影壁折拐，再拾阶而上转入平道，沿院墙延伸，院墙书"天下第三泉"擘窠大字。有牌示文字："'虎跑泉清渫而甘寒，杭之圣水也。'乾隆皇帝品评天下名泉，水色晶莹、味甘冽而醇厚的虎跑泉，被其誉为天下第三泉。"

平道尽头，迎面有院门，额书"虎迹泉踪"，进门就进入了定慧禅寺旧址。寺内钟楼故址今修建济公殿；鼓楼故址建罗汉堂，堂内刻五百罗汉画像，堂四面檐下有匾，门上有对联。录匾一"行分内事"。录对联二，其一："天雨虽宽，不润无根之草；佛法虽广，难度不善之人。"其二："佛祖无奇，但作阴功不作孽；神仙有法，只生欢喜莫生愁。"钟鼓楼故址之间空地建有"叠翠轩"，轩内立碑刻书"虎跑梦泉"，落款为"赵朴初"，轩中对联："一带悬崖钟乳滴，千年藤缀石华流。"

从罗汉堂再向前，近绝壁，壁下有碑廊和滴翠轩。碑廊中有历代文人歌咏虎跑泉的诗赋，可惜字迹大多斑驳难辨。苏东坡曾经给滴翠轩题匾，原匾与原轩均已不存在。轩里有乾隆御碑书"虎跑"二字。轩贴绝壁，绝壁有洞，洞口高宽丈许，洞口上方岩刻"虎跑梦泉"四字，洞内昏暗，泉水从洞内汩汩流出。洞口塑一石虎，游人在洞前倚虎摄影留念。

绝壁上崖刻"虎移泉脉"擘窠大字，落款为"沙孟海题书"。

有小路曲折，攀可上滴翠崖顶。崖顶有大型雕塑，巨石之下有一老僧侧卧，右手支颐，长须飘飘，仙风道骨，已然入定。旁有二虎相依，一虎趴于石上，一虎立于脚下，石上刻书篆体"梦虎"二字。这老僧何人？乃唐代高僧性空大师。据《杭州西湖游览志》载：

> 虎跑泉在杭州之南大慈定慧禅院，距城十里而近。唐元和十四年，性空大师来游兹山，乐其灵气盘郁，栖禅其中，但发现山中缺水，准备离去。忽神人跪而告曰："自师之来，我等绕惠甚大，奈何弃去？南岳童子泉旋当遣二虎来移，师无虑也。"翌日，果见二虎跑（刨）山出泉，甘冽胜常。大师因留，乃建伽蓝。

神话故事是人编的，故事说虎跑泉是南岳童子泉，照此说来，杭州定慧禅寺应该与南岳有渊源！

不少文人都曾来赏泉赋诗，如苏东坡《虎跑泉》曰：

> 亭亭石塔东峰上，此老初来百神仰。
> 虎移泉眼趁行脚，龙作浪花供抚掌。
> 至今游人盥濯罢，卧听空阶环玦响。
> 故知此老如此泉，莫作人间去来想。

清代陆飞《虎跑寺汲泉试茗》曰：

白鹤峰前寺，春游及此时。

古藤盘怪蟒，断碣没穷龟。

活火看千沸，新茶试一旗。

余香四舌本，来证性空师。

苏东坡当年还在滴翠轩题匾，并赋诗《病中游祖塔院》：

紫李黄瓜村路香，乌纱白葛道衣凉。

闭门野寺松阴转，欹枕风轩客梦长。

因病得闲殊不恶，安心是药更无方。

道人不惜阶前水，借与匏樽自在尝。

后世文人游虎跑，争相奉和苏诗。此处录明代聂大年《虎跑泉和东坡韵》：

于菟跑地泉水香，醍醐入口甘露凉。

龙吞沧海军持满，僧入翠微山路长。

乾坤万古有清气，钟鼓数声闻下方。

斟泉煮茗作清供，峨眉老仙曾共尝。

康熙皇帝游虎跑，赋诗《虎跑泉》：

灵泉涌地寒侵骨，胜地名高著虎跑。

似恐被人频汲取，一泓清回出山坳。

乾隆亦有《虎跑泉》：

溯涧寻源忽得泉，淡如君子洁如仙。

余杭第一传佳品，便拾松枝烹雨前。

象教开兹泉眼开，共传跑得籍中哀。

感通亦自寻常耳，记得前身曾伏来。

　　滴翠崖顶有弘一法师灵骨塔。弘一法师，法名演音，俗
名李叔同，是中国现代史上的传奇人物，新文化运动的先驱，
于书画、音乐、戏剧造诣很深，为丰子恺、刘质平、潘天寿
等人之师，却在声名正隆的中年看破红尘，在杭州虎跑寺出
家为僧，后来成为律宗祖师，在泉州温陵养老院晚晴室圆寂。
后人依其遗言在清源山和虎跑两地分别建筑灵骨塔。

　　弘一灵骨塔寺旁有"仰止亭"，借《诗经·小雅》"高山
仰止，景行行止"一语赞赏李叔同的高尚品德。亭柱对联：
"行云流水怀高士，明月清风忆故人。"公园内有李叔同弘一
法师纪念馆。

　　滴翠崖下有济公纪念堂。济公的故事流传很广，济公原
型是南宋和尚济颠。济颠在杭州灵隐寺剃度，曾长期在净慈
寺挂单修行，最终在虎跑寺圆寂，传说是五百罗汉中的"降
龙罗汉"转生。其灵骨塔在一院内，院中围墙上有济公浮雕
像，是按游本昌扮演的济公形象雕塑的。院前是济公纪念堂，
堂内供济公像，半边脸哭，半边脸笑，是一副游戏人间的
样貌。

　　滴翠崖下有品泉阁和山泉居，是供游人品泉尝泉的场所。
品泉阁台阶下有四方泉池，桌面大小，从前是汲取泉水的地
方，如今泉池用玻璃钢罩罩住，保护起来了。泉池旁台基上
石刻"虎跑泉"三字，落款为"蜀中谭道一"。公园大门"虎

跑"二字即由此摘取，但不知谭道一何许人也。

虎跑公园原有"二分泉"，清代党振国有诗《二分泉》：

> 定慧分来玉液香，天人交口赞清凉。
> 溜穿石髓双溪合，涨入江潮一线长。
> 为有源头通岳麓，常留圣迹镇乾方。
> 虎移泉脉今重现，我与髯苏易地尝。

诗后跋文："清光绪间监院法轮重建佛祖藏殿，因取水不便，寄梦佛祖，分虎跑十分之二水于殿侧，果如愿，故名。"

杭州龙井泉

乾隆说"西湖之泉以虎跑为最，南山之茶以龙井为佳"，由于乾隆的推崇，龙井茶被列为十大名茶之首。西湖龙井茶，茶因井而得名，井因茶而名扬天下。有人将龙井泉与虎跑泉并列为天下第三泉。杭州西湖旧有十景之说，如今又有新十景之说，"龙井问茶"是西湖新十景之一。

西湖西岸有龙井路，沿此路一路南行可以到达龙井村。村口路边有石牌坊，额书"龙井"二字，石柱刻书"问山得路宜晴后，汲水烹茶正雨前"，对联取自乾隆四下江南诗作《再游龙井作》：

> 清跸重听龙井泉，明将归辔启华旃。
> 问山得路宜晴后，汲水烹茶正雨前。

入月光景真迅尔，向人花木似依然。

斯诚佳矣予无梦，天姥那希李谪仙。

坊前路边立碑刻书"龙井问茶"四字。石坊背面刻对联："夜礜泉归渥洼能致千岩雨，晓堂龙出崖石皆为一片云。"落款为"明张岱撰联"。石坊旁有牌示文字："龙井旧名龙泓，又称龙湫、龙泉，位于西湖风篁岭。古时因在此祈雨灵验，世人以为龙井与东海相通，故名。龙井旧有寺，初依老龙井而建，明正德三年（1508）移建现龙井旁。其地茂林修竹，奇石嶙峋，泉水清澈甘冽，又有神运石、涤心沼、一片云等胜迹。清乾隆帝数次来龙井寺游览品茶……"从石坊沿山路曲折而下可到龙井泉。

龙井泉池为圆形，直径大约2米，通过池旁文字说明可知，三国时葛玄和东晋时葛洪曾在此炼丹。背后有太湖石假山，刻有"龙井泉""小沧浪""鸟语泉声""龙井试茗"等文字。龙井泉旁有"听泉亭"，名虽为亭，实为曲廊，曲廊两边有"美人靠"长椅供游人休息。曲廊两端书两副对联。其一："翠接明湖青含古井，云生幽壑香度遥峰。"其二："松上落来惊鹤梦，潭中泻下杂龙吟。"

听泉亭旁有"神运石"，石旁有牌示文字："神运石高六尺许，状若游龙，后人称为神运石。古人有击石祈雨而云生之说。为乾隆御题龙井入景之一。"神运石一面刻书"神运石""太安"等字，另一面刻乾隆御诗："杰立昂然似伟人，运来闻说力由神。东坡被服夫子者，不语可曾此辨真。"落款为"庚子暮春御题"，庚子为乾隆四十五年（1780），正是乾隆第五次下江南之时。

乾隆在神运石诗中提到苏东坡与夫子，乾隆另有一诗《坐龙井上烹茶偶成》：

> 龙井新茶龙井泉，一家风味称烹煎。
> 寸芽生自烂石上，时节焙成谷雨前。
> 何必凤团夸御茗，聊因雀舌润心莲。
> 呼之欲出辩才在，笑我依然文字禅。

诗中提到了高僧辩才，苏东坡尊其为夫子。辩才是北宋高僧，退居龙井，不再出山。苏东坡常来看望他，结下友谊。苏东坡有诗《次辩才韵赋诗一首并序》：

> 此生暂寄寓，常恐名实浮。
> 我比陶令愧，师为远公优。
> 送我还过溪，溪水当逆流。
> 聊使此山人，永记二老游。

诗中序文：

> 辩才老师退居龙井，不复出入，余往见之，尝出至凤篁岭，左右惊回："远公复过虎溪矣！"辩才笑云："杜子美不云乎：'与子成二老，来往变风流。'"因作亭岭上，名之曰"过溪"，亦曰"二老"。

序文中，东坡称辩才为老师，赞其才识胜过"远公"，远公指东晋高僧慧远，居东林寺三十多年，足不过虎溪，声名远播，创立佛教净土宗。辩才则将东坡比作杜甫。而今风篁岭上"过溪亭"还在，是龙井八景之一。苏东坡有赞美杭州龙井泉的诗句"人言山佳水亦佳，下有万古蛟龙潭"。

从听泉亭沿山坡上行，有御书楼，乾隆在此题字"龙井八景"，并逐一题诗。龙井八景是：风篁岭、龙泓涧、涤心沼、一片云、过溪亭、神运石、翠峰阁和方圆庵。御书楼为二层楼房，门上匾书"湖山第一佳"，落款为"御题"。中间抱柱对联："湖山佳处留清韵，襟袍开时发浩歌。"两边抱柱对联："敲石玲珑云作谱，修篁排宕岭如弦。"

乾隆六次下江南，每次都要到龙井品茶。乾隆歌咏龙井的御制诗有八首，即"龙井八首"。乾隆将狮峰岭下的十八棵茶树封为"御茶"。他还亲自观看采茶，并作诗《观采茶作歌》：

前日采茶我不喜，率缘供览官经理。
今日采茶我爱观，吴民生计勤自然。
云栖取近跋山路，都非吏备清跸处。
无事回避出采茶，相将男妇实劳劬。
嫩荚新芽细拨挑，趁忙谷雨临明朝。
雨前价贵雨后贱，民间触目陈鸣镰。
由来贵诚不贵伪，嗟哉老幼赴时意。
敝衣粝食曾不敷，龙团凤饼真无味。

此歌作于乾隆廿二年（1757）第二次下江南时，乾隆对前次官员刻意安排不满意，此时自己随意走。乾隆后又有

《雨前茶》诗云：

> 新芽麦颗吐柔枝，水驿无芳贡骑驰。
> 记得湖西龙井谷，筠筐老幼采忙时。
> 第一泉花活火烹，越瓯湘鼎伴高清。
> 聂夷中句蓦然忆，新谷闪丝合共情。

此诗作于乾隆三十年（1765），乾隆四下江南时。乾隆四十九年（1784），乾隆以七十五岁高龄六下江南，作诗《龙井上作》：

> 记得西湖灵隐寺，春山过雨烘晴烟。
> 新芽细火刚焙好，便汲清泉竹鼎煎。

嘉庆帝也喜欢龙井茶，有御诗《烹龙井茶》：

> 我曾游西湖，寻幽至龙井。
> 径穿九里松，云起凤篁岭。
> 新茶满山蹊，名泉同汲绠。
> 芬芳溢出颊，长忆清虚境。
> 寒苑夏正长，远人寄佳茗。
> 窗前置铛炉，松明火不猛。
> 徐徐蟹眼生，隐见旗枪影。
> 芳味千里同，但觉心神境。
> 西崖步晚晖，恍若武林景。

龙井泉旁有一组建筑"清虚静泰"，抱柱对联："深谷盘回入，灵泉觱沸流。"这是供游人品茶的地方。"秀萃堂"匾为沙孟海所题。抱柱对联："泉从石出清宜冽，茶自峰生味更圆。"出自明代陈眉公诗《试茶》：

> 龙井源头问子瞻，我亦生来半近禅。
> 泉从石出清宜冽，茶自峰生味更圆。

此处是龙井问茶的地方，所谓"问茶"，即"茶博士"与客人对面而坐，当场表演焙茶，手在釜中翻炒茶叶，手法有料、带、甩、捺、拓、扣、抓、压、敲、磨等。茶叶焙得，沏茶供游人品尝，然后就是推销茶叶了。

关于如何焙茶，乾隆一下江南时曾到龙井村观察采茶作《观采茶作歌》：

> 火前嫩，火后老，惟有骑火品最好。西湖龙井旧擅名，适来试一观其道。村男接踵下屋椒，倾筐雀舌还鹰爪。地炉文火续续添，乾釜柔风旋旋炒。慢炒细焙有次第，辛苦功夫殊不少。……

苏州虎丘泉

唐代刑部侍郎刘伯刍将苏州虎丘泉评为"天下第三泉"。

虎丘塔是苏州地标式建筑，苏东坡说"虎丘乃吴中第一名胜""到苏州不游虎丘，乃憾事也！"

虎丘，又称虎阜山，山势雄奇，状似蹲虎，原名海涌山，古时海水涨潮可以直涌到山下，故名。据《史记》记载，吴王夫差葬其父阖闾于此山，白虎在山上蹲三日不去，故名虎丘。

山脚下建有牌坊，额书"吴中第一山"，是进入景区的标志。题书人贝聿铭是美籍华人，著名建筑家，祖籍苏州。牌坊往前行是"周王子吴鼎"，关于古吴国与周王朝的关系，后面会讲到。再前行是海涌桥，桥前照壁书"海涌"两个大字。虎丘三面环水，称"山塘"，山塘从桥下流过，是"十里山塘"的起点，终点是苏州阊门。白居易任苏州刺史时，曾疏浚山塘。山塘两岸小桥流水人家，商贾云集，是江南水乡风貌的代表，如同《红楼梦》所指，"红尘中一等风流之地"，还有乾隆"山塘揽胜"御碑亭。乾隆建清漪园（今颐和园）时即仿山塘建苏州街，以便皇太后在清漪园中即可观赏苏州风光。

过海涌桥，即虎阜禅寺山门，为三座拱门，称"三解脱门"，即无空门、无相门、无愿门，是寺庙大门的标准格式。正中门书对联："水绕山塘，笑旧日莺花笙歌何处；塔浮海涌，看新开图画风月无边。"左右门楣额书"山清""水秀"。门内额匾书"虎阜禅寺"，是康熙御笔。虎阜寺原名"云岩寺"，始建于东晋，司徒王珣和司徒王珉兄弟捐宅为寺。虎丘塔正名云岩寺塔，建于五代时期周显德六年（959），塔身倾斜，号称"东方斜塔"。

进门右侧是一排碑廊，碑廊刻历代名人诗赋，兹录几首如下。

颜真卿《刻清远道士诗因而继作》云：

不到东西寺，于今五十春。

朅来从旧赏，林壑宛相亲。

吴子多藏日，秦皇厌胜辰。

剑池穿万仞，磐石坐千人。

金气腾为虎，琴台化若神。

登坛仰生一，舍宅叹珣玙。

中岭分双树，回峦绝四邻。

窥临江海接，崇饰四时新。

客有神仙者，于兹雅丽陈。

名高清远峡，文聚斗牛津。

迹异心宁闲，声同质岂均。

悠然千载后，知我挹光尘。

落款为"大历五年十二月十日刑部尚书颜真卿书"。

白居易《虎丘寺路》云：

自开山寺路，水陆往来频。

银勒牵骄马，花船载丽人。

芰荷生欲遍，桃李种仍新。

好住湖堤上，长留一道春。

苏东坡《和刘孝叔会虎丘时王规甫斋素祈雨不至二首》云：

白简威犹凛，青山兴已浓。

鹤闲云作氅，驼卧草埋峰。

跽履若可教，卜邻应见容。

因公问回老，何处定相逢。

太常斋未解，不肯对纤秾。
只遣三千履，来迎十二峰。
林空答清唱，潭静写衰容。
归去瑶台路，还应月下逢。

苏东坡《九日登虎丘致爽阁》云：

江外香台霄汉间，野花秋色总漫漫。
霜寒古磬僧犹定，松老回岩鹤未还。
殿阁参差黄叶满，林泉窈窕白云闲。
重阳时节伤离花，却藉深杯一解颜。

倪瓒《己卯正月十八日与申屠彦德游虎丘得客字》云：

余适偶入城，本是山中客。
舟经二王宅，吊古览陈迹。
松阴始亭午，岚气忽敛夕。
欲去仍徘徊，题诗满苔石。

二山门供"哼哈"二将，为"断梁殿"，殿内主梁是两截对接的，在建筑结构中比较独特。殿内梁漱溟先生题匾"含真藏古"并书跋文，引用顾恺之对虎丘的评语"含真藏古，体虚穷元"。这也是老先生对自身为人的评价。

断梁殿后，游览路线分两路。一路进"拥翠山庄"，一路沿山路前行。拥翠山庄建在山脊，由"虎尾"直至"虎背"，重重院落，环环相扣，并随山势而层层升高，依次递进。园林中无水，在江南园林中独树一格，这是苏州状元洪钧为江南名妓赛金花修建的别墅。

沿山路前行，路边有"憨憨泉"。墙根立石刻书"憨憨泉"三字，是北宋吕升卿题书。墙是拥翠山庄院墙，墙上嵌碑刻书："憨憨泉，相传为南朝梁时（502—557）憨憨尊者所凿，泉水清澈……"憨憨泉一度湮没，重新疏浚它的人是名妓赛金花。

洪钧，清朝同治七年（1868）戊辰科状元，光绪十年（1884），洪钧母亡，洪钧回家乡苏州守孝，谓之"丁忧"，丁忧期间结识名妓赛金花。赛金花本名傅彩珍，即小说《孽海花》中女主人公原型。在游玩虎丘时，洪钧发现路边水草茵茵，拨开水草是古井废址，便与赛金花出资令人疏浚。光绪十三年（1887），洪钧出任俄国、德国、奥地利、荷兰四国公使。洪钧原配夫人是小脚，不愿意出国，故与赛金花约定赛金花出国以夫人身份出席社交场合，这使赛金花得以在国外邂逅德国青年武官瓦德西。洪钧于光绪十九年（1893）去世，洪氏家族不容赛金花，赛金花于是重操旧业，进入北京，后与担任八国联军司令的瓦德西再次相逢。曾朴据此写出小说《孽海花》。

继续沿山路前行，翻过一道小山梁，视线立即开阔，虎丘主要景观尽收眼底，最显眼的当数虎丘塔和"虎丘剑池"擘窠大字。这几个大字是颜真卿手笔，大字右侧是"二仙亭"，四方石亭，亭内立二石碑，分别刻画道教中的重要人物吕洞宾和陈抟像。四石柱刻书两副对联。前柱对联："昔日岳阳曾显迹，今朝虎阜再留踪。"后柱对联："梦中说梦原非梦，元里求元便是元。"传说二仙曾在此下过棋，前联是说吕洞宾曾三游岳阳楼，岳阳楼中还有吕洞宾赋诗：

> 朝游北越暮苍梧，袖里青蛇胆气粗。
> 三醉岳阳人不识，朗吟飞过洞庭湖。

道教全真教开创者王重阳自称师承吕洞宾，吕洞宾成了全真教的祖师爷。陈抟好睡，常睡百日不醒，世称"隐于睡"。陈抟下棋，似睡非睡，将一旁观棋的樵夫当作梦中人。二仙亭下，一大块岩石平坦而稍倾斜，大约可坐千人。二仙亭侧岩石上刻书"千人座"三字，篆书是明代御史大夫天水胡缵宗题书。"千人座"刻字往右，巨石突出，如同讲台，台上刻"生公讲台"篆字，是明代李阳冰题书。"生公"指东晋高僧竺道生，传说生公曾坐台上讲经，信徒千人趺坐石上听法。生公讲台再往右是白莲池，莲池中央有一石兀立，刻书"点头"二字。传说生公讲经时，讲到精妙处，连顽石都频频点头。虎丘大门碑廊刻诗：

> 海上名山即虎丘，生公遗迹至今留。
> 当年说法千人坐，曾见岩边石点头。

落款为"沧浪翁题，东坡居士书"。不知沧浪翁是何人。

"虎丘剑池"大字左侧是月洞门，门上方刻书"别有洞天"四字，出自李白《山中问答》：

问余何意栖碧山，笑而不答心自闲。

桃花流水杳然去，别有天地非人间。

穿过月洞门，即是剑池，别有一番天地。

剑池为长条形，两边崖壁垂直上下，虽久经岁月侵蚀，但细看仍可看出是人工垒砌。崖上题字甚多，右手迎面岩石上刻"风壑云泉"四个大字，是米芾题书；左侧岩上刻书鹅头篆字"剑池"二字，岩壁上嵌石书字说明是元代周伯琦题书。

在"剑池"二篆字旁，刻明代高启《阖闾墓》：

水银为海接黄泉，一穴曾劳万卒穿。

谩说深机防盗贼，难令朽骨化神仙。

空山虎去秋风后，废榭鸟啼夜月边。

地下应知无敌国，何须深藏剑三千。

高启诗中明确点出此处是阖闾墓，古人讲究事死如事生，夫差为使其父在另一世界依旧耀武扬威，用三千宝剑陪葬，沉入池中，故池名剑池。春秋时期，吴越地区的铸剑闻名，据说鱼肠剑、扁诸剑等名剑都陪葬了。《吴地记》载："阖闾墓在山中，发五郡之人作坟，铜椁三重，水银灌体，金银为坑……葬经三日，白虎蹲其山，因号虎丘。"1955年苏州园林局为修缮曾将剑池水抽干，在池底东侧发现大石堵门，专家断定是阖闾墓门。

剑池水面是恒定的，常年不涸。剑池之下是阖闾墓，那剑池之水来自何方，又流向何处？有文章指出，剑池之水源自第三泉，经暗渠流向右下方的白莲池，故而池面恒定。但是第三泉又在哪里呢？我离开导游路线，终于找到了第三泉。

"虎丘剑池"四个大字石碑是嵌入墙上的，此墙厚约五尺，墙顶实为五尺大道，直通虎丘山腰。大道尽头正对月洞门，门上方墙上刻"第三泉"三字。进入月洞门，三面崖壁如削，形成一个狭长的闭合小院，院尽头一泓池水。池北侧岩壁上刻书"第三泉"三字，落款为"芝南题书"。岩上刻字甚多，其中字迹最大且最显眼者，当数"铁华岩"三个擘窠大字，落款为"沈阳范承勋题"。铁华岩出自宋高宗《诗四首》其一：

> 入门无平田，石田穿细岭。
> 阴风生涧壑，古林翳潭井。
> 湛卢谁复见，秋水光耿耿。
> 铁花秀岩壁，杀气禁蛙黾。

范承勋是清初名臣范文程之子，康熙三十三年（1694）曾任两江总督，官至兵部尚书，加太子太保。

第三泉西壁岩顶筑亭，名"三泉亭"。我坐在三泉亭上休息，眼见五尺大道直至剑池，心中忽然明白，第三泉水由暗渠藏于五尺大道的厚墙里流入剑池，再由剑池经暗渠排入白莲池。第三泉泉水不涸，剑池水便不枯，水面恒定。吴王夫差为掩护其父的陵寝可谓费尽心机了。

从三泉亭向前走，有院门，门上书"陆羽泉"三字，进入院内有"冷泉阁"，是拥翠山庄的后院。第三泉院内有牌示文字"第三泉，唐代茶圣品评此泉，水质甘冽，味甜醇厚，为天下第三泉，亦称陆羽泉。"这牌款文字是张冠李戴了。虎丘第三泉是刘伯刍品评，与陆羽无关。元代顾瑛诗曰：

> 雪霁春泉碧，苔浸石瓷青。
> 如何陆鸿渐，不入品茶经。

诗中对陆羽未将虎丘泉列入《茶经》甚觉不平。

找寻茶圣第三泉——浠水兰溪石下泉

前文谈到虎丘第三泉并非陆羽品评。根据唐代张又新在《煎茶水记》中的转述，陆羽品评的第三泉是圻水兰溪石下泉。圻水如今分为蕲春和浠水两县，兰溪镇今属浠水县。

我从武昌驱车直奔浠水兰溪镇，打听天下第三泉，竟然无人知晓。司机按导航地图跑了几个地方都不对，我们无奈，只得重回兰溪镇吃午饭，边吃边打听。所幸有人告知清泉寺有陆羽茶泉，我以为此即第三泉。清泉寺就在兰溪镇内，距饭店不远。我再仔细打听，得知清泉寺早已不存在，故址已改为闻一多纪念馆了。反正也是探泉，先到清泉寺故址看看吧！

闻一多是浠水人，"闻一多纪念馆"是江泽民题书，馆内展出毛主席手稿影印件书："岳飞、文天祥、曾静、戴名世、瞿秋白、方志敏、邓演达、杨虎城、闻一多诸辈，以身殉志，不亦伟乎！"馆内还有周恩来、江泽民、胡锦涛等国家领导人对闻一多的评价。馆内广场塑闻一多立像，像座旁地面有铸铁盖板，板上铸"清泉井"三字，下方铸小字："掘于公元七百九十年"。也就是说盖板下方的井是唐德宗贞元六年（790）挖掘的。明代王一翥写有《清泉井》：

> 庐山传说丁仙，浠水仅留葛井。
> 尽供群僧洗钵，几度行人顾影。

在纪念馆一角竹林中，存放着石碑刻"清泉寺"三字，无款识，不知何人、何时题书，是清泉寺存留旧物。碑前放置香炉，炉中插几截残香，可见人们到此敬香，把石碑当神明供奉了。清泉寺历史上颇负盛名，历代文人游寺诗作不少。

王羲之曾经在此地习字，广场前有羲之洗笔池，池周边护栏板上刻书历代名人诗词。其中苏东坡《浣溪沙·游蕲水清泉寺》云：

> 山下兰芽短浸溪，松间沙路净无泥，潇潇暮雨
> 子规啼。
> 谁道人生无再少？门前流水尚能西！休将白发
> 唱黄鸡。

宋代魏子翁《雨中寻清泉寺》云：

> 征帆百尺舣江皋，小棹轻移到野桥。
> 为爱清泉禅境胜，不知冒雨客途遥。
> 千尊石佛藏山雾，一派珠流应海潮。
> 坐对高僧清话处，胸中尘想觉全消。

清代李恕《清泉寺》云：

地自贞元开，泉因陆羽题。
早春鸿竟去，老树鹤能栖。
华发西风乱，红尘落日低。
劳劳九往着，吾最负招提。

蕲州清泉寺在唐代很有名，刘禹锡《过清泉寺》云：

珠圃邀欢兴未赊，赛诗煮茗坐莲花。
上人我亦忘机者，敧枕相将到日斜。

诗中提到陆羽泉，泉在山脚下的一片竹林里。山崖下，一园池深不可测，清泉汇入池中，池旁立碑"陆羽茶泉"四字。宋代王禹偁有《陆羽茶泉》：

秋石封苔几尺深，试尝茶味少知音。
惟余夜半泉中月，留照先生一片心。

王禹偁另有诗《浠川八景》云：

兰清时雨和甘棠，石壁回润映塔光。
陆羽茶泉金鼎冷，右军笔沼兔毫香。
龙潭澈底明秋月，凤顶当空背夕阳。
乘得绿杨春晓兴，玉台井畔泛霞觞。

陆羽茶泉和右军笔沼同为浠川八景之一。

为了找寻陆羽茶泉，我冒昧地走进了一间办公室。一青年见我是北京老人，格外热情，亲自领我到陆羽泉边，还帮我拍照，同时明确告诉我，此陆羽泉并不是陆羽品评的天下第三泉。但第三泉具体在什么地方，他也说不好，只说距兰溪镇还有几十千米，还指出大致方位：往南走，快到长江边上了。我只好往南朝江边奔去，终于在接近长江边的一个山头上看到了"天下第三泉"五字。山头立塔，塔上支杆架书"天下第三泉"五字，这塔是当地的自来水厂水塔。

山头是临湖还是临水？我分不清。只见水面很宽，过桥有村庄，名"三泉村"，村中脏乱，有路穿过村中，勉强可以行车直达山顶。水厂中几乎无人，车直接开进了水厂大门，只有两三个年轻人在值班。我说明来意后，他们告诉我，水厂后面，山坡临水有绝壁，天下第三泉在绝壁中。

根据指点，我披荆斩棘，在无路之中攀爬，终于来到临水绝壁之顶。只见有一袖珍小亭，亭中堆满杂乱之物，亭前有香烛残迹，脚下猪粪狗屎，一片狼藉。我为了一探究竟，不嫌脏，搬开了杂物。亭中心是水泥圆柱，柱面上抹出一块平面，上面刻书文字是在水泥未干之前用硬物刻画的，书写"天下第三泉"五字，上方小字"浠水县重点文物保护单位"，下方小字"浠水县人民政府一九八四年五月二十日保护单位兰溪镇人民政府"。面对此境，我心境凄凉。脚下是临水绝壁，绝壁上的情况看不到。若要看清绝壁上的面目，需到水对面去看。

我从原路退回，过桥绕到对岸。幸亏除手机之外我还带了照相机，可以将远景拉近。我拍下了崖上刻书的"天下第三泉"大字，字下有石罅，远远望去，石罅中已经枯涸无水。至于是早就干涸还是水厂采水之后干涸的，我就不知道了。我心中虽然有几分失落，但又有几分欣慰，因为我总算是亲眼见到了陆羽品评的天下第三泉。尽管失望，但也了却了一桩心愿，不必始终牵挂，于是心里也无遗憾了。

古人对陆羽第三泉有不少歌咏。明代谭元春《舟出兰溪寻鸿渐第三泉留别美中卜公绥之》诗云：

河流明一县，斜巷屡通村。
不厌故人送，能将往迹言。
暗泉新月事，遥火新舟横。
陆子吾乡里，茶心终古存。

明代官应震《三泉潭经》云：

小径紫纤逐水开，三泉齿齿落寒梅。
盘崖竹影和云渡，扑面山光捧翠来。

可惜我所见的第三泉之落魄景象与诗中景色大相径庭。《浠水县志》载："近水面陡峭石壁上，有瓮口石穴，约深三尺，泉自其中流出，清澈见底，以水烹茶，味极甘冽。""天下第三泉"大字是游玉廷题书，游玉廷在明万历年间任过浠水知县。

天下第四泉

唐代张又新《煎茶水记》中转述陆羽评泉："峡州扇子山下有石突然，泄水独清冷，状如龟形，俗云蛤蟆口水，第四。"张又新的岳父、刑部侍郎刘伯刍评"丹阳县观音寺水第四"。而乾隆评"金山寺泉第四"。镇江金山寺中泠泉在"天下第一泉"中已经讲过了，本章讲宜昌蛤蟆泉和丹阳观音寺水。

宜昌扇子峡蛤蟆泉

南宋陆游《入蜀记》中写道：

泊石牌峡，石穴中有石如翁持鱼竿状，略无少异。九日微雪，过扇子峡，重山相映，正如屏风扇，疑以此得名。登蛤蟆碚，《水经》所载第四泉是也。蛤蟆在山麓临江，头鼻吻颔绝类，而背脊疱处尤逼真，造物之巧有如此者。自背上深入得一洞穴，石色绿润，泠泠有声自洞中出，垂蛤蟆口鼻间成水帘入江。是日即寒，崖岭有积雪，而洞温暖如春。

陆游有诗《蛤蟆碚》：

> 不肯爬沙桂树边，朵颐千古向岩前。
> 巴东峡里最初峡，天下泉中第四泉。
> 啮雪饮冰疑换骨，掬珠弄玉可忘年。
> 清游自笑何曾足，叠鼓咚咚又解船。

蛤蟆碚位于扇子峡，也称明月峡。传说月宫里的小蛤蟆因偷吃了天池中的圣水，被打入凡间，成了蛤蟆碚。从蛤蟆碚中流出的是天池圣水，有民谣："明月水，明月水，小蛤蟆吐出活宝贝。泡茶茶碗凤凰叫，煮酒酒杯白鹤飞，十里闻香人也醉。"欧阳修诗句赞云："蛤蟆喷水帘，甘液胜饮酎。"苏辙赞云："岂惟煮茗好，酿酒更无敌。"

由于担心蛤蟆泉已经没入三峡水库，我始终未下决心游览。但是，对茶圣品评的第四泉，心中总是惦记，于是我决定再走一趟宜昌，心想能见到蛤蟆泉则喜，见不到也就不再牵挂，从此死心了。

到了宜昌，的士司机不知有蛤蟆泉，在导航地图中搜索也找不到，经多方询问，得知在"三峡人家"景区里，只可乘船，说是蛤蟆泉码头已关闭，蛤蟆泉也封闭了，去了也看不到什么，没有什么意思。但是我特意奔蛤蟆泉而来，既然已经到了宜昌，那就得看个究竟，看不到泉就看看外景，即使没什么意思也看一眼，以了却心愿。

"三峡人家"是综合性旅游景点，景区很大，游览项目很多，被告之得玩一天，但我只探泉。泉在两个码头正中间，上岸后需步行半小时，所幸不必爬山。一座二层小楼贴绝壁而建，檐下匾书"天下第四泉"。门扉上挂牌书文字，介绍了蛤蟆泉的历史，提到欧阳修任夷陵县令时游扇子峡，赋诗《虾蟆碚》：

石溜吐阴崖，泉声满空谷。
能邀弄泉客，系舸留岩腹。
阴精分月窟，水味标茶录。
共约试春芽，枪旗几时绿。

枪旗，指茶。文中还提到苏辙、黄庭坚、陆游、王士禛、张之洞等都在此留下咏泉诗。

楼门紧闭，此时正好一青年人解锁开门进入，我想跟进去，却被拒绝了，被告知内部施工，谢绝参观。我只好在楼外从不同角度给泉楼拍照。刚好小伙子因事暂时离开，我趁机钻进了门里。这楼看样子是个茶楼，贴岩壁有刻岩文字，岩下有泉池。一会儿小伙子回来了，我说明了来意。或许是不好意思赶我走了，他告诉我，泉眼就在巨岩背后。楼里正在施工，没有照明，岩后黑乎乎的，什么也看不清，我用相机打闪光照了一张照片，也还是看不清。小伙子说："你过几个月再来！"我不好意思多待，就退了出来。虽然未看清，但总算是见到了蛤蟆泉，比预想的情况好得多，我心里还是美滋滋的。至少证明蛤蟆泉还在，我毕竟亲临过蛤蟆泉。

丹阳观音山玉乳泉

刘伯刍品评的天下第四泉是丹阳观音寺水，据《丹阳古今》记载，观音寺水位于丹阳城北观音山原广福寺观音殿前，东晋太元年间开凿，陈尧佐书碑"玉乳泉"，观音寺水正名为玉乳泉。陈尧佐进士及第，宋仁宗景祐四年（1037）拜同中书门下平章事，这个职务等同宰相。

宋代张履信《访丹阳玉乳泉已变昏黑因赋诗》云：

> 观音寺里泉经品，今日唯存玉乳名。
> 定是年来无陆子，甘香收入柳枝瓶。

泉水已被污染，如诗人所说，甘露被观音收入柳枝瓶了。传说乾隆游幸丹阳观音山，寺僧进第四泉水茶，乾隆并未立即品尝，而是到四周看了看，发现周围全是坟墓，于是未饮茶水，并说：泉是好泉，已成死水。

我在网上搜索，查到玉乳泉于今在丹阳建筑材料总厂内，封闭在一个小院里，已经废弃。根据这些信息，我想游玉乳泉又犹豫不决。为了不留遗憾，我还是决定到丹阳找找看，即便空跑一趟也认了。

到了丹阳，住进宾馆已是晚上，我办完住店手续，就迫不及待地打听玉乳泉。服务员是位年轻妇女，丹阳本地人，回答道："有玉乳泉小区，我小姑就住在那里，没有泉。"

第二天进早餐，见服务员是位大嫂，我又问建筑材料总厂的地点，她回答我说："是砖瓦厂，已经没有了，地点在观音山。是有一个井，当地全拆迁了，井恐怕没有了。离这里蛮远的。"我出门打车，直奔观音山。

路边有观音山路标，所谓的"山"只不过是一个小坡。我一路询问，终于在山坡的最高处发现一小院，呈曲尺形，但门户紧锁。小院紧依一栋宿舍楼，我问住户，被告知：一、宿舍是砖瓦新村，二、院内有玉乳泉，三、钥匙不知在谁手里。

我绕小院转了两圈，拍了外景照片，心想虽未见到玉乳泉真容，也足可欣慰了，天下第四泉还在，也算是保护起来了。但想想我这年近八十的老翁千里迢迢而来，不见庐山真面目，心中实有不甘，得再找找钥匙。一小卖部大婶非常热心，听我说明来意后，主动带我到小区办事处。办事处告知钥匙不在小区，但或许是被我的痴情感动，他们又主动联系了文物局，请文物局把钥匙送过来。最后文物局苏先生开车送来钥匙。也可能为我的痴情所感，看完泉之后，他还送我回到宾馆。

玉乳泉所在小院，估计有二十来米长，七八米宽。进门立碑刻书"玉乳泉"三个大字，上刻"丹阳市文物保护单位"小字。碑背面刻书："玉乳泉始建于南宋乾道六年（1170），泉水清澈，曾有天下第四泉之说。石质井栏呈八角形，高56厘米，口径45厘米，口沿有汲水绳留下的深锯痕17条，井栏'玉乳泉'三字为北宋书法家陈尧佐手书。"

井亭为半亭，井后墙嵌石刻书，亭檐下刻匾"天下第四泉"，为篆字，题书人是当代书法家顾延龙。

陆游精于茶道，自诩酒、茶、诗、友"四好"，一生作诗与茶有关者达三百多首，他称赞玉乳泉"色类牛乳，甘冷冰齿"。

明代张存赞写玉乳泉：

> 福地发灵泉，千年甃井存。
> 渊渊凝石髓，脉脉书云根。
> 晓汲银床滑，时尝玉乳浑。
> 茶经因试读，名品至今尊。

清代贺履谦《乳泉赋》赞云：

> 甘如饴兮滑且柔，羹无度兮清可枕。
> 名贤嗜兮第四品，收勿幕兮千日饮。

送我到办事处的大婶说，在没有自来水以前，这一带的人都用玉乳泉水，玉乳泉养育了观音山一方民众，如同观音，功德无量，但是当地人对"天下第四泉"宣传不够。玉乳泉被刘伯刍评为第四，而茶圣将其评为第十一等。茶圣的评价其实不低，大名鼎鼎的扬州蜀冈泉，即人称天下第五泉，茶圣只评为第十二等。的士司机告诉我，观音山周围过去是一大片湖，称"练湖"，当年吕蒙在此操练水师。丹阳是历史文化宝地，对这样的历史遗迹应该加以保护并开发利用。

天下第五泉——扬州蜀冈大明寺泉

　　按三大家评泉，陆羽评第五泉是苏州虎丘泉，乾隆评第五泉是无锡惠山泉。虎丘泉在"天下第三泉"章节，惠山泉在"天下第二泉"章节中都已介绍过了，故而本章节介绍的天下第五泉只有一个，即刘伯刍评定的扬州蜀冈大明寺泉。由于茶圣陆羽名气大，人们想当然地说是陆羽评泉。可如乾隆御诗《第五泉》所写：

　　　　有冽蜀冈上，春来玉乳新。
　　　　可识品泉者，非关姓陆人。

　　诗中明确指出蜀冈第五泉与陆羽无关。
　　蜀冈不高，却是扬州最高点。大明寺建于蜀冈上，始建于南朝刘宋孝武帝时期，因当时年号大明，故名大明寺。乾隆下江南时，恶"大明"之名，改称"法净寺"。1980年，为了迎接鉴真神像从日本回乡"省亲"，重新改回大明寺旧名。

大明寺山门左右院墙上书擘窠大字"天下第五泉""淮东第一观"，"天下第五泉"是王澍题书。王澍当时痔疮发作，难以动笔，便将无锡惠山"天下第二泉"字拓来，稍做改动成"天下第五泉"。"淮东第一观"出自北宋秦观诗《广陵五题其二次韵子由题平山堂》：

> 栋宇高开古寺间，尽数佳处入雕栏。
> 山浮海上青螺远，天转江南碧玉宽。
> 雨槛幽花滋浅泪，风卮清酒涨微澜。
> 游人若论登临美，须作淮东第一观。

乾隆第一次下江南，慕名游大明寺，并赋诗《辛未春仲平山堂》：

> 梅花才放为春寒，果见淮东第一观。
> 馥馥清风来月牖，枝枝画意入云栏。
> 蜀冈可是希吴苑，永叔何曾逊谢安。
> 更喜翠峰余积雪，平章香色助清欢。

大明寺山门前牌坊，正面额书"栖灵遗址"，背面书"丰乐名区"。蜀冈一带古称丰乐区，栖灵塔最早由隋文帝下旨修建。隋文帝自幼在寺庙中生活，由尼姑抚养，笃信佛教，称帝后得到神尼相授的一袋佛舍利，下旨在全国三十三州建塔供奉佛舍利，安栖佛灵，故名栖灵塔，后成为扬州名胜。李白有诗描述栖灵塔："万象分空界，三天接画梁。水摇金刹影，日动火珠光。"

除了李白，唐代还有很多诗人在栖灵塔留下了诗篇，如白居易《与梦得同登栖灵塔》云：

> 半月悠悠在广陵，何楼何塔不同登。
> 共怜筋力犹堪在，上到栖灵第九层。

刘禹锡《同乐天登栖灵寺塔》云：

> 步步相携不觉难，九层天外依栏干。
> 忽然笑语半天外，无限游人举眼看。

可见在唐代，栖灵塔辉煌高大，后来唐武宗灭佛，塔被焚毁了。后来又有复建和重毁，现存栖灵塔是 1995 年重建的。

除了栖灵塔之外，大明寺值得特别介绍的是鉴真纪念堂、平山堂和蜀冈泉。

鉴真大师东渡日本之前是大明寺住持。大师东渡到日本，被天皇封为"传灯法师"。天皇在奈良建唐招提寺，在鉴真圆寂前制作等身鉴真宝像，这座宝像被日本视作国宝。在鉴真圆寂后第二十个甲子周年，特意在大明寺大雄宝殿后修建鉴真纪念堂。纪念堂由梁思成设计，仿日本招提寺大唐风格。堂上所供鉴真像是仿日本神像制作的，用料和工艺也与之完全相同，用的是传统的大唐扬州工艺。1980 年，日本唐招提寺长老森本孝顺奉鉴真神像回扬州"省亲"，像前神案上供日本天皇赠送的明代宣德香炉。堂前神灯自 1980 年点燃，就再也没有熄灭。长明灯须弥座上刻书"奉献大明寺鉴真大和上宝前"，下方落款为"日本国唐招提寺八十一世孝顺"。纪念堂前走廊刻郭沫若诗：

> 鉴真盲目出东海，一片精诚点水清。
> 舍己为人传道艺，唐艺洋溢奈良城。

还有赵朴初与森本孝顺合作诗：

> 友好之心如明灯，故寺满载八重樱。
> 遗像千年归故里，友好万代发新花。

大雄宝殿前甬道西侧院门，六方形，门楣上刻书"仙人旧馆"四字，出自王勃《滕王阁序》："俨骖騑于上路，访风景于崇阿。临帝子之长洲，得天人之旧馆。"进门一院，院北为平山堂。

平山堂为欧阳修修建。欧阳修庆历五年（1045）贬滁州，作《醉翁亭记》，庆历八年（1048）加恩调扬州，在大明寺西侧建平山堂，讲学游宴。坐在堂内看江南诸山，与栏杆齐平，故名平山堂。堂后有匾曰"远山来与此堂平"。康熙游平山堂时，书匾并赋诗《平山堂》。平山堂在太平天国时毁于兵变，现存平山堂是同治年间重修的，出资人是方浚颐，时任两淮盐运使。堂正中匾"平山堂"三字就是方浚颐题书。堂上右匾"坐花载月"是马福祥书，左匾"风流宛在"是刘坤一书，两人先后任两江总督。据记载，欧阳修"每遇暑时，辄凌晨携客往游。遣人至邵伯湖取荷花千余朵，以画盆分插百许盆。与客相间，遇酒令即遣妓取花一朵传客，依次摘其叶，尽处则饮酒。往往浸夜载月而归。"堂中对联："晓起凭栏六代青山都到眼，晚来对酒二分明月正当头。"让人想到唐代徐凝《忆扬州》：

> 萧娘脸薄难胜泪，桃叶眉尖易觉愁。
> 天下三分明月夜，二分无赖是扬州。

堂前抱柱对联："湖光山色归一览，欧公坡老峙千秋。"堂中还挂有条幅，是当今书法家书写的欧公和坡老的诗词，欧阳修词《朝中措·平山堂》云：

> 平山栏槛倚晴空，山色有无中。手种堂前垂柳，
> 别来几度春风。
> 文章太守，挥毫万字，一饮千钟。行乐直须年
> 少，樽前看取衰翁。

欧阳修对平山堂情有独钟，离任扬州后依然十分怀念。多年后，欧阳修挚友刘原甫也调任扬州太守，欧阳修设宴饯行，作此词相赠。

苏东坡第三次游平山堂时，恩师欧阳修已仙逝多年。人生如梦，苏东坡既感怀恩师，也感怀自身半生宦海沉浮，作词《西江月·平山堂》：

三过平山堂下，半生弹指声中。十年不见老仙翁，壁上龙蛇飞动。

欲吊文章太守，仍歌杨柳春风。休言万事转头空，未转头时皆梦。

苏东坡诗词常有"禅"意。平山堂有徐江山集句对联："衔远山，吞长江，浩其西南诸峰，林壑尤美；送夕阳，迎素月，当春夏之交，草木际天。"集范仲淹《岳阳楼记》、欧阳修《醉翁亭记》、王禹偁《黄冈竹楼记》和苏东坡《放鹤亭记》四文中句。

平山堂两侧有"谷林堂"。苏东坡后来也曾任扬州知州，为怀念恩师而在平山堂侧建谷林堂。

谷林堂后是欧阳文忠公祠。堂匾书"六一宗风"。欧阳修自号"六一居士"，他在自著《六一居士传》中记述：

客有问曰："六一何谓也?"居士曰："吾家藏书一万卷，集录三代以来金石遗文一千卷，有琴一张，有棋一局，置老酒一壶。"客曰："是五一乎?奈何!"居士曰："似吾一翁，老于此五物之意，是不岂为六一乎!"

堂中挂欧阳修画像，乾隆为画像题诗：

是谁三黜俨图诸，太守风流忆治滁。
题咏名高宋人物，操弦韵轶古樵渔。
醉翁乐匪山林也，遗像逸真水月如。

使节新从酿泉过，依然乡井下风余。

像前对联："遗构溯欧阳，公为文章道德之宗，侑客传花，也自徜徉诗酒；名区冠淮海，我从丰乐醉翁而至，携云载鹤，更教旷览江山。"堂内还有欧阳氏族人撰对联："山与堂平，千古高风传太守；我生公后，二分明月梦扬州。"

欧阳修曾在平山堂招待挚友梅尧臣，梅尧臣作诗《大明寺平山堂》：

> 陆羽烹茶处，为堂备宴娱。
> 冈形来自蜀，山色去连吴。
> 毫发开明镜，阴晴改画图。
> 翰林能忆否，此景大梁无。

诗中点出了陆羽烹茶处，指出了泉水。大明寺壁刻唐代佚名氏谜语："一人堂堂，二曜同光，泉深尺一，点去冰旁。二人相连，不欠一边。三梁四柱烈火然，除却双勾两日全。"谜底是"大明寺水天下无比"。大明寺水，蜀冈泉，天下第五泉在平山堂西。乾隆六下江南，每次必游平山堂，品第五泉水。

富可敌国的盐商为讨圣上欢心，出资扩宽了扬州护城河的保障河，将杭州西湖和北京北海景点仿建于河两岸，以"瘦西湖"命名。乾隆乘画舫从扬州城门出发，在游玩赏景之中到达蜀冈脚下。盐商们精心整修了蜀冈泉周围的环境，构成园林，称"西苑芳圃"，又称"平山御苑"。御苑中有乾隆御碑亭，刻乾隆御诗三首，录其一《游平山堂》：

画舫轻移邗水滨，人思六一重游巡。

阴阴叶色今迎夏，衮衮花光昨饯春。

巧法底须夸激水，淳风惟是渐投薪。

江南山可平筵望，望岂因山因忆民。

蜀冈泉分上泉和下泉。上泉在冈上，开凿于南朝刘宋大明年间，当时属于大明寺下院，故名下院蜀井。此井一度湮没。到了明代，僧人沧溟找到了井的故址，发现井内有残碑书"大明禅寺"等字，组织人员重新疏浚。明嘉靖年间，巡盐御史徐九皋题书"第五泉"，刻碑立于井旁。井西有"待月亭"，井东有假山和泉池，泉水清澈，池鱼可数。上泉左右侧分别有康熙和乾隆御碑亭。

下泉在冈下，泉池甚大，池中有岛，下泉井在岛上。井上有一亭，亭顶中空，日月星光可以直照井面，寓意天地交泰，阴阳既济；顶空圆形，而井沿白玉栏方形，寓意天圆地方。亭名"美泉亭"，亭名为欧阳修题书，不过原亭已毁，现亭是后来重修的。亭旁碑刻"天下第五泉"五字，为清代道光年间王诚题书。下泉开凿于唐代景福年间，名"塔院西廊井"。苏东坡曾品评比较上下泉泉水，认为下泉"塔院西廊井胜之"。下泉井也曾经湮没，现在的下泉井是乾隆年间重新疏浚的。

历代文人留下不少歌咏第五泉的诗，如明代李沛《大明寺第五泉》云：

烽火遥山暗，招提识大明。

寻源应第一，忆旧若前生。

……

清代王士禛《第五泉》云：

> 西忆峨眉雪，高寒万里心。
> 蜀冈汲春水，犹是峡中音。

两首诗为蜀冈泉列第五鸣不平，同时暗示蜀冈泉与蜀中峨眉有渊源。我猜想蜀冈之名应该有故事传说。有"神水通楚"的神话，湖北当阳玉泉山珍珠泉水，是峨眉山玉液泉水由神人引导而来，峨眉山金顶有神水阁，阁下玉液泉，泉旁碑刻苏东坡题书"神水通楚"，神人指的是高僧智颛大师。是否也有类似将峨眉山神水经神人而引至扬州蜀冈的传说呢？蜀冈之名令人猜测。

苏辙《扬州五咏》之一《蜀井》云：

> 信脚东游十二年，甘泉香稻忆归田。
> 行逢蜀井恍如梦，试煮山茶意自便。
> 短绠不收容盗濯，红泥仍许置清鲜。
> 早知乡味胜为客，游宦何须更着鞭。

天下第六泉

三大家评泉，陆羽评"庐山招隐寺下方桥潭水第六"。唐代刘伯刍评"吴松江水第六"，而乾隆帝评扬州蜀冈大明寺泉第六。此外，上海静安寺也有井称天下第六泉。扬州大明寺泉已在前面介绍过，吴松江水具体地点不详，故而本节谈谈庐山招隐寺泉和上海静安寺泉。

庐山观音桥招隐泉

人们说"庐山之美，美在山下"。张之润有诗云"庐山外博中枯寂"。游庐山不能一个劲地往山上跑，而要山上、山下都走走，全面认识庐山。

被评为"天下第六泉"的观音桥招隐泉位于庐山脚下的栖贤谷森林公园里。栖贤谷是庐山最大的峡谷,谷中有山涧,三面环山,一面临鄱阳湖,东临五老峰,西临庐山主峰汉阳峰,风景雄奇险秀,有"小三峡"之誉。唐代李渤与兄李涉隐栖此谷读书。谷中有招贤寺,寺旁有李渤墓。李渤生前养一白鹿自娱,后人为纪念他,在此建书院,称"白鹿洞书院",为我国古代四大书院之首。

跨山涧有桥,名栖贤桥,又名三峡桥,因桥头有慈航寺,又名观音。宋代苏辙在名文《庐山栖贤寺新修僧堂记》中云:

> 谷中多大石,岌嶪相倚。水行石间,其声如雷霆,如千乘车行者,震掉不能自持,虽三峡之险不过也。故其桥曰三峡。

苏辙还有《三峡石桥》诗:

> 三峡波涛饱沂沿,过桥雷电记当年。
> 江声仿佛瞿唐口,石角参差滟滪前。
> 应有夜猿啼古木,已将秋叶作归船。
> 老僧未省游巴蜀,松下相逢问信然。

苏轼也有《栖贤三峡桥》诗:

> 吾闻太山石,积日穿线溜。
> 况此百雷霆,万世与石斗。

深行九地底，险出三峡右。

长输不尽溪，欲满无底窦。

跳波翻潜鱼，震响落飞狖。

清寒入山骨，草木尽坚瘦。

空濛烟霭间，颒洞金石奏。

弯弯飞桥出，激激半月毂。

玉渊神龙近，雨雹乱晴昼。

垂瓶得清甘，可咽不可漱。

宋代王十朋有诗云：

三峡桥边杖履游，此身疑已到夔州。

题诗欲比真三峡，深愧词源不倒流。

清代屈大均曰：

二十四潭争一桥，惊泉喷薄几时消。

一山瀑布归三峡，小小天风作海潮。

一片鄱湖九水通，茫茫吴楚有无中。

云间虽见庐山影，半壁芙蓉挂白虹。

桥侧溪畔有唐伯虎作画处，明代才子唐伯虎的名画《庐山图》就是在三峡桥取景，画上方有唐伯虎题诗：

匡庐山前三峡桥，悬流溅扑鱼龙跳。

羸骖强策不肯度，古木惨淡风萧萧。

唐伯虎极力夸张三峡桥之险，令骖马都害怕，不肯过桥。从诗中也可以看出，唐伯虎此时的心情糟透了。

桥头立碑刻书"观音桥"三大字，刻小字"全国重点文物保护单位"。同时立牌说明："是我国最早的石拱桥之一，为纵列单拱榫卯结构，长19.4米，宽4.83米，拱券高8.5米，由107块公母榫卯花岗岩扣拴而成。被人们赞为结构雄伟，神施鬼设非人力所为……"桥墩上刻书黄庭坚《栖贤桥铭》，桥拱洞中石刻"惟皇宋大中祥符七年岁次甲寅二月丁巳朔建此桥，上愿皇帝万岁，法轮常转，雨顺风调，天下民安。谨题。建州僧文秀教化建桥。"大中祥符是宋真宗年号，甲寅年是1014年，桥至今已逾千年。

宋代王阮《游三峡》云：

> 玉渊真水府，三峡跨长虹。
> 万斛镕银泻，千槌战鼓雄。
> 倚天危石立，透地密泉通。
> 四海思霖雨，龙奚久在中。

宋代魏了翁《三峡桥》云：

> 英云皓雨泻明蠲，题和人间第六泉。
> 似把谷帘从黜降，却将此水为超迁。

两首诗都点到了三峡桥旁有泉。

距观音桥桥头大约二十米有六角亭，六面砌墙。迎桥一面有门，门楣上书"天下第六泉"，门上刻对联："观音施圣水，陆子命珍泉。"亭内依岩砌池，汩汩泉水从岩中流出，泉水清澈，岩上放置水桶、漏斗等汲水器具，方便游人取水。泉池不大，池沿也不高，像一个蓄水盆，池沿上刻书"招隐寺"三字。亭前有巨石，上刻"天下第六泉"。从泉亭往前不远，路边有岩石，石上刻书"陆羽著茶经处"，因此，招隐泉又名陆羽。邹士驹《招隐泉》云：

> 龙首清泉味无穷，长流清韵此山中。
> 古今招隐何人至，只有苕溪桑苎翁。

《陆羽传》记载，陆羽隐居苕溪著述《茶经》，苕溪位于浙江湖州。陆羽自号桑苎翁，他可能也在此地生活过。

观音桥之另一端有慈航寺，观音桥之得名与慈航寺有关，从"观音施圣水"对联中可以猜到，这座桥可能有关于观音的故事传说。

慈航寺旁边是"中正行宫"，目前对游客开放。蒋介石、宋美龄夫妇登庐山之前会在此歇脚休息。在庐山登山公路修筑前，沿栖贤谷登庐山是主要路径，而观音桥是必经之地。蒋介石在此修行宫，为的是在登山之前养足精神。

景区大门有一副对联："看雄桥飞峡，金井玉渊，奇石回澜，仙潭浴月，古刹栖贤，无限风光凭领略；数茶圣著经，苏文唐画，将军铭志，蒋宋留踪，周公泽惠，如斯逸事任评说。"金井、玉渊、浴月庵、栖贤寺都是景区的景点。栖贤河谷刻有冯玉祥将军抗日誓词，抗日战争中武汉会战曾在庐山脚下发生激战。周恩来在登庐山途中遇见一位叫周桂花的牧童，周恩来资助牧童上学的故事曾载入小学课文。

我游观音桥景区时是旅游淡季，公园门口仅一人守门兼售票。我欲请导游而不可得。森林公园很大，几乎无人，除了司机与我，再也见不到人。守门人塞给我一张导游图，我照图沿河而走，在心情惴惴之中找到了观音桥，游览了招隐泉和中正行宫。我想主要目的已经达到，无人的景区显得瘆人，就不敢再向前走了，于是赶快退回，转往白鹿洞书院。

上海静安寺泉

刘伯刍评吴松江水为第六泉，但具体地点不详，在此无法介绍。除了吴松江水，我还知道上海静安寺有井称"天下第六泉"。

根据记载，静安寺始建于三国时期，初名"赤乌庵"，距今已经有1700多年历史。宋代敕名"静安寺"，原来寺内山门与大殿之间有井，被称为"天下第六泉"。上海扩建马路，占用了静安寺的一部分，第六泉作为古迹保留了下来，马路中间有井栏，有老照片为证。新中国成立后，将井填平了，第六泉也就湮灭了。

改革开放后重修静安寺，为了恢复第六泉景观，在静安寺鼓楼下开凿井，称"第六泉"。石井栏四方，井沿六方。但我没有见到与第六泉有关的任何标志，也没有见到重建第六泉的碑记一类的东西。我询问一位老和尚，他确认那就是第六泉。

叁

见证

见证古吴国兴亡之诸泉

在虎丘泉一文中谈到了阖闾墓，阖闾是吴王夫差的父亲，他将吴国带到了鼎盛期，为夫差春秋称霸打下了基础。古吴国是如何产生的？阖闾是如何当上吴王的？夫差又是如何亡国的？现借与他相关的名泉做一点介绍。

吴泰伯宅故井和泰伯陵让泉

说到吴之立国，就得谈泰伯和仲雍两兄弟。无锡市梅里镇有泰伯庙，供吴国始祖泰伯，这里是当初泰伯生活居住的地方。无锡鸿山泰伯陵是泰伯墓葬之地。《史记》中有"吴太伯世家第一"，司马迁将吴国列为第一世家，足见其对泰伯的敬重。《论语・泰伯》："泰伯其可谓至德也已矣！三以天下让，民无得而称焉。"孔子称赞泰伯三让天下又是怎么回事呢？

泰伯是周文王姬昌的大伯父，周太公的长子。据泰伯庙前的《泰伯墓碑记》中载：

> 圣人者能至天下之至情者，泰伯天下之至德也。时商末，古公亶父于岐渐蕴实力，蓄志翦商。泰伯长子，仲雍次之，及三子季历生昌，卜见祥瑞。父曰："我世当有兴者，其在昌乎！"意示传昌。泰伯与仲雍深解父意，避传位之长序，推采药，几经辗转。历经艰辛，远奔荆蛮，断发纹身，示不可用。然荆蛮义之，从而归三千余家，遂委以临其民，立国勾吴，建邑梅里。

有泰伯、仲雍兄弟的让天下，才有周文王的横空出世，从而开辟了周王朝八百年的基业。

泰伯明白父亲古公亶父看中了孙儿姬昌，有传位季历再传姬昌之意，便说服二弟仲雍，借口为父治病采药，双双出走，此即一让天下。对于泰伯兄弟的出走，古公亶父心中难过，临终交代季历一定要找回二位兄长，传位泰伯。季历找回二位兄长，《古今乐录》载："季历谓'泰伯长子也，当立'，垂涕而留之。终不肯止，遂委而去，适于勾吴。是后，季历作《哀慕歌》章，曰：'先王既徂，长郎异都。衷丧腹心，未写中怀。追念伯仲，我季如何？梧桐萋萋，生于道周。宫馆徘徊，台阁既除。何为远去，使此空虚。支骨离别，垂思南隅。瞻望荆越，涕泪交流。伯兮仲兮，逝肯来游。自非二人，谁诉此忧'。"此即二让天下。季历继位七年，被商帝太丁（纣王祖父）害死，姬昌请回二位伯父，主持完丧事之后，泰伯、仲雍兄弟再次出走，此即三让天下。

周人是后稷后裔，而后稷是尧时主持农政的官员，周人是善于农耕的部落。泰伯和仲雍奔吴，将中原地区先进的农耕技术带到了荆蛮地区，得到当地人拥戴，"遂委以临民"。泰伯庙前广场石牌坊，额书"至德高风"，对联："启荆蛮倡敦睦让王逊位无人堪匹，开伯渎教农桑立国兴邦有口皆碑。"

泰伯、仲雍兄弟第一次出走，是避让至吴山，吴山在今宝鸡境内，在岐山以西。吴山是五大镇山之一，称西镇。吴山森林公园中至今还有泰伯活动过的遗存，如泰伯庙遗址等。公园中有碑刻"荆吴祖地""伯仲初始"等。泰伯立国，国号勾吴，可能与他第一次避让至吴山有关。

"建邑梅里"，梅里是江南文化的发祥地，号称"江南第一古镇"，是吴国的国都。阖闾当上吴王后，采纳伍子胥的建议，修筑姑苏城并迁都。在姑苏建城之前的几百年里，梅里是吴国的政治中心。梅里古镇里有河名"伯渎"，是泰伯、仲雍兄弟带领荆蛮当地人开挖的人工河，有"华夏第一运河"之称。《梅里志》载：泰伯开"九泾"，排水涝，开水运，灌良田，伯渎是九泾之一。元代赵孟頫《夜泊伯渎》云：

秋满梁溪伯渎川，尽人游处独悠然。
平墟境里寻吴事，梅里河边载酒船。
桥畔柳摇灯影乱，河心波漾月光悬。
晓来莫遣催归棹，爱听渔歌处处传。

泰伯庙在伯渎河南岸，是在泰伯故居上建庙，最初建于何时已不可考。汉桓帝永兴二年（154）敕令重修，只能肯定此前已有泰伯庙。汉桓帝御制赞词"贤哉吴泰伯，庆泽弥流长"。明太祖封泰伯为神，并御制祝文："三让至德，民无可称。周基八百，由斯而成。"泰伯庙现存建筑主体是明代的。唐代皮日休《泰伯庙》云：

蛮荆古服属南荒，大圣开基辟草堂。
载造文明追二帝，尚余揖让补三王。

唐代陆蒙龟《和皮日休泰伯庙》云：

故国城荒德未荒，年年椒奠湿中堂。
迩来父子争天下，不信人间有让王。

当地民众纪念泰伯，在泰伯的生日与忌日一年两祭，举行隆重庙会。

泰伯庙前"至德名邦"牌坊，石柱风蚀斑驳，不知建于何年。坊前香花桥，桥下小溪，是当年泰伯挖沟排涝的遗存。再向前是"德鼎广场"，广场正中筑台，台上置一大鼎，谓之德鼎。德鼎是周王九鼎之一，已经失传。广场《德鼎碑记》记载，周文王继位后为感谢两位伯父恩德，特铸德鼎赠送。武王伐纣灭商，寻泰伯、仲雍后人而封之。此时吴国国君周章已是仲雍曾孙（泰伯无子），武王封周章为吴侯。吴侯周章为谢周武王封赏之恩，携德鼎至镐京向武王谢恩。此后，德鼎就成了周王九鼎之一。

泰伯庙主殿至德殿的殿中挂有康熙匾"至德无名"和乾隆御匾"三让高踪",可惜原物已毁,现物是复制品。殿中泰伯像是"让王像",冕冠蟒袍,俨然帝王。神像前对联:"至德无称,八百开基绵世泽;天伦信美,千年遗范在人间。"落款为"南海吴乾华撰"。泰伯是吴氏鼻祖,殿内还有海内外吴氏族人撰联,如:"隐德昭世名垂千秋史册,让贤奔吴功辟万古江南。"落款为"台湾高雄吴氏宗亲会"。又如:"始国忆江苏碑前遂得追根志,迁台荣栗邑海外还存慕祖心。"落款为"台湾苗栗县吴氏宗亲会"。海内外吴氏族人祭祖都要拜谒泰伯庙。泰伯立吴国,无子;泰伯薨,弟仲雍立;仲雍薨,仲雍子季简以泰伯嗣子身份继立。

至德殿前左右庑廊,是吴国历代国君以及功臣贤士的塑像。吴国从泰伯立国,至吴王夫差亡国,传25位君王,夫差是第21代孙。历代名臣中季札、伍员、孙武、专诸等都有塑像立于庑廊。

至德殿侧东跨院里有古井一口,井台角立碑刻书"泰伯宅故井"。我游览时井边放置白色塑料水桶,井绳一截还是湿的,表明刚刚用过。此井是泰伯生前使用过的实物,至今还在使用。井台前有黑色大理石四方碑,刻碑文《重修泰伯宅故井记》,落款为"韩国吴氏宗亲会"。碑文说韩国吴氏族人出资重新修缮了故井。井台后有亭,亭柱对联:"井邑依然旧山河,荆重乃是新天地。"亭后墙上刻唐代李绅的《泰伯井》:

至德今何在,平墟井有泉。

梁鸿重浚后,又历几千年。

无锡一带古时又称平墟。梁鸿其人其事，后文将谈到。李绅，唐代宰相，其诗"锄禾日当午，汗滴禾下土"妇孺皆知。

从泰伯庙往东不到 10 千米，鸿山（旧名皇山）脚下有泰伯陵，陵前牌楼五门三重楼，正中额书"第一世家"。陵园山门匾"泰伯陵"三字是吴伯雄题书，落款为"庚寅年"，即2010 年，吴伯雄时任台湾地区国民党主席。陵园甬道左右各有御碑亭一座。右亭为明建文帝御诗碑，碑上刻有《题泰伯墓东壁》：

> 远影停骖泰伯庙，瞻仰墓宇法先王。
>
> 避荆不为君臣义，采药能全父子纲。
>
> 八百周基无足贵，千年俎豆有余香。
>
> 深惭今日争天下，遗笑勾吴至德邦。

西亭为乾隆祭文，乾隆曾两次祭祀泰伯，亭中碑刻为第一次祭文。陵园四周碑廊，刻书历代帝王、名人赞颂泰伯的诗文。明代方孝孺《泰伯墓》曰："句吴三让王，采药扶纲常。忠孝一身殉，皇山土也香。"诗言志，方孝孺后来果真"忠孝一身殉"。

出陵园后门，迎面半月池，池后墓道坊，三门四柱冲天云头，额书"至德墓道"，额顶火焰珠上刻书"古皇山"三字。石柱刻对联："人间天上唱高义，古往今来歌至德。"坊后通道随山坡而上，直至享堂。享堂门上书对联："志异征诛三让两家天下，功同开辟一抔万古江南。"享堂后四方石墓碑，正面刻"泰伯墓"，侧面分别刻"泰伯墓碑记"和"重修泰伯墓碑记"，四方碑后是墓冢。墓道前半月池旁有古井一口，井沿石风蚀斑驳，刻篆字"让泉"二字。井后石碑破损，字迹模糊，依稀可辨是《重修泰伯陵让泉记铭》，碑文中说，泰伯当年率民众在此垦田，开凿此井，后人怀念让王之德，称此井为"让泉"。

泰伯宅故井和泰伯陵让泉都是泰伯生前旧物，见证了泰伯奔吴立国之艰辛。

常熟虞山仲雍墓与焦尾泉

泰伯和仲雍兄弟建立吴国后，又继续东进，将势力扩大到常熟一带，并由仲雍分管。仲雍死后葬于乌目山。仲雍又称虞仲，由于虞仲葬于此山，山名改为虞山。有人说"虞"与"吴"二字是同一字的演变，或说与泰伯、仲雍兄弟二人第一次避让至吴山有关系。仲雍又称虞仲雍，立国名吴。

虞仲墓旁有亭名"望伯亭"，而泰伯墓旁有"望虞亭"。望虞亭中立碑刻季历的《哀慕歌》，真是兄弟生死相望，手足情深。

虞仲墓在虞山辛峰上，墓道随山势而走，由山下到山头，有三道石牌坊。第一道牌坊在山脚下，临街，正面额书"敕建先贤仲雍墓门"，背面额书"清权坊"。第二道牌坊正面额书"南国友恭"，石柱对联："道中清权垂百世，行侔夷惠表千秋。"背面额书"让国同心"。牌坊旁立碑刻书"仲雍墓"三个大字，背面刻书文字："仲雍，亦名虞仲，商末古公亶父次子，与兄泰伯为让国从渭水之滨避居江南，为吴国始祖，卒葬虞山。是墓南朝梁时已具规模，现存墓区建成于明成化年间，清代多有修建。"昭明太子萧统有赋："远望仲雍，而高坟萧瑟；傍临齐女，则衰垄苍茫。"从昭明太子赋中描述可以看出，在萧梁时期就有高大的仲雍墓冢。第三道牌坊正面额书"先贤虞仲墓"，石柱对联："一时逊国难为弟，千古名山还属虞。"背面额书"至德齐光"。牌坊之后为"望伯亭"，牌坊下方是墓冢，墓碑有四块，是不同时期嵌入的，其中两块文字破损难识，另一块刻书"商逸民虞仲周公墓"，明代崇祯年间立。第四块刻书"先贤虞仲周公墓"。

虞仲墓下方有周章墓。墓前石坊额书"吴王周章墓坊"，背面额书"吴国第一君"，墓碑刻书"古吴王周章陵墓"。周章是虞仲曾孙，武王灭商后，封周章为吴侯，另封周章弟姬仲为虞侯。虞侯封地在今天山西平陆一带。春秋时期，晋献公在"假道伐虢"后，回师就将虞国灭了，在囚车中感叹"唇亡齿寒"的虞侯就是姬仲的后人。周章得到周武王册封，才算正式立国，故称吴国第一君。仲雍仍有"商逸民""先贤"的称谓；至于泰伯，则没有任何称谓。

与虞仲墓道相伴而行的是言子墓道，言子即言偃，是孔子唯一的南方弟子。墓道上第二道牌坊额书"道启东南""灵萃勾吴"，是乾隆御笔。墓道上有御碑亭，亭中有康熙书匾"文开吴会"。在祭祀孔子的孔庙大成殿内，有十二位先哲陪祀，其中言子在列，可见言子在孔门弟子中有特殊地位。

虞山上名人墓茔不少，如黄公望、王石谷、钱谦益、柳如是、翁同龢等，足见常熟是人才辈出之地。

"书台积雪"是虞山十八景之一。辛峰之下有读书台公园，南朝昭明太子萧统曾在此读书。小山丘上筑有一亭，亭中有元代碑刻"读书台"，墙上嵌石刻昭明太子像。读书台旁的"游文书院"还是翁同龢少年时期的读书地，翁同龢之父翁心存曾在此任教。翁心存后官至大学士、太子太保。

读书台土丘之下，有焦尾泉，泉池在竹林掩映之下。拨开竹枝，岩石上刻书"焦尾泉"三字，是叶圣陶题书。焦尾泉后筑有廊轩，书匾"焦尾轩"也是叶圣陶所题。中国古代有四大名琴：齐桓公的"号钟"、楚庄王的"绕梁"、司马相如的"绿绮"和蔡邕的"焦尾"。焦尾泉即因蔡邕在此制作焦尾琴而得名。

《后汉书·蔡邕列传》记载：汉灵帝时，蔡邕数次上书陈言，忤上旨意，"虑卒不免，乃亡命江海，元迹吴会"。吴有人烧桐以炊者，蔡邕闻火烈声知其良木，因请之，削以为琴，果有美声，因其尾焦而起名焦尾琴。

常熟城中至今仍保留地名"炊桐巷"。蔡邕在辛峰下制琴，伴泉而居，泉因名琴而扬名。读书台公园虽不大，但因昭明太子曾在此读书，又因有焦尾泉，公园成为常熟的一处名胜。常熟又称"琴城"，说明与古琴渊源极深。源出虞山等处的七条溪水流入城中，注入一湖，湖名"琴湖"，七条溪水如同琴之七弦，有的尚存，有的湮没，但"三琴街""五琴街"等地名至今保留，故而常熟人自豪地称常熟城为"琴川"。常熟人爱琴，虞山派是古琴演奏中的重要流派，影响很大，被视为"古音正宗"。

由于琴湖使这一片区域旱涝保收，人们谓之"常熟之田"，此为"常熟"地名之由来。

鸿山三墓与鸿泉井

前面在讲述泰伯庙时曾提到赵孟𫖯诗句"秋满梁溪伯渎川，游人尽处独悠然"，李绅诗句"梁鸿重浚后，又历几千年"，这些都是称赞梁鸿的。梁溪至今仍存在，是梁鸿带头组织人员挖掘的沟渠，后人怀念梁鸿，故称之为梁溪。

梁鸿是何许人也？"举案齐眉"说的是一对夫妇互敬互爱的故事，主人公就是梁鸿和孟光夫妇。梁鸿是东汉名士，曾游邙山而作《五噫歌》：

> 陟彼北邙兮，噫！顾瞻帝京兮，噫！宫阙崔嵬兮，噫！民之劬劳兮，噫！辽辽未央兮，噫！

汉章帝认为此歌讽刺了朝廷，于是下旨缉拿梁鸿。梁鸿夫妻避难江南，隐居于无锡鸿山（原名皇山）。他虽无官职，却带领当地民众做了很多好事，比如挖掘梁溪、疏浚泰伯井等。他率领民众在皇山垦田，寻找水源，见山坡一处绿草茵茵，乃掘地出泉，人称鸿泉。梁鸿崇拜专诸与要离两位侠士，死后与二人葬在一起，三墓成品字形。唐高宗永徽二年（651），为了表彰梁鸿，唐高宗下旨将皇山改名鸿山。鸿山三墓是无锡市文物保护单位。

侠士专诸用鱼肠剑刺死吴王僚的故事人尽皆知。专诸刺死吴王僚后，当场被吴王僚的卫士剁成肉酱。公子光登上王位，将专诸埋葬在皇山上，距泰伯墓不远，这对专诸来说是一种荣誉。

公子光发动政变，登上了王位，选择的是吴国内部空虚的机会。当时吴楚两国交战，吴王僚派两位弟弟领兵伐楚。吴王僚被杀害后，公子庆忌逃亡到卫国，招兵买马，准备反扑。《吴越春秋》载，阖闾（即公子光）亲口说："庆忌之勇，世所闻也。筋骨果劲，万人莫敌。走追奔兽，手接飞鸟，骨腾肉飞。附骨数百里。吾尝追之于江，四马驰不及也！"庆忌号称吴国第一勇士，是阖闾的心腹大患。阖闾面临内忧外患，吴国民众也将陷于战争血光之灾的凶境。

此时剑客要离毛遂自荐，对阖闾说："王有意邪，吾可除之（庆忌）。"阖闾与要离合演了苦肉计，阖闾与要离比剑，要离误伤阖闾，阖闾怒斩要离一臂，还斩杀了要离妻小，独臂要离投奔庆忌，获得了庆忌的信任。正当庆忌率师反扑之时，要离乘机杀死了庆忌。吴王阖闾要奖赏要离，要离说："我杀庆忌并不是为了求赏，而是为吴国百姓不受战争之苦。"要离随后自杀。阖闾将要离与专诸葬在一处。古代四大刺客有种说法是要离、专诸、聂政、荆轲，要离侠名第一。后世文人多借要离抒发侠士豪情。如陆游的《月下醉题》：

黄鹄飞鸣未免饥，此身自笑欲何之。
闭门种菜英雄老，弹铗思鱼富贵迟。
生拟入山随李广，死当穿冢近要离。
一樽强醉南楼月，感慨长吟恐过悲。

清代王士禛《题尤展成新乐府》云：

千金匕首土花斑，儿女恩仇事等闲。
他日与君论剑术，要离冢畔买青山。

鸿山之墓是品字形的，专诸墓在前居东，要离墓居西，梁鸿墓居后。梁鸿墓是夫妻合葬墓，墓碑刻书"汉高士梁伯鸾暨孟夫人墓"，落款为"民国三十二年仲春，梁溪后裔夔永率子子兰、文、赓、贤敬立"。墓碑两侧面刻对联："五噫仰清风，德邻恰近让皇墓；一抔留古迹，旧地重新高士坟。"清代诗人过澍芳《鸿山吊古》云：

> 要离侠兮鸾清高，遗踪仿佛惟蓬蒿。
> 英雄冷落樵牧污，难禁湿泪沾襟袍。

鸿山之墓虽然被列为无锡市文物保护单位，但知道的人很少。我一路打听，无人知晓，甚至有人觉得新鲜："竟然还有这种地方。"游览泰伯陵时，我仍不甘心，试着问守陵人，巧的是守陵人此前在三墓附近工作过，但他声言"没人带路你们找不到"。我求他带路，他欣然答应了。我在泰伯陵中仔细游览，耐心等他下班。鸿山之墓下有梁鸿纪念堂，纪念堂门上挂着锁，带路的守陵人知道守门人家的住处，去寻人却不见，非常遗憾。进不了纪念堂内，我只能从门缝里朝内看一眼。

梁鸿在鸿山掘出清泉，人们怀念梁鸿，称之为"鸿泉"，并在清泉处建祠纪念，初称"栖隐堂"。明代才子文徵明游纪念堂，改其名为"鸿隐堂"，亲笔题匾并赋诗：

> 秋满皇山菊自开，提壶携伴踏青苔。
> 梁鸿宅里寻高迹，泰伯陵间看德碑。

纪念堂分前后两进,前厅是祭祀的享堂,后厅是梁鸿、孟光夫妻寝室。前后厅之间是小院,俗称"天井",鸿泉就在天井中。鸿隐堂20世纪80年代重修过,可能修缮质量低劣,从外表上看已经破败不堪。明代莫止《梁鸿宅》写道:

> 幽人去千载,井臼乃依然。
> 为诵五噫歌,云山渺无边。

梁鸿生前著述已佚,唯有《五噫歌》传世,以及"举案齐眉"的佳话为后人传颂,但他在民间做了大量善事,人们忘不了他,皇山改名鸿山就是明证。鸿山之墓与鸿隐堂之间有泉池,我想此池与鸿泉之水应该同源,就当此泉池是鸿泉吧。鸿泉陪伴专诸与要离,见证了吴王宫中骨肉相残的历史。

江阴延陵季子庙和九里沸泉

专诸用鱼肠剑刺死了吴王僚,使吴公子光登上了王位。这场血腥宫廷政变的来由与一个人有关系,这个人就是延陵季子,即季札。

吴国虽是泰伯、仲雍后裔,从血脉而言,是周王朝正脉,但始终被排斥在华夏文明之外,被视作蛮夷之邦,这是历代吴国国君所不甘心的。寿梦正式称王后,派公子季札出使中原各国,季札在中原留传贤名。《史记》中对季札出使中原各国有大量记载。

吴王寿梦有四子,依次为诸樊、余祭、夷昧和季札。寿梦欲传位季札，季札不受。寿梦遗言：王位由诸樊而余祭，再至夷昧，终至季札。夷昧死，季札仍然不受，王位便传给夷昧子姬僚。诸樊长子姬光心中不甘，认为"正嫡也，当立"。而吴王僚对公子光也时时防范。公子光在伍子胥的协助策划下，终于在吴王僚十二年（前515）找到了下手机会，派刺客刺死了吴王僚，夺取了王位。

而此时，吴楚交战，吴王僚已派季札出使晋国，观察中原各国的动向。也就是说，公子光夺取王位时，季札不在国内，但季札的态度对阖闾而言是至关重要的，关系到他的夺权是否合法，是否被王族接受，是否被国人认可。《史记》记载了季札从晋国回到吴国的表现：

> 王召季子，季子至，曰："苟先君无废祀，民人无废主。社稷有幸，乃吾君也。吾敢谁怨乎？哀死事生，以待天命。非我生乱，立者从之。先人之道也。"复命，哭僚墓，复位以待。

司马迁记述了季札以国家社稷为重的德范，"立者从之，先人之道也"，既然已经立了，就得去服从，这是祖先传下的规矩，不要去抱怨君主，而应当哀死事生。他在吴王僚墓前哭祭一番，返回朝堂，站在自己应该站的位置，等待新君训示。此后季札回到自己的封地隐居，再也不过问朝政。季札对法理与道义做了切割，虽然从道义上不赞成骨肉相残的政变，但在法理上又以大局为重，为了吴国的政局安定，承认现实。据说，季札活了一百多岁。

季札被尊为"三大德"之一。第一大德是泰伯"至德"，是季札的先祖；第二大德我猜想应该是周公。季札想学先祖泰伯，做一个让位的贤人，然而遗憾的是，他的让位却导致了骨肉相残。这虽然不是季札造成的，却又与他有关系。

延陵是季札的封地，因而季札也称"延陵季子"。今天江苏丹阳市有延陵镇，延陵镇九里村有季子庙，季子庙正殿下有季子墓。当然，另有一种说法认为九里村是季子祠，而季子墓另在别处，本文不再讨论。

季子庙临季河，河上有座建于明代的拱桥，是江苏省文物保护单位。季子庙进山门迎面有块石碑，字迹斑驳难辨，石碑左右嵌石刻对联："千秋功德勒珉石，百代福祉贻子孙。"落款有"道光八年"字样。过山门，左右庑廊，正中二层楼阁，刻书"嘉贤庙"三字，款识"宋哲宗元祐三年敕封，岁次辛巳秋重立"。这个辛巳年应该是 2001 年。宋哲宗将季子祠赐名"嘉贤庙"，当地民众尊称季子为"嘉贤大帝"。庙里有碑，碑文《宋元祐戊辰九月敕赐嘉贤庙》曰：

> 朕闻，春秋之时有吴公子讳季札者，深仁熟义，乐道养廉，能让千乘之国，退耕延陵之地，是以铢视轩冕，尘视珠玉，清风足以竦万古之人心，高节可以励千载之愚俗，礼宜褒宠，以善风化，特赐为嘉贤庙。仍敕密迩郡邑血食，以荣亡灵。

可惜原碑已毁，现碑为复制。

正殿重檐歇山顶，檐下匾书"至德重光"，意思是乃祖泰伯的精神再现。庙中最珍贵的当数十字碑亭，亭中立孔子书碑。孔子知季子之美德，敬仰无比，特亲笔为他写了碑文

"呜呼有吴延陵君子之墓"，十个篆字铭刻在墓碑上，字迹古朴遒劲，确为书法中之瑰宝，虽经千载风雨沧桑，不掩孔子褒奖之情。碑的背面有唐代书法家张从申书写的碑文，此碑在"文革"中得九里村人民的全力保护才幸免于难，1982年被江苏省人民政府定为省级重点文物保护单位。碑下方有文字，虽然碑下部残缺，字迹模糊，但看残字并参考有关记载，可以明白其大意：孔子题碑，唐玄宗令殷仲容摹拓，到了唐代宗大历十四年（779），润州（今镇江）刺史萧定见季子庙毁坏严重，重修季子庙，按殷仲容拓本重刻墓碑。萧定撰文《重修季子庙记》，由张从申书丹刻于碑阴。这残缺跋文落款是"张从申题书"。字迹虽残，但"玄宗""殷仲容""大历十四年""萧定"等字仍清晰可辨。

宋代梅尧臣《夫子篆》诗云：

> 季札墓傍碑，古称尼父篆。
> 始沿春秋义，十字固莫浅。
> 磨敲任牧童，侵剥因野藓。
> 嗟尔后之人，万言书不显。

诗中描述，看到牧童磨鼓，风雨野草侵蚀十字碑，诗人心疼不已，告诫后人要好好保护，墓碑的重要意义万言也说不完。可是在"文革"之中，若非当地农民将其埋入土中保护，墓碑将毁坏得荡然无存，比磨敲风蚀严重多了。

梅尧臣另有诗《季子庙》写出了季子庙的荒废：

> 信如季子贤，自昔知能几。

依约有荒祠，寂寥无奠筵。

坏梁生湿菌，古木凭山鬼。

英灵岂顾兹，青史辞亹亹。

　　季子庙东南大约二百米，有沸井六口，三清三浊。井口之间的距离只有一尺多，可是六口井井水的颜色却各不相同，口味也各不相同，有的如啤酒，有的如可乐，有的如雪碧。井台旁立石碑分别刻书"九里沸泉""天下奇观"。另有碑文："季子庙前的沸井，乃是天古地造。千载沸腾不休，颇为壮观。夜晚万籁俱寂，可闻沸泉腾奏之声，犹如音乐入耳。"另据有关记载，季子庙前沸井近百口，如今仅存六口。

　　瞻仰季子庙，游览九里沸泉，颇有感慨：季庙复兴，石碑重光。嘉贤大帝，香火绵长。九里沸泉，阅尽沧桑。季子德范，世代颂扬。

苏州灵岩寺吴王井等泉

　　灵岩山是吴中第一高峰，当年馆娃宫就建在灵岩山上。白居易写有《灵岩寺》：

馆娃宫畔千年寺，水阔云多客到稀。

闻说春来更惆怅，百花深处一僧归。

　　诗中点出了灵岩寺在馆娃宫旧址。

　　唐代陈羽《吴城览古》云：

吴王旧国水烟空，香径无人兰叶红。

春色似怜歌舞地，年年先发馆娃宫。

诗中表达了诗人对馆娃宫成为废墟的哀叹。

灵岩寺最早建于东晋。山脚下登山路口立石牌坊，正中额书"灵岩山寺"，左右额书"佛教圣地""净土道场"。石柱刻对联："十方众生称念万德洪名升净土，三宝弟子勤修福慧贞洁度群蒙。"对联中的念佛法门与净土道场是一致的。牌坊旁有牌示文字说明，灵岩寺原为天台宗寺院，净土宗禅师印光法师 1937 年至灵岩寺开辟道场，皈依弟子遍布海内外，从此寺归净土宗。

寺庙在山顶上，山顶有佛塔多宝塔。塔前是智积殿，殿内正中刻智积画像，像上方匾书"智积殿"，是赵朴初题书。寺内有《重修灵岩寺碑记》，碑文载"寺建于晋代，智积开山"。多宝佛是东方宝净世界教主，五如来之一，天台宗以《法华经》为主要经典，故而又称法华宗。《法华经》奉尊东方多宝琉璃佛为主佛之一，智积菩萨是多宝佛的胁侍。传说"智积菩萨"曾在此显灵，而山有灵性与之互动，故称灵岩山。天台宗崇尚东方，尊多宝佛；净土宗崇尚西方，尊阿弥陀佛。后来天台宗、净土宗有合流趋势，称"教为天台，行归净土"。天台宗的东方崇拜一度广泛传播，如颜真卿书《大唐西京千福寺多宝佛塔感应碑》，作为标准楷书习字帖广泛使用，表明多宝佛塔曾经相当普及。

灵岩山极顶有智积井，六方井栏。智积菩萨，又名辩积菩萨，一种说法认为他是东方多宝琉璃佛的胁侍，另一种说法说他是东方阿閦佛的前身。智积殿里有对联："证法华而来灵山，追随多宝塔中佛；现色身以医陆弟，愍念阎浮世上人。"据说灵岩寺僧人在进午膳时念"南无现身血像智积菩萨"。据说唐代开元年间宰相陆象先的弟弟生病，多方医治无效。一游方僧口含清水喷在他身上，他的病就好了。陆家欲奖赏僧人，僧人不受，说"往灵岩寺见我"。陆象先弟后来专程到灵岩寺，遍寻僧侣而不得，抬头忽然见壁上画像正是此僧，而画像乃智积菩萨也。当时灵岩寺已经破败不堪，陆家便捐资重修庙宇。明代《姑苏志》载："梁天监中，灵岩山初造寺，有异僧负钵而入，长身鬣面，相貌奇古。众莫之省。逾三日，以墨自图其形于殿东北壁，黎明不知所在，众始惊异。无何，有僧人顾其画愕曰：'此西土智积菩萨也。'"

智积井旁有吴王井，井护栏圆形，直径大约三米，护栏壁上刻书"吴王井"三字。此井是否是吴王夫差建馆娃宫的遗存呢？吴王井旁有泉池，岩刻"玩月池"三字。吴王井下方有方池，池壁刻书"玩花池"。池中央立石塔，方形须弥座，座四侧刻书文字，似乎是佛经故事。相传西施曾经在此二池玩花、玩月。

登山半山道上有洞，洞口刻书"观音洞"，洞口长宽均在三米以上，洞内深逾五米，塑观音金身像，似乎是鱼篮观音，洞前建殿阁。

吴王夫差宠爱西施，穷尽国力修建馆娃宫，金柱玉槛，铺响屧之廊，即在架空地板之下埋置大缸，廊上轻歌曼舞，廊下声音共鸣，音色动人。沉溺在这轻歌曼舞之间，吴王夫差也走向了身死国灭的道路。清代蒋仕铨《响屧廊》云：

不重雄封重艳情，遗踪犹自慕倾城。

怜伊几两平生屐，踏碎山河是此声。

唐代李白《乌栖曲》云：

姑苏台上乌栖时，吴王宫里醉西施。
吴歌楚舞欢未毕，青山欲衔半边日。
银箭金壶漏水多，起看秋月坠江波。
东方渐高奈乐何！

唐代皮日休《馆娃宫怀古》云：

半夜娃宫作战场，血腥犹杂宴时香。
西施不及烧残蜡，犹为君王泣数行。

诗中写到越国攻打吴国，夫差逃出姑苏，既未将西施带走，也未将西施处死，反映了夫差的复杂心态。夫差天生情种，也算铮铮男儿，输得起，没有迁怒于西施。后来，夫差往其老家无锡方向撤退，在浒墅关被包围，自杀后被葬于阳山。

那么夫差将西施留给了越军，结局如何呢？现今人们多相信西施与范蠡双隐双栖，有情人终成眷属。还有一种说法认为西施被勾践淹死在水中，古人信此说者大有人在。《墨子》中说"西施之沉，其美也；吴起之裂，其事也"，可见墨子也认为西施是被沉入水中了。

无论西施结局如何，她都是后人津津乐道的话题。李白《西施》云：

西施越溪女，出自苎萝山。

秀色掩今古，荷花羞玉颜。

浣纱弄碧水，自与清波闲。

皓齿信难开，沉吟碧云间。

勾践征绝艳，扬蛾入吴关。

提携馆娃宫，杳渺讵可攀。

一破夫差国，千秋竟不还。

西施结果如何，李白卖了个关子，没有明说。唐代皮日休《馆娃宫怀古》云：

响屧廊中金玉步，采蘋山上绮罗身。

不知水葬今何处，溪月弯弯欲效颦。

唐代李商隐《景阳井》云：

景阳宫井剩堪悲，不尽龙鸾誓死期。

肠断吴王宫外水，浊泥犹得葬西施。

诗歌说贵妃张丽华在景阳宫旁被斩首了，结局还不如西施，西施虽然被淹死了，但好歹也是个完整尸首呢。

正史之中并无关于西施的记载，但对范蠡的行踪是有记载的。《史记》中写得明白，攻入姑苏后，范蠡并未立即归隐，而是继续带兵北上，辅助勾践夺得霸主地位，被封为"大将军"之后才隐退，因此不可能与西施双隐双栖。隐退后的范蠡成为富商，人称陶朱公，生有三子。司马迁也未提三子之母是西施。

我认为勾践处死西施更符合勾践的性格，符合帝王之心术。勾践在吴国给吴王当马夫，为表忠心尝夫差的粪便，给夫差诊断病情，这些自己沦为奴隶的情景，西施就是见证人，他决不能留活口。

灵岩寺后院还有一泓清泉，位于绝壁之下。石上岩刻"洗砚池"三字，是范仲淹题书。范仲淹是吴县（今苏州）人，从题"洗砚池"三字猜测，他早年可能曾在此读书。岩石上方有乾隆御笔刻书"灵岩"两个大字，旁边刻小字："云来云去池边留塔影，烟凝烟伴林外注湖光。"

登上灵岩山极顶，北望吴中第一名胜虎丘剑池阖闾墓，西望阳山难以寻觅夫差墓冢，南望太湖水光波渺之中，不知西施水葬何处？我想起李白的《苏台览古》：

　　旧苑荒台杨柳新，菱歌清唱不胜春。
　　只今惟有西江月，曾照吴王宫里人。

我想吴王井和西施玩月池也曾照到吴王宫里人吧！

美女与泉

昭君故里楠木井和娘娘泉

昭君故里在湖北省宜兴市兴山县昭君镇。长江的一条支流——香溪流经此处，溪水分东、西二源，二源汇合处即昭君故里，今名昭君村。昭君村背靠纱帽山，钟灵毓秀，风景如画。据说香溪之名与昭君有关。香溪中有一种水母色如桃花，人称桃花水母，是昭君离别时胭脂眼泪滴入溪中变化而成，溪水因昭君而生香色，故名香溪。香溪西溪是正源，位于木鱼镇西南，源头在神农峰主峰下，水量很大。溪水从岩石下涌出，岩石上刻书"香溪源"三字。按照地理学上对河源的定义，凡是河源，一定是泉。

进入村口，溪岸原有"昭君浣纱处"刻字，我第一次游览时见过，此次重游却找不到了。请教村里人才知道，由于筑三峡大坝，香溪水位上涨，刻字已经没入水中了。唐代张泌《妆楼记》说："昭君临水而居，恒于溪中浣手，溪水尽香。"清代陶澍写有《昭君村》：

　　薄雨匀山黛，村容上晓妆。
　　昭君浣纱处，溪水至今香。
　　波镜秋磨月，岩花晚破霜。
　　紫台应有梦，归佩绕郎当。

村头有照壁，正面书"昭君村"三个大字，乃郭沫若题书；照壁背面刻《昭君村记》，文中介绍，因惜年代久远，风雨剥蚀，昭君宅形制无存，遂有明代重修事。根据同治年间《兴县志》记载，"昭君宅汉建，久废。明成祖永乐十三年重建"。

我第一次游览时，昭君故宅是明代风格建筑，虽然与周边新扩建的汉代风格不协调，但总算给人一种老旧遗物的印象。此次重游，故宅面目大变，全体为新建的仿汉建筑，仅存一碑与第一次游览时相同，碑文"汉昭君王嫱故里"，落款为"大清光绪十二年正月吉日立"。

村中岩刻杜甫诗《咏怀古迹》：

　　群山万壑赴荆门，生长明妃尚有村。
　　一去紫台连朔漠，独留青冢向黄昏。
　　画图省识春风面，环珮空归月夜魂。

千载琵琶作胡语，分明怨恨曲中论。

苏轼作有《昭君村》：

昭君本楚人，艳色照江水。

楚人不敢娶，谓是汉妃子。

谁知去乡国，万里为胡鬼。

《古诗源》录有王昭君自作诗《怨诗》：

秋木萋萋，其叶萎黄。

有鸟处山，集于苞桑。

养育毛羽，形容生光。

既得升云，上游曲房。

离宫绝旷，身体摧藏。

志念抑沉，不得颉颃。

虽得委食，心有徊徨。

我独伊何，来往变常。

翩翩之燕，远集西羌。

高山峨峨，河水泱泱。

父兮母兮，道阻悠长。

呜呼哀哉，忧心恻伤。

北周文学家庾信《昭君辞应诏》云：

敛眉光禄塞，还望夫人城。

片片红颜落，双双泪眼生。

冰河牵马渡，雪路抱鞍行。

胡风入骨冷，夜月照心明。

方调琴上曲，变入胡笳声。

唐代戴叔伦《昭君词》云：

汉家宫阙梦中归，几度毡房泪湿衣。

惆怅不如边雁影，秋风犹得向南飞。

上面的诗歌大多描述了昭君的哀怨。昭君故宅里有紫竹苑，苑里有诗廊，此处的诗歌则多为歌咏昭君和亲的重大贡献，而现代文人也是称颂昭君主动和亲，何怨之有？村中醒目的地方刻有唐代张仲素《王昭君》：

仙娥今下嫁，骄子自同和。

剑戟归田尽，牛羊绕塞多。

清人有诗《咏王昭君》：

闺阁堪垂世，明妃冠汉宫。

一身归朔漠，数代靖兵戎。

若以功名论，几与霍卫同。

人皆悲嫁远，我独羡遭逢。

纵使承恩宠，焉能得始终。

至今青冢在，绝城赋秋风。

董必武诗《谒昭君墓》:

昭君自有千秋在，胡汉和亲见识高。
词客各挢胸臆㵐，舞文弄墨总徒劳。

文人墨客对昭君有不同的感咏，尤其是当代，多赞颂她主动和亲，是为民族团结做出重大贡献的功臣。"历史是任人打扮的少女"，昭君也是任人打扮的美人。

根据《昭君村记》文中介绍，昭君宅不远处有楠木井、娘娘井、桃花渡、浣纱处、琵琶桥、烽火台、三字崖等诸多遗址遗迹。桃花渡、浣纱处、琵琶桥因三峡水库而没入水中，三字崖和烽火台在纱帽山上，娘娘泉和楠木井夹杂在昭君村民居之中。

娘娘泉在山崖之下，山石半环抱，外接石护栏圈围，形成泉池，泉水外溢，漫游地上，须铺砖垫脚才可走近泉池。泉池中插有水管，将水引到远方。泉池上方置碑书"娘娘泉"三字，泉池下方汇成水池，水池大小不到半亩地，长方形。池东为爬山走廊，池南为敞轩，池西为台阶走道，池北有平房两楹，高居水池之上。临池一排窗户，可临窗观池，此两楹房舍似乎为私人酒店。再登台阶而上，可以到昭君村街道。泉池四周风景秀丽，环境优雅。泉池旁有立碑刻书介绍娘娘泉文字："娘娘泉位于昭君故宅东南数百步处，相传，王昭君幼年曾在此掘井不成，她远嫁漠北，被封为'宁胡阏氏'的那一天，这里的岩缝间突然冒出一股泉水，呈串珠状涌出，汇入岩间石凳旁一近似小潭的方形池中。人们说这是昭君出塞的造化，她成了阏氏，还不忘家乡父老。'娘娘泉'因此而得名。"

娘娘泉泉水碧澄甘美，有药草香，夏不枯竭，冬不结冰，饮之润腹，犹如琼浆。有饮其水"生美女"之传说。

楠木井在村街路旁，一院落甚是破败，院角立木牌书"古汉井"三字。院落地面杂乱，水溢遍地。院一角有水井，井沿呈六方棱镜形，略高出地面，水从井沿溢出，水质清澈。院墙角立碑，碑下方书"楠木井"三个大字，上方书碑文《楠木井记》："楠木井，相传为王昭君与村民凿井汲水之处，其间，因井中嵌有楠木而得名。井中楠木传说来自西蜀峨眉，其坚如磐，千年不朽，遇泉水而发郁香。其水清冽，终年不竭，并随四季而变凉热。驻足留芳，躬身取水，顿生思古之情。楠木井是王昭君在出塞前在故乡尚存的遗迹之一……"我原来不知"楠木井"三字是何人题书，后来才知是郭沫若夫人于立群所题，三个苍劲的隶书颇具功力。

杨贵妃与临潼华清池

华清池在西安临潼区骊山脚下，是一处温泉，古称骊山汤，后因唐玄宗在此建华清宫而改名华清池。

骊山山形似马，骊是青色的马。传说女娲坐骑为骊马，西北天破，女娲炼石补天，同时，西北地也裂缝喷火，骊马奋不顾身，投入裂缝之中，扑灭了地火，骊马也化作了骊山。骊山的守护神骊山老母就是女娲娘娘的化身。小说《薛丁山征西》中的樊梨花就自称是骊山老母的弟子。骊马化作骊山，把地火扑灭了，但是余热尚存，烧热了地下水，形成温泉，这就是华清池温泉的故事传说。

最初，周幽王在此修建了骊宫，"烽火戏诸侯"就发生在骊山脚下。骊山上有烽火台遗址，《史记》中记载"遂杀幽王骊山下，虏褒姒，尽取周赂而去"。周幽王墓在临潼县代王镇。幽王宠褒姒，建骊山汤，把政治活动中心也移到了骊山，幽王国破身死，褒姒被犬戎掳走后，不堪凌辱，投缳自尽了。唐代胡曾诗曰："锦绣围中称国母，腥膻队里作番婆。到头不免投缳苦，争似为妃快乐多。"郭沫若诗曰："骊山云树郁苍苍，历尽周秦与汉唐。一脉温汤流日夜，几抔荒冢掩皇王。"

秦始皇在骊山建骊山汤。《辛氏三秦记》载："骊山西有汤泉。俗云，始皇与神女戏，不以礼，女唾之，则生疮。始皇怖谢，神女为出温泉。"汉武帝、隋文帝都在此建离宫。

唐太宗在此建"汤泉宫"，太宗沐浴的汤池名"星辰汤"。一种说法是汤池的形状如北斗，故名星辰汤。铭文中说"未若兹泉，近怡情性者矣。朕以忧劳积虑，风疾屡婴，每濯患于斯源，不移时而获损"。唐太宗长年军旅生活，患有风湿症，多亏温泉治疗，唐太宗赞骊山温泉为"金浆玉液""可以怡神驻寿"。

唐玄宗在天宝年间将汤泉宫改名华清宫。北魏元苌《温泉颂》："盖温泉者，乃自然之经方，天地之元医，出于河渭之南，泄于丽山之下。渊华玉澈，心清万仞。"北周王褒《温汤铭》说"飞流莹心，华清驻老"。唐玄宗笃信道教，追求长生不老，"华清驻老"符合他的心愿，故而将行宫取名华清宫。

经唐玄宗扩建的华清宫占地面积一百多万平方米，是故宫面积的一倍多，从新丰县城可以直达骊山半山腰。唐代单士元《华清宫》云：

> 骊岫接新丰，苕峣驾翠宫。
> 凿山开秘殿，隐雾闭仙宫。
> 绛阙犹栖凤，雕梁尚带虹。
> 温泉曾浴日，华馆旧迎风。

骊山上建"老君阁"供奉太上老君，"长生殿"是玄宗祈神养生的地方，"朝元阁"是酒宴歌舞的地方。李唐王朝的皇帝自称是老子李聃的后裔，封老子为"太上玄元皇帝"。唐玄宗和杨玉环曾经在骊山盟誓："七月七日长生殿，夜半无人私语时。在天愿作比翼鸟，在地愿为连理枝。"山脚下有温泉，唐玄宗沐浴"九龙莲花汤"，杨玉环沐浴"海棠汤"。每年十月，唐玄宗偕杨贵妃率文武大臣到华清宫避寒，直到次年春暖花开才回转长安城，华清宫成了大唐帝国的"冬宫"。李商隐《骊山有感》写道："骊岫飞泉泛暖香，九龙呵护玉莲房。平明每幸长生殿，不从金舆惟寿王。"寿王李瑁是唐玄宗第十八子，杨玉环原是寿王妃。董必武游华清池作诗："依旧骊山兀老苍，自来史迹颇荒唐。始皇大冢埋劳役，天宝清池浣寿王。"但人们将唐玄宗与杨玉环的荒唐歌颂成"大唐至爱"。白居易《长恨歌》："回眸一笑百媚生，六宫粉黛无颜色。春寒赐浴华清池，温泉水滑洗凝脂。侍儿扶起娇无力，始是新承恩泽时。"杨玉环新承恩泽时的身份是寿王妃，这对至爱实际上是公公与儿媳之间的乱伦。

有一词语叫"禄山之爪"，起源于安禄山在杨贵妃身上乱摸。安禄山是胡人，身体肥胖却善于胡旋舞，与杨贵妃合跳胡旋舞深得玄宗赞许。后来，五十多岁的安禄山认三十多岁的杨玉环为母。安禄山生日后的第三天，杨玉环还搞出为"禄儿洗三"的丑剧，史书记载"后三日，召禄山入禁中，以锦被为大襁褓，裹禄山，使宫人以彩舆舁之。上闻后宫欢笑，问其故，左右以贵妃三日洗禄儿对。上自往观之，喜……尽欢而罢。自是禄山入宫掖不禁……颇有丑闻于外，上亦不疑也"。玄宗宠信安禄山，让他兼任三个节度使。有人举报安禄山欲造反，唐玄宗派中使辅缪琳以赠橘为名到渔阳走了一遭，得到贿赂的中使返京帮安禄山说好话，唐玄宗也就放心了。当安禄山造反的消息传到骊山，唐玄宗还不相信，还在华清宫里待了一周，直到安禄山兵逼洛阳才转回长安。杜牧经过骊山华清宫，有感而作《过华清宫绝句三首》。

其一：

长安回望绣成堆，山顶千门次第开。

一骑红尘妃子笑，无人知是荔枝来。

其二：

新丰绿树起黄埃，数骑渔阳探使回。

霓裳一曲千峰上，舞破中原始下来。

其三：

万国笙歌醉太平，倚天楼殿月分明。

云中乱拍禄山舞，风过重峦下笑声。

诗一是说驿站为杨贵妃送荔枝，诗二是说辅缪琳从渔阳返回报平安，诗三是嘲讽唐玄宗的荒淫误国。

20世纪80年代，临潼县政府曾对华清宫进行考古发掘，发现西周时期的陶瓦和管道，遗址布局与史料记载符合，后在遗址上仿唐朝式样修建了星辰汤、莲花汤、海棠汤等展馆。园中建有诗碑，刻唐玄宗和杨贵妃的诗歌，其中有唐玄宗《温泉言志》：

> 桂殿与山连，兰汤涌自然。
> 阴崖含秀色，温谷吐潺湲。
> 绩为蠲邪著，功因养正宣。
> 愿言将亿兆，同此共昌延。

杨玉环《赠张云容舞》云：

> 罗袖动香香不已，红蕖袅袅秋烟里。
> 轻云岭上乍摇风，嫩柳池边初拂水。

张云容是当时梨园弟子中的佼佼者。梨园遗址在华清宫里，是唐玄宗训练歌姬的地方，至今人称戏剧界为梨园行，唐玄宗还被戏曲界尊为祖师爷。

唐玄宗在逃往四川的途中，到达马嵬坡时"六军不发"，士兵称不处死杨玉环就不走了。杨玉环乃被缢死，一代国色，玉殒香消。大权旁落、当上太上皇的李隆基最终也在悲哀中死去，"天长地久有时尽，此恨绵绵无绝期"。

在马嵬坡，杨玉环到底死没死呢？有各种传说，白居易

《长恨歌》也暗示"马嵬坡下泥土中，不见玉颜空死处"。在兵变中被缢死的杨玉环被草草埋葬，一年多后，回銮的唐玄宗已是太上皇，他准备重新安葬杨玉环，开棺时却发现是空棺。我曾游览马嵬坡杨贵妃墓，墓前石碑文字提到重新改葬时尸骨已化，只存衣物，现存的贵妃墓实为衣冠冢。我个人倾向于马嵬兵变中杨玉环并没有死，兵荒马乱之中，唐玄宗用障眼法糊弄了哗变的将士。历史的结果是作为贵妃的杨玉环死了，作为自然人的杨玉环去了哪里就不重要了，就让各种版本的传说流传去吧！

安史之乱以后，唐帝王不再临幸华清宫。唐以后，国家政治中心东移，华清宫成为废墟，华清池也湮灭了，虽然温泉泉眼仍在，但汤池的具体位置就说不清了。往事越千年，清朝光绪年间，江南人士沈家桢任临潼知县，穿凿附会杨玉环的故事，采用江南园林技法修建园林，园内有温泉池，称"贵妃池"，园林名"环园"。慈禧西逃至西安，曾在贵妃池沐浴；西安事变中，宋美龄也曾经在池中沐浴。1957 年，梅兰芳题书"杨妃池"。从考古发掘看，杨妃池与玄宗的九龙汤、杨贵妃的海棠汤毫无关系。

环园一面依高坡，高坡之上是"五间厅"，西安事变时，蒋介石就下榻在五间厅里。五间厅里的陈设依然保持着当年的模样，门框、窗户、墙上弹痕累累。西安事变时，兵谏部队与蒋介石卫队有激烈交火。第二天凌晨，兵谏部队搜山，在山腰处找到了蒋介石，其藏身处只有一人多高，有一个浅浅的山窝，此处山崖上现刻书"蒋介石藏身处"六个大字。1945 年，胡宗南在此修筑纪念亭，名"正气亭"。山崖上有不少题刻，可惜都被铲除掉了。新中国成立后，此亭被称作

"捉蒋亭"，改革开放后改称"兵谏亭"。

骊山温泉的泉眼有四处，水温恒温 40℃，水量充沛。苏东坡《骊山三绝句》云：

> 功成惟欲善持盈，可叹前王恃太平。
> 辛苦骊山山下土，阿房才废又华清。

骊山汤、华清池、杨妃池见证了几千年的民族兴衰，正如唐太宗《温泉铭》中说："无宵无旦与日月同流，不盈不虚将天地而齐固。"

莫愁女与南京莫愁泉

南京莫愁湖公园以"莫愁烟雨"号称"金陵四十八景"之首，是一处风景绝佳的旅游胜地。莫愁湖因莫愁女而得名，莫愁女是南朝梁武帝时美女，莫愁湖畔的郁金堂相传是莫愁女故宅。

莫愁湖南岸有一座院落，门楣上书"华严庵"，从名字上猜测，这里应曾是尼姑庵堂。一进院门，有一座造型奇特的太湖石，形状如孔雀开屏，其功用相当于影壁。

院落里正房是胜棋楼。檐下匾"胜棋楼"三字，是梅启照题书。梅是咸丰二年（1852）进士，同治八年（1869）任江宁布政使，同治十年（1871）重修胜棋楼并题匾，后官至兵部右侍郎、内阁学士，为洋务派重要人物。门柱对联："粉黛江山留得半湖烟雨，王侯事业都如一局棋枰。"著名湘军将领彭玉麟给胜棋楼题对联:"王者五百年,湖山具有英雄气;春光二三月,莺花合是美人魂。"晚清名人俞樾题对联:"占全湖绿水芙蕖,胜国君臣棋一局;看终古雕梁玳瑁,卢家庭院燕双栖。"

胜棋楼前立碑刻书文字:

胜棋楼建于明代洪武年间,复建于清同治十年(1871)。此楼原为明太祖朱元璋与中山王徐达弈棋之处。相传,徐达棋艺超群,而每与太祖对弈,徐恐犯欺君罪,均佯以失子而告终,太祖深知其秘,不责也。一日二人复来此对弈,朱示徐尽使其艺,以决高低。此局至晨弈至午后,胜负未决时,太祖连吃徐方二子,自以为胜券在握。徐曰:"请皇上细看全局。"太祖至徐达一侧细细观察,始见徐以棋力巧布"万岁"二字。至此,朱元璋始服徐达棋艺实较己为高,乘兴将此楼连同莫愁湖赐于徐达,以彰徐达建国功勋。此即胜棋楼名来历也。楼上中堂北壁挂有明太祖朱元璋画像,南端挂有徐达画像,正门与中堂间即为朱元璋徐达对弈之处。陈慎之书。

从胜棋楼的故事可以看出徐达为人之低调与谨慎。我似乎有所醒悟,明太祖杀尽功臣,唯独徐达幸免,从胜棋楼中或许可以找到原因。

胜棋楼之西为郁金堂,门楣上书"莫愁女故居",堂匾是刘海棠题书。郁金堂西侧是闭合小院,小院东墙有月洞门,可通郁金堂。月洞门上刻书"到此莫愁"。院内南部有亭,院中部为荷花池，池北房名赏荷轩。荷花池中塑莫愁女像，莫愁女手挽桑篮，豆蔻年华，亭亭玉立。朱自清先生当年见此塑像，叹曰："仙乎，仙乎！"

莫愁女的故事有多种版本，我介绍的莫愁女是这样的：

莫愁女，南朝梁武帝时期人，祖籍洛阳，随父亲流落到金陵，父死，卖身葬父，嫁入卢家，与丈夫卢永秋夫妻恩爱，居郁金堂。近邻有尼姑庵，莫愁女与尼姑小翠偶有来往。小翠曾是梁武帝郗皇后宫女，郗皇后薨，小翠为尼，其实是梁武帝外宠。一日莫愁到尼姑庵，见庵内坐一男士，色眯眯地看着她，她说了一声"告辞"，就一溜烟地跑了。此人正是梁武帝。丧魂失魄的梁武帝轻吟："莫愁莫愁，倩影难留。轻风消逝，令我生愁。如斯佳丽，安得无求。"从此，灾难接二连三地降临卢家，先是卢永秋被征兵发往边疆，然后是卢永秋死于戍边，接着是卢员外获罪问斩，最后是诏书要莫愁女入宫。终于明白了真相的莫愁女在郁金堂后投湖自杀了。

逼死了莫愁女的梁武帝还恬不知耻地写了《河中之水歌》：

> 河中之水向东流，洛阳女儿名莫愁。
> 莫愁十三能织绮，十四采桑南陌头。
> 十五嫁为卢家妇，十六生儿字阿侯。
> 卢家兰室桂为梁，中有郁金苏合香。
> 头上金钗十二行，足下丝履五文章。
> 珊瑚挂镜烂生光，平头奴子擎履箱。
> 人生富贵何所望，恨不早嫁东家王。

这首诗就题刻在小院东墙上。

郁金堂与胜棋楼共一前院，院西南角有一古井。井后倚院角有太湖石造景，造景中立莫愁女石塑小像。井后红木牌上刻书文字，大意是说莫愁泉水可以使肌肤细嫩光滑，故此，莫愁泉又称为美人泉。

张丽华与南京胭脂井

张丽华是南朝陈后主陈叔宝的宠妃，胭脂井如今在南京鸡鸣寺内。南北朝时，这里是皇帝禁城，即台城所在地，城内有景阳殿。

隋军攻破建康城，隋将韩擒虎率军直逼台城皇宫。走投无路的陈后主和张丽华、孔贵嫔躲入景阳殿水井之中。唐代杜牧作《台城曲二首》，其一：

> 整整复斜斜，隋旗簇晚沙。
> 门外韩擒虎，楼头张丽华。
> 谁怜容足地，却羡井中蛙。

传说由于井上涂染了美人的胭脂，美人的胭脂泪水将井水染成了胭脂色，景阳井就有了胭脂井的名称。有诗云："泪痕滴透绿苔香，回首宫中已夕阳。万里河山天不管，只留一井属君王。"攻入台城的隋兵四处搜索陈后主，后来在景阳井中发现了他们。隋兵打捞时感觉特别沉重，出井发现是陈后主、张贵妃和孔贵嫔三人紧紧抱作一团。

抓到陈后主，平陈将领杨广、李渊等人都赶到了现场。杨广见张丽华美貌，有留活人之意。《说唐》小说里讲到，李渊声言："陈亡，皆此妖妇也。"为防夜长梦多，将张丽华、孔贵嫔在景阳宫井旁就地斩首了。唐李商隐写有《景阳井》："景阳宫井剩堪悲，不尽龙鸾誓死期。肠断吴王宫外水，浊泥犹得葬西施。"陈后主与张丽华或许有但愿同死的誓言，如今生离死别，张丽华被当场斩首，而陈后主作为亡国之君被押往北方。诗意是说张丽华之凄惨胜过西施，西施虽然被沉入了水中，但好歹还有浊泥埋葬完整尸身。

《说唐》开篇第一回就讲述了杨广领兵平陈，李渊在胭脂井边将张丽华斩首。我少年时看小说、听评书，崇拜十八条好汉，也对胭脂井和张丽华留下了较深印象。我记得第一次游胭脂井很偶然。那次我到南京公干，空闲时逛鸡鸣寺，登上山顶后，不想原路返回，就走了另外一条路下山，下山时到半山腰，周围颇荒芜，忽见"古胭脂井"四字碑刻，碑前有古井一口，我当即眼睛一亮。我之前只知道有胭脂井，但不知在南京何处，更不知古井是否存在，今日一见，真是"得来全不费工夫"。多年后我重游鸡鸣寺，发现胭脂井已经改建。井置于亭中，亭立于院中，院里新建房舍，我猜测是素餐馆。这里是佛教素食起源地。鸡鸣寺在南朝梁武帝时称同泰寺，梁武帝在同泰寺下"禁荤令"，禁止天下僧侣食荤腥，从此僧尼严格素食。不过，井似乎不在原处，而是挪动了位置，因为井亭井沿石都是新的。亭后的碑石也不是古物，是1988年立的碑。

张丽华是历史上著名的美人，《陈书·张贵妃传》记载："发长七尺，鬓黑如漆，其光可鉴。特敏慧，有神采，进止闲暇，容色端丽。每瞻视盼睐，光采溢目，照映左右。"陈后主将张丽华宠为贵妃，立张丽华之子为太子。张丽华不但姿色艳丽，还善于歌舞。张丽华小脚，体态轻盈，妙歌曼舞，陈后主每每击节曰："此步步生莲也！"陈后主修建"结绮楼""临春阁"，供张丽华居住、歌舞。陈后主风流潇洒，才华横溢，精通音律，他谱舞曲并填词《玉树后庭花》：

> 丽宇芳林对高阁，新装艳质本倾城。
> 映户凝娇乍不进，出帷含态笑相迎。
> 妖姬脸似花含露，玉树流光照后庭。
> 花开花落不长久，落红满地归寂中。

即便隋军已经兵临城下，结绮楼中的歌舞依旧夜以继日，楼中人晨昏颠倒，"璧月夜夜满，琼树朝朝新"。后人将《玉树后庭花》视作亡国之音。杜牧《泊秦淮》中写道：

> 烟笼寒水月笼沙，夜泊秦淮近酒家。
> 商女不知亡国恨，隔江犹唱后庭花。

赵孟頫步杜牧韵《绝句》云：

> 溪头月色白如沙，近水楼台一万家。
> 谁向夜深吹玉笛，伤心莫听后庭花。

元代杨维桢《漫兴七首》之三：

长城女儿双结丫，陈皇宅前第一家。

生来不识古井怨，唱得后主后庭花。

对于陈后主陈叔宝的昏聩，史书多有记载。《陈书》说："后主生深宫之中，长妇人之手，既属邦国殄瘁，不知稼穑艰难……复扇淫奢之风。宾礼诸公，唯寄情于文酒，昵近小人，皆委之以衡轴……"当隋军将至，后主对侍臣曰："王气在此！齐兵三来，周军二至，无不摧毁，隋又何为者！"唐李商隐《陈后宫》："侵夜鸾开镜，迎冬雉献裘。从臣皆半醉，天子正无愁。"《陈书》载："后主怠于政，百司启奏……后主置贵妃于膝上，共决之。"当隋军攻入城门的告急文书送到宫中时，酒酣之中的陈后主将文书扔到床下，便沉睡不起。清代宗元鼎《吴中曲》："璧月庭花夜夜重，隋兵已断曲河冲。丽华膝上能多记，偏忘床前告急封。"当隋军将皇宫围困时，陈后主带着张丽华躲进了景阳宫。唐代许浑《陈宫怨》："地雄山险水悠悠，不信隋兵到石头。玉树后庭花一曲，与君同上景阳楼。"

陈后主死后，隋朝给予其谥号"炀"。凑巧的是，杨广领兵平定了陈国，当上太子，后来做了皇帝，死后谥号也是"炀"。《谥法》中说："去礼远众曰炀，好内远礼曰炀，好大怠政曰炀，肆行劳神曰炀"。《隋遗录》载："尚唤帝为殿下。后主戴轻纱皂帻，青绰袖，长裾，绿锦纯绿紫纹方平履。舞女数十许，罗侍左右。中一人迥美，帝屡目之。后主云：'殿下不识此人耶？即丽华也。……'俄以绿文测海蠡，酌红梁新酝劝帝，帝饮之，甚欢，因请丽华舞《玉树后庭花》。丽华目后主，辞以抛掷岁久，自井中出来，腰肢依拒，无复往时姿态。帝再三索之，乃徐起，终一曲。……后主问帝：'龙舟之游乐乎！始谓殿下致治在尧舜之上，今日复此逸游，大抵人生各图快乐，曩将何见罪之深耶！三十六封书，至今使人怏怏不悦。'帝忽悟，叱之云：'何今日尚目我为殿下，复以往事讯我耶？'随叱声恍然不见。"

唐代李商隐写有《隋宫》：

> 紫泉宫殿锁烟霞，欲取芜城作帝家。
> 玉玺不缘归日角，锦帆应是到天涯。
> 于今腐草无萤火，终古垂杨有暮鸦。
> 地下若逢陈后主，岂宜重问后庭花？

唐刘禹锡《台城怀古》云：

> 台城六代竞豪华，结绮临春事最奢。
> 万户千门成野草，只缘一曲后庭花。

《玉树后庭花》被视作亡国之音，但后世颇有人同情张丽华。清代袁枚曾任金陵知县，作诗《张丽华》：

> 结绮楼边花怨春，青溪栅上月伤神。
> 可怜褒妲逢君子，都是周南传里人。

《周南》是《诗经》中第一章，诗歌中歌咏的女性都是贤德女子。诗人认为褒姒、妲己如果遭逢贤德君王，也会是贤德王妃。清溪栅，在秦淮河上游，当时筑栅栏作军事防护。

诗人为张丽华鸣不平。中国民俗有十二花神之说，人们将张丽华列为四月花神——蔷薇花神，祭以花神反映出人们对张丽华的同情。

胭脂井又名"辱井"，用以警示世人。宋代曾巩曾经在胭脂井井沿上刻《辱井铭》："辱井在斯，可不戒乎！"王安石也写有《辱井》一诗：

> 结绮临春草一丘，尚残宫井戒千秋。
> 奢淫自是前王耻，不到龙沉亦可羞。

胭脂井位于鸡鸣寺里。鸡鸣寺始建于东晋永康元年，梁武帝改名"同泰寺"，并先后三次舍身入寺为僧，直到被大臣用重金赎回。后来侯景发动叛变，梁武帝被饿死在同泰寺里面。杜牧写有《江南春》一诗：

> 千里莺啼绿映红，水村山郭酒旗风。
> 南朝四百八十寺，多少楼台烟雨中。

同泰寺为南朝四百八十四寺之首，明朝洪武年间改名"鸡鸣寺"。康熙南巡，为鸡鸣寺题匾"古鸡鸣寺"，现在鸡鸣寺山门上的题书即康熙御笔。鸡鸣寺内有豁蒙楼，楼中有对联："鸡笼山下，帝子台城，振起景阳楼故址；玄武湖边，胭脂古井，依然同泰寺旧观。"

清代郑板桥写有《念奴娇·胭脂井》：

> 辘辘转转，把繁华旧梦，转归何处？只有青山

围故国，黄叶西风菜圃。拾橡瑶阶，打鱼宫沼，薄暮人归去。铜瓶百丈，哀音历历如诉。

过江咫尺迷楼，宇文化及，便是韩擒虎。井底胭脂联臂出，问尔萧娘何处？清夜游词，后庭花曲，唱彻江关女。词场本色，帝王家数然否？

隋炀帝在扬州修迷楼藏天下美女淫乐。"清夜游"是隋炀帝谱曲，"后庭花"是陈后主陈炀帝谱曲，迷楼和胭脂井，宇文化及和韩擒虎，萧娘萧皇后和张丽华，这些对照令人感怀颇深。

薛涛与成都薛涛井

薛涛井在成都望江楼公园里，公园因有望江楼而得名。望江楼上有一副楹联："此女校书旧日枇杷门巷，为古天府第一郊外公园。"女校书指薛涛，薛涛曾担任"校书"工作；枇杷巷是薛涛故居，公园里有薛涛故居遗址、薛涛墓、薛涛纪念馆。望江楼上还有楹联："古井冷斜阳，问几树枇杷，何处是校书门巷；大江横曲槛，占一楼烟月，要平分工部草堂。"公园濯锦楼上有对联："少陵茅屋，诸葛祠堂，并此鼎足而三，饰崇丽，荡漪澜，系客垂杨歌小雅；元相诗篇，韦公奏牍，总是关心则一，思贤才，哀窈窕，美人香草续离骚。"

望江楼正名"崇丽阁"。对联将望江楼与杜甫草堂、诸葛武侯祠并列鼎立，将薛涛诗作与《离骚》并论，评价极高。对联中的"元相诗篇"是指元稹诗《赠薛涛》，"韦公奏牍"

指剑南西川节度使韦皋任用薛涛为"校书"的奏表。在我看来，二人都玩弄女性，给薛涛的情感伤害极大。红颜薄命，薛涛的一生是令人同情的，"哀窈窕"用字隐晦。

公园里薛涛像前立有碑文："唐诗人薛涛字'洪度'，原籍长安，大历中随父郧宦游入蜀，恸少小失祜，由是而孤零偃蹇，凄清自恃，伶制彩笺以为生计，涛生平爱竹，有竹下风致。慧颖工诗，与当代名家元稹、白居易、刘禹锡、杜牧、王建及西州节度使韦皋及李德裕诸位重臣相友善，皆以文受知，每多唱和之作。著诗五百首，汇为《锦江集》，已佚，今存《洪度集》八十余首传世。书法亦工，笔为峻激，无女子气。世称扫眉才子，赞誉百世不衰。"扫眉，指女子描眉，故称"扫眉才子"。

薛涛是唐代风流才女，唐初名将薛仁贵后裔，出身名门，却沦为官妓，可见命运多舛。薛涛中年后出家为道姑，隐居浣花溪畔。明代状元杨慎评论薛涛"文采风流为女士行中独步"。相传薛涛出生时哭声很大，其父为之取名"涛"，字"洪度"。八九岁时，其父薛郧任成都刺史，携家眷上任，由长安至成都。一日薛郧在家中作诗，吟出前两句"庭除一梧桐，耸干入云中"，心思下句，薛涛接吟："枝迎南北鸟，叶送往来风。"小小年纪表现出非凡才华。十四岁时，薛父因出使南诏染病身亡，薛母也积劳成疾去世。十六岁时，薛涛加入乐籍，后以官妓身份被献给西川节度使韦皋，韦皋以其才色作为官场应酬的筹码。

刘禹锡到西川，临别时韦皋设宴饯行。刘禹锡有《堤上行》，其一："江南江北望烟波，入夜行人相应歌。桃叶传情竹枝怨，水流无限月明多。"薛涛即席作《送友人》作答：

"水国蒹葭夜有霜，月寒山色共苍苍。谁言千里自今夕，离梦杳如关塞长。"回到长安后，刘禹锡对薛涛大加赞赏，使薛涛名满京城，到西川办事的官员都想一睹芳容。

元和四年（809），元稹以御史身份出使西川。他久闻薛涛的芳名，到蜀地后特约她在梓州相见。

与元稹一见面，薛涛就被这位年仅31岁的年轻诗人俊朗的外貌与出色的才情吸引。元稹是情场老手，当时正值丧偶，他许诺将薛涛续弦，薛涛坠入爱河。两人互生爱慕，一见钟情，西川山水见证了这对才子佳人的爱情故事。可惜好景不长，这年七月，元稹调任洛阳。元稹离开西川后还曾写诗《赠薛涛》：

> 锦江滑腻蛾眉秀，幻出文君与薛涛。
> 言语巧偷鹦鹉舌，文章分得凤凰毛。
> 纷纷辞客皆停笔，个个公卿欲梦刀。
> 别后相思隔烟水，菖蒲花发五云高。

后来李德裕接替韦皋为剑南西川节度使，他是薛郧的少年同窗，得知薛涛遭遇后，将其从松州军营中解救回成都，并为其"脱籍"——摘掉其官妓身份，恢复其自由身。但薛涛已经二十多岁，在当时已经是"大龄剩女"，再加上其特殊的经历，想追求理想的感情归宿已经很困难了。才华横溢的杜牧与薛涛也曾有过一段感情纠葛，但终究好事难成。从西川回到长安的杜牧曾邀请薛涛赴长安，薛涛回诗《赠远》二首。

其一：

芙蓉新落蜀山秋，锦字开缄到是愁。

闺阁不知戎马事，月高还上望夫楼。

其二：

扰弱新蒲叶又齐，春深花落塞前溪。

知君未转秦关骑，月照千门掩袖啼。

诗意表明薛涛很看重与杜牧的感情，但还是拒绝了赴长安的邀请。三十岁时，薛涛看破红尘，当了道姑，隐居浣花溪畔的枇杷巷。薛涛虔心向匠人学习造纸的手艺，将桃花花瓣掺入纸浆中，制作成一种桃红色的微带香味的纸，名"薛涛笺"，深得墨客仕女喜欢。据说薛涛井就是她造纸汲水之处。

薛涛井井台有碑，三碑并立，碑中间刻"薛涛井"三字，上题"康熙甲申辰三月三"，虽无落款，但根据记载应是成都知府冀应熊书。左刻诗："万里桥边女校书，枇杷花里闭门居。扫眉才子知多少，管领春风总不如。"这是唐代王建写的《寄蜀中薛涛校书》。书写人是周厚辕，落款为"乾隆乙卯孟春"。右刻周厚辕诗《题薛涛井》："万玉珊珊凤尾书，枳花篱近野人居。井阑月坠飘梧影，素发飘飘雪色如。"周厚辕是乾隆年间进士，曾任西川学政。井台后矮墙嵌碑刻历代文人书画，多与薛涛有关，其中有张大千画作《薛涛制笺图》。

白居易《赠薛涛》云：

蛾眉山势接云霓，欲逐刘郎北路迷。

若似剡中容易到，春风犹隔武陵溪。

诗中引用了刘郎在剡中武陵溪遇仙的典故，赞誉薛涛是仙女。

清代王再咸《成都竹枝词》云：

昭烈祠前栋宇新，校书坟畔碧桃春。
江山莫谓全无主，半属英雄半美人。

昭烈庙是刘备陵，诗中将薛涛墓与昭烈陵并提。薛涛爱竹，故薛涛墓在万竹苑中。

薛涛《柳絮》一诗云：

二月杨花轻复微，春风摇荡惹人衣。
他家本是无情物，一任南飞又北飞。

诗中薛涛以柳絮自喻，流露出人生无所寄托之憾。

两个柳毅井

《龙女牧羊》《柳毅传书》的故事流传很广，与《白蛇传》《天仙配》《牛郎织女》《梁山伯与祝英台》《孟姜女》合称中国六大神话爱情故事，各剧种都广为传唱，2004 年中国邮政发行《柳毅传书》邮票一套四枚。故事最早见于唐代李朝威所著小说《柳毅传》，大致情节如下：

唐仪凤中，书生柳毅应举不第，返乡过泾阳，为牧女传书遂至龙洞。乃知牧女为洞庭龙君小女，误嫁匪类，困辱于泾川。其叔钱塘君闻知大愤，往擒拿之。携女返。因欲以女妻毅。毅以为义所不当，峻推之，然意不能无惓惓。后辞龙君，载赠遗珍宝归家。初娶张氏，韩氏相继亡，乃再婚于范阳卢氏。

毅晚入户，视其妻，深觉类龙女而逸艳丰厚又过之。
因与之话昔事。妻曰："余即洞庭龙君女也！"毅与
龙女相与归洞庭。

关于柳毅的故事，传闻很多。唐末五代道士杜光庭著
《录异记》载："柳子华，唐朝为成都令，龙女来与为匹偶。"
《聊斋志异》载："相传柳毅遇龙女，洞庭龙君以为婿。"

中国民间祭祀中有六大家神，即门、户、灶、井、土
地和厕，都有相应神灵。其中有些地区的井神为柳毅，可见
《柳毅传书》的故事深入人心。

依故事记载，柳毅是从一口井中进入龙宫的。井旁有橘
树，柳毅以龙女给予的信物在橘树上叩击三下，即有人将柳
毅迎入龙宫。此井名橘井，后人怀念柳毅，又称其为柳毅井，
也称神井、仙井。传说全国各地不少地方都有柳毅井，就我
所知，山东潍坊、湖南常德、广西柳州甚至甘肃等地都有柳
毅井。我去过两处柳毅井，一处是湖南洞庭君山，另一处是
太湖洞庭东山。

故事说龙女是洞庭龙君之女，柳毅从橘井进入龙宫。橘
井应当与洞庭湖相距不远，那么洞庭湖在哪儿呢？对于这个
问题，如今很多小学生都可以明确回答，但是古人却未必能
说清楚。

《淮南子》："尧乃使羿……断修蛇于洞庭。"高诱注"南
方泽名"，只说洞庭是南方大泽，却未指明何处。《山海经》：
"洞庭之山……帝之二女居之。"毕沅注"山在今湖南洞庭
湖中"。毕沅，乾隆庚辰科状元，曾任湖广总督。《昭明文
选·吴都赋》："集洞庭而淹留。"注释"洞庭即太湖也"。

《述异记》："洞庭山有宫五门，山有金牛穴。吴孙权时，令人掘金，金化为牛，牛走之山，其迹在焉，故号金牛穴。"太湖洞庭西山又称包山，包山有金牛穴。总之，古文献中说到"洞庭"的文字有三种解读，一是泛指，一是指湖南北部大湖，一是指如今太湖。究其原因，是"洞庭"一词词意古今发生了变化。古文中的"洞庭"泛指一类湖泊，季节性变化很大，汛期湖面浩渺，旱季湖面收缩，露出洼地、沼泽。故而古代文章中之"洞庭"可指不同地方，具体为何地需要结合上下文做判断。今成专有名词，特指湖南省北部的大湖。

如此，湖南岳阳洞庭君山有柳毅井，苏州洞庭东山也有柳毅井，就不足为怪了。

岳阳洞庭君山柳毅井

洞庭君山原为洞庭湖中的岛屿，如今已经与北部陆地连成一片，从岳阳城区有公路可以直通君山。但到了汛期，湖水上涨，这条公路没入水中，君山与岳阳城区的联系就只能靠船运了。

谈到君山，就得提到湘君与湘夫人。君山是湘君山的简称。屈原《九歌·湘夫人》："帝子降兮北渚，目眇眇兮愁予。袅袅兮秋风，洞庭波兮木叶下。"渚，水中洲岛。洞庭湖中的"北渚"，指的是洞庭湖中北部的洲岛，亦即如今之君山。按神话传说，湘君、湘夫人都在君山上活动。君山上有湘妃祠和湘妃墓。《二妃墓序》："原名洞庭山，因二妃名君妃，古人将洞庭山改为君山，以为纪念。"《水经注·湘水》："大舜之涉方也，二妃从征，溺于湘江，神游洞庭之渊，出入潇湘之浦。"韩愈《黄帝庙碑》碑文中说："尧之长女娥皇为正妃，故曰君，其二女女英自宜降为夫人。"

唐代方干《题君山》云：

> 曾于方外见麻姑，闻说君山自古无。
> 元是昆仑山顶石，海风吹落洞庭湖。

王母娘娘的仙府瑶台在昆仑山上，麻姑是王母侍女，诗中点出君山来自昆仑石，与神话传说是相符的。

君山公园门口左右塑有李白、刘禹锡像，像后诗墙刻诗。李白有《陪族叔刑部侍郎晔及中书贾舍人至游洞庭》五首，兹录二首：

> 洞庭西望楚江分，水尽南天不见云。
> 日落长沙秋色远，不知何处吊湘君。

> 帝子潇湘去不还，空余秋草洞庭间。
> 淡扫明湖开玉镜，丹青画出是君山。

刘禹锡《望洞庭》云：

> 湖光秋月两相和，潭面无风镜未磨。
> 遥望洞庭山水翠，白银盘里一青螺。

刘禹锡将君山比作洞庭湖中的大青螺，是描写君山诗歌的翘楚之作。唐代雍陶《题君山》云：

烟波不动影沉沉，碧色全无翠色深。
疑是水仙梳洗处，一螺青黛镜中心。

吕洞宾《洞庭湖君山颂》云：

午夜君山玩月回，西邻小圃碧莲开。
天香风露苍华冷，云在青霄鹤未来。

君山有舜帝二妃祠，门楼上方竖书"湘妃祠"三个大字，其下横书"江南第一祠"五字。门上书对联："垂杨秀竹神仙府，之径高台帝子家。"历代文人歌咏湘妃的诗作很多，此处录几首君山碑刻诗。如唐代许浑《过湘妃庙》云：

古木苍山掩翠娥，月明南浦起微波。
九疑望断几千载，斑竹泪痕今更多。

唐代高骈《湘浦曲》云：

帝舜南巡去不还，二妃幽怨水云间。
当时珠泪垂多少，直到如今竹尚斑。

唐代刘禹锡《潇湘神二首》云：

湘水流，湘水流，九疑云物至今愁。君问二妃何处所，零陵香草露中秋。

斑竹枝，斑竹枝，泪痕点点寄相思。楚客欲听瑶瑟怨，潇湘深夜月明时。

现存祠堂是 1986 年复建的，为三进院落，内部陈设也尽量恢复到张之洞时的状态。首进殿堂大屏风上刻张之洞撰书长联，上下联各二百字，为天下第二长联。二进殿檐下匾"有求必应"，门上对联："湘灵瑶瑟渺难闻听，四面渔家讴歌舜日；庙貌金身今既立合数，丛斑竹装点江山。"三进殿是二层楼阁，檐下匾书"渊德侯"，传说天帝封二妃为渊德侯。楼上神龛供娥皇、女英像，神龛匾书"舜帝二妃"四字，其上方小字"太始祖妈"，神龛对联："二妃斑竹，五渚黯踪，望断洞庭千层浪；九疑素服，三湘含辂，招归蒲坂千里魂。"蒲坂，舜帝故里。祠堂建筑为张之洞任湖广总督时重建，"文革"中遭破坏，改革开放后重新整修，尽量恢复到晚清时的模样。

君山到处是斑竹，竹径一寸左右，竹上斑痕如霉，又称湘君竹。《竹谱详录》记载"斑竹生南湘九疑山中"。九嶷山和君山长斑竹，别处不多见。唐代刘长卿《斑竹》云：

苍梧千载后，斑竹对湘沅。
欲识湘妃怨，枝枝满泪痕。

唐代施肩吾《湘竹词》云：

万古湘江竹，无穷奈怨何。

年年长春笋，只是泪痕多。

明代李梦阳《湘妃怨》云：

采兰湘北芷，搴木澧南浔。

渌水含瑶彩，微风托玉音。

云起苍梧夕，日落洞庭阴。

不知篁竹苦，惟见泪斑深。

从湘妃祠穿过斑竹林，可以到达湘妃墓。墓碑书"虞帝二妃之墓"，上题小字"大清光绪七年辛巳秋九月下浣重修"，下款小字"钦差大臣太子少保兵部左侍郎兼两江总督彭玉麟立石"。墓道前左右镇墓兽石柱刻书"君妃二魄芳千古，山竹诸斑泪一人。"乃彭玉麟撰书。墓前刻有毛主席诗《答友人》：

九嶷山上白云飞，帝子乘风下翠微。

斑竹一枝千滴泪，红霞万朵百重衣。

洞庭波涌连天雪，长岛人歌动地诗。

我欲因之梦寥廓，芙蓉国里尽朝晖。

墓前立石刻书"天下第一皇妃陵"。墓前刻祭文两篇，录其一：

尧女二妃，令德皇皇。母仪天下，中华之冠。不以帝子之贵，厘降有殄重华。辞都平阳，义居妫湾。恪守妇道，遵尧所伤钦哉。承事畎亩之间，恭俭谦谦。身置危境，谋舜献计往哉，化廪井酒之险，敦厚湛湛。相夫君，敬公婆，谐弟妹，教稚子，全家和宁而安。尧崩践位，迁都蒲坂，图变鼎新，宇内大治，天下大同，享誉舜日尧天，皇女二妃辅佐有方。舜禅大禹，别妃而南，崩葬九疑，日月同喑。闻耗寻夫，泪染竹斑，命丧湘渊，殉情而亡。呜呼！七十至爱留千古，百年至情成绝唱。君山疑山两陵在，魂躯各自共湖湘！吾辈有幸，君山祭奠，妃灵不昧，伏惟尚飨！

柳毅井、湘妃祠、斑竹并称"君山三绝"。柳毅井井沿是两条鲤鱼，鱼尾相接而鱼头相吻，形成环状，柳毅传书时龙女交给柳毅作证的信物就是双鱼钏。"钏"是环状装饰物，戴在手臂上。戴在手腕上的环状物称"镯"。双鱼钏又称双鱼信。鱼头部位有一段台阶，可以由地面到达井底水面，直接用手掬水。逐级下降的台阶双侧形成坡壁，壁上浮雕刻蟹兵虾将等水府官员，据说就是这帮水府官员将柳毅迎进送出。

井台大约半个羽毛球场大小，四面有半人高矮墙圈护。井台背后矮墙嵌石刻书"柳毅井"三字，没有款识。题字后方是传书亭，是由两个半亭并联构成，造型别致，中间立匾书"传书亭"三字，亭柱对联："海国旧传情，是英雄自怜儿女；湖山今入画，有忠信可涉风波。"是左宗棠撰书。"有忠信可涉风波"，讲得真好。明朝御史吴廷举《传书亭》云：

牧羊坡上遇青娥，我托传书意若何。

颙望直穷寻橘树，莫道遥隔洞庭波。

龙宫弟子缄方启，尘世郎君福已多。

留得旧时遗井在，井泉甘冽出川阿。

柳毅井又称橘井。按《柳毅传书》的故事情节，井旁有人将传书人送入龙宫。柳毅井水甘冽，又称神井、仙水。古诗《汲柳毅井水试茶于岳阳楼》云：

临湖不仗湖，爱汲柳家井。

茶照楼上人，君山破湖影。

柳毅井又名白鹤井。北宋时期《岳阳风土记》载："有井曰柳毅井，以水试茶，则白鹤影见瓯中，故又名白鹤井。"此书作者范致明生活于北宋，可知在北宋时君山已有柳毅井。书中所提之茶也非一般茶叶，而是洞庭名茶"君山银针"，又名白鹤茶，乃十大名茶之一。传说白鹤仙人云游四海，从仙岛带回茶树八株，种植于君山之上，并掘井一口，以井水煮茶，袅袅腾起的烟雾中白鹤起舞，故名"白鹤茶"。白鹤井也由此得名。

君山有五大古井，柳毅井只是其一，向前有"龙涎井"，高台上筑有亭，龙头自高台中伸出，泉水从龙口中汩汩流出，台上刻书"龙涎井"三字。井前有石坊，石坊旁刻书文字："龙涎井，此井始建无考。因君山形似龙，人们根据其山形地貌，留下一系列与龙关联的称谓，龙口、龙眼、龙腭、龙舌、龙尾等。按方位推测，此地即为龙舌，前原有一眼泉水，酷似龙涎。泉水清醇、甜润，泡君山茶，味极甘美。于是砌井储水，名曰龙涎。"清代万年淳在《君山茶歌》中咏之曰："试挹龙涎烹雀舌，烹来常似君山色。"

苏州太湖洞庭东山柳毅井

元代金信《洞庭曲》云：

浩荡太湖水，东西两洞庭。
吹箫明月里，龙女坐舟听。

诗中两洞庭即太湖中的两个岛屿，洞庭东山与洞庭西山。洞庭东山昔日是岛，如今与陆地相连，有公路直通东山。东山有启园，启园三宝乃御码头、古杨梅树和柳毅井。

启园，又名席家花园，此地原名叶家浜。席氏是东山富绅，为纪念其祖上曾在此地接待过康熙皇帝，遂在此建私家园林。康熙南巡，游洞庭东山，乘船至此，弃舟上岸，就有了御码头的历史遗存。后来，乾隆皇帝游江南，也要游洞庭东山，为怀念圣祖而要走同一路线，为此提前一年让刘墉在东山重修了御码头。

御码头长长的栈桥伸入湖中，桥头有风雨亭，六角檐攒尖顶，檐下迎栈桥一面书匾"虫二"，是乾隆御笔，意为"风月无边"。亭内挂匾书"翠色满湖"，也是乾隆御笔。亭中立碑刻书"御码头"三字，落款为"刘墉"。栈桥岸上起点处立石牌坊，三门四柱冲天云头，正反两面额书是一样的，正中额书"光焰万丈"，是康熙御笔。左右分别额书"圣祖御驾巡幸东山""康熙三十八年四月，丙子年重立。"康熙三十八年（1699），康熙奉母第三次南巡。丙子年是乾隆二十一年（1756），次年乾隆奉母第二次南巡。石柱刻对联，迎湖一面对联："湖海尚豪气，松柏有本心。"迎岸一面对联："人得交游是风月，天开图画即江山。"无款识。从字迹上猜，可能是刘墉题书。

御码头旁有李光耀夫妇书碑。碑文是英文，下面刻有对应中文翻译："这是一个美丽的地方，永远使人心旷神怡。李光耀、柯玉芝，1996.9.10。"当时新加坡打算在境外营建科技园，李光耀以最高资政身份到苏州考察。

古杨梅树用铁栅栏围护，立牌书文字："清康熙三十八年，康熙帝巡幸东山时，曾在树下休息，问梅。"树旁立碑刻书"古杨梅树"四大字，落款为"席时路"，席时路是当代书法家，是席家后裔。

柳毅井在席园一角，是一座独立院落。井台大石板铺地，井后立碑刻"柳毅井"三字，小字题"正德五年四月六日"，落款为"少傅王鏊"。王鏊是东山人，明正德年间官至宰相。井旁有亭，亭中匾书"柳毅亭"，落款为"瓦翁"。匾下方墙上嵌石刻诗：

> 仙井鹿卢音，原泉泻桔林。
>
> 寒添玉女恨，清见柳郎心。
>
> 短绠书难到，双鱼信岂沉？
>
> 波澜长不起，千尺为情深。

石刻落款为"柳毅井吴梅村诗，瓦翁，时年八十七"，不知瓦翁何许人也。吴梅村，即吴伟业，梅村是其号，明末清初著名诗人，其诗歌自成一派，后人称"梅村体"。与钱谦益、龚鼎孳并称"江左三大家"。左宗棠为吴县柳毅井撰对联："迢遥旅路三千我原过客，管领重湖八百君亦书生。"根据传说，洞庭龙君逊位，传位柳毅。

我在2002年第一次游席园，当时的柳毅井在一个独立院落，是民居式的，有明清古风。院中有橘树一株，当时已是冬末春初，树上孤零零地挂着几只橘子，橘皮红红的，是采摘时留在树上的。"洞庭红橘"是洞庭东山特产，在唐代属于贡品，明代吴时德《柳毅井》一诗就提到洞庭红橘：

橘树无踪证往年，寒泉村落尚依然。
青鬢汲罢犹相聚，闲坐银床语旧缘。

这个井和院应该是民居村落的一角，不知是何时划归席园范围之内。

据当地人介绍，井旁还有"龙女祠"的"白马土地庙"。传说当年柳毅是骑白马而来，在土地庙前系马，可惜现在都找不到踪迹了。2018年重游时，席园已重新改造过了。柳毅井虽然依旧是独立院落，却由民居小院变成了园林式小院，美则美矣，却缺少了故事传说中的韵味。

启园是江南少有的山麓湖滨园林，藏山纳湖，步移景易，既有苏州园林的小巧玲珑，又有接峰连波的粗犷气魄，园林与自然浑然一体，风光旖旎。公园门匾是启功题书，门上对联："有山有水有林亭映带左右，可咏可觞可丝竹怀抱古今。"

孔庙与泉

曲阜孔庙孔宅故井与陋巷井

孔子去世后的第二年，鲁哀公下诏在其故居建庙祭祀。随着以后历代帝王不断加封，孔庙规模也不断扩大，从最初的三间平房扩展成一座庞大的古建筑群，规模仅次于北京故宫。

曲阜孔庙最前端是"金声玉振坊"，语出孟子："孔子之谓集大成。集大成者，金声而玉振之也。"牌坊横额右书"嘉靖十七年六月吉"，左书"都察院右副都御史天水胡缵宗立并书"。其后是孔庙第一道院墙和棂星门。棂星又称天镇星，是主管庆士之星。以此命名意味着帝王将孔子视作天上星宿下凡。各地孔庙的第一道门多是棂星门。棂星门后面是太和元气坊，款识小字"嘉靖甲辰春三月吉立"等字样，甲辰是嘉靖二十三年（1544）。可以看出，孔庙建筑是随岁月推移逐步向南扩展的。古人认为"太和之气运行生道"，太和元气即道之本源，各地孔庙也多有太和元气坊，意指孔庙即是道之本源所在。太和元气坊后面是至圣庙坊，再后面是第二道墙和圣时门。孟子曰："孔子，圣之时者也。"意思是孔子是合乎时宜的圣人。圣时门后面有玉带河和璧水桥，各地孔庙也称"泮水"和"状元坊"。按《礼制》，"天下辟雍，诸侯泮宫"。意思是说天子办学，四面环水，形如同璧。"辟"与"璧"古文相通假。诸侯办学三面临水，"泮"者半也，故诸侯学宫前的水称泮水。孔庙的修建仿鲁国学宫规制，临泮水。过璧水桥往后依次是弘道门、大中门、同文门，最后是曲阜孔庙的第六道门——大成门。各地孔庙最后之门也多称大成门。大成门后是大成殿，是祭祀孔子的主殿。曲阜大成殿与故宫太和殿、泰山宋天贶殿并称中国三大殿。

与大成门并列，左右还有两座门：承圣门和启圣门，分别通向两侧辅院。由承圣门进入东跨院，这里才是孔子当年故居所在地。院内有崇圣祠建在月台上，那是当初孔子居住的三间草屋的原址。崇圣祠前是诗礼堂，是孔子教子课孙的地方。崇圣祠后是孔氏家庙，是孔氏族人祭祖的地方。崇圣祠与诗礼堂之间是著名的鲁壁。史书记载，秦始皇焚书坑儒时，孔子九世孙孔鲋将经典藏于故居夹墙之内，到了汉代鲁恭王扩建宫室时拆墙，发现了这批经典，从而使儒家经典的权威版本得以重见天日。鲁壁对中华文化传承的贡献功莫大焉。鲁壁前方有古井一口，井台立碑刻书"孔宅故井"四字。

井台旁有御碑亭，亭中乾隆书碑已荡然无存。孔宅故井经历了"焚书坑儒"和"文革"两次大劫难，现存孔子墓碑"大成至圣文宣王"碑是由近二十块碎片拼成的；孔子的坟墓也曾被掘开。关于孔子遗骸的去向有两种说法：一种说法是开棺时尸骨已成泥，另一说法是被遗弃了。

东跨院是孔子故居旧址，往往不在旅游路线图上，因此很多游人逛完大成殿就匆匆回头走人。但游曲阜孔庙而不观鲁壁与孔子故居旧址，殊为可惜。

孔庙东北方有复圣庙，是祭祀颜回的地方。颜回被尊为"复圣"。庙建在"陋巷故址"上，庙内有"陋巷故址"碑和陋巷井。井上座亭立碑刻书"陋巷井"三字。陋巷是当年颜回生活的地方，大概是当时的贫民区。孔子称赞颜回："贤哉，回也！一箪食，一瓢饮，在陋巷，人不堪其忧，回也不改其乐。贤哉，回也！"

南京夫子庙玉兔泉

全国各地孔庙，有条件的多临水而建，或临河，或临湖。地方孔庙中名气最大者当数南京夫子庙，它就是面临秦淮河。据说这里原来是东晋时的学宫，到北宋时改为孔庙。"十里秦淮，六朝金粉"，这里曾是六朝时期最繁华的地区之一。东晋时期豪门集居的乌衣巷就在夫子庙旁。

秦淮河上坐落有文德桥，桥头立碑刻文："古称淮河，全长 118 公里，是长江支流，有两源。……两源会于江宁方山城……秦始皇东巡至此，见江里王气，凿方山，毁金陵王气，故名秦淮河。""淮"字本意，从水从隹，是水鸟之意，淮河是水鸟众多之河。古代淮河有多处。《史记》载："秦始皇帝常曰'东南有天子气'，于是因东游以厌之"。"厌"即厌胜，以诅咒制住、镇服邪恶。对于秦始皇到处凿地脉、断王气、破风水，企图秦朝从始皇帝开始千秋万代子孙传承，史上有不少诗歌讽刺。南唐朱存《金陵览古·秦淮》写道：

> 一气东南王斗牛，祖龙潜为子孙忧。
> 金陵地脉何曾断，不觉真人已姓刘。

宋代曾极《秦淮》云：

> 凿断山根役万人，祖龙痴绝更东巡。
> 石城几度更新主，赢得淮流尚系秦。

乾隆《秦淮歌》云：

> 祖龙东巡压王气，通淮凿断方山埭。
> 痴心虑后五百年，讵知亡秦在二世。
> 长源因此名秦淮，萦纡建业达水隈。
> ……

秦始皇到处破风水，毁王气，期求江山传万世，结果二世而亡。相传孔墓前原来无河，秦始皇想让儒学消亡，就令人修渠，引泗水至孔林，谓之洙水，以破风水。孔子子孙原来人丁不旺，至孔鲋都是九世单传，自从引洙水后，孔氏人丁反而兴旺了。有人戏言秦始皇为孔子补了风水。

南京夫子庙的石牌楼比一般的牌楼高大，有王者气派。"天下文枢"牌坊四石柱上刻书两副对联。中柱对联是乾隆御撰："允矣斯文，为古今中外君民立之极；大哉夫子，诗书礼易春秋集其成。"外柱对联："源脉悠长，诗礼江山昭日月；人文荟萃，弦歌画舫又春秋。"牌坊额书"天下文枢"。

夫子庙是前庙后学的布局，大成殿后是学宫，学宫大门匾书"东南第一学"，大门对联："至乐无声惟孝悌，太羹有味是诗书。"大门背后匾书"大明国子学"。学宫正殿檐下匾书"明德堂"，落款为"文天祥"。正殿大门对联："论古不外才识学，博物能通天地人。"落款为"于右任"。于右任以草书见长，有"当代草圣"之称，但此联是行书。

夫子庙与学宫之间有间过渡的院子，院角有井台，井台立碑刻书"玉兔泉"三字。井台旁立牌，牌中文字提到玉兔泉有"智泉"之说。井台前塑玉兔形象，兔口喷水，流入水池，水池中放置竹柄水舀，游人竞相用水舀接水洗手拭面，希图提高智慧。井台旁有文字介绍，称玉兔泉来历与秦桧有关。据《至正金陵新志》载：秦桧在金陵学宫学习，一晚见白兔入地，令人挖掘，刚到丈余深，发现泉眼，泉水清澈。后来秦桧中状元，开凿造井，并亲自篆书"玉兔泉"三字。玉兔有蟾宫折桂的寓意，秦桧见白兔入地而得泉是吉兆，是确有其事呢，还是秦桧在编故事，以彰示自己中状元是天意？因秦桧后来成为奸臣，人们对玉兔泉也没有好感。

明代刘伯温撰写《玉兔泉》，为玉兔泉鸣冤：

桧死为蛆，泉洁自如。

我作铭诗，众惑斯祛。

呜呼泉乎，终古弗渝。

刘伯温为玉兔泉鸣冤，认为秦桧虽奸佞，但不应牵连洁净泉水。泉水后来湮没。虽然 1984 年重新发现了泉井，但是直到 2009 年，为迎接孔子 2560 周年寿诞才重修并对游人开放。

云南建水文庙和甘肃武威文庙

曲阜以外规模最大的文庙并不在中原地区。云南建水文庙和甘肃武威文庙都声称自己是曲阜以外最大的文庙。这两处文庙都偏离华夏文明中心地区，我有幸都去过。

云南建水文庙临湖而建，以湖为泮池，始建于元至元二十二年（1285），占地面积达 7.6 万平方米，百米多长的状元桥贯湖而过。桥上还有湖心亭，颇为壮观。桥南端牌坊书"太和元气"，桥北端牌坊书"洙泗渊源"。大成殿仿曲阜孔庙，殿前石柱上盘龙是高浮雕兼镂空雕，工艺精湛，不输曲阜孔庙。大成殿前杏坛中有碑刻画《孔子弦颂图》，图画上方刻宋高宗御书赞词：

大哉宣圣，斯文在兹。帝王之式，古今之师。志则春秋，道由忠恕。贤于尧舜，日月其誉。维时载雍，戢此武功。肃昭盛仪，海寓聿崇。

文庙之后是学宫，现在是建水一中，在 20 世纪 90 年代，建水一中高考升学率高达七成。在升学难的年代，偏远地区能有如此高的升学率，是极其难得的，或许是沾了孔夫子的文气吧！

汉代将军霍去病大破匈奴，夺取了河西走廊的控制权，汉武帝赐其城郭名"武威"。武威古时又称凉州，历史上前凉、后凉、南凉、北凉、西凉均以此为中心建立过地方政权。武威是河西走廊上的重镇，甘肃有"金张掖，银武威"之誉。从东汉"黄巾起义"起，直至西晋"八王之乱"，一百多年间中原战乱不断，大批文人学士迁徙河西走廊，使武威成为西北的儒学中心。南北朝时，中原地区文化凋零，"礼失求诸野"，北魏孝文帝将一百多位儒家学士从河西走廊请回中原。文人学子在武威的长期经营使武威文风很盛，有地方上最大的文庙是不足为奇的。武威文庙里存有西夏文碑，名"重修护国寺感应塔碑"。碑文一面汉文，一面西夏文，对于研究和破译已经消亡的西夏文字价值极大，是国宝级文物。庙里有棂星坊、状元桥。

全国各地省、府、州县治所地大都建有文庙。而我国是一个缺水的国度，要依水建庙形成泮池是困难的，于是就有了变通的办法：凿井穿泉形成泮池。故多数文庙都有泮池，即有井泉。我去过一些地方，文庙建筑如果还完整保存，多半被改造成了当地博物馆。参观博物馆正好也是我的一种喜好，我见过许多地方的文庙建筑都有泮池、状元桥、棂星门，等等。如韩城文庙、哈尔滨文庙皆是如此。武威文庙是武威博物馆，也有泮池和状元桥；西安碑林博物馆的前身也是文庙，有棂星门牌坊、半月形泮池，状元桥贯池而过。文庙泮池大多砌成半圆形，以应"泮者，半也"，同时半圆寓意月宫，文人走状元桥跨泮池有"蟾宫析桂"的寓意。旧时祭孔，只有取得秀才以上身份的人才有资格走状元桥跨泮池，故称考上秀才者为"入泮"。

文庙要么临水而建，有泮水；要么凿井穿泉，有泮池。但是北京孔庙既不临泮水，庙内也无泮池，其中缘由我也说不明白。北京孔庙之西是国子监，即太学，符合前庙后学、左庙右学的礼制。北京太学是天子办学，天子办学称"辟雍"，即四面环水。北京国子监有圆形水池，池中央有一方形殿堂，檐下匾书"辟雍"二字，是乾隆御笔。殿内存设虽是仿制，已经不是原物，但也再现出了当年乾隆"临雍讲学"的状态。整个建筑坐落于水池中央，其平面图恰如一个玉璧。辟雍殿建于乾隆四十九年（1784），乾隆五十年（1785）时，乾隆帝以七十五岁高龄在辟雍讲学，实现了天子临雍讲学的夙愿。

辟雍殿前有一座琉璃牌坊，牌坊正面额书"圜桥教泽"，牌坊和辟雍殿都是刘墉奉旨于乾隆四十九年修建的。国子监大院的四角建有亭，亭内有井，是专为辟雍供水而凿。电视剧《宰相刘罗锅》中刘墉中状元后御街骑马的场景就是在琉璃牌坊前拍摄的。事实上，刘墉中进士是在乾隆十六年（1751），当时还没有这个琉璃牌坊，而且刘墉也未中状元，只是二甲第二名。据说主考官的确有意点刘墉为状元，但是乾隆见刘墉鸡胸驼背，心中不喜，当庭出题，令他以自身为题赋诗一首，显然有羞辱之意。刘墉诗曰：

　　背驼负乾坤，胸高满经纶。
　　一眼辨忠奸，单腿跳龙门。

丹心扶社稷，涂脑谢皇恩。

以貌取才者，岂是贤德人。

刘墉诗将乾隆怼在朝堂之上，乾隆钦点其为二甲第二名。进士分三甲，一甲进士及第，取三名，依次为状元、榜眼、探花。二甲进士若干名，每科人数不等。二甲第一名在庆典仪式上担任"司仪"，俗称"传胪"，刘墉驼背，显然不宜。

北京孔庙与国子监

北京孔庙中有元、明、清三代历科进士碑，元代碑不全。自明永乐帝迁都北京起，直至 1904 年最后一次科举，明清两代各科进士碑都立在孔庙里。碑上记录进士姓名、籍贯、名次。乾隆十六年甲戌科进士碑的碑上清晰地刻着刘墉为"二甲第二名"，该科状元是庄培因。历科进士碑是北京孔庙镇庙之宝。

孔庙碑中还有一碑很有价值，即《大成至圣文宣王追封碑》。碑文如下：

上天眷命，皇帝圣旨：盖闻先孔子而圣者，非孔子无以明；后孔子而圣者，非孔子无以法。所谓祖述尧舜，宪章文武，仪范百王，师表万世者也。朕纂承丕绪，敬仰休风，循治古之良规，举追封之盛典，加号"大成至圣文宣王"遣使阙里，祀以太牢。于戏！父子之亲，君臣之义，永惟圣教之尊；天地之大，日月之明，奚罄名言之妙，尚资神化祚我皇元主施行。

大德十一年七月十九日

"大成至圣文宣王"是历代帝王给予孔子的最高封号。碑立在北京孔庙大成门前东侧，弥足珍贵。阙里，孔子故里。太牢，祭祀中牛、羊、猪三牲全备则谓太牢，只有羊、猪则谓少牢。大德，元成宗的年号。元成宗铁穆耳是忽必烈嫡孙。

北京孔庙大成殿檐下匾书"万世师表"，是康熙题书。正殿陈设维持1916年的状况。1916年，黎元洪继任大总统，效仿新皇登基祭孔，这是最后一次国家级祭祀典礼。殿内正中高挂匾书"道洽大同"，落款为"黎元洪"。两侧还挂着清九帝的书匾。清入关后共十帝，康熙匾已挂在殿前，宣统帝溥仪有"中和位育"匾。正中神龛供孔子牌位。神龛立柱挂内外两副对联，内对联为："齐家治国平天下，信斯言也，布在方策；率性修道致中和，得其门者，辟之宫墙。"外对联："气备四时，与天地鬼神日月合其德；教垂万世，继尧舜禹汤文武作之师。"外对联与曲阜大成殿对联是一样的。

神龛前还有四个小神龛列于主神龛左右，分别供奉复圣颜回、宗圣曾参、述圣孔伋和亚圣孟轲，谓之"四配"；殿内还供奉十二座灵牌，除朱熹之外，其余十一人皆为孔子亲传弟子，俗称"十二哲"。

北京孔庙建成于元大德十年（1306）。庙内无泮池，但是在大成殿前有一口水井，乾隆命名为"砚水湖"。井旁说明文字是：此井当年水浅而甘洌，相传文人如饮一杯井中圣水，就能文思如涌泉，以井水磨墨，可使笔下生花。乾隆赐名"砚水湖"。

虎跑泉

在讲杭州虎跑泉一文中，我谈到虎移泉脉，杭州虎跑泉来自南岳童子泉，故事传说也反映出杭州定慧禅寺与南岳有渊源。南岳衡山福严寺也有虎跑泉，福严寺建寺时间和"虎跑成泉"的故事传说早于杭州虎跑泉。

杭州虎跑泉的名气很大，但以"虎跑"命名之泉却有好几个：除了杭州虎跑泉，还有南岳衡山福严寺虎跑泉，镇江南山招隐虎跑泉，庐山东林寺虎跑泉和湖北京山虎跑泉。至于是否还有别的虎跑泉，那我就不知道了。

南岳衡山福严寺虎跑泉

南岳虎跑泉在福严寺里，福严寺是佛教禅宗和天台宗祖庭之一，在佛教界地位甚高。福严寺初名般若寺，始建于南北朝时期。寺内方丈室之后是山崖，山崖上有泉池，崖上刻书"虎跑泉"三个大字，下刻小字："六朝陈光大间慧思祖师开辟道场有猛虎攫岩哮阙槛泉随出故名　李鸣九书"。崖刻文字表明慧思祖师在此开山建寺，虎刨地出泉。"光大"是陈废帝的年号。

福严寺在南岳掷钵峰东麓。山门有对联："六朝古刹，七祖道场。"横批是"天下法院"。另有碑刻书"天下法源"，意思与山门对联相同，口气够大的。"七祖"是指怀让。禅宗五祖弘忍年迈时，为选法嗣，让众弟子献偈。当时座下弟子三百余人，首座弟子神秀偈曰："身是菩提树，心如明镜台。时时勤拂拭，勿使惹尘埃。"众弟子都夸偈好，弘忍却认为"未见本性"。寺中有一个烧伙杂役，目不识丁，口赞一偈，让人书出："菩提本无树，明镜亦非台。本来无一物，何处惹尘埃？"弘忍读偈，密召杂役半夜相见，传《般若金刚经》，授达摩祖师衣钵，说"受衣之人命悬一线，尔当远遁，俟时行化"。杂役连夜逃走，隐遁十六年后，才公开法嗣身份，即六祖惠能。此后禅宗便分裂为南北宗，南宗代表人物为惠能，主张"顿悟"；北宗代表人物为神秀，主张"渐悟"。南北宗主张的区别从当初二人偈帖已经初见端倪。神秀之后北宗衰微，而南宗则日益兴旺。惠能在广东云浮国恩寺圆寂，鉴于当初衣钵传人处境之危艰，惠能之后，达摩祖师衣钵不再传人。从这个意义上说，从六祖惠能之后，禅宗再也没有指定的法嗣，也就是说并无法定七祖。怀让是惠能的主要弟子之一，又是首徒，德高望重，而且其后世门徒中高僧辈出，于是被公认为七祖。其实对于谁是七祖是有争议的。

福严寺二进殿为"知客厅"，殿门对联："福严为南山第一古刹，般若是老祖不二法门。"门上金字匾书"五叶流芳"。禅宗初祖是达摩祖师，他圆寂时留下偈语："吾本来兹土，传法救迷情。一花开五叶，结果自然成。"禅宗是影响很大的汉传佛教宗派，怀让传马祖道一，形成沩仰、临济两个分宗；怀让师弟青原行思传石头和尚希迁，形成曹洞、云门、法眼三个分宗，共五个分宗，有"临济临天下，曹洞曹半天"之说。五宗门徒满天下，即达摩祖师偈语中的"五叶"。石头和尚就在衡山南台寺弘扬佛法。福严寺和南台寺相距很近，是兄弟寺庙。"济洞同源"，南岳衡山是禅宗圣地，福严寺是五叶之根，故而有"五叶流芳"的金匾。

知客厅后是岳神殿，供奉南岳大帝"司天大化昭圣帝"崇黑虎。殿门对联："圣德昭彰老幼咸感恩泽，帝威浩荡寰宇同沐福萌。"大门匾书"雨露普施"。佛寺供奉南岳大帝，其中有典故。据《南岳志》载：

> 慧思祖师尝登祝融峰，与岳神会棋。神揖师曰："师何来此？"师曰："求檀越一坐地。"神曰："诺。"师即以飞锡之，以定其处，今福严寺也……众患无水，师以锡叩岩，忽二虎出山跑地，泉乃涌出，今虎跑泉是也。

意思是说慧思登祝融峰与南岳大帝会棋，讨取建寺之地，并随手扔出锡杖，落在掷钵峰东坡下，就地建寺。众人担心此处无水，大师即以锡杖叩岩，忽然有二虎刨地出泉，即虎跑泉也。

慧思是智顗之师，智公发扬慧思理论，创立了佛教天台宗。依据传承，智顗称天台四祖，尊慧思为天台三祖。福严寺既是天台三祖的道场，又是怀让的道场，是禅宗五叶之根，为佛教十大丛林之一，这样看来称福严寺是"天下法院"不是吹牛。

我曾先后两次游览福严寺，这次重游时寺庙面貌一新，几乎完全重建。福严寺后石阶路很陡，走到坡顶是"磨镜台"景区，著名的"磨砖为镜"的故事就发生在这里。根据记载，怀让祖师与马祖道一和尚之间有这样的故事：

> 唐开元中，有沙僧道一住传法院，常日坐禅。怀让师知是法器，往问曰："大德坐禅图什么？"道一曰："图作佛。"师乃取一砖，于彼庵前石上磨。道一曰："师作什么？"师曰："磨作镜。"道一曰："磨砖岂得成镜耶？"师曰："磨砖既不成镜，坐禅岂得成佛耶？"

由于怀让的启发引导，道一终于开悟，成为怀让入室弟子。后来道一开辟了禅宗的临济、沩仰二宗，被尊称为马祖道一。后人在当初道一结庐坐禅的地方建传法院。传法院下有巨石刻书"禅源"二字。传法院又称"马祖庵"，庵门对联："以树为庵砖作镜，还山得旨月同心。"

传法院对面有怀让墓，墓塔碑刻"最胜轮塔"四个篆字，是唐代名相裴休题书。裴休在唐宣宗时任宰相，笃信佛教，是法海和尚之父。碑上刻出小字"唐敕谥大慧禅师"。从"最胜轮塔"沿山路向上，有汉白玉石墓碑，碑刻书"禅宗七祖怀让大慧禅师塔"，其左右碑刻"磨石为镜"的故事。

传法院旁有门，门楣上有赵朴初题书"磨镜台"三字，门上刻对联："观景上灵台，问当年磨镜高僧禅砖在否；探幽寻别业，看此处平倭秘馆神彩依然。"门内景区是何键别墅，何键曾是国民政府湖南省主席。别墅正门对联："青松插地立，黄鹤摩天飞。"是程潜题书。蒋介石曾八上南岳，五次在何键别墅召开高级军事会议，部署抗日作战，如组织长沙会战、衡阳会战等。磨镜石名声远播，是南岳的主要景点之一。

从福严寺往东约一公里有"南台寺"，始建于南朝大梁天监年间。唐天宝年间，高僧希迁结庐于寺侧大石之上，时人称"石头和尚"。希迁师从青原行思和尚，青原行思是怀让师弟。石头和尚一系创立了禅宗曹洞宗、云门宗和法眼宗三个分宗。日本佛教曹洞宗尊南台寺为祖庭。南台寺山门门楣书"曹洞祖庭"，山门对联："既入山门莫畏石头路滑，已来祖地当参曹洞机玄。"石头路滑，语意双关，其中有典故。张栻有《题南台寺》诗：

相望几兰若，胜处是南台。

阁迥规摹稳，门空昼夜开。

回风时浩荡，高岭更崔嵬。

谩说石头滑，支筇得往来。

福严寺号称天下法院，禅宗祖庭之一。杭州虎跑泉所在之定慧禅寺也属于禅宗寺院，杭州定慧禅寺炮制出虎跑泉泉脉移自于南岳的神话故事，也透出玄机。

关于福严寺，朱熹与张栻有诗唱和：

> 昨夜相携看霜月，今朝谁料起寒烟。
> 安知明日千峰顶，不见人间万里天。（朱熹句）
> 回首尘寰去渺然，山中别是一风烟。
> 好乘晴色上高顶，要看清霜明月天。（张栻和句）

镇江南山招隐寺虎跑泉

我游镇江时，曾请教出租车司机镇江有哪些值得推荐的游玩的地方，他告诉我可以游"五山"，即金山、焦山、北固山、云台山和南山。虎跑泉就在南山招隐寺景区里。

在去往南山的途中路过竹林寺，这里曾经是招隐寺的下院。门边牌坊额书"竹林幽眇"，两侧有对联："梵远惊天籁，钟清趁箨音。"箨，竹笋上一片片的壳。苏东坡《游鹤林招隐》云：

> 郊原雨初霁，春物有余妍。
> 古寺满修竹，深林闻杜鹃。
> 睡余柳花堕，目眩山樱然。
> 西窗有病客，危坐看香烟。

寺内有林公泉，在寺庙大雄宝殿之后，为明代高僧林皋法师开凿。泉倚山崖，每逢雨后，石缝中滴漏之声如磬。泉后山岩上刻书"林公泉"三字，并有跋文："原额因坍山石毁乙卯夏五月陆润庠重书。"

竹林寺的创建者是东晋高僧法安和尚，传说法安大师到南山讲法，讲到精妙处，二虎跑地出泉。虎跑泉池方形，池后石壁刻书"虎跑泉"三个大字，落款小字："古庐陵程峋书"。程峋，明崇祯年间任镇江知府。石壁之上筑亭名"万古常清亭"，故而虎跑泉池又名"万古常清池"。亭柱对联："一勺励清心，酌水谁含出世想；半生盟素志，听泉我爱在山声。"虎跑泉池还有下池。虎跑泉池旁的空地，原是招隐寺大雄宝殿，如今寺毁殿坍，成为废墟。

我曾三次游招隐寺。第一次游览是在立春之前，雪后天晴，还比较寒冷。周边一片荒凉，公园只有一人守门兼售票。当时，由于害怕返回时乘车困难，我与的士司机商量，将租车变成包车，把的士留下了。郑板桥有词《满江红·招隐寺》：

> 转过山头，隐隐见、松林一片，其中有、佛楼斜角，红墙半闪。雨后寻芳沙径软，道旁小饮村醪贱。听石泉，幽涧响琮铮，清而浅。
> 山门外，金泥匾。祇树下，香涂殿。看几朝营建，几朝褒贬，七级浮屠空累积，一声杜宇谁听见？叩禅扉，合十问宗风，斜阳远。

我斗胆改几字，填词：

转过山头，隐隐见、松林一片，其中有、危楼斜角，断壁残垣。雪后访古沙径软，道路泥淖污水溅。听石泉，幽涧响琮琤，轻而浅。

山门坏，牌坊偏。虎泉旁，虚无殿。有几朝营建，一朝被贬，七级浮屠空无迹，一声叹息谁听见？向何处，合掌问宗风，归程远。

那次游南山，天气寒冷，景区冷清，公园里只有我和同事再加上导游三人。尽管导游解说热情洋溢且绘声绘色，但是萧条的景象配上清冷的氛围还是让人兴致大减。后来得知导游还是从家里骑自行车赶过来的。

然而我对泉产生兴趣却是从此开始的。在虎跑泉旁，导游说："虎跑泉有两个，另一个在杭州。"我随口接了一句："南岳也有一个虎跑泉。"这位导游水平很高，也很自信，出于职业的礼貌，未还嘴怼我，但冷冷地瞥了我一眼，满脸不相信的神色。那时我刚刚从南岳衡山过来，还有照片，本想再说一句，由于景点的转移，也就打住了。但是，对于导游的眼神，我心中有点不愉快。回到北京找资料，我发现竟有五个虎跑泉，从此在旅游中对泉给予了特别的关注。

重游是十年之后的事了，目的是补拍虎跑泉的照片。重游发现景区进行了重修。景区名称虽仍然称招隐寺，但景点的复建是按照"昭明太子读书台"布局的。景区中几乎全是新建筑，这是复建文化古迹的通病：拆了重建。印象中只有招隐牌坊和虎跑泉池还是老样子。

牌坊为明代嘉靖年间建筑遗存，石牌坊有三门四柱双楣。上楣书"宋戴颙高隐处"，下楣书"招隐"二字。内柱对联：

"读书人去留萧寺，招隐山空忆戴公。"外柱对联："烟雨鹤林开画本，春咏鹂唱忆高踪。"对联的题款字迹已经斑驳难辨，上下楣书的落款字迹却清晰，是1981年由现代人补书的。牌坊上楣书和对联涉及与招隐寺有关的戴颙、萧统和米芾三人。

戴颙，南北朝刘宋时期著名艺术家，精通音乐、绘画和雕刻，谱古典十五章，皆为传世佳品。常携斗酒、柑橘双枚和古琴，于林下或泉旁，静听莺歌鹂唱，品味涧吟泉鸣，从大自然中汲取音乐精华，谱入曲中。刘宋武帝曾多次下诏请他出山，他推辞不就，不愿为官，隐居南山。戴颙去世后，其女终生未嫁，舍宅建寺，后人称之为"招隐寺"。

戴公故居如今建有"听鹂山房"作为纪念馆。馆堂门上匾书"鹂声一起宫商羽"，落款为"孟�"。堂内柱挂对联："泉韵每清心，自有山林招隐逸；莺声犹在耳，好携柑酒话兴亡。"墙壁正中绘《戴公高隐图》，左右书清代缪若光诗二首，这里录一首《戴公故宅》：

> 遁迹空山溯晋贤，流风隐逸仰家传。
> 名王游从心难动，戚好居依迹可迁。
> 野服自甘终辟世，瑶琴静抚独全天。
> 梵宫舍作真超迈，留与山僧夜坐禅。

招隐寺在历史上名气很大，香火旺盛，文人名士歌咏招隐寺的诗歌很多，如唐初骆宾王《陪润州薛司空丹徒桂明府游招隐寺》云：

共寻招隐寺，初识戴颙家。

还依旧泉壑，应改昔云霞。

绿竹寒天笋，红蕉腊月花。

金绳倘留客，为系日光斜。

还有唐张祜诗《题招隐寺》云：

千年戴颙宅，佛庙此崇修。

古井人名在，清泉鹿迹幽。

竹光寒闭院，山影夜藏楼。

未得高僧旨，烟霞空暂游。

再有唐代李涉《题招隐寺即戴颙旧宅》云：

两崖古树千般色，一井寒泉数丈冰。

欲问前朝戴居士，野烟秋色是丘陵。

"读书人去留萧寺"是指南梁昭明太子萧统在南山招隐寺里读书，景区现有读书台遗址，遗址上建读书台纪念堂，堂内有一段文字：

南朝梁武帝长子萧统，字德施，南兰陵人也。天监元年立为太子，未即位而卒，谥昭明，世称昭明太子。自幼天资聪颖，三岁受《孝经》《论语》；五岁遍读五经，志通讽诵；十岁后博览群书。太子虽尊荣至极，却视富贵如同草木，择京口招隐寺山腰，筑读书台，增华阁移来东宫藏书三万册，退宫女御乐，唯留八名太监相侍左右。引纳天下文才，历观文囿，泛览辞林，居招隐十一年之久，精选上起先秦，下讫萧梁七百余年之诗歌辞赋杂文共三十一类，计七百余篇，汇成我国第一部文学总集。书成太子心血干枯，双目失明。三十一岁病逝建康。

纪念堂中立有昭明太子塑像，上方挂匾书"文学垂范"，门上有对联："妙境快登临，抵许多洞天福地，相对自知招隐乐；伊人不可见，有无数松风竹籁，我来悦听读书声。"读书台旁有"韶华楼"，是太子工作的地方。《文心雕龙》的作者刘勰、《诗品》作者钟嵘等文人名士多在读书台，协助参与编选《昭明文选》。俗语"昭明烂，秀才半"，说明《昭明文选》对后世影响极大。纪念堂旁还建有"选亭"，亭上对联："志与秋天竞高，理与春泉争溢。"亭中碑文说，因《昭明文选》而形成一种"选学"，"选学"成为一种专门学问，因而称此亭为"选亭"。

"烟雨鹤林开画本"是指米芾父子。米芾虽然是襄阳人，却长期在镇江南山生活，米芾墓在南山鹤林寺。米芾是北宋四大书法家之一，而其绘画尤其是山水画开一派新风，称"米家山水"。

鹤林寺是刘宋武帝刘裕修建的。刘裕少年贫穷，被寄养在别人家，小名"寄奴"。他生活在南山，曾见群鹤起舞，将其视作吉兆，称帝后遂在少年生活的地方建鹤林寺。鹤林寺曾经是招隐寺之下院，寺内有"寄奴泉"。如今只存泉碑，井已湮灭，不知泉眼在何处。刘裕是南朝挥师北伐几近成功的皇帝，有雄才大略，辛弃疾在诗词中多次赞颂"寄奴"。

听鹂山房沿山路下行有"如斯亭"。亭呈三角形，亭前立碑刻《如斯亭赋》，乃明代林华作，取意孔子语"逝者如斯夫，不舍昼夜"。亭旁有"鹿跑泉"，为镇江三大名泉之一，其中应当有故事传说，只可惜我说不清楚。

再沿山路下行，虎跑泉水也循山向下流汇聚一池。池旁岩刻"华影池"，并有刻字"何必丝与竹，山水有清音"。古人左思著有《招隐》两诗，录其一：

> 杖策招隐士，荒涂横古今。
> 岩穴无结构，丘中有鸣琴。
> 白云停阴冈，丹葩曜阳林。
> 石泉漱琼瑶，纤鳞或浮沉。
> 非必丝与竹，山水有清音。
> 何事待啸歌？灌木自悲吟。
> 秋菊兼糇粮，幽兰间重襟。
> 踌躇足力烦，聊欲投吾簪。

借用景区内的一副对联作为文章结尾："此地可留连，桃花春水清犹浅；其间堪啸傲，兰气蕙风远更幽。"

庐山东林寺虎跑泉

胡适说："庐山有三处史迹代表了三大趋势：一是慧远的东林寺代表中国佛教化和佛教中国化的大趋势，二是白鹿洞书院代表中国近代七百年的宋学大趋势,三是牯岭代表西方文化侵入中国的大趋势。"

胡适对庐山东林寺和它的创建者慧远的评价是中肯的。慧远是高僧道安的弟子,东晋太元年间来到庐山脚下,住龙泉精舍弘法,于东晋太元十一年(386)年创立东林寺,建立佛教净土宗,开创了佛教汉化的第一个宗派,将外来的佛教与本土文化相融合,开始了佛教汉化的转化。净土宗在民众中广为传播,影响很大,极大地推动了中国的佛教化。东林寺是净土宗第一祖庭,对中国宗教、文化的影响深远。与东林寺结缘的历史人物有陶渊明、谢灵运、智顗大师、鉴真大师、李白、杜甫、韩愈、白居易、杜牧、王安石、苏东坡、黄庭坚、岳飞、陆游、朱熹、康有为等。

慧远学识渊博,内外兼综,于儒精《周易》《毛诗》《礼记》,于道则擅《老子》《庄子》,于佛则宗《般若经》。深厚的学识素养,为他融三教于一炉提供了方便。他隐居东林寺三十余年,影不出山,迹不入市,身边却聚集了名流一百余人,其中优秀者为"十八先贤",皆"一时之秀,不世之才"。他结"白莲社",广邀天下名士座谈交流。参与结社之僧俗皆饱学之士,甚至当时号称"江左文章第一"的谢灵运想参加结社都难以如愿。

慧远创立的佛教宗派专崇西方阿弥陀佛,来生往生西方佛门净土,故曰净土宗。因举行"白莲结社",又名"莲宗"。净土宗删除了佛教的繁文缛节,主张人们只要一心向佛,在阿弥陀佛像前口念"阿弥陀佛",即可往生西方极乐净土,也谓之"念佛法门"。由于修行方法简便,念佛法门广为流行,后来也被其他佛教门派采纳,以至形成"户户敲木鱼,家家念弥陀"的景象。

东林寺前有石牌坊，额书"秀挹庐山"，石柱刻对联："匡庐胜境第一道场，天下莲宗最初祖庭。"对联是中国佛教协会前会长传印法师1999年撰写。牌坊背面额书"香生庄严"，左右分别额书"心作""心是"。石柱刻书"一切法门无不从此法门出，一切行门无不还归此法门"。牌坊前铺大石板，石板下为旱沟。牌坊旁立碑刻书"虎溪桥"三字，大石板即虎溪桥。虎溪水源已经干涸，故而虎溪成为一道旱沟，因此也无法找到当年虎跑泉的源头了。康有为曾游览东林寺，写有《东林寺柳碑记》：

> 虎溪久塞已无桥，坏殿颓垣太寂寥。
>
> 无复白莲思旧社，尚存铜塔倚高标。
>
> 华严初译现楼阁，陶谢同游想汉霄。
>
> 三十八年重到此，重摩柳碑认前朝。

康有为重游东林寺是为了观摩寺中的柳公权书碑。当时寺庙可能残破不堪，虎溪久塞是真，说无桥则不确切了，只不过是旱沟旱桥。20世纪90年代末，东林寺进行了重修与扩建，如今气势恢宏，还有附属佛学院。

虎溪沟是东林寺的边界，当年慧远大师足迹从不走过虎溪。传说陶渊明和陆修静到东林寺拜访慧远，临别送行，主客相谈甚欢，不知不觉中慧远迈过了虎溪，引起神虎发生警示性吼声，三人大笑而别，这就是著名的"虎溪三笑"的故事。

陶渊明一代大师，不必介绍了。陆修静是道教集大成的人物，他辨别道教典籍之真伪，将道教经藏归于"三洞"，即《洞真》《洞神》《洞玄》。他整顿了天师道，称"南天师道"是天师道的正宗，因此他也是天师道祖师爷之一。释教大师、儒学泰斗、道教祖师在虎溪留下"三笑"佳话，宋代王十朋《东林寺》诗曰："渊明修静不谈禅，孔老门中各自贤。送别虎溪三笑后，白云流水两凄然。"

"秀挹庐山"牌坊之后是东林寺山门，三座山门上有三副对联。中门对联："开净土一宗，相传震旦有情，念佛初从莲社始；揽匡庐全胜，应许晋家高士，轻游更渡虎溪来。"此联是传印法师撰并书。右门对联："宝刹重辉，梵宇共匡庐争胜；法流再续，莲宗与天地同春。"山门背面对联："到这里踏净土，遥想远公当年，虎溪桥边三笑话；入佛门求皈依，遐思高贤照旧，莲池海上忆如来。"

山门之后是莲池，护栏上刻书"莲池"二字，落款为"庚午秋杨成武"。庚午是 1990 年。据说晋代时谢灵运为争取参加白莲结社，曾经出资修建白莲池。

东林寺中有远公堂，堂内抱柱对联："莲宗圣贤传，万代净土由祖证；殿堂遗相在，千秋佛法见根源。"堂内壁上嵌刻十八先贤像，故而远公堂又称"十八先贤祠"。唐朝晚期著名诗僧齐己写有《题东林十八贤真堂》：

白藕花前旧影堂，刘雷风骨画龙章。

共轻天子诸侯贵，同爱吾师一法长。

陶令醉多招不得，谢公心乱入无方。

何人到此思高躅，岚点苔痕满粉墙。

诗中的"刘雷风骨"指的是十八先贤中的刘遗民、雷次宗等人，他们皆一时俊才，辞世弃荣，相随慧远，研讨佛学。"谢公心乱入无方"，说的是谢灵运出资修白莲池，还帮助慧远翻译佛经，想参加白莲社，但慧远仍认为谢灵运心太杂而不同意。"陶令醉多招不得"，说的是慧远邀陶渊明参加莲社，渊明曰："弟子性嗜酒，法师许饮则往矣！"远公同意了，但陶渊明最终还是攒眉而去。黄庭坚《东林寺》云：

> 白莲种山净无尘，千古风流社里人。
> 禅律定知谁束缚，过溪沽酒见天真。

诗中后两句说的可能就是陶渊明吧。

远公堂内正中神龛供奉慧远像，神龛前立柱上挂对联："虎溪聚三人，三人三笑话；莲池开一叶，一叶一如来。"因此远公堂又称"三笑堂"。作为佛教净土宗第一祖庭的东林寺盛传"三笑"的故事，并将对联刻于祖师爷的殿堂里，反映了三教的融合，有特殊意义。殊不知在南北朝时期，佛道两教是互相排斥的，甚至斗得你死我活。

现在，虽然虎溪已经干涸，但东林寺里依旧有几处泉水值得一提。首先是聪明泉，泉眼上有亭，亭内有碑刻"聪明泉"三字，是唐太宗题书。碑上方刻小字："昔殷仲堪访远公，将与谈《易》于松间，仲堪辩博，远因指流泉曰，君之辩如此泉涌，后世因号聪明泉。"碑下方刻诗："一勺如琼液，将愚拟圣贤。欲知心不变，还似饮贪泉。"诗是唐代皮日休所作。亭旁立碑，碑文文字斑驳，不易辨识，但从碑文中仍可读出"聪明泉"三字是唐太宗题书。文中还指出泉水甘冽，为东方圣水。至于唐太宗书碑细节就看不清了。亭前地面湿漉漉的，是僧侣汲水时溢洒形成的，表明井泉依旧在使用中。

在远公堂后，有"卓锡泉"。井泉上方山岩上刻书"卓锡泉"三字，又刻"龙泉"二字。据《慧远传》中记载，慧远见庐山空旷，可以息心，以去水犹远，举杖叩地曰："若此地可居，当如朽壤抽泉。"言毕，清泉涌出。另有文字记载，慧远初来庐山，居于"龙泉精舍"，既然此卓锡泉又名龙泉，那么此处以及远公堂一带应当是当年龙泉精舍故址，东林寺也应当是以此地为基础扩充发展的。

东林寺之西有西林寺，如今是尼姑庵，是女尼修行的地方。据说慧远初到庐山是先居西林寺，后来为求发展才建龙泉精舍和东林寺。若此说为真，则西林寺的历史更早于东林寺。说到西林寺，人们最熟悉的当属苏东坡的《题西林壁》。这首诗诗意充满禅机哲理：

> 横看成岭侧成峰，远近高低各不同。
> 不识庐山真面目，只缘身在此山中。

虎跑泉湮没了，虎溪干涸了，但东林寺对中国佛教的影响、对中国文化的影响是深远的。人死了，西方说是上了天堂，中国说是上了西天，驾鹤西去，魂归净土。天堂崇拜与净土情结殊途同归。当人们遭逢大悲大喜、大灾大难时，西方人在胸前画十字，祷告上帝；中国人则双手合十，口念"阿弥陀佛"，两者可谓异曲同工。现在人们可以不知道慧远和尚，可以不知道东林寺，但不能否认其深远影响。虎溪之水虽然干涸了，但文化之脉流长存。

寻找京山虎跑泉

宋代王象之《舆地纪胜》记载："虎跑泉在京山。旧传关羽驻兵于此，山高无泉，士卒渴甚，夜有虎蹲哮而石间泉涌。"

文字记载于宋代，而故事却与关羽有关，事隔近一千年。王象之记载京山有虎跑泉，不知是否准确？即便准确，从南宋至今，又逾八百年，泉是否还存在？我是湖北人，于是趁回武汉探亲访友的机会，决心奔京山查访。

准备驱车向京山前行，司机导航搜索不到虎跑泉，又听说京山虎跑泉也叫马跑泉，于是再次搜索马跑泉，仍然找不到，但是有"马跑泉公墓"的标识。我心稍安，对于泉是否还存在，心中虽然无把握，但至少有马跑泉地名，表明泉曾经存在过。马跑泉公墓在京山城北五千米的新市镇。我们在高速公路出口收费站向收费员询问"虎跑泉"，她毫不犹豫地指出在马跑泉公墓。这说明当地人知道有虎跑泉，而且虎跑泉即马跑泉。

经岔路口见停有警车，我们又向警察问泉。警察很热情地告诉我，泉在"白姑洞"，那里有白姑庵。我按警察指点路径行车，看看情况不对劲，下车找到一位当地农民，向他询问虎跑泉。老农约五十岁，他告诉我们："虎跑泉就是马跑泉，泉眼已经没入马跑泉水库里，没有了。天马山庄是猪跑泉，不是马跑泉。"

登上马跑泉水库大坝，见水库很大，可以想象马跑泉水量应该不小。大坝下方流泉处处可见，猪跑泉只是其中较大者，水系应该与马跑泉同源。大坝嵌石刻字记载此处是关羽驻军遗址。

这次京山之行，虽未见到虎跑泉，但我明白了两点：关羽当年的确曾在此驻军，山又名"虎爪山"；马跑泉即虎跑泉，虎跑泉在修水库前的确存在，而且水量很大。

道教名山与泉

道教名山太多，难以尽述，光是道教四大名山就有不同的说法。本文所述道教名山是指青城山、武当山、茅山、崂山以及终南山。

终南山楼观与上善池

陕西省周至县有楼观镇，镇因楼观而得名。楼观是老子写《道德经》的地方，分写经与授经两处。写经在镇里，授经在终南山上，因此楼观庙宇也分镇内与山上两处。山是终南山的一个支脉山头，很高大，但与终南山相比，则是小巫见大巫了。

"楼观者，昔周康王大夫关令尹喜之故宅也，以结草为楼，观星望气，因以名楼观。"尹喜在此结草为庐，精思至道。据史书记载，尹喜任函谷关令时，一日清晨看到东方飘着紫气，以为祥瑞，将有贵人至，后果见老子骑青牛过关。老子被尹喜奉迎到他的家乡，居住在草楼观，写出了《老子》。在讲解经文之后，老子将经书授给尹喜，骑牛西去，不知所踪。

老子骑牛西去，不知所踪，也就是说文献再无记载。多亏尹喜留下老子，让老子在离开中原之前写出了《老子》。黑格尔读《老子》后说"中国是哲学的故乡"。《老子》是东方哲学的代表，有"万经之王"的美誉。

鲁迅说"中国文化之底蕴在道教"，"楼观派"是道教的重要门派，被尊为"天下道教此为宗"。楼观派形成于西晋时期，以楼观作为活动中心。楼观派宣称，西晋永兴二年（305），太上老君派太和真人尹航（尹喜之弟）降于楼观，授"炼气隐形之法""还丹术"和"六甲符"。该派兼修内外丹，召神劾鬼，为人治病祛邪。楼观派当时为了与佛教抗争，编出了《老子化胡经》，说老子骑青牛西去天竺，化身释迦牟尼，创立佛教。而佛教也针锋相对，抛出了《清净德化咒》，说如来佛派三位弟子东来震旦创立道教，"震旦"是佛教中对中国的称呼。佛、道两教之争斗一度白热化，争讼直达朝廷，北周武帝趁势"灭佛"，同时取缔了道教。楼观派随之衰微，楼观这个北方道教中心也就衰落了。

唐帝国建立之初，唐高祖李渊为了宣示李姓血统之高贵，宣称老子是李姓圣祖，尊太上老君为圣祖，大兴道教，在楼观故址兴建"宗圣宫"。而唐玄宗则声称，根据圣祖老子的托梦，在楼观附近找到了老子遗像，派人请回长安在庆兴宫供奉，以便祖孙相见，还尊老子为"大圣祖高上金阙天皇大帝"。宗圣宫里有《老子感应碑》，碑文中记述了"老子托梦，玄宗派张九龄在京西百里处找到老子遗像"的故事。

继丘处机之后任全真教掌门的尹志平，后世称全真教六世祖师，从燕京来到楼观，带领千余道教信徒，扩建楼观。此时是蒙古太宗八年（1236）左右的事情，蒙古太宗是成吉思汗之子窝阔台。宗圣宫中尚存元代石碑，图刻宗圣宫平面图，显示元代时宫宇规模之宏大。宗圣宫还被称为道教七十二福地中第一福地。

宗圣宫在"文革"期间遭受破坏，改革开放后重建，现在还留有几处珍贵文物。有两道元代古碑；有老子手植银杏，胸径3米多，树高16米，曾遭雷火劈烧，仅存一枝干，但仍旧枝叶葱绿；另有"老子系牛柏"，胸径1.3米，古枝遒劲，树下有元代古碑刻《老子系牛柏记》。宗圣宫西南有"卧牛池"，是青牛卧息饮水之地。镇西南原有尹喜墓，"文革"中墓地被平为耕地，墓碑现存放在宫圣宫里，有隶字碑文"周大夫尹喜之墓"。

从楼观镇向南是终南山风景区，景区风景优美，有不少道教景观，如吕祖洞、老子墓、少女泉、老子炼丹的仰天池，等等。说经台山头新修山门题书"终南山古楼观"，进门是大院，院内左右有两亭，右亭对联："松涛笼烟上日早，竹波分翠落霞迟。"亭内碑刻"楼观景点平面图"。左亭对联："山青气贯经台路，水曲廊吟道学声。"亭中碑刻"上善池"三字隶书，是赵孟頫题书。

关于上善池，有一个故事。元世祖时期，关中瘟疫，太上老君托梦给楼观台监院张监院说：山门前有块石板，石板下有泉眼，"内有吾炼成之仙丹，可治时疫"。张监院揭开石板，其下果真有泉，张监院便用泉水治好了关中时疫。三年后，赵孟頫游楼观，听说了仙泉治病之说，欣然题书"上善池"，立碑筑亭。上善池取意《老子》："上善若水，水利万物而不争，处众人之所恶，故几于道。"有诗赞上善池曰："清泉虽小来历奇，诗人雅士多咏题。楼观台下一胜景，游览莫忘上善池。"亭侧是上善泉，泉池护栏八方，石栏围砌，泉水从螭口中吐出，终年不涸。

两亭之间是院门，门匾书"说经台"。进院口，四周围廊，中轴线上是灵官殿、启玄殿、斗姥殿和救苦天尊殿，是蒙古太宗（窝阔台）八年时重修。据说老子在此讲解经文，并将经文授予尹喜后骑牛而去。说经台方形，三开间，三进深，歇山顶，坐于高台之上，檐下匾书"配极元都"。元都，亦名玄都，是太上老君的仙府，位于第三十三重天即大赤天上。门上对联："福地有真人，闲挥道子传神笔；清池开上善，认取仙家种寿泉。"

院内有石碑42道，以欧阳询书《大唐宗圣宫碑记》最为珍贵。碑刻中有苏东坡诗《授经台》：

剑舞有神通草圣，海山无事化琴工。
此台一览秦川小，不待传经意已空。

青城山与泉

青城山位于四川都江堰市。道教四大名山有不同版本，但青城山都名列其中，而且都排在首位，足见青城山在道教中的地位之高。青城山是道教的发祥地，称第五洞天。道教有十大洞天、三十六小洞天、七十二福地之说。十大洞天是依地理位置在八封中的方位排序的，名次先后与地位高低无关。十大洞天为：王屋山洞小有清虚之天，位于河南济源王屋山；委羽山洞大有空明之天，位于浙江黄岩委羽山；西城山洞太元总真之天，位于青海西倾山；西玄山洞三元极真之天，位于浙江覆船山；青城山洞宝仙九室之天，位于四川都江堰青城山；赤城山洞紫玉清平之天，位于天台县赤城山；勾曲山洞句容华阳之天，位于江苏茅山；林屋山洞左神幽虚之天，位于太湖西山；罗浮山洞朱明曜真之天，位于广东惠州罗浮山；括苍山洞成德隐玄之天，位于浙江仙居括苍山。十大洞天的各种版本大同小异。

青城山号称"青城天下幽"，天然图画，风景优美。晚清名臣张之洞《青城山》一诗云：

> 五岳之外孰可游？山荒树伐怜罗浮。
> 雁荡石好病瘦狭，黄山云好嫌阴幽。
> 匡庐外博中枯寂，但夸谷帘泉飞流。
> 只有青城不可唾，深秀能使人掩留。
> 岩壑四环三十里，青苍不落无春秋。

关于青城山的传说，可以追溯到黄帝。传说宁封子隐居青城山中，他善于"龙蹻之术""策云龙而御八荒"。黄帝战蚩尤，蚩尤布大雾，黄帝不能胜，黄帝入青城山访宁封子，拜师学道。宁封子授黄帝"龙蹻之术"，授予《龙蹻经》。黄帝终于打败蚩尤，封宁封子为"五岳丈人"，为岳渎之上司，主管五岳四渎。

青城山有丈人峰，峰下有"丈人祠"。南宋淳熙年间，孝宗将丈人祠敕名"建福宫"，取意"帝以会昌，神以建福"。《三国志·蜀志·秦宓传》记载："蜀有汶阜之山，江出其腹，帝以会昌，神以建福，故能沃野千里。"宫内主殿供奉太上老君和宁封子。杜甫《丈人山》云：

　　自为青城客，不唾青城地。
　　为爱丈人山，丹梯近幽意。
　　丈人祠西佳气浓，缘云拟住最高峰。
　　扫除白发黄精在，君看他时冰雪容。

宋代陆游《题丈人观道院壁》云：

　　断香浮月磬声残，木影如龙布石坛。
　　偶驾青鸾尘世窄，闲吹玉笛洞天寒。
　　奇香满院晨炊药，异气穿岩夜浴丹。
　　却笑飞仙未忘俗，金貂犹著侍中冠。

陆游另一首《丈人观》曰：

　　黄金篆书扁朱门，夹道巨竹屯苍云。

崖岭划若天地分，千柱耽耽压其垠。

缨冠肃谒丈人君，广殿空庭吹宝熏。

摩挲画墙手为轼，异哉山夔与土羵。

物怪鬐鬐冠丘坟，仙人佩玉杂悦纷。

手整貂冠最不群，欲去不忍恨日曛。

道翁采药昼夜勤，松根茯苓获兼斤。

人芝植立强骨筋，狗杞群吠声狺狺。

山炉小甄吹幽芬，朱颜不饮常自醺。

我亦宿诵五千文，一念之差堕世纷。

逝将从翁走如麕，隐书秘诀何由闻？

如今建福宫山门对联是："吹笛天寒，玉华更控青鸾住；缘云路近，杜老倩除白发来。"对联巧用了杜甫、陆游诗句。山门朱红大门，黄色篆字"龙""虎"两大字分别刻于门左右，与陆游诗中所述相似，只是夹道巨竹没有了，山前开辟广场。山门上额书"建福宫"三字是1940年时任中华民国国民政府主席林森题书的。

青城山山门四抱柱挂两副对联。内对联为："我爱阴符三百字，谁留清气一山幽。"外对联为："早岁文辞妙至道，中年忧患博虚名。"青城山被誉为"西蜀第一名山"，路旁石碑刻书"青城天下幽""天地灵气一山收"，刻书李济深诗《游青城山》：

久闻青城天下幽，到来方信言非谬。

可怜烽火遍神州，未许征人多消受。

进青城山门，沿山路缓坡徐徐而上，路边有井，井旁之碑书"洗鹤泉"，下刻说明文字，大意为青城山仙人徐佐卿常化鹤云游四方，归来后在此泉洗羽，因为青城山乃清净之地，不得留半点红尘。往前有碑书"黄帝问道处"。再向前是月城湖，沿湖边有栈道，湖上也有渡船载游人过湖。过湖有泉，崖上刻书"丈人泉"三个擘窠大字。传说黄帝向宁封子学道，正参悟到关键时刻，黄帝却心神不宁。宁封子见状，一箭射出，落地处清泉涌出，黄帝饮泉水后，心宁气爽，功力大增，冲关成功，学会"龙蹻之术"。黄帝封宁封子为"五岳丈人"，故此山名之为"丈人峰"。

丈人泉上方是缆车站，乘缆车可以到达青城山主峰彭祖峰上。缆车到站是慈云阁，正中檐下匾书"慈云阁"，左右分别匾书"普渡众生""国泰民安"。正中券门，门对联"观大面丽如彩凤，望上清秀若云龙。"左侧神龛是"土地祠"，右侧神龛"镇山王"。大面，即大面峰，山前称青城峰（彭祖峰），山后称大面峰，同体异名，实为一耳！

往前是影壁，正面书一"道"字，背面书"大道无为"，故称"道字壁"。壁侧刻对联："放眼众峰低，张袖平收岷岭雪；举头双关近，剪云散作锦江烟。"

再往上是上清宫，是青城山的主要宫观之一，始建于晋代，五代十国时前蜀王衍重建。王衍曾携太后、太妃游青城山。前蜀太后徐氏作诗《玄都观》：

千寻绿嶂夹流溪，登眺因知海岳低。
瀑布迸春青石碎，轮囷横剪翠峰齐。
步黏苔藓龙桥滑，日闭烟萝鸟径迷。

莫道穹天无路到，此山便是碧云梯。

前蜀徐太妃（俗称花蕊夫人）是徐太后之胞妹，作诗《丈人观》：

获陪翠辇喜殊常，同涉仙坛岂厌长。
不羡乘鸾入烟雾，此中便是五云乡。

吕洞宾游青城山作诗《登平都访仙》二首，录其一：

一鸣白鸟出青城，再谒王阴二友人。
口口惟言三岛乐，抬眸已过洞庭春。

宋代范成大《上清宫》曰：

历井扪参兴未阑，丹梯通处更跻攀。
冥蒙蜀道一云气，破碎岷山千髻鬟。
但觉星辰垂地上，不知风雨满人间。
蜗牛两角犹如梦，更说纷纷触与蛮。

上清宫山门正中额书"上清宫"三字，是蒋介石1940年题书。山门内侧对联"于今百草承元化，自古名山待圣人"是于右任题书。外对联"上德无为行不言之教，大成若缺天得一以清"是冯玉祥题书。一个宫观同时有三位国民政府要员题匾书联是极其难得的。《道德经》："天得一以清，地得一以宁，神得一以灵，谷得一以盈，万物得一以生。"《老子想尔注》："一者道也。"山门左右为龙虎门，额书分别为"玄圃门""瑶台阙"。玄圃，又称元圃、悬圃，是天帝即玉皇大帝的花园，在昆仑山上，道教尊昆仑山为圣山。瑶台为王母娘娘的仙府，在西极圣山昆仑山上。门阙名称喻示进入上清宫门就如同走进天堂仙府。左右门上对联分别是："大道生生生万物，真人法法法自然。""玄风肇自太古，大道藏之名山。"

上清宫里有井两口，咫尺相隔，一圆一方。井后立碑刻书"鸳鸯井"三字，是张大千题书。上清宫右廊有陈漫漫题书对联："呼吸化三丹，步步凌空，此中自有长生术；鸳鸯传二井，心心相印，由来平坦半边天。"井旁石刻清代高溥《题鸳鸯井》：

> 盈盈双井小廊西，锡号鸳鸯费品题。
> 地面相离刚咫尺，泉源岐出异高低。
> 水原清静无澜起，理有雌雄莫浪迷。
> 寄语栖真诸羽客，盈虚消息即玄机。

上清宫中还有一处泉池，池旁有碑刻"麻姑池"三字，也是张大千题书。碑阴面刻张大千题书碑文："第一峰后绝壁，上有麻姑洞，为麻姑炼丹之所。尝汲取于此，故名。《山志》亦称天池。"山志指《青城山志》。麻姑是王母娘娘的侍女。有题麻姑池对联："月到风来诗意静，水澄云在道心闲。"清代高溥《题麻姑池》云：

> 是谁凿沼最澄清，传说麻姑旧有名。
> 鹤驾可曾来七夕，鉴泉应许悟三生。

民国罗静远有诗咏：

> 一泓清绝见天池，未必麻姑洗濯宜。
> 凡骨更从何处换，天风吟皱碧琉璃。

出上清宫往后，路上有"大赤天宫"，供奉太上老君。道教认为天分三十六重，不同等级的神仙居在不同层次。第三十三重天为大赤天、太清境，是太上老君仙府。再往前是"东华殿"，供奉东华帝君。东华帝君全称"东华紫府辅元立极大道帝君"，为东华至尊之气所化，为万圣之师，又尊为太阳神，全真教之始祖。钟离权得道于东华帝君，钟离权传吕洞宾，吕洞宾再传王重阳，王重阳尊刘海蟾为师兄。刘海蟾为全真教南派始祖，全真教北五祖为东华帝君、钟离权、吕洞宾、刘海蟾和王重阳。东华殿里供有北五祖像。这是全真教南北两宗融合的结果。

继续前行登上彭祖峰极顶，立碑刻书"青城第一峰"。碑旁当初是呼应亭，亭上对联："峰围仙磬声难散，月避神灯远愈明。"重游时改建为老君阁，五层八角，代表五行八卦，中空，内有老子骑青牛塑像。2008 年 5 月 12 日汶川大地震，老君阁坍塌。我 2012 年再游，老君阁再建。阁有九层八角，高 33 米，中空，有老君坐莲台神像，像高 7.3 米。青牛没有了，导游小姐戏言牛返回兜率宫了。在晴朗的日子，这里是俯视八百里西川的好地方。青城山有大奇观，日出、云海、雪峰和神灯。星夜，天上星光灿烂，人间灯火闪烁，再加流萤飘忽，合而谓之神灯。夜宿上清宫，在大面山上观神灯是令人神往的事情。宋代范成大《最高峰望雪山》云：

大面峰头六月寒，神灯收罢晓云斑。

浮空忽涌三银阙，云是西天雪岭山。

清代黄云鹄《游上清宫》云：

壮游兴到不知远，直上青城第一峰。

绝顶仰看红日近，平畴极望白云封。

千层雪岭中原抱，万斛岷江大壑冲。

借问鸳鸯池上水，如何出世尚情浓。

从第一峰下行，第一峰南坡刻有清代黄云鹄题书的擘窠大字"天下第五山"。他写有《宿朝阳洞晓望》，传说当年宁封子栖隐之地即朝阳洞。

古常道观，又名天师洞，祖天师殿张道陵神像后有洞，即道教之第五洞天。观内有张道陵手植银杏树一株。观宇始建于隋代大业年间，初名延庆观，唐代改名常道观，后经多次改名，如今仍用唐代古名。山门有两副对联，其一："胜地冠两川，放眼岷峨千派绕；大名尊五岳，惊心风雨百灵朝。"其二："福地凝崆峒，相传石室栖仙侣；江源归节度，欲挽银河洗甲兵。"

黄帝曾登崆峒山向广成子学道，将青城山比拟崆峒山，黄帝登青城山向宁封子求道。古人认为"岷山导江"，以岷山是长江之源，故"江源归节度"。此对联的撰联人是邓锡侯，曾任国民军第二十二集团军总司令、四川省主席，参加过台儿庄大战。山门左右还有不少对联，崖岩墙基都有题刻文字，其中"河山信美当以热血保卫之"字体大而醒目，落款为"中央军校高级班第九期"，题联与题字时间应该是抗日战争之际，反映了当时人们高涨的抗日爱国热情。

主殿"三清大殿"是一排五间二层楼，殿内正中悬挂康熙题匾"丹台碧洞"。丹台碧洞宗是龙门派的一个重要分支，而龙门派是全真教中影响最大的流派，由丘处机开创。王重阳开创全真教，其七位弟子即"全真七子"皆有作为，各自创立流派，其中以丘处机创立的龙门派影响最大。

古常道观又名黄帝祠。黄帝祠位于三清大殿之后，于右任题书"古黄帝祠"草书匾挂于檐下，门上有于右任撰书对联："启草昧而兴，有四百兆儿孙飞腾世界；问龙蹻何道，是五千年文化自翊卫神州。"

黄帝祠侧有泉井一口，立碑刻书"古六时泉"，碑刻小字，大致意思是："六时洒水，以代晷漏，以于阳时飘然而洒，阴雨必无。"有诗《寻六时泉》："欲湔六时泉，三涉恣晨游。林腥出虎气，洞漏归龙湫。"观内有对联："宁封仙隐，黄帝龙飞，从绝壁洒六时泉，花雨天香，念想当年问道处；老子神行，青城象箸，觇祖灯彻三混顶，宗风日永，由来古观得春多。"

与黄帝祠并排有三皇殿，三皇殿供奉伏羲、神农和黄帝。殿中有《大唐开元神武皇帝书碑》碑文："……青城先有道观……闻飞赴寺僧寺以为寺……观还道家，寺依山下旧所……"下诏时间为开元十二年（724）。碑文记载的内容是青城山道士与飞赴寺僧人争夺山上道观，发生纠纷。唐玄宗亲自下诏，将道观断给道士。青城山道士将诏书刻碑，成为青城山镇山之宝。一场土地财产的纷争，由皇帝亲笔下诏断案，看来玄宗皇帝是闲得没事干了。

黄帝祠与三皇殿之间有"龙蹻飞踪"坊门，入门贴山崖曲折而行，崖壁刻书"第五洞天"，向前为"祖天师殿"。神龛中供张道陵神像，是隋代石刻，相貌凶猛威严，三只眼，左臂向前平伸，掌心向外，掌心刻书"阳平治都功印"。"治"是五斗米道的组织单位，每治设坛，有坛主。"治"相对"乱"而言，有治理之意。治虽然是宗教机构，却是含有行政机构意味的，张道陵创立的五斗米道带有政教合一的性质，当时共二十四治，阳平治是首治。掌印是张道陵的法器，张道陵得"道"之后，用掌心印"降妖除魔"。《三国演义》中的汉中张鲁即是张道陵嫡孙，以政教合一的形式盘踞汉中三十多年。

张道陵本名张陵，东汉时人，汉初名臣张良的十世孙。汉和帝时曾下诏为太傅，又封为冀县侯，张道陵三诏不就，先后隐于河南邙山、江西龙虎山等地，汉顺帝时入西川，集黄老之学、方仙之术、鬼巫之咒于一体，创立道教，自称"太清玄元三天法师正一真人"，施行"三天正法"。天师世袭，张道陵是祖天师，子张衡是嗣天师，孙张鲁是系天师。张鲁秉承祖上教导，将第四子派往江西龙虎山。张鲁后来被曹操招安，北方五斗米道衰落。张天师一脉在江西龙虎山承袭，延续至今。

张道陵于鹤鸣山创立五斗米道，要求入教者须交五斗米，故称五斗米道。蜀中有三处鹤鸣山，一个在大邑，一在剑门，一是青城后山，三处都有道教活动遗存。虽然专家们大多认为张道陵创教是在大邑鹤鸣山，但这并不影响青城山是道教发祥地之说。因为张道陵创教后总坛是流动游走的，在青城山的时间最长，张道陵最终也是在青城山羽化升天。祖天师殿中立碑刻书"道教发源地"是站得住脚的。

祖天师殿里还有一个石经幢，名"五符经幢"，幢上刻书经文是唐玄宗开元十一年（723）刻立的。明代杨慎在《天师洞》一诗中写道：

> 天师古洞门，飙埃从此分。
> 两嶷岩半雨，万重山一云。
> 眼界上清近，足音空谷闻。
> 汉代遗幢在，苔侵转宿文。

祖天师张道陵神像后有洞，称天师洞，是道教第五洞天。《玄中记》载："蜀郡有青城山，有洞穴潜行，分道为三，道各通一处，西北通昆仑。"通昆仑有点玄乎，洞深不可测是可能的。据说"文革"中破四旧时有人挪开了石像，钻入洞中，从此再也没有出来。

常道观洞门石墙上刻有历代名人诗咏，其中有黄炎培诗："拾级来登第五天，山楼夜听洗心泉。彭师好古云房住，老杏一千七百年。"老杏是指张道陵手植银杏，胸径足有三米。另外常道观里还有古松九株。

从常道观侧门穿出，向后一路平坦，经过一地，奇峰兀立，峰石纵向两条裂纹，将石分为三股，下裂而上连，称为"三岛石"，崖石上刻书"降魔"两个大字，是张道陵裔孙第六十一代张天师题书的。谢无量《天师洞》诗云：

> 只为青城返故乡，九株松下问行藏。
> 远游便拟乘龙蹻，群鬼真堪试剑芒。

窘步怯登危栈石，安心胜乞上清方。

寒崖已透春消息，天半孤花照夕阳。

"群鬼真堪试剑芒"，传说张道陵得道功成出关，群鬼妖魔不服，阻拦戏弄，搬挪山峰向张道陵飞来，张连挥两剑劈向山峰，将山镇压在此。旁边一位抬滑竿人告诉我，六小龄童版《西游记》中有一幕是孙大圣被镇压在"五行山"下，此三岛石即是五行山拍摄场地。三岛石一缝陷入地下很深，为了将石缝改装成山洞，剧组往缝隙中填充了很多泡沫塑料。当时请了些民工，他就是其中之一。

三岛石前行不远，山泉从月亮埫上流下来，泉水叮咚，称乳泉，汇聚崖下一池，池中放置一石，呈心状，谓洗心池、洗心泉。池前原有碑和亭，在汶川大地震中坍塌，我游览时，青城山主要景观已修缮完，对游人开放，而较偏僻地带还来不及修缮。清代傅鹏扬有诗云："劈石降魔夸剑胆，鸣琴飞瀑荡诗魂。"鸣琴飞瀑指的就是"洗心泉"。洗心池有石护栏，石护栏还是歪歪斜斜的。

《神仙传·张道陵》载："（张陵）使有疾病者，皆疏记生身已来所犯之事，乃手书投入水中，与神明共盟约，不得复犯法，当以身死为约。"葛洪《抱朴子·用刑》："洗心而革面者，必若清波之涤轻尘。"洗心是道教徒加入五斗米道时必须举行的仪式。隋朝陆法言《青城洞天》有诗句："百斛崖泉生意活，一钗松雪洗心清。"常道观中有对联："眺高台宝室仙都，真日月分精，蹑履快寻三岛石；读琳崖玉霄好句，信云霞难画，扪萝欲觅五符幢。"

青城山山门有对联："收百八景于前，数山水林峦，万叠芙蓉环涌雾；登卅六峰之顶，看画图烟雨，半天楼阁启凌云。"青城山有三十六峰，号称一百零八景。宋代刘知仁有诗曰：

> 所忧目力尽，未闻双足酸。
> 云峰三十六，一一皆可观。

唐代贾岛登青城山赋诗《送灵应上人》：

> 遍参尊宿游方久，名岳奇峰问此公。
> 五月半间看瀑布，青城山里白云中。

宋代陆游《自上清延庆归过丈人观少留》曰：

> 再到蓬莱路欲平，却吹长笛过青城。
> 空山霜叶无行迹，半岭天风有啸声。
> 细栈跨云萦峭绝，危桥飞柱插澄清。
> 玉华更控青鸾住，要倚栏干待月明。

诗咏尽夸青城山之美，如同蓬莱仙境。上清宫斋楼门对联："钟敲月上，磬歇云归，非仙岛莫非仙岛；鸟送春来，风吹花去，是人间不是人间。"

武当山与泉

武当山有九宫、九观、三十六庵堂和七十二岩庙，是全国最大的道教道场，列入道教四大名山之一。武当山与道教的渊源开端于尹喜到武当山隐栖，兴隆则缘于玄武神崇拜，明成祖封武当山为"大岳"，并大力扩建武当山宫观，将武当山的声威推到了顶峰。

老子在楼观台授经之后即骑青牛西去，接受了经书的尹喜行踪又如何呢？《蜀本纪》中说，老子临别言曰："子行道千日后，于成都青羊肆寻吾。"青羊肆，如今叫青羊宫，是成都最大的道观，唐玄宗和唐僖宗避乱入蜀都是驻跸青羊宫。依此说，尹喜是到了成都，找到老子，一同升仙了。陶弘景在《真诰》中说，尹喜到武当山隐栖修炼，武当山上有"尹喜岩"，被誉为"岩孕奇秀"的胜境。尹喜在道教中被尊为"文始真人"，又被尊为"无上真人"。元代罗霆震《尹仙岩》："道之所隐即仙灵，心印函关道德经。不待邛州乘鹤去，此山仙己是天庭。"罗诗中将两种说法结合起来了，认为尹喜先是到武当山修炼，后入川随老子而去。

继尹喜之后，很多道家人物进入武当山修炼，尹喜岩附近有不少道家活动的遗存，如炼丹的场所。道家讲究内外兼修，炼内外丹，外丹是以金石相配熬炼的符水丹药，服食以期益寿延年。道家将人体比作天体，比作宇宙，认为人的身体本身就是一具火炉，各种不同部位与阴阳五行相对应，只要按一定方法吐故纳新，就可以炼成金刚不坏之身，谓之内丹。武当山上有炼丹井、炼丹池等遗存。元代罗霆震《炼丹池》诗曰：

先天祖气久胚浑，炉鼎阴阳更互根。

滴滴金膏仙造化，半泓泉坛有天门。

　　距尹喜岩不远有五龙峰，峰下有五龙宫。五龙宫附近有
"青羊涧"和"牛漕涧"。关于五龙的传说汉代就有了，东汉
时有五龙祠，是武当山最早的道教建筑，称"武当第一祠"。
唐贞观八年（634），天下大旱，唐太宗派均州太守姚简上五
龙祠祈雨，五龙灵应，大雨如注。唐太宗重修祠庙，敕名
"五龙祠"。宋真宗敕匾"五龙显应之观"。元世祖下诏"五
龙灵应之宫"。元仁宗敕刻御碑《大元敕建武当山五龙灵应万
寿宫》，碑文说："襄汉房均间有山焉，根盘八百里，峰阳嘘
阴翕，不可名状，名曰太和之山。玄武神得道其中，改号武
当，谓非玄武不足当其山也……仁宗皇帝天寿年实与玄武神
同，遂加敕曰大五龙灵应万寿宫。"碑文说山原名太和山，改
名武当，意思是只有玄武神才可以与此山相配。明代王世贞
《游五龙宫》云：

听雨过青羊涧，披云出紫盖峰。

曲曲蜿蜒复道，层层历落怪松。

嵌岩几点鞢鞯，拥殿千朵芙蓉。

倦时但引三爵，睡法不输五龙。

明代沐昕《五龙披雾》云：

玉立峻增翠玉流，五龙潜处景偏幽。

烟消远峤猿声断，日射灵湫蜃气收。

捧圣神回山寂寂，插梅人去水悠悠。

应期莫负生民望，四海长令岁有秋。

沐昕为黔宁王沐英之子，明成祖之驸马都尉，主持营建武当山宫观十余年。

五龙宫有诸多泉池。主殿前阶下有天池和地池，天池圆，地池方。宫院墙外有日池、月池，日池圆，月池弦。主殿前有五龙井，有井五口，按五行方位分布，一井汲水，五井皆动，象征五龙感应，五龙井称为"地脉香甘，万古灵泉"。元代罗霆震《日月池》曰：

天德辉华炯帝前，地无两曜地非天。

山中光景天为一，昼夜雷鸣两洞泉。

罗霆震《五龙井》曰：

兴汉元年聚处星，涌泉成坎匝祠庭。

渊潜一一飞天去，地脉香甘万古灵。

罗霆震《牛漕涧》曰：

老君昔日度函关，青犊曾骑过此间。

今次出图龙马现，道人玩易弄潺湲。

明代方豪《青羊涧》曰：

青羊一去杳无踪，乱石如羊饮碧淙。

源流却是灵泉脉，到海门边流也清。

明代章焕《五龙宫》曰：

五龙楼观五云傍，遥见龙文五色光。

一水中分涵日月，二仪吐纳辨圆方。

青羊涧口青霞绕，紫盖峰头紫电长。

霖雨欲来岩谷暝，犹疑神物在茫洋。

《太上说玄天大圣真武本传神咒妙经》载："玄武乃太上老君化身，脱胎于净乐国善胜王后，从左胁下出生，生而灵异，潜心修道48年，在武当山隐修，于五龙捧奉下升天。玉皇大帝亲行典礼，封为太玄元帅、玄天镇武大将、三天都部管、九天游奕使等。"太子坡是玄武修行的地方。

山门"太子坡"三字是沐昕题书，太子坡又名复真观。龙虎殿院中有一泓泉池名"滴泪池"。传说善胜国太子离家出走，善胜王后追至太子坡，王后连喊十八声，太子连应十八声，王后每喊一声，下降一步，太子每应一声，上升一步，王后追不上，痛哭不止，滴泪成泉。太子坡有上下十八盘坡道。明代方豪《复真观》曰：

高木清泉太子坡，当年羽道被松萝。

至今泪滴池中水，左胁深思奈尔何！

明代许宗鲁《太子坡》曰：

太子何年去，名坡万古传。

羊肠云外险，蜃市海中鲜。

委巷通群帝，飞岩接九天。

羽人栖碧落，清磬下冷然。

太子坡建筑中最有特色的是五云楼，"一柱十二梁"，在一根立柱上，十二根梁枋穿凿其上，是中国古代木结构建筑的杰作，建筑艺术价值极高。

传说净乐国太子在修炼中一度思想动摇，下山回家，途中见一老妪磨铁杵，太子问老妪磨铁杵做什么，老妪答"磨针"，并说"功到自然成"。太子醒悟，回山继续修炼。磨针井是一道观，主殿供净乐国太子，殿前有老姆亭，亭坐落于高台之上，亭侧有井，台基上刻书"磨针井"三字。井旁有铁棍与磨石，供游人磨杵照相。元代罗霆震《磨针井》云：

淬励功多粗者精，圣师邀请上天京。

我心匪石坚如石，小器成时大道生。

诗意真好：小器不成，何来大道。老姥亭对面墙上刻书"竹月梅风"四字，亭东侧有吕纯阳殿。清代谢炳林《磨针井》云：

谌然古井号磨针，静对移时清我心。

竹月梅风巧对应，隔帘仙鹤正眠琴。

传说中太子升天的地方在南岩。南岩上接云霄，下临绝涧，峰岭奇峭，林木翠郁，临空亭台宫阁与悬崖峭壁融为一体，胜景甲天下，是武当山最美的景区。明代史谨《武当八景其五·南岩削壁》曰：

> 岩前流水带龙腥，石上灵芝到处生。
> 绝壁倚空非禹凿，高萝悬幄自天成。
> 岚飞翠雨林梢滴，鹤载瑶笙月下鸣。
> 知有仙宫烟雾里，樵歌长答步虚声。

沐昕《南岩削壁》曰：

> 秀拔中天载巨鳌，瀑声直下鬼神号。
> 气吞泰华银河近，势压岷峨玉垒高。
> 日上群峰明锁闼，风回万壑涌秋涛。
> 红尘一点飞难到，跨鹤人来醉碧桃。

明代黄仲芳《游南岩》曰：

> 三十六岩何势雄，南岩高出摩苍穹。
> 天低蓬岛星辰近，水楼仙源道路通。
> 琼馆云深鸿室秘，药炉丹服碧坊空。
> 登临总喜瀛洲客，漫咏新诗兴不穷。

南岩上摩崖刻字很多，"南岩"二字是沐昕题书。"福、康、宁"三字是明嘉靖首辅大臣夏言题书。"寿"是王颐题书，王颐是夏言弟子。元代罗霆震《甘露泉》云：

玉井渊深浸碧漪，帝真元日炼丹池。

水香万古皆天酒，愿脱沉疴饮一卮。

南岩上的主要建筑是南岩宫和天乙真庆宫。天乙真庆宫
是石制宫殿，玄武神在天上的仙府名叫天乙真庆宫。天乙即
太乙，亦即天一。《易经》说"天一生水"，玄武神是水神。
宫里有元代御碑《大元敕建天乙真庆宫万寿碑》，碑文是赵
孟頫书写的。宫殿前一道石梁伸出崖外，梁端刻龙头。过去
有烧"龙头香"的习俗，这里由于危险摔死过一些人，后来
便禁止烧龙头香了。御碑之前有两个泉池，名"天乙池"和
"太乙池"。明代王世贞《太乙池》云：

浅碧泓停一镜开，探瓢欲酌更迟徊。

孤峰倒插青莲影，疑是真人坐叶来。

南岩宫里有"甘泉池"。南岩有碑刻吕洞宾诗《题太和
山》："混沌初分有此岩，此岩高耸太和山。面朝大顶峰千丈，
背涌甘泉水一湾。石缕状成飞凤势，龛纹绾就碧螺鬟。灵源
仙涧三方绕，古桧苍松四面环。……"刘鸣冈词《洞中仙·登
武当南岩》："一阁悬空，展翅入霄汉。深涧万仞人惊叹。飞
云起，恰似腾蛟走凤；望林海，犹如狂涛拍岸。　苔生龙
头香，尘封后殿，烟锁飞升岩中暗。绰约梳妆台，倩影双双
幽径处，笑语串串。未餐尽，这千盅秀色，金顶钟声频唤。"

武当山有永乐皇帝圣旨御碑，圣旨曰："重惟奉天靖难
之初，北极真武玄帝，显彰圣灵，始终佑助，感应之妙，难
尽形容，怀报之心，孜孜不已……朕闻，武当紫霄宫、五龙

宫、南岩宫道场，皆为真武显圣之灵境，今启重建，以伸报本祈福之诚。"明成祖动用了近三十万劳役，由驸马都尉沐昕主持，从永乐十年至二十二年（1412—1424），大力营建武当山，使武当山成为皇家宫观，乃至全国最大的道教道场。

紫霄宫是现存宫观中规模最大者，由自称是教主道君皇帝的宋徽宗敕令兴建，永乐帝大力重修，其中大部分建筑是明代的，只有东院部分殿宇是北宋的。紫霄宫中有多处泉池，主殿前有日池，主殿后有月池，侧殿有龙王井、太乙池等，这些泉池都有故事传说。谈到武当山紫霄宫就容易想起张三丰，那是元末明初被神化了的道教人物。明太祖、明成祖都曾想诏见张三丰而不成。张三丰《答永乐皇帝》诗曰：

> 天地交泰化成功，朝野咸安治道亨。
> 皇极殿中龙虎静，武当云外钟鼓清。
> 臣居草莽原无用，帝问刍荛苦有情。
> 敢把微言劳圣听，澄心寡欲是长生。

元代虞集《太和山》曰：

> 雪树生香满佩巾，紫霄最上集仙真。
> 苔荒鹤迹浑无路，花暗笙声不见人。
> 瑶圃月寒通白晓，丹台云暖驻长春。
> 莫教流水前村去，恐似桃源客问津。

明代沐昕《紫霄层峦》曰：

紫盖重重列上台，根盘百里势萦回。

丹崖翠壑参差见，琳馆珠宫次第开。

灿灿祥光环太乙，飘飘仙佩下蓬莱。

客来莫问当年事，且依雕栏看榔梅。

武当山原名太和山，武当山因真武而得名，可能是道教的穿凿附会，在道教还未正式产生之前，已经有了武当的名称。《后汉书》记载，庸国反叛，楚灭庸国而设武当县，即在春秋时期已经有了武当的称谓了。传说楚之先祖"女隤"，隤亦书作隗，鬼方人，鬼方是生活在北方的偏远部落。有史学家猜测，楚之先人来自中亚的古老人群"巫丹"人，武当可能是巫丹的音转。楚人发祥地有巫江，丹江，或许可作是说之佐证。

茅山与泉

茅山位于江苏句容、金坛两地之间，本名句曲山。相传西汉年间，茅盈、茅固和茅衷三兄弟在山上修炼，后人称之为"茅山"。茅山为道教名山第八洞天。茅山不高，最高峰海拔仅三百七十多米。山虽不算雄奇，但"山不在高，有仙则名；水不在深，有龙则灵"。茅山有仙，茅山水中有龙，茅山是仙山、灵山、名山。仙也好，龙也罢，说到底是一种文化，是山川与人的一种沟通，是一种人文关系。茅山对中国道教文化乃至中国历史都有重要影响。茅山是道教上清派的发祥地，在一个相当长的历史时期，上清派是道教的重要流派之一。该派的历代宗师有很多出生在茅山附近，茅山因之成为上清派的主要活动中心，故而上清派又称"茅山宗"。

茅山主峰称大茅峰，相传茅盈在此修炼升天，山上有大茅洞，是茅盈结庐隐栖之地。茅盈是汉景帝至汉武帝时期人士。从汉代起，人们在山上修建"圣佑观"，明神宗万历皇帝赐名"九霄万福宫"，为其母祈福。其母李贵妃，后为李太后，即戏剧《二进宫》中李妃原型，自称"九莲菩萨"。山顶是茅山最高点，筑有飞升台，茅盈正是在飞升台驾鹤升天。飞升台呈四方形，中央立牌坊，正面额书"三天门"。三天门又称南天门，道教认为，跨过了南天门即进入了仙界。石柱对联："修真句容三峰顶，得道华阳八洞天。"牌坊背面额书"飞升台"，石柱对联："茅君跨鹤飞升去，羽士进表登台来。"道士们在飞升台焚香进表，祝告苍天，可见飞升台是羽士与上天沟通的地方。

进山门后是灵官殿，对联："三眼能识天下事，一鞭惊醒世间人。"灵官殿供奉的王灵官是道教最崇奉的护法神，他手执钢鞭，三只眼，面容凶猛，镇邪扬善。殿内还有对联："灵则无私扶合境，官能正直佑斯民。"

往后是藏经阁，二层楼，一层是宗师殿，供上清派历代宗师，二层藏经书。一层正中大神龛供魏元君神像，神龛对联："上清宗坛传承数十真人，南岳夫人堪称一代太师。"神像下方有说明文字："魏元君，名华存（252—334），山东济宁人，世称南岳夫人，曾为天师道祭酒，著《黄庭经》，茅山上清派第一代宗师。"魏元君后来在南岳衡山修炼并羽化，南岳今有黄庭观，是其修炼飞升之地。上清派宣称魏华存在华阳洞中得到元始天尊传授的经书《上清大洞真经》，成为上清派开派宗师。

　　道教创立之初，有五斗米道和太平道两支"原始股"。太平道张角兄弟发动了黄巾起义，遭到残酷镇压。五斗米道张鲁在汉中建立政教合一政权三十多年，后被曹操招安。随着张鲁去世，道教一度进入低谷。由于曹操对太平道坚决取缔，对五斗米道收买、分化、瓦解，道教在民间的流传转入了半地下活动状态。任何一个宗教要想得到发展，必须得到上层社会的认可。到了东晋南北朝时期，从葛洪开始，上层文人对天师道进行了改造，摈弃了粗俗的成分，形成上清派，从而逐渐得到上流人物认可。上清派源自天师道，又与天师道进行了切割，宣称主要经典来自元始天尊，修炼者可进入的境界是比太清仙境更高一层的上清真境，于是逐渐形成了茅山、皂阁山和龙虎山三角鼎立的局面。龙虎山张天师嫡传的天师道也与时俱进地进行了自我改造。三山斗争而又联合的结果产生了"三清"道教最高尊神，元始天尊地位最高，属玉清圣境清微天，居第三十五层天；灵宝天尊次之，属上清真境禹余天，居第三十四层天；道德天尊再次之，属太清仙境大赤天，居第三十三层天；也就是说，太上老君在三清中居末位。三清的确定是天师道各派协调整合的结果。

　　九霄万福宫主殿是"太元宝殿"，主供三茅真君，即茅氏三兄弟。神像背后是神仙岛，岛内各路神仙分四个层次：第一层三清；第二层四御、姜太公、救苦天尊等；第三层八仙等；第四层龙王、雷公、电母、药王、财神等。神仙岛中将神仙分等级层次，把人间的等级制度观念带到了天上，依据的是陶弘景的神仙谱系。将四御置入三清之下，这与《封神榜》神话故事是相吻合的。四御是：南极长生大帝，中天紫微北极大帝，勾陈上宫天皇大帝，承天效法后土皇地祇。原来玉皇大帝也属于四御，而三清至高无上，玉皇大帝就成了三清的下属。这种神仙谱系后来给道教带来了麻烦，因为它与君权至高无上的政治伦理相悖。在人间君王至尊，君权神授，君王称为"天子"。但是在天上呢？玉帝竟然是三清下属，这就有问题了。于是，后世道教悄悄作了改动，首先将玉皇大帝与四御进行分离。玉皇大帝高居四御之上，不再与四御同一层次。这样四御中就缺了一，于是补上南极长生大帝。道教原有六御之说，补一位是容易的。此外，将三清所居之处称阁不称殿。阁与殿之区别在于，"阁"抽去了政治内涵，不具备政府职能，三清是"帝师"，是精神领袖，不是"行政首长"。这一改动可谓煞费苦心，比如北京白云观就是这样改的。当然这种改动只能悄悄进行，不便明言，故而改得并不彻底。不少道教观宇依旧是三清殿、玉皇阁地乱叫，依旧赞颂三清主宰寰宇。我们游览道观、宫观时，可以细心体察这些细微区别的奥妙之处。

太元宫殿之后是坎离宫，坎属水，离属火，坎离宫有水火既济之意。坎离宫外西墙根有龙池，又名天池。龙池虽位于茅山极顶，但池水不涸。池沿墙展开，池长20多米，墙上雕有九龙，正中一龙盘踞，左右八龙两两相对呈二龙戏珠状。池中塑一巨龙，龙首高昂。宋真宗曾登茅山降香，游览龙池，作《观龙歌》：

四灵之长惟虬龙，虬龙变化故难同。
三茅福地群仙宅，灵物潜形在此中。
池内仙人驯扰得，至今隐现谁能测。

乘云蠢动独标奇，行雨嘉生皆荷力。
常人竞取暂从心，才出山楹兮无处寻。
中使勤求深有意，欲献明庭兮陈上瑞。
初献一龙朝魏阙，偶把二龙离洞穴。
人心龙心若符契，一人一住何神异。
我睹真龙幸不惊，至诚祝龙龙好听。
但祈风雨年年顺，庶使仓箱处处盈。

宋真宗将龙池神化，以后每逢大旱，人们都上茅山，到龙池祈雨。北宋王安石有诗赞曰：

物外真游来几席，人间荣愿付苓通。
白云坐处龙池杳，明月归时鹤驭空。

唐朝皇帝为李姓，所以尊老子李耳为始祖，追封其为"圣祖大道玄元皇帝"。后来，宋真宗也仿效唐代宗祖老子的做法，生造了赵氏始祖赵玄朗，称黄帝之父，封为"圣祖上灵高道九天司命保生天尊大帝"，奉作道教最高神之一，借宗教势力彰显血统高贵，庇佑赵宋江山永固。宋真宗泰山封禅，茅山拈香，大搞崇奉道教的仪式。宋徽宗更是宣称自己是"教主道君皇帝"，在茅山建"元符万宁宫"，建成之日，作《元符万宁宫庆成颂》：

句曲之山，有居其颠。
谁氏之子，象帝之先。
启迪后人，淑修其身。

宁静而笃，是为葆真。

在昔元符，作室其下。

经始勿亟，以遗来者。

我应受之，嗣绍厥绪。

我仪图之，缮此栋宇。

孝彼宫宇，因心而友。

不日成之，克相其后。

乃益其名，曰维万宁。

书以揭之，用妥明灵。

道大无方，体用有常。

以德则帝，以业而王。

坐进此道，与道无极。

神之听之，治此万国。

当初，上清派第九代宗师陶弘景在龙池旁结草为庐，后人在其草庐遗址上建祠观，宋徽宗敕建元符万宁宫。陶弘景草庐之地距华阳洞很近，自称"华阳隐居"。上清派宣称《上清大洞真经》得自此洞。华阳洞被尊为"第八洞天"，洞口上方刻苏轼题书"华阳洞"三字。陶弘景是道教集大成的人物，他整理了道教的经书、丹书，著有《真诰》《养性延命录》等。他隐居茅山却关心天下事：萧衍反齐，他派弟子拥护，并建议国号为"梁"；每有吉凶征讨大事，梁武帝萧衍便派人到华阳洞请教，梁朝宰相在陶弘景面前执弟子礼。陶弘景因此有"山中宰相"之称，华阳洞有"神仙宰相府"之誉。梁武帝下诏想请他出山，问他茅山有什么好，陶弘景作诗《诏问山中何所有赋诗以答》：

山中何所有，岭上多白云。

只可自怡悦，不堪持赠君。

元符万宁宫依山势而建，由低而高分四层，每层都围绕一个广场布局。第一层广场有座石牌坊，分左中右三门，其中四根青石云头盘龙柱，额书"睹星门"。牌坊左右连辅壁，分别刻"第八洞天""第一福地"八个正楷大字，都是王澍题书，其书法在康雍时期独步一时。第一层广场后面是山门，山门匾额是康有为题写的"众妙之门"。山门牌坊两副对联颇有特色。一副是中国道教协会会长闵智亭撰书："星应斗牛，山接昆仑，襟太湖，带长江，自然钟秀结地肺；秦汉仙府，梁唐相师，垂科教，广玄化，上清经箓出句曲。"另一副是中国道教协会副会长任法融撰联："道教渊源犹如云挂山头，行至山头云更远；玄门奥义恰似月映水面，拨开水面月还深。"前副对联既歌咏了茅山独特的地理环境，又赞扬了茅山上清派的历史地位与影响；后副对联极具哲理：人们对事物的认识往往是前进了一步，似乎接近了真相，但心中反而是疑问更多。

山门后面是灵官殿，走过灵官殿是第二层广场——三天门广场。三天门是石牌坊，正面额书"三天门"，两边冲天石柱刻有楹联一副："仙乐彻九霄，祝一人之有庆；天香招五鹤，祈四海之同春。"牌坊背面额书"万寿台"，且有对联曰："翠岳捧仙台华阳真气，丹崖飞绀殿河上玄风。"牌坊后是高台阶，拾级而上是第三层广场，广场中央是巨大的太极图。再拾级而上至第四层广场，中央是高大的太上老君坐像，端坐于神台之上。神台之下是老君殿，殿门对联为："九峰苍翠隐太极,一篇道德藏玄机。"

第四层广场的西侧有龙王祠,祠前有一泓清池,名龙池。龙池位于元符万宁宫的第四层最高处,泉水却常年不涸。陶弘景当年在龙池旁结草庐修炼,就是这个地方吗?我想起一副描写茅山的对联:"山静峰秀凝神气,林幽泉清知道源。"

崂山与泉

道教四大名山有不同版本,反映了道教的不同流派。其中有个版本把崂山归入道教四大名山之中。《诗经》曰:"山川悠远,维其劳矣。"崂山上有石刻丘处机诗《崂山导引择录》:

> 五岳曾经四岳游,群山未必可相俦。
> 只因海角天涯背,不得高名贯九州。
> 重冈复岭势崔嵬,照眼云山翠作堆。
> 路转山坳三百曲,行人一步一徘徊。

丘真人对崂山既赞誉有加,也鸣不平。《齐乘》曰:"泰山虽云高,不及东海。"崂山摩崖有擘窠大字"海上名山第一"。

崂山本名牢山,天上有天牢星,地上有牢山相对应。丘处机认为应称鳌山。崂山白龙洞刻有丘处机诗二十首,此处录二首。

其一:

牢山本即是鳌山，大海中心不可攀。

上帝欲令修道果，故移仙迹近人间。

其二：

鳌山三面海浮空，日出扶桑照海红。

浩渺碧波千万里，尽成金色满山东。

上清宫有石刻丘处机绝句十首，其一曰：

陕右名高华岳稀，江南尤物九华奇。

鳌山下枕东洋海，秀出山东人不知。

传说崂山得名与秦始皇有关。为求长生不死的仙药，秦
始皇登牢山望东海蓬莱仙岛，登山很累，便戏称牢山为"劳
山"，"崂"与"劳"同音，崂山由此得名。顾炎武曾讽刺秦
始皇"劳民伤财"。春秋时期，吴王夫差曾登崂山；后来又有
唐玄宗敕名"辅唐山"。

崂山自古是名贤、方士栖隐求仙之地，与道教结下不解
之缘。崂山太清宫有"祖师殿"，供奉张廉夫、王重阳、张三
丰。张廉夫居中，他是崂山道教的开山祖师，西汉文帝时官
居上大夫，后来弃官修道，率弟子入崂山筑庵修行。传说太
清宫"三皇殿"前的"汉柏凌霄"神树就是张廉夫手植。

太清宫石刻李白诗《寄王屋山人孟大融》：

我昔东海上，劳山餐紫霞。

亲见安期公，食枣大如瓜。

中年谒汉主，不惬还归家。

朱颜谢春辉，白发见生涯。

所期就金液，飞步登云车。

愿随夫子天坛上，闲与仙人扫落花。

安期生，山东琅琊人，常在海边卖药，自称"千岁翁"，活了一千岁。相传秦始皇东巡会见安期生，赐金璧万数。安期生给秦始皇留书信："后千岁求我于蓬莱山下"，隐栖而去。照我说，安期生就是一个江湖骗子。李白晚年也醉心于求仙访道。

真正使崂山名声大噪的，还是全真道的创立。王重阳在胶东半岛创立全真道，弟子全真七子都是胶州半岛人。丘处机接任全真掌门人后，曾长期住太清宫传教。金国皇帝、南宋皇帝和成吉思汗几乎同时派使臣到达太清宫，邀请丘处机。丘处机深思熟虑之后，决定应邀谒见成吉思汗。成吉思汗尊丘处机为老神仙，封他为天下道教的掌教。崂山太清宫三皇殿刻有成吉思汗的两块御碑，一为"护教碑"，一为"虎符碑"。护教碑是免税免差的优惠凭据。虎符碑说："丘神仙至汉地，凡朕所有之城池……掌管天下道门事务，以听神仙处置。"从此，崂山太清宫的地位尊崇无比，太清宫山门前石刻"道教全真天下第二丛林"，太清宫当时的地位仅次于北京白云观。

崂山太清宫主殿是三皇殿，这与其他道观不同。殿檐下左右序墙刻成吉思汗两通御碑。殿前院内有汉柏凌霄，是西汉文帝时张廉夫在此筑庵修道时种植的，树龄有两千多年。

殿左侧是关岳祠，供奉关羽与岳飞。祠前高台下是神水泉，泉池形状大小如同小学生的单人课桌桌面，池前还有大池。高台护坡壁上刻书"神水泉"三字，池前立"神水泉"碑。泉水"旱而不枯，涝而不溢"，号称"崂山第一泉"，当地有谚语"深知海上长生药，不及崂山神水泉"。传说古代有方士以神水泉为药引炼丹，食丹药升仙，泉因此得名。

神水泉旁立有蒲松龄塑像。蒲氏曾多次游览崂山，《聊斋志异》中《崂山道士》《香玉》的故事背景就是崂山。

《香玉》描述了两个花仙与黄生的故事，白牡丹树幻化成香玉，耐冬幻化成绛雪。现在，三皇殿前院内有一株大耐冬树，树前立碑刻书"绛雪"二字，树下立牌写道："蒲松龄《聊斋志异·香玉》篇之绛雪仙子，树龄500余年，为青岛市最大耐冬。因花色深红，花开繁密，如雪压枝头，故名绛雪。"耐冬属山茶科，张三丰曾经在太清宫生活三年，从海边移植两株耐冬栽植在太清宫中，仅存活一株，即蒲松龄故事中所指。20世纪80年代拍摄电视剧《聊斋》时，张三丰手植耐冬已经半枯半死，于是改在三皇殿耐冬树前做拍摄场景，并立碑书"绛雪"。康有为游太清宫曾赋诗：

> 青山碧海海浪平，汗漫重游到太清。
> 白果耐冬多阅劫，崂山花闹紫薇明。

白牡丹树已死，《香玉》故事中已经作了交代。

丘处机在崂山有诗作四十余首，太清宫三皇殿西侧岩石上刻丘诗十首，序文"长春真人于大安己巳年到此作诗十首"。录一首：

松风洞水两清幽，尽日清音夜未休。

野鹤时来应不倦，闲人欲去更相留。

　　太清宫内岩刻康有为《崂山》古体长诗，有 330 字。诗中写道："天上碧芙蓉，谁掷东海边？……蔽山弥万绿，洞流屈潺媛。……应接目不暇，清赏心所安。……何处非天际？暂复留人间。"称赞崂山是天上芙蓉暂留人间。

　　玉液泉在山顶明霞洞旁。明霞洞于金代大定二年（1162）开凿，洞口上方可见"明霞洞"三字，是丘处机题书。丘处机、郝大通、孙不二等全真七子曾在洞中修行过，后来孙紫阳也在洞中修行，孙紫阳是全真道金山派祖师。明霞洞不大，观内有玉皇殿、斗姥宫、龙王殿，其中斗姥宫是金山派祖庭。

　　明霞洞前岩石刻书"天半朱霞""明霞散绮"，是崂山胜境之一。清代庄心如《明霞洞》写道：

明霞奇胜处，山海势平分。

有石皆含水，无峰不住云。

洞天幽以祖，竹木修而纹。

笑问齐燕客，神仙或是君？

　　岩上石刻颇多，可惜大多斑驳难识。

　　玉液泉在玉皇殿侧、龙王殿前，泉上有小亭，亭中立碑刻书"玉液泉"三字，方形泉口用玻璃罩盖住了。此次是重游，我二十年前第一次来时是初夏，当时有商家在亭前支一把大凉伞，向游客出售空矿泉水瓶，游人可以自己动手从泉口中用水舀和漏斗取水。我当时汲取一瓶，啜下一口，顿觉浑身通泰。有歌谣赞玉液泉："乾坤门里一仙泉，玉皇殿畔玉液泉。龙王显灵守泉眼，化尽病魔万万千。"

圣水泉在上清宫西院外。上清宫主殿玉皇殿前西院墙有小侧门，出门临溪，即圣水泉。门右贴院墙有石，形如大馒头，石上刻有"鳌山上清宫"五个大字，大字下刻丘处机《鳌山上清宫绝句十首》，这里录二首。

其一：

> 群峰峭拔下临渊，绝顶孤高上倚天。
> 沧海古今吞日月，碧山朝夕起云烟。

其二：

> 怪石嵌空自化成，千奇万状不能名。
> 断崖绝壁无人到，日夜时闻仙乐声。

有人称此石为"鳌山石"，圣水泉正是从石下流过。

圣水泉泉源在鳌山石侧上方十多米处，泉口用铁皮罩盖住。为了拍照，我将铁罩挪开，并向泉口内探视，发现泉水清澈。遗憾的是泉源附近没有任何"圣水泉"标识，连上清宫的道士很多都不知道圣水泉。我不死心，又请教了老道士，方才找到。

上清宫后面巨石上刻丘处机词《青玉案》：

> 长春真人于大安己巳年胶西醮罢，道众邀请来
> 此山，上至南天门，命黄冠士奏空洞步虚毕，乃作

词一首，名曰《青玉案》：乘舟共约烟霞侣，策杖寻高步，直上孤峰尖险处。长吟法事，浩歌幽韵，响遏行云住。　　凭高目断周四顾，万壑千岩下无数，匝地洪波吞岛屿。三山不见，九霄凝望，似入钧天去。

大安是金卫绍王完颜允济的年号，大安己巳年是公元1209年。

上清宫建于北宋太祖建隆元年（960）。赵匡胤黄袍加身，封崂山道士刘若拙为"华盖真人"，并赐建上清宫。上清宫现在是全国重点文物保护单位。

上清宫下方有丘处机衣冠冢。丘处机遗蜕在北京白云观。

金液泉在崂山华楼宫内，属崂山西景区，东西景区相隔不远，但华楼景区歇业已经一年多了，处在封山状态。崂山四大名泉之中，我游览了神水泉、玉液泉、圣水泉，但至今难识金液泉，令人颇感遗憾。

肆

四方・东

苏州园林与泉

除了皇家园林之外，苏州园林也是中国园林的代表、东方园林艺术的典范。苏州园林多以湖池为中心布局，园林依河川、湖泊、涌泉，杜甫有诗句"名园依绿水"。造园林"独患无不竭之水"，"盖园居最难得者水，水不可以力致。强而蓄焉，止而竭，漏而涸"，"大旱不枯，宜园之易以为胜"。大旱不涸的湖池，湖内必有泉源，若以此为论，苏州园林均必有泉源。不过本文所谈之泉，乃是直观之井泉。

拙政园天泉与玉泉

拙政园、留园、颐和园、避暑山庄并称中国四大名园。

后二者乃皇家园林，前二者皆在苏州，足见苏州园林引领潮流。

"拙政"取意于西晋潘岳《闲居赋·序》："筑室种树，逍遥自得。池沼足以渔钓，春税足以代耕。灌园鬻蔬，供朝夕之膳；牧羊酤酪，俟伏腊之费。孝乎惟孝，友于兄弟，此亦拙者之为政也。"对于寄情大自然，过田园牧歌式的休闲生活，作者表示出一种无奈和颓废。拙政园之建园人是王献臣，明正德年间进士，曾任御史，但仕途失意，屡遭贬官，甚至下过大狱，后罢官回家，聘请文徵明设计并督造拙政园。王献臣对文徵明说："昔潘岳氏仕宦不达，故筑室种树，灌园鬻蔬，曰：'此亦拙者之为政也'……吾仅以郡一倅，老退林下，其为政殆有拙于岳者，园所以识也。"倅是副职，郡倅即郡的副长官。反映了王献臣的自嘲与无奈。

文徵明是明代吴中四才子之一，他为拙政园绘图31幅，图中题诗，并按图督造。文徵明著文《王氏拙政园记》，记述了此事。拙政园的结构布局、建筑造型、花木园艺等皆有独到之处，文化品位很高，是江南园林的佳品，有"天下园林之母"的美誉。

拙政园分三部分，东部以田园风光为主，名"归园田居"，一条复式走廊院墙将东部与中部隔开。中部以池、岛、假山为主，是园林的精华，名"复园"。西部有些建筑是清代补建，称"补园"。

东部天泉亭处于中心位置，南依芙蓉榭，北靠秫香馆，亭亭玉立于广场中央。八面戗角，重檐攒尖，双层立柱，内外各八根，内八柱间嵌彩色玻璃，外观二重檐，内观仅一层。亭正中水井一口，井沿八方，外围以黄木八角护栏，与亭八角相呼应。亭内上方挂匾书"天泉"二字。拙政园开建之前，东部为元代大弘寺废址，址中原有水井一口，建园时将水井保存，疏浚之后，在井口建亭，取名天泉亭。井水常年不涸，水质甘甜。

拙政园中部，远香堂是中心景点，是园主宴饮宾客的场所。堂中原有文徵明撰书对联："读书取正，读易取变，读骚取幽，读庄取达，读汉文取坚，最有味卷中岁月；与菊同野，与梅同疏，与莲同洁，与兰同芳，与海棠同韵，定自称花里神仙。""远香堂"匾是文徵明题书。远香堂南北正门上书两副对联，其一："旧雨集名园，风前煎茗，琴酒留题，诸公回望燕云，应喜清游同茂苑；德星临吴会，花外停旌，桑麻闲课，笑我徒寻鸿雪，竟无佳句续梅村。"原联是陆润庠撰书，原联已毁，今联是今人补书。陆润庠是元和县人，同治十三年（1874）甲戌科状元。其二："建业报襄，临淮总榷，数年间大江屡渡，沧海曾经，更持节南来，息劳劳宦辙，探胜寻幽，良会机忘新政拙；蛇门遥接，鹤市旁连，此地有佳木千章，崇峰百叠，当凭轩北望，与衮衮群公，开樽合坐，名园且作故乡看。"对联记载了八旗达官贵人在此聚会的盛况，撰联人是辉发文琳。

远香堂三面临水，北边平地临湖，湖中小岛假山；南边黄石假山临水池，西边临水与"香湖"石舫相伴，远香堂与石舫之间插入"倚玉轩"，东边山坡有"倚秀亭"。远香堂屋顶四角翼翼然，堂四面安装玻璃，坐在堂中可以尽观四围景色。盛夏时节，三面湖池中种植的荷花盛开，香气四溢。"远香堂"之名取自周敦颐《爱莲说》："予独爱莲之出淤泥而不染，濯清涟而不妖，中通外直，不蔓不枝，香远益清。"

远香堂东南角有一口井，石井沿六方刻书文字，皆是文徵明题书。一面刻"玉泉"两个大字，落款为"文徵明"。其余五面刻书："京师香山有玉泉，君尝勺而甘之，因号玉泉山人。及是得泉于园之巽隅，甘冽宜茗，不减玉泉，遂以为名，示不忘也。曾勺香山水，泠然玉一泓。宁知瑶汉隔，别有玉泉清。修绠和云汲，沙瓶带月烹。何须陆鸿渐，一啜自分明。"巽，八卦中方位，东南方。北京玉泉不在香山，诗歌语言不必较真。玉泉井在"文革"中被湮没，拙政园管理处予以恢复，并从古民居购得明代青高腰石井沿一方，重新镌刻文徵明字与诗。

网师园涵碧泉

网师园不大，却是苏州园林的代表作。美国大都会博物馆仿网师园建筑了一个园林，称"明轩"。德国大十字勋章获得者、著名园艺家玛丽安娜·鲍谢蒂在《中国园林》一书中说"网师园是苏州最体面、最雅致、最完整的私家园林"。网师园被推崇为东方园林艺术的典范。

网师园名称来源说法不一，一种说法是，最初南宋淳熙年间吏部侍郎史正志在苏州建宅，自称"万卷堂"显示藏书万卷，将对门的花圃命名为"渔隐"。几百年间，宅主多次转手，清乾隆年间光禄寺少卿宋宗元隐退，在万卷堂故址建宅园，借用最初园主渔隐之意，称园名"网师"。网师是渔翁的尊称，含有隐退之意。

网师园东部为住宅区，西部为园林区。住宅区大致沿中轴布局。进门为轿厅，也是茶厅，客人至此下轿、用茶，厅上挂匾"清能早达"，意为清廉、能干、早日发迹。厅有东、西弄门，东弄门通内宅，西弄门直通园林。西弄门门楣砖刻"网师小筑"四字。

从东弄门进入二进厅"积善堂"，堂内挂有文徵明书匾"万卷堂"，堂柱对联："南宋溯风流，万卷堂前渔歌写韵；蓊溪增旖旎，网师园里游侣如云。"堂中对联："紫髯夜湿千山雨，铁甲春生万壑雷。"主人在此厅宴会和招待客人。三进是内厅，又称女厅，挂有晚清名流俞樾书匾"撷秀楼"，是园主人招待女宾的地方。再后二层小楼名"梯云室"，是园主人子女生活的地方，楼名取自故事"以绳为梯，云中取月"。最后是书楼，楼名"五峰书屋"。

园林区在住宅区西侧，围绕一湖池布局，湖名"彩霞池"，彩霞是最初的园主史正志女儿的名字。

池东贴住宅西墙，是"射鸭廊"。射鸭是一种游戏，多在水边进行，水池中有鸭子，女子们投藤圈嬉鸭。唐代王建《宫中三台词》云：

> 鱼藻池边射鸭，芙蓉园里看花。
> 日色柘袍相似，不著红鸾扇遮。
> 池北池南草绿，殿前殿后花红。
> 天子千年万岁，未央明月清风。

廊东靠墙，西临水，北接水榭式半亭，亭半悬空伸出水面之上。南端接小桥，俗称一步桥，一步桥是观赏园林风景的绝佳地点，游人多在一步桥上拍照留念。

池南是"濯缨水阁",出自屈原《楚辞》:"沧浪之水清兮,可以濯吾缨;沧浪之水浊兮,可以濯吾足。"意思是人要适应环境,随遇而安,要会自我调节心态。水阁坐南朝北,面向水池,可凭栏观赏池中景色。南窗窗户镂空,便于观赏南墙外风景。窗双侧有郑板桥撰书对联:"曾三颜四,禹寸陶分。"曾参一日三省,颜回"四勿":"非礼勿视,非礼勿听,非礼勿言,非礼勿动。"大禹、陶侃珍惜分寸光阴。落款为"乾隆己巳春日,板桥郑燮书"。

池西院墙有遮雨走廊,廊南端墙上嵌石碑刻名人书画诗文。池西有六角榭亭。半悬空坐于池面,三面临水,亭内设美人靠供人休息,也便于俯视池中景色。亭中挂匾,篆字书"月到风来亭",取自北宋邵雍《清夜吟》:

月到天心处,风来水面时。
一般清意味,料得少人知。

亭正中置圆桌,上方悬大红宫灯,亭后墙嵌大圆镜一面,中秋节月夜在此赏景,可以看到"五个月亮":天上月、水中月、镜中月、月亮桌和盘中月饼。

从月到风来亭往北走至彩霞池的西北角,院墙上开门,门楣刻书"潭西渔隐"四字,进门是独立小院,是园林中的院中院。小院南北方向长。院北有平房三间,正中一间挂匾书"殿春簃"。院内种有名贵芍药。簃,楼阁边小屋。殿,在最后,殿春即晚春。北宋邵雍《芍药》云:

一声啼鸠画楼东,魏紫姚黄扫地空。

268

多谢化工怜寂寞，尚留芍药殿春风。

　　小院原为芍药圃，纽约大都会博物馆即以殿春簃为蓝本建筑"明轩"。张大千及其二兄张善孖曾在此居住。殿春簃西间还保存着张大千生活时的状态。张善孖是张大千学画的启蒙人。张善孖喜欢画虎，曾豢养一虎仔，后来虎仔死了，埋入院内，网师园向张大千求字，张大千书"先仲兄所豢虎儿之墓"，现刻碑嵌于墙上。院内贴墙有半亭坐于假山之上。亭内挂匾书"冷泉亭"三字，是文徵明题书。亭中立大灵璧石，形如苍鹰展翅，此石是唐伯虎遗物。亭之南侧，即院之西南角有假山，假山之中潜伏一泉，石上刻书"涵碧泉"三字，名字取自朱熹诗《即事有怀寄彦辅仲宗二兄》：

　　　　一水方涵碧，千林已变红。
　　　　农收争暖日，老病怯高风。
　　　　徙倚非无计，心期莫与同。
　　　　向来欢会处，离合太匆匆。

　　涵碧泉一度湮没，1958年时人整修院落时，掘出"涵碧泉"字碑，继续挖掘，找到泉眼，从而解答了文徵明题书"冷泉亭"的疑问，也弥补了名园无泉的遗憾。

　　走出潭西渔隐小院，是彩霞池西北，有"看松读画轩"。池北是"竹外一枝轩"，名称取自苏轼《和秦太虚梅花》：

　　　　西湖处士骨应槁，只有此诗君压倒。
　　　　东坡先生心已灰，为爱君诗被花恼。

多情立马待黄昏，残雪消迟月出早。

江头千树春欲暗，竹外一枝斜更好。

竹外一枝轩之后是集虚斋，为建新加坡工业园一事，中国与新加坡举行了十轮谈判，为期近一年的谈判地就是集虚斋。

苏州南园如饴泉

如饴泉在苏州南园宾馆里，南园如今不对游人开放，是一座园林式宾馆。南园前身是园林，五代时吴越国始建。民国时期，这里是名人居住的地方，蒋介石的夫人姚冶诚、次子蒋纬国居住在这里，顾祝同等达官显贵也住这里。中华人民共和国成立后，时人以蒋公馆为主体，拆院整修成苏州外宾招待所，对外称南园宾馆，接待过的重要外宾包括美国总统卡特、英国首相撒切尔夫人、新加坡资政李光耀等。

蒋介石在法律上与姚冶诚切断了关系，但仍将次子蒋纬国给予姚冶诚抚养，在苏州建丽夕阁，供姚氏与蒋纬国居住。1928年到1936年，蒋纬国在此读书生活，蒋介石以看望次子之名也多次到丽夕阁。后来姚冶诚跟随蒋纬国生活在台湾。2007年蒋纬国夫人邱爱伦曾到丽夕阁观瞻旧居。丽夕阁中有蒋氏父子与姚冶诚的照片。

从1965年起，林彪多次入住丽夕阁，并在丽夕阁楼基下大兴地下工程，成为林彪地下指挥中心。丽夕阁西墙根外观很像车库附属物的建筑其实是通向地下工事的入口。如今车库门口仍存横幅大字"'五七一工程'遗址"。

丽夕阁后有一口水井，六方石井沿刻书"如饴泉"三字，并刻"自治局官井"。井旁碑刻文字："如饴泉是苏州古城现存为数不多的自治局官井之一，建于光绪三十四年（1908），民国年间划入蒋公馆范围之内，泉名出自《诗经·大雅·绵》中的'堇荼如饴'，极言泉水之清冽甘甜，同时还告诉了我们一个简单的人生哲理，'在艰辛和困难面前，应该调整心态，甘之如饴'。"井有铁护栏围护。

丽夕阁如今成为南园宾馆的一个特殊楼座，称七号楼，通常不住旅客。不过，对于居住南园宾馆的客人而言，丽夕阁每天定时开放，可以进入观光，包括林彪的"地下工程"。

如饴泉见证了丽夕阁的风云变幻。

木渎怡泉

苏州木渎古镇是著名的古文化街，古街沿木渎河展开。木渎在灵岩山下，当年，吴王夫差为在灵岩山修建馆娃宫，积天下木材运至山下，小河中漂满了木材，古称之"木渎"。而怡泉就在木渎河边上，位于虹饮山房大门口。

虹饮山房是清初文人徐士元的私人花园，有"溪山风月之美，池亭花木之胜"。徐士元至孝，父母爱看戏，徐士元乃在花园中筑戏台供父母娱乐。乾隆每次南巡，都要到此驻跸、看戏。纪晓岚、和珅、刘墉等作为陪臣，都曾到此一游。徐士元豪饮，虽饮酒很多，从不酒后失德，足见其本性修为之高。匾书"虹饮山房"为刘墉所题。正堂前抱柱对联："每临大事有静气，不信今时无古贤。"堂内柱对联："江山好处得新句，风月佳时逢故人。"堂内挂匾所书为"程子四箴"，落款为"刘墉"。箴是一种文体，以训导、告诫为主，孔子主张"非礼忽视、非礼勿听、非礼勿言、非礼勿动"，但仅仅是原则上的训示。宋代大儒程颐则提出了"视、听、言、行"的具体主张，谓之"程子四箴"。明代嘉靖帝将程子四箴颁行到学校，类似于当今之学生守则，以规范读书人视听言行。

虹饮山房门口，临河有亭，亭中有碑刻书"御码头"三字，落款为"乾隆壬申春立"。乾隆十七年（1752）辛未年，乾隆帝第一次南巡，此碑立于乾隆十八年（1753）壬申春。亭下是码头，乾隆乘舟至此上岸，驻跸于虹饮山房。乾隆每次南巡都要住在虹饮山房，故虹饮山房又名乾隆行宫。

河边与御碑亭相邻，有一井亭，完全是花岗石凿制而成，古朴庄重。亭正中有井，井沿石刻书"洞井"二字。亭外有两块石碑，一碑刻"怡泉亭，苏州市文物保护单位"。另一碑上刻文字："该亭建于明崇祯二年，为全花岗石结构，柱石粗犷，雕饰古拙。明冯翼诗曰：遗金昔日有怡泉，泉下埋名亦有年。今日翼然谁肯构，怡泉亭畔话怡泉。"这里有一个故事。

明末时，有冯怡泉与殷心揖一对年轻读书人，同乡同龄同学，友情敦厚，同于19岁时考上秀才，正当二人踌躇满志，准备乡试时，冯怡泉家惨遭失火，冯怡泉的父母受此打击，双双病故，一贫如洗的冯怡泉失去了继续参加科举的经济支持，心灰意冷。殷心揖见冯无意科举，也放弃乡试，与冯相伴，形影不离，共办私塾。多年后，冯外游，将家中积蓄一百两银子存放殷处，从此冯杳无音信。后来噩耗传来，冯怡泉已客死他乡。殷心揖为纪念挚友，用冯寄存的白银修亭，名怡泉亭。怡泉亭见证了二人的至诚与友谊。题诗的冯翼是殷心揖弟子。

木渎镇上有严家花园。严家花园最初是乾隆年间沈德潜的私人花园，沈德潜是《古诗源》的编辑者。乾隆曾亲自上门庆贺沈德潜八十岁寿辰。园林几经易主，1902年为富绅严国馨购得，曾任台湾地区领导人的严家淦就是严氏子孙，青少年时期生活在严家花园里。"严家花园"门匾是翁同龢题书。

木渎还有十二娘风情街，姑苏十二娘为：纺娘、绣娘、船娘、茶娘、扇娘、蚕娘、琴娘、花娘、歌娘、画娘、蚌娘、灯娘，每一种吴娘都代表了一种吴地风情，体现了吴地文化。

寒山寺寒拾泉与和合泉

寒山寺在苏州城西南方向，濒临运河，寺门向西开。寺门前有江村桥，桥旁碑文记载，桥始建年代不详，清康熙年间重修。不远处有渔火桥，桥名显然取自张继诗《枫桥夜泊》，但不知张继当年泊船的枫桥实际在什么地方。欧阳修质疑半夜寺庙不鸣钟，但是寒山寺的确有半夜鸣钟的传统。张继是唐玄宗天宝年间人士，可知盛唐时期就有寒山寺。《枫桥夜泊》流传很广，据说选入日本小学课本，到寒山寺游览的日本人很多，不少日本游客除夕夜到此听钟。名诗传诵使寒山寺蜚声海内外。

寒山寺院墙上书写历代名人歌咏寒山寺诗歌，如宋代孙觊《过枫桥寺示迁老》云：

白首重来一梦中，青山不改旧时容。
乌啼月落桥边寺，倚枕犹闻半夜钟。

宋代陆游《宿枫桥》云：

七年不到枫桥寺，客枕依然半夜钟。
风月未须轻感慨，巴山此去尚千重。

明代高启《赋得寒山寺送别》云：

枫桥西望碧山微，寺对寒江独掩扉。
船里钟催行客起，塔中灯照远僧归。
渔村寂寂孤烟近，官路萧萧众叶稀。
须记姑苏城外泊，乌啼时节送君违。

明代唐寅《寒山寺》云：

金阊门外枫桥路，万家月色迷烟雾。
谯阁更残角韵悲，客船夜半钟声度。
树色高低混有无，山光远近成模糊。
霜华满天人怯冷，江城欲曙闻啼乌。

清代殳丹生《同臞庵过寒山寺》云：

万家寺丛里，一径入寒山。

木叶萧萧静，江云黯黯闲。

残碑苔剥落，古殿鸽飞还。

羁客同游此，徘徊夕照间。

清代王士禛《夜雨题寒山寺寄西樵礼吉二首》（其一）云：

日暮东塘正落潮，孤篷泊处雨潇潇。

疏钟夜火寒山寺，记过吴枫第几桥？

清代陈夔龙《感怀诗》云：

一别姑苏感旧游，五年客梦上心头。

逢人怕问寒山寺，零落江枫瑟瑟秋。

寒山寺大雄宝殿内对联："千余年佛土庄严，姑苏城外寒山寺；百八杵人心警悟，阎浮夜半海潮音。"大雄宝殿旁有二层楼阁，二层檐下匾书"藏经楼"，一层门上匾书"寒拾殿"，供寒山、拾得。寺庙始建于梁武帝天监年间，初名"妙利普明塔院"。唐太宗贞观年间，寒山、拾得来到塔院，寒山任住持，遂名"寒山寺"。殿侧有古井，井台周围的地面风蚀斑驳，不同于其他地方，井栏有旧物新补的痕迹，井后碑刻"寒拾泉"三字，无款识，是残碑，为劫后幸存旧物，不知何年何人所刻。

寒山，亦称"寒山子"，生平不详，隐居天台山寒岩，自称"寒山子"，诗僧、怪僧，《全唐诗》收录其诗三百余首，其诗风格豁达、洒脱、滑稽而含禅机，流传很广，已被译成日文、英文、法文，据说寒山还被国外"嬉皮士"奉为偶像。大雄宝殿后壁刻寒山诗 31 首。录寒山子诗几首：

生前大愚痴，不为今日悟。
今日如许贫，总是前生作。
今日又不修，来生还如故。
两岸各无船，渺渺难济渡。

人以身为本，本以心为柄。
本在心莫邪，心邪丧本命。
未能免此殃，何言懒照镜。
不念《金刚经》，却令菩萨病。

人生不满百，常怀千载忧。
自身病始可，又为子孙愁。
下视禾根土，上看桑树头。
秤锤落东海，到底始知休。

拾得为弃儿，由天台山国清寺长老丰干捡回抚养，名之"拾得"。寒山与拾得二僧一见如故，志同道合，终身不离不弃。《寒山子诗集》中有拾得诗一百多首。寒山与拾得有一对答：

寒山问拾得曰："世间谤我、欺我、辱我、笑我、轻我、贱我、骗我，如何处治乎？"

拾得云："只是忍他、让他、避他、耐他、敬他，不要理他，再待几年你再看他。"

寒山、拾得传说是"和合二仙"原型，是文殊、普贤菩萨的化身。和合二仙的形象是两个大头娃娃互相嬉戏，一人手举荷叶，一人手捧如意形宝盒，寓意"和合"，比喻家庭和睦、夫妻和美、朋友和善、事业和顺、社会和谐、天人和合，倡导和生、和立、和处、和爱、和达，与儒家的"和为贵"是一致的。雍正封寒山为"和圣"，拾得为"合圣"。过去逢年过节、结婚等喜庆日子民间都张贴"和合图"。《和合二仙宝诰》云：

志心皈命礼，云阶阆苑，和合二仙，潇洒怡然。圣道童心，嬉笑世间离散事，手持荷盒助团圆，神通广大通三界，和合万事遍十方。宝号宣扬，男女婚姻皆美满；玄坛建起，营求利市可称心；稽首礼拜，离别分钗能合钿；燃香供养，分散破镜可重圆。家和而万事全兴，人和而百般皆顺。大悲大愿，大圣大慈，怀道抱德，和合万事天尊！

寒山寺山门前照壁，正面书"寒山寺"，背面书"和合祖庭"。照壁边有古井一口，石井栏内井台上刻书"和合泉"三字，落款为"壬午年夏，性空题"。壬午，我判定是2002年，井沿石是旧的，而泉碑是新制作的。

常熟诸泉

常熟现在归苏州市管辖，单独列章是因为名泉较多。前文谈到虞仲与焦尾泉，焦尾泉在常熟，本章介绍虞山兴福寺诸泉、翁同龢丙舍渫井、方塔公园方塔井、虚廊园梅泉等。

虞山兴福寺诸泉

兴福禅寺在常熟虞山北麓，因其大雄宝殿地面上突出一石，大小如桌面，顶面平整光滑，从不同角度观看，石面呈现"兴、福"二字，故名。

登山的路口有牌坊，正面额书"兴福禅寺"。古人建牌坊，其功能很多，其中一种是作为景点的序幕，兼有引路的功能，既告诉游人兴福寺快到了，又提醒游人由此登山。牌坊正面额书"兴福禅寺"，是翁同龢题书，背面额书"齐梁古刹"。寺庙最早建于南朝齐梁年间，常熟人倪德光任郴州牧，其母好佛，捐宅为寺，初名"大悲寺"，唐懿宗咸通九年（868）敕名兴福禅寺。牌坊石柱刻对联："门外不相关，几越桑田几沧海；胸中无所得，半是青松半白云。"落款为"甲戌七月，翁同龢"。翁同龢是常熟人，甲戌是同治十三年（1874），这是翁同龢的早期题书。一道山涧从虞山顶直达山下，将山体截成两段，使山体破了相，名"破山涧"。传说二龙斗法，一龙战败，逃走时龙尾将山体豁出大沟。兴福寺临破山涧而建，故又名破山寺，破山寺的名头甚至比兴福寺更响亮。唐代常建《题破山寺后禅院》云：

> 清晨入古寺，初日照高林。
> 曲径通幽处，禅房花木深。
> 山光悦鸟性，潭影空人心。
> 万籁此俱寂，但余钟磬音。

20世纪50年代电影《羊城暗哨》中特务的接头暗号就是用"禅房花木深"对答"曲径通幽处"，电影热播使诗句更加广为流传。

山门正对破山涧，有桥跨在涧上，游人须过桥进入山门。门匾"兴福禅寺"是沙孟海题书。门匾下有小字"毗尼法界"。毗尼是释迦牟尼的诞生地。兴福寺在民国初年创办"华严学院"，月霞尊者、应慈法师被誉为华严学中兴祖师。华严宗，又称贤首宗、法界宗，是汉传佛教八大宗派的重要流派之一，山门前照壁上书"华严本山"四大字。

二山门匾书"无上法门"，是米芾题书。门上对联："解脱门开谁肯入，浮生梦觉自知归。"落款为"持松老法师八十年前任破山兴福禅师方丈时所撰"。持松后来任上海市佛教协会会长，受聘编纂《辞海》与佛教有关的条目。

大雄宝殿前有"无漏泉"，泉池不大，有台阶可下至池面，可容人蹲下汲水。泉池紧倚大雄宝殿前石护栏，护栏上刻"无漏泉"三字，落款为"海陵圆湛题"。圆湛是弘一法师传法弟子，佛学家，曾任江苏省佛教协会副会长，泰州人氏，海陵为泰州下属的一个区。

大雄宝殿左右有旁门分别通向南北后院，门洞上分别刻书"通幽""自澈"，都是翁同龢题书。翁同龢在兴福寺还题书对联："老马时垂耳，灵犀自澈天；红尘不入窗，山水皆成梦。"翁同龢削职回籍，与兴福寺交游甚密。翁虽然不信佛，却期望从佛禅中得到解脱，自号"松禅老人"，有诗句"老来心怀渐近禅""寂寞似孤僧"。

从通幽门曲折向前，山脚下有泉，岩刻"君子泉"三字。有《泉铭》：

> 石窦出泉，澄清莹澈。
> 一勺多耳，不盈不竭。
> 岂伊谦受，将毋安节。
> 君子饮之，洁厉冰雪。

意思是说不盈不溢，恒而守信，如同谦谦君子。泉旁有门，门楣书"云凝"二字，过门洞即进入后院。

进入后禅院，迎面有泉，檐下匾书"錽亭"，有亭柱对联："细嚼清风还有味，饱餐明月更无渣。"亭旁岩石上刻书"錽泉"。"錽"指在钢铁器上错金银。山泉从石上流淌，在阳光照射下，呈现金银钢铁般的斑斓色彩。故名"錽泉"。

后禅院果真是曲径通幽，花木深邃。院里有白龙泉，传说白龙与高僧斗法不敌，仓皇逃走时龙尾将山体划破。白龙泉不远有罗汉泉，罗汉泉后有亭，亭内刻书"对月潭经"，亭前有石貌似仙兔，石上刻书"玉兔听法"。这里有高僧说法斗妖的精彩故事。而在后院北部有"竹香泉"，泉水注入"空心禅"，潭上有曲桥，与诗句"潭影空人心"相呼应。

后禅院中有一闭合院落，有诗碑亭，碑刻唐代常建诗《题破山寺后禅院》，是米芾真迹，为兴福寺镇寺之宝。米芾书碑中个别字与传统版本略有不同，是米芾更改过的，如改"初日照高林"为"初日明高林"。据说宋人有改唐诗的习惯。诗后刻有小字跋文："余守襄郡日，得元章书，因勒石破山，或亦补斯寺之阙也。乾隆三十七年中秋日素园言如泗附识。"米芾字元章，是襄阳人氏，言如泗在襄阳为官，弄到米芾的真笔宝翰，带回家乡刻在兴福寺，成为镇寺之宝。言如泗是言子的第七十七代孙。言子是孔子唯一的南方弟子，孔庙大成殿内有十二个牌位供奉孔门哲人，为孔子配祀，言子是十二哲之一，足见言子在孔门地位之高。言子是常熟人，墓在虞山，墓道几乎与虞仲墓道伴行，墓道牌坊有乾隆书额"南方夫子"，有亭，康熙书匾"文开吴会"，对言子评价极高。言氏是常熟望族。

兴福寺东北方约三百米处有四高僧墓，四高僧都是兴福寺高僧，有唐代常达、怀述，五代彦俦，宋代晤恩，四墓并列，每墓之前各立一石塔。四墓围砌在一个院里，以石牌坊作为院门，坊柱刻对联："异代并成罗汉果，空山时落曼陀花。"常达是唐高僧，唐懿宗咸通十五年（874）仙逝。四墓证明兴福寺历史悠久，自古就是江南名寺。四高僧墓被列为江苏省文物保护单位。

四高僧墓旁有岔道向东，前行几百米，有"舜过泉"，舜过泉与焦尾泉皆为虞山三大名泉之一。传说舜当年路过此地时曾饮此泉水。泉池呈不规则长方形，如同长条桌大小，泉池岩石刻"舜过泉"三字，字迹模糊，泉池被保护起来，看似置于大铁笼之中。泉池旁有小溪，泉池应该是溪水之源，沿溪有一村落，名舜过泉村。常熟特产"王四酒家"桂花白酒就是取舜过泉水酿造的。

翁同龢丙舍渫井

翁同龢，常熟人，故居在常熟城内翁家巷，名"彩衣堂"，是全国重点文物保护单位。中轴线上七进院落，主堂彩衣堂是第三进，堂中对联是翁同龢撰书："绵世泽莫如为善，振家声还是读书。"

翁家巷口立牌坊，额书"状元坊"，石柱刻对联："此中出叔侄大魁，昆弟抚相，画栋雕梁，门第海虞称冠代；何必数榜眼感旧，会元有坊，华篇胜迹，声名琴水让高山。""叔侄大魁"，指翁同龢与其侄翁曾源都是状元。"昆弟抚相"，指翁同龢为相，其兄翁同书、翁同爵为进士，分别担任陕西巡抚和湖北巡抚。翁同龢父翁心存为进士，大学士加太子太保，恭亲王奕䜣之师。"会元有坊"，会元是指翁同龢。科举集全国的举人到京城考试，要进行两场，第一场由礼部主持，称会试，类似于体育比赛的预选赛，优胜者进入决赛，不计名次，但第一名称会元，有荣誉意义。翁同龢在会试的复试中是一等第二名，并非第一名，称会元有点溢美了。第二场决赛是殿试。名义上是皇帝主持。榜分三甲：第一甲三名，依次为状元、榜眼、探花。第二甲若干名，均赐进士出身。第三甲为同进士出身，原则上参加殿试者，最不济也是三甲。翁同龢是清咸丰六年（1856）丙辰科状元。旧小说中常夸奖某某人连中三元——解元、会元、状元，解元是乡试举人第一名。实际上历史上连中二元的人都不多，更别说连中三元了，小说中的情节是戏说而已。翁同龢会试第二，殿试第一也就不容易了。翁同龢为同治、光绪两朝帝师，故称为"相"，但严格说来，也有溢美之意。清朝雍正之后，文臣称相，应该是大学士兼军机大臣，翁同龢虽为军机大臣，却只是"协办大学士"，还差那么一点点。李鸿章是大学士兼军机大臣，是名正言顺的"李相"，李、翁诸多不合中，大概这也是原因之一。"海虞称冠代"，这样的门第，不仅是海虞常熟，全国也少有。"琴水让高山"，常熟城又称琴川，古琴中"虞山派"是重要流派，民间故事把俞伯牙与钟子期也扯到了常熟，大概因为常熟与古琴渊源很深。

翁同龢曾为同治、光绪两朝帝师，可见当初慈禧对他是何等信任。然而"爱之深则恨之切"，翁同龢是"维新变法"第一导师，是变法真正的推手，慈禧对翁同龢深恶痛绝，懿旨"（翁同龢）着即行革职，永不叙用，交地方官严加管束，不断滋生事端。"史称"削职编管"，朝廷对此有争论，因为这是没有先例的。封建社会，士可杀不可辱，回原籍交地方官管束，是一种侮辱。大臣犯罪，重者杀头，次者流放，再次削职回家，任其自生自灭也就罢了，慈禧这是存心要羞辱翁同龢。回到家乡的翁同龢需定期向常熟县令报告行踪，但地方官也识趣，每次都挂"免"字牌，翁也识趣，每次都投递一份书面报告。翁同龢书法造诣极高，《清稗类钞》评论"叔平（翁同龢号叔平）相国书法，不拘一格，为乾嘉后一人"。传说一位地方官员向翁同龢求字遭拒后，声言将翁同龢投递之书简挂于衙堂之上观摩。若果真如此，翁同龢情何以堪？于是他疏通运作，请求将书简发还。父母官则回言，发还可以，但须以字幅换取。

削职回籍的翁同龢并不住在翁家巷彩衣堂，而是以为先人守墓为名，避开闹市，住在虞山鹁鸪峰下，那里有"翁氏新阡"。正中穴为翁同龢祖母张太夫人，昭（左）为体仁阁大学士翁心存夫妇——翁同龢之父母。穆（右）为长兄陕西巡抚翁同书夫妇，翁同龢夫妇墓则再右，墓碑是翁同龢自书"清削职大臣翁同龢之墓"。翁同龢在鹁鸪峰下构筑新居，名"翁氏丙舍"。翁氏丙舍门上书"瓶庐"二字，取守口如瓶之意，翁同龢晚年自号"瓶庐居士"，诗集《瓶庐诗稿》、文集《瓶庐文抄》名称即来源于此。丙舍后院凿井一口，井沿刻书"渫井"和"可用汲"。可用汲与可用急谐音，翁同龢深知慈禧天威难测，打算一旦被加害便投井自裁。"渫"取意于《易经》六十四卦中之"井卦"。井卦卦辞"井渫不食，为我心恻，可用汲，王明，并受其福"。亲人指明有诋毁、抱怨朝廷之嫌，翁同龢连夜派人将井沿沉入湖中，从此井口无沿，仅用大石板盖上。

方塔与宋代古井

方塔是常熟古城的标志，方塔下有碑文："崇教兴福寺塔，俗称方塔，始建于南宋建炎四年（1130），完工于咸淳年间（1265—1274）。据县志记载，时有一精通堪舆技术僧人向县令建议，常熟邑城西北为山，东南有湖，'客位高，主位低'，应于城内立塔为镇，遂建塔。故崇教兴福寺塔是现存为数不多的中国早期风水塔实例之一。亦是常熟古城的标志性建筑。"

建炎是南宋高宗赵构早期的年号。此僧人法号文用，募得经费着手建塔，但不久文用圆寂，工程遂停。大约一百三十年后，僧人法渊继续完成建塔。西北之山即虞山，当地又称卧牛山，人们传说方塔是拴牛之桩，方塔镇住了卧牛，锁住了风水。方塔建筑形式是典型的隋唐时期建塔风格，砖质，木檐楼阁式，盝顶，四方，单筒结构，高 67 米。清乾隆十二年（1747）因火灾而更换了塔的木构件。1963 年进行抢救性维修，2000 年加牢维护。

以方塔为中心筑方塔公园，公园里有方亭，名文渊亭，取文用、法渊两位和尚法号各一字，以纪念两位建塔僧人。

公园东门外有石牌楼，三门四柱，正中额书"辉映海虞"，背面额书"建炎遗构"。石柱背面刻对联："汇浮屠与博物于一园，法灯普照；阅南宋至曼珠等四代，禅史增辉。"石柱正面对联："塔以方名，天水肇基千劫过；境能圆照，祇林新拓万人来。"对联都是常熟名人钱仲联所撰。东门匾书"方塔园"三字是翁同龢题书。大门对联是文徵明的诗句"百年形胜夸天设，一代文章属地灵"。大门内对联："七水流香穿郭过，半山飞绿进城来。"是清代邑人孙原湘撰，翁同龢书。

园内曲廊有"碧水琴川"牌，牌示文字："常熟古称琴川，历史文化底蕴深厚。常熟为江南水乡，风景秀美，素有'七溪流水皆通海，十里青山半入城'之美誉。七溪如同琴之七弦，故名琴川。"

园内有"醉尉亭""醉尉池"，唐代玄宗开元年间有草圣之称的张旭曾任常熟县尉。杜甫《饮中三仙歌》赞："张旭三杯草圣传，脱帽露顶王公前，挥毫落纸如云烟。"

公园里有常熟名人馆，除了仲雍和有"文开吴会""南方夫子"之称的言子之外，还有王石谷、黄公望、钱谦益、柳如是等，都与常熟有渊源。自唐以后，历代科举，常熟出状元8人，进士480多人，现代出科学院院士不少于22人，足见常熟文化底蕴之深厚。有对联："千载景观文蔚虞山福地，九重新颜霞蒸吴会名邦。"

公园里有"问泉堂"，如今是茶舍。堂前石栏护住一口井，井台中央一八方石井沿，古朴厚重，颇似一八仙桌。井台一角有碑刻文字："方塔井开凿于南宋建炎四年（公元一一三○年），井深5.7米，上置以整块巨型青石雕成八角形井栏，古朴敦厚，端庄凝重。井壁部分用砖与塔基之砖相同，故证此井与塔同时所建，应系寺僧所开凿。"

虚廓园梅泉

虚廓园大门门匾是吴大澂题书。吴大澂，江苏吴县（今苏州）人，清同治七年（1868）进士，金石学家。《淮南子》：

"道始于虚霩（霩同廓），虚廓生宇宙。"园主以"虚廓"命名，反映了他"人生空虚"、怀才不遇的感叹。东晋文学家孙绰《天台山赋》的"太虚辽廓而无阂，运自然之妙有，融而为川渎，结而为山阜"，也可用以表现园主寄情山水的情趣。最初园主为明代御史钱岱，原名"小辋川"。辋川，即辋谷川，位于陕西蓝田。诗人王维在辋川筑别业，寄情山水，诗集名《辋川集》，别号"辋川"。到了清代，虚廓园分成东西两园。西部为赵氏购得，称"水吾园"，东部为吴氏购得，称"吴园"，吴园后转让曾之，谓之"曾园"。曾之之子曾朴是曾园第二代主人，晚清、民国之交的著名小说家，胡适与鲁迅对曾朴极为尊重，曾朴所著的长篇小说《孽海花》是晚清四大小说之一，该书就是在曾园写成的。中华人民共和国成立后，将东西两园合并，按当初面貌恢复，对游人开放，重新以虚廓园命名，不过当地民众仍习惯以曾园称之。

进门迎面高墙题书"虚霩邨尻"四字，即"虚廓村居"，有人说是翁同龢题书。曾园以数亩清池为中心，池南有"归耕课读庐"，景色幽深，池东南叠石假山。岩间刻有"石室""日长山静""水流花开"等题字。临湖立盘石刻书"此处乃虚廓子濯足地也"。园主曾之，同治光绪年间任刑部郎中，自号"虚廓子"，池东墙上刻石三十余通，李鸿章、翁同龢、吴大澂等一时名流皆有诗文题刻石上。

数亩湖池上架石板曲桥，桥南端有亭，书匾"邀月轩"，刻对联："春醉花连屋，霄吟月近门。"匾联都是张之洞撰并书。曲桥中间建水榭"四面厅"，额匾"莲花世界"，是夏日赏荷花之地。

西部以水景取胜，建筑环湖布置，错落有致。环湖两处长廊，名"先春""殿春"。西园曾为盛宣怀购得，月洞门匾"静园"，着力突出静字。月洞门对联"山随平野尽，村入郭门来"为园主赵烈文集句联。"山随平野尽，江入大荒流"出自李白诗《渡荆门送别》，"路当边地去，村入郭门来"出自唐人姚合诗《武功县闲居》。

湖东江石假山之北有"天放楼"，是赵氏楼主藏书楼。楼门对联："得山水清气，极天地太观。"是于右任撰书。楼之西北巨石刻书"环秀分胜"是文徵明题书。"娱春草堂"中有副对联："人间岁月闲难得，天下知交老更亲。"撰联人是清代书法家王文治。

赵氏园中湖东边有小山丘，不高，有柏树三株，是最初的园主钱岱种植的。山丘原有亭，亭中有泉，名梅泉，亭名梅泉亭。如今亭已毁，仅存石井沿，赵烈文于光绪十年（1884）在井沿上刻书"梅泉"二字，小山丘景点称"梅泉志胜"。

杭州诸泉

杭州虎跑泉、杭州龙井泉，前文已经介绍过了。本节谈谈岳王庙忠泉、银屏娘子井、净慈寺神运井、孤山六一泉、灵隐寺冷泉、六和塔六和泉、蒋庄古井和钱塘第一井等。

岳王庙忠泉及银屏娘子井

清代袁枚《谒岳王庙》云：

> 江山也要伟人扶，神化丹青即画图。
> 赖有岳于双少保，人间才觉重西湖。

诗人歌咏岳王庙给西湖塔添了光彩。岳王庙在西湖西北角栖霞岭下，"岳墓栖霞"是西湖新十景之一，每天游人如潮。诗中提到的"岳于双少保"是指岳飞和于谦，二人都官居少保，都是功臣、忠臣，都被朝廷杀害，在后世得到平反昭雪。于谦墓在西湖南岸，与岳王墓隔湖相望。

于谦诗《石灰吟》云：

> 千锤万凿出深山，烈火焚烧若等闲。
> 粉身碎骨浑不怕，要留清白在人间。

于谦生前崇拜岳飞，有诗《岳忠武王祠》：

> 匹马南来渡浙河，汴城宫阙远嵯峨。
> 中兴诸将谁降虏，负国奸臣主议和。
> 黄叶古祠寒雨积，青山荒冢白云多。
> 如何一别朱仙镇，不见将军奏凯歌。

黄叶古祠，指岳王庙之前身是智果寺。

岳飞墓在岳王庙之西南角，墓朝东，岳云墓在北侧相伴。旧时印象似乎还有张宪墓，如今看不到了。墓道镇墓兽石柱刻对联："正邪自古同冰炭，毁誉于今判伪真。""莫须有"给人以误解，好像是"稀里糊涂"地就把岳飞杀了，其实秦桧是做足了功课的，他诬告岳飞谋反，有"证"有"据"，蒙蔽了不明白真相的群众。他以"谋反"的罪名将岳飞绞死于风波亭，在当时是"大快人心"的。岳飞临死，露出"精忠报国"刺字，高呼"天日昭昭，天日昭昭"。如今岳王庙主殿檐下匾书"心昭天日"，是叶剑英题书。

岳王墓前跪四铁人：秦桧、秦桧夫人王氏、万俟卨、张俊。"文革"中四像被毁，现在的像是按河南汤阴岳王庙铁人复制的，不同的是汤阴所跪铁人是五人，还多了一个王俊。万俟卨是主审官，张俊是检举揭发人，王俊是岳飞部将，是谋反"罪证"主要提供人。"欲加之罪，何患无辞"，高宗赵构欲杀岳飞，罗织罪名是不难的。

岳飞被绞死后无人收尸，狱卒隗顺冒死将遗骨偷偷背负到钱塘门外九曲丛祠中埋葬，以岳飞身佩玉环和枷上封条陪葬，坟前种橘树一株，墓碑书"贾宜人之墓"。二十二年之后，宋孝宗登基，为收买人心，替岳飞平反，首要之事就是重新安葬岳飞。可是无人知道岳飞尸骸下落。此时隗顺已死，其子上报朝廷，岳飞才得以迁葬于栖霞山下的智果寺内，改寺为岳飞忠祠。若不是有隗顺，岳飞尸骸可能就要喂野狗了。元代赵孟頫《岳鄂王墓》云：

> 鄂王坟上草离离，秋日荒凉石兽危。
> 南渡君臣轻社稷，中原父老望旌旗。
> 英雄已死嗟何及，天下中分遂不支。
> 莫向西湖歌此曲，水光山色不胜悲。

岳王墓正对一拱形门，门上对联："青山有幸埋忠骨，白铁无辜铸佞臣。"穿过拱门，可以看到东墙上书大字"尽忠报国"。对于岳飞之忠，高宗赵构是赐过锦旗"精忠岳飞"的。汤阴岳王庙里有高宗"敕岳飞"手札碑刻，文徵明读碑刻后填词《满江红》：

拂拭残碑，敕飞字、依稀堪读。慨当初，倚飞何重，后来何酷！果是功成身合死，可怜事去言难赎。最无辜，堪恨又堪怜、风波狱。

岂不念中原蹙，岂不惜徽钦辱。念徽钦既返，此身何属？千古休谈南渡错，当时自怕中原复。笑区区，一桧亦何能，逢其欲！

文徵明认为，杀岳飞的是高宗赵构，秦桧等四铁人只是代人受过罢了。文徵明的词刻在杭州岳王庙碑廊里。

高宗"敕飞字"手札原件保存在故宫博物院里，我有幸看过影印件，左上角有乾隆题诗：

飞白精忠早赐旗，霜寒又厪上流师。
本来原是腹心托，十二金牌竟若为。

深谙帝王心术的乾隆也对十二道金牌提出批评，同时也认为高宗要杀害岳飞的根由是害怕收复中原，害怕徽宗、钦宗复出。这本来只是高宗深藏心里最肮脏的念头，但是十二道金牌让天下人看清了高宗的丑恶嘴脸。可以说，高宗恨透了岳飞。

明代李东阳《金字牌》云：

金字牌，从天来。将军恸哭班师回，士兵郁怒声如雷。声如雷，震三陲，幽蓟已复无江淮。仇虏和，壮士死，天下事，安有此！国之亡，嗟晚矣。

乾隆下江南曾游览汤阴岳王庙，赋诗《经岳武穆祠》：

> 翠柏红垣见葆祠，羔豚命祭复过之。
> 两言臣则师千古，百战兵威震一时。
> 道济长城谁自坏，临安一木幸犹支。
> 故乡俎豆夫何恨，恨是金牌太促期。

岳飞大破朱仙镇，朱仙镇距汴京不到五十公里，眼看下一步就要夺回汴京了。金兀术的策略是打得赢就打，打不赢就扶立钦宗复出，捣乱局面。钦宗复出，这是高宗最害怕的，一日连下十二道金牌，要岳飞撤军，显然高宗是坐不住了。

岳王庙里有碑廊，碑刻岳飞诗文及历代文人歌咏岳飞的诗词。乾隆诗碑云：

> 阵战曾轻兵法常，绍兴亦委设施方。
> 操戈不谓兴张俊，纳币终成去李光。
> 何事书生叩马首，遂教名将饮鱼肠。
> 至今人恨分尸桧，宰树余杭万古芳。

落款为"乾隆丁丑暮春三月御笔"。分尸桧，人们在岳墓前将桧树板折成两半。有宋理宗追封岳飞的圣旨碑："宝庆元年三月敕：三省、枢密院同奉圣旨，故追复武胜、定国军节度使，赠太师，追封武穆、鄂王、岳飞，原谥，特与赐谥忠武。敕下。"宝庆是宋理宗的年号，宝庆元年（1225）三月，理宗刚登基就急着给岳飞追封，收买人心。晚清俞樾《汤阴谒岳忠武庙》云：

十年阃外枕雕戈，奈此秦头压日何？
南渡君臣生气少，东窗夫妻杀机多。
功高岂意翻成罪，战胜无端更议和。
不待呼天诬早辩，精忠二字总难磨。

　　岳王庙后院有古井一口，靠墙根，墙上嵌石刻"忠泉"二字，没有落款。不知何人何时题书。但从石上留白的空间看，似乎原来是有落款的，被刻意打磨掉了。此井原是智果寺中一口普通水井，改岳王庙后有幸变成忠泉，不禁令人感慨：宜将忠泉当祭酒，万古千秋酹忠魂。

　　岳王庙里有岳飞纪念馆，馆前会演出"银瓶娘子传奇"。据《宋史》载，岳飞女名孝娥，父冤不伸，抱父赠银瓶投井。汤阴岳飞故里岳氏家庙里有岳飞子女的祠堂，其中有孝娥祠，岳飞有女名孝娥应该属实。田汝成《西湖游览志》提到杭州北山忠佑祠"祠有后银瓶娘子井，银瓶娘子者，王季女也。闻王下狱，哀愤骨立，欲叩阙上书，而逻卒婴门，不能自达，遂抱银瓶投井死"。张岱《西湖梦寻》一书载有乐府诗：

　　岳家父，国之城。秦家奴，城之倾。皇天不灵，杀我父与兄，嗟我银瓶为我父，缇萦生不赎父死，不如无生。千尺井，一尺瓶，瓶中之水精卫鸣。

　　杭州北山忠佑祠地名还有，但城市面貌变化更大，我没有找到银瓶井，不知银瓶井是否还存在。

净慈寺神运井

南宋杨万里有《晓出净慈寺送林子方二首》。

其一：

> 出得西湖月尚残，荷花荡里柳行间。
> 红香世界清凉国，行了南山却北山。

其二：

> 毕竟西湖六月中，风光不与四时同。
> 接天莲叶无穷碧，映日荷花别样红。

净慈寺大雄宝殿内殿柱有对联："后周古刹，道潜开山，法眼观雷峰夕照；北宋名兰，延寿主席，净根闻南屏晚钟。"寺庙创建于五代后周时期，是吴越王钱俶于后周显德元年（954）修建的。寺庙属禅宗支脉"法眼宗"。寺院初名"慧日永明禅院"，由高僧延寿永明法师主持，延寿禅师主张"纳土归宋，舍别归总"，并向吴越王钱俶讲述了佛祖割自身的肉换取鹰爪下兔子的故事。"舍别归总"本是佛教中的主张，原来佛教中支派林立，有人号召"舍别归总"，即大家放弃纷争，都归回到佛祖那儿去。延寿禅师的意思，劝说钱俶献身以换取民众的生命安全。钱俶于宋太宗太平兴国三年（978）带降表及吴越十三州图册赴汴京投降，五代十国中吴越是唯一一块未经战乱而和平统一的地方。吴越百姓怀念钱俶，在西湖北山修建保俶塔，保佑钱俶平安。传说钱俶过生日时吃了一碗宋太宗赏赐的寿面，一命归西，见了佛祖。

将寺院改名净慈寺的是南宋高宗赵构。赵构绞死岳飞后，于绍兴十二年（1142）二月与金议和成功，向金称儿皇帝，岁纳白银二十五万两，绢二十五匹。绍兴十二年四月，金国派宣慰使到临安"册立"赵构为皇帝，同年八月，将宋徽宗灵柩和赵构生母韦贤妃送回临安，母子分别16年重新见面。据说韦贤妃在北国多次被迫改嫁，并生育二子，而宋徽宗已经死去六七年了。高宗将寺院改名"净慈报恩光孝禅寺"，在寺内大办法事，在陵寝修建完工之前超度慈父亡灵，徽宗灵柩暂时停厝在净慈寺内。在南宋一朝，净慈寺是皇室家庙，地位尊崇，是杭州四大古刹之一。南宋以朝廷任命的方式将天下各大寺庙分成"五山十刹四十八甲刹"，"五山"等级最高，"五山"为：余杭径山寺，杭州灵隐寺、净慈寺，宁波天童寺、阿育王寺。

净慈寺山门前有左右两个御碑亭。左亭为四角亭，亭中碑刻乾隆御笔诗："净慈掩映对南屏，断续蒲牢入夜声。却忆姑苏城外泊，寒山听得正三更。"落款为"乾隆辛未春御题"。辛未即乾隆十六年（1751），可见写于乾隆第一次下江南时。右角亭碑刻乾隆御笔"南屏晚钟"，亭柱刻几副对联，其一："塔影圆明清静地，钟声响彻夕阳天。"其二："平湖明月开宗镜，远树来风度晚钟。"其三："蒲牢鸣百八，尘梦醒三千。"其四："石上留天语，钟声洗佛心。"

净慈寺山门位于两碑亭之间，山门额书"敕建净慈禅寺"是乾隆御笔。大门紧闭不开，由御碑亭外侧进出寺庙。净慈寺的特点之一是有独立的济公殿院落。殿前有亭，亭檐下匾书"运木古井"，亭柱对联："运木寓禅机，井里蕴无通妙谛；

掬泉消俗障，胸中添几许清凉。"亭中六方石井沿，刻书"运木古井"。井旁置牌示文字："运木古井，又称神运井，旧时称香积井。按《净慈寺志》记载，后周显德元年，净慈寺内就有一口井'广纵约二丈余'，泉水甘甜，常年不涸，后因济公运木，而得名为运木古井。"

传说济公在杭州灵隐寺剃度为僧，后来长期生活在净慈寺，谓之"挂单"。净慈寺曾发生火灾，庙宇毁坏严重，寺庙修复临开工时却缺乏木料。济公便施法力，从峨眉山调动木料，沿长江至钱塘，然后由香积井中抽出。寺僧赶来时，见六位壮汉从井中抽木，即"六甲神"。"六丁六甲"为上天安排的值班神灵，一时辰一换岗，共十二位神灵，阳时为六甲神，阴时为六丁神，六甲神为男性，六丁神为女性。或许有人会问，净慈寺乃"我佛庄严"之地，法力无边，自有神明护卫，岂有火灾？有诗云：

> 无名一点起逡巡，大厦千间尽作尘。
> 非是我佛不灵感，故要楼台一度新。

诗意说寺院起火是因为佛祖要换新楼台。诗名《净慈寺火灾》，作者南宋道济，即济公和尚。以上只是神话，无非是赞美济公的神通广大。

济公殿中高台上济公坐像，端坐莲台，为有道高僧形象，不同于游戏人间的疯癫模样。济公传世的诗文与偈语，佛法深，造诣高。至于吃狗肉、喝烧酒，济公有四句诗：

> 佛祖留下诗一首，我人修身他修口。

他人修口不修心，唯我修心不修口。

济公活了六十岁，在杭州虎跑寺圆寂，临终偈曰：

六十年来狼藉，东壁打倒西壁。
如今收拾归来，依旧水连天碧。

济公殿曾被毁坏，刻有楹联的石柱 16 根，保留了 15 根，重修济公殿有七副半对联可读，十分珍贵，在此录几副。其一："似醉如癫，神通遍三千大千世界；降龙伏虎，灭度尽有色无色众生。"其二："独木隐清泉，此是僧家无上法；梵宫重选佛，要知罗汉有神通。"对联提到"降龙伏虎"，语义双关，传说济公是降龙罗汉转世，另派伏虎罗汉下凡辅佐之。

济公曾劝阻临安府尹伐净慈寺门松，有《讽阻临安赵府尹伐净慈寺门松》诗两首。

其一：

亭亭百尺接天高，曾与山僧作故交。
满望枝柯千载茂，可怜刀斧一齐抛。
窗前不睹龙蛇影，耳畔无闻风雨号。
最苦早间飞去鹤，晚回不见旧时巢。

其二：

白石磷磷积翠岚，翠岚深处结茅庵。
煮茶迎客月当户，采药出门云满篮。

琴挂葛弦鸣素志，窗开风拂罢清谈。

今朝偶识东坡老，四大皆空不用参。

明代董其昌有《南屏净慈寺赠萧方伯九生二首》。

其一：

宦辙优昙现，禅宫慧日悬。

棠分龙钵雨，笏柱鹫峰烟。

鞠掌遗尘外，冥心悟劫前。

眼看朱绂客，谁取火中莲。

其二：

言访毗耶室，淹留及下春。

悠然禅悦意，能继白苏踪。

香积充菀鲙，秋声感砌蛩。

辞官亦非病，登涉不扶筇。

乾隆《净慈寺》云：

沿缘苏氏堤，霁景断烟低。

遂造白禅所，闲寻碧篆题。

堂围曲屏嶂，地是古招提。

翠竹笼僧户，芳兰引客蹊。

岩扉如有约，井木或无稽。

策马因还去，钟声隔岭西。

诗中认为神井运木是无稽之谈。

乾隆《净慈寺瞻礼》云：

峰色湖光萃美处，金绳绀宇此间开。
绝无尘相染初地，定有天花落讲台。
况为祝釐伸众愿，岂缘问景偶闲陪。
慈宁寿比净慈寿，稽首我闻如是来。

大雄宝殿前广场左右各有一井，名曰"双井"。井台有牌示文字："双井，南宋绍兴四年，因寺院汲水困难，住持石田法熏禅师于院内行走，以禅杖叩东西两地，得泉两眼，遂凿水井以作饮水之用。此双井所出泉，甘甜如酥，时至今日，未曾枯竭，且一年四季始终保持同一水面。"据说法熏禅师寻泉时，僧众颇为怀疑，禅师以锡杖寻泉，边叩地边说"井于斯，泉于斯"，依其叩地凿井，果真出泉。

寺后还有圆照井和甘露泉。康熙游净慈寺题对联："云开树色千花满，竹里泉声百道飞。"

明代张岱诗云：

夜气瀹南屏，轻岚薄如纸。
钟声出上方，夜渡空江水。

钟楼就在济公殿和神运井旁边，据说当年的钟已毁坏，能否重铸铜钟呢？清代余怀《游南屏净慈寺》云：

小雨催孤棹，湖南别有天。

几家临水住，一塔倚山悬。

声出花边磬，香流树杪泉。

缔衣浑欲冷，高屐破云间。

寺僧作晚课的梵唱，伴着钟磬之声，随着雾霭在南屏山头，飘飘忽忽，断断续续，悠扬渺袅。雷峰塔影与晚霞一起倒映在湖面上，身临其境，仿佛升入佛国仙境，令人心灵顿觉空净。

孤山六一泉、印泉和贮月泉

六一泉在孤山下，紧依西泠印社西墙外。苏东坡《六一泉铭并序》云：

> 欧阳文忠公将老，自谓"六一居士"。予昔通守钱塘，见公于汝阴而南。公曰："西湖僧惠勤甚文，而长于诗。吾昔以《山中乐》三章以赠之。子闲于民事，求人于湖山间而不得，则盍往从勤乎?"予到官三日，访勤于孤山下，抵掌而论人曰："公，天人也。人见其暂寓人间，而不知其乘云驭风，历五岳而跨沧海也。此邦之人，以公不一来为恨。公麾守八极，何所不至，虽江山之胜，莫适为主，而奇丽秀绝之气，常为能文者用，故吾谓西湖盖公几案间一物耳。"勤语虽幻怪，而理有实然者。明年，公薨，予哭于勤舍。又十八年，予为钱塘守，则勤

亦化去久矣。访其旧居，则弟子二仲在焉，画公与勤之像，事之如生。舍下旧无泉，予未至数月，泉出讲堂之后，孤山之趾，汪然溢出，甚白而甘。即其地，凿岩架石为室。二仲谓予："师闻公来，出泉以相劳苦，公可无言乎？"乃取勤旧语推其本意，名之曰"六一泉"，且铭之曰："泉之出也，去公数千里，后公之没十有八年，而名之曰'六一'，不几于诞乎？曰：'君子之泽，岂独五世而已，盖得其人，则可至于百传。'尝试与子登孤山相望吴越，歌山中之乐而饮此水。则公之遗风余烈，亦或见于斯泉也。"

北宋熙宁四年（1071），苏东坡外放杭州任通判，向先生欧阳修告别。欧阳修叮嘱他到杭州与惠勤和尚交往。苏东坡到杭州第三日即拜访了惠勤，返回后写诗记述："天欲雪、云满湖，楼台明灭山有无。水清石出鱼可数，林深无人鸟相呼。腊日不归对妻孥，名寻道人实自娱。道人之居在何许？宝云山前路盘纡。孤山孤绝谁肯庐，道人有道山不孤……"十八年后，苏东坡任杭州通判，再到孤山访惠勤旧居，写下了《六一泉铭并序》。

六一泉隐迹在西泠印社西墙外一块荒地的犄角旮旯里，在绿树掩映中可隐隐看到亭角。拨开草径近看，一半亭贴崖而立，崖石也凿空成一半室，正如铭文所述"凿岩架石为室"。檐下匾书"六一泉"三字，落款为"苏轼"。亭下有一圆形泉池，亭旁有铁栅栏，栅栏那一边是西泠印社景区。我不理解西泠印社为何不将六一泉纳入统一管理，而让六一泉藏于荒地之一角，如同孤魂野鬼。若不是专门寻泉，估计不会有游人会到这里来。我说的荒不是指荒芜，西湖周边绿化很好，而是指荒僻、荒置、偏僻、闲置。

宋代徐集孙《六一泉》云：

> 惠勤已蜕老欧仙，物逐人非井便干。
> 不是坡翁重到此，此泉安得到今寒。

宋代董嗣杲《六一泉》云：

> 离别孤山十八年，重来忍见讲堂泉。
> 当时同出师门下，今日多伤井屋前。
> 取重欧公名有自，肯教勤老迹空传。
> 此铭此意留千古，凿石为庵不可眠。

宋代杨万里《以六一泉煮双井茶》云：

> 鹰爪新茶蟹眼汤，松风鸣雪兔毫霜。
> 细参六一泉中味，故有涪翁句子香。
> 日铸建溪当退舍，落霞秋水梦还乡。
> 何时归上滕王阁，自看风炉自煮尝。

诗中"鹰爪""日铸"为茶名，涪翁指黄庭坚。明代陈赟《六一泉》云：

> 同门曾记哭师年，今日愁尝舍后泉。

泉脉潜流苍石罅，泪痕犹渍碧崖前。

心伤勤老归何处，名与文忠喜共传。

白发渔翁知旧事，沧浪歌罢对鸥眠。

欧阳修谥号文忠公。

西泠印社创建于光绪三十年（1904），吴昌硕为第一任社长。"印学研究中心"号称"天下第一名社"，"柏堂"是印社主堂，堂前有泉池名莲泉，泉池方形，池壁螭口泉水涓涓流入池中。柏堂檐下匾书"西泠印社"，门上对联："旧雨新雨，西泠桥畔各题襟，溯西汉渊源，藉征鸿雪；文泉印泉，四照阁边同剔藓，挹孤山苍翠，合仰名贤。"柏堂之后有山径而上，山道上有石碑如同一方石印，上爬一龟，石面刻"金石寿"三字。落款小字："西泠印社八十五周年纪念，一九八八年十月立。"继续上山有石坊，额书"西泠印社"，对联："石藏东汉名三老，社结西泠纪廿年。"落款"癸亥冬丁仁撰叶铭书"。继续上山至半山腰，岩石下有泉池，岩上刻书"印泉"二字。池旁有台阶曲折，有木坊门，额书"鸿雪径"三字。山顶有四照阁、题襟馆、华严经塔、问泉等景点。

中山公园在西泠印社东边，沙孟海题匾"中山公园"。沙孟海曾任西泠印社社长。大门抱柱对联："山外皆山，峦岫绕成清净界；画中有画，笙歌谱就太平图。"中山公园原是康熙、乾隆行宫，祖孙两位皇帝南巡至杭州都住在这里，太平天国时毁于兵燹。民国时期在此开辟中山公园。行宫曾经做过考古发掘，行宫殿宇地基用钢化玻璃罩保护起来了。前山山崖上书"孤山"两个大字，是宋人手笔。

从"孤山"大字处右拐有"西湖天下亭"。亭名出自苏东坡《怀西湖寄晁美叔同年》：

> 西湖天下景，游者无愚贤。
> 深浅随所得，谁能识其全。
> 嗟我本狂直，早为世所捐。
> 独专山水乐，付与宁非天。

亭四方，檐下匾书"西湖天下景"五大字，后有小字跋文："康南海题西湖联，有'如此园林，四洲游遍未尝见'之语，弥觉坡仙此句可珍也，书额张之。二十三年春陇右黄文中"。黄文中是民国时期甘肃临洮人，长期生活在杭州，为西湖景观撰书了不少对联。亭柱对联："水水山山，处处明明秀秀；晴晴雨雨，时时好好奇奇。"落款为"陇右黄文中并书"。

匾中跋文提到康南海题联。康南海即康有为，在西湖小瀛洲先贤祠中撰联："岛中有岛，湖外有湖，通以卅折画桥，览沿堤老柳，十顷荷花，食莼菜香，如此园林，四洲游遍未尝见；霸业销烟，禅心止水，阅尽千年陈迹，当朝晖暮霭，春煦秋阳，饮山水绿，坐忘人世万方同慨更何之。"毛主席亲书此联刻碑，立于先贤祠中。

亭前有泉池，名"贮月泉"，为乾隆御题行宫八景之一，乾隆敕名并赋诗：

> 乳窦贮天池，嫦娥小浴之。
> 一泓清且浅，满魄静相宜。
> 未许鱼龙混，还欣松桂披。
> 广寒合云表，消得夜眠迟。

灵隐寺冷泉

杭州灵隐寺进入景区，有冷泉溪，又名北涧、石门涧。飞来峰下，涧水流玉，画壁留青。冷泉溪沿岸，悬崖峭壁上开龛造像37龛72尊佛像，多数凿于元代。

灵隐寺山门前有冷泉亭，为四方亭，重檐飞角，纵横皆四立柱，正面正中两立柱挂对联："泉声咽危石，日色冷青松。"欧阳中石书联，取自唐代王维《过香积寺》：

> 不知香积寺，数里入云峰。
> 古木无人径，深山何处钟。
> 泉声咽危石，日色冷青松。
> 薄暮空潭曲，安禅制毒龙。

亭内挂匾书"冷泉亭"三字，落款为"化泉书"，匾中有小字跋文："此亭始建于唐，白居易曾为之作《冷泉亭记》，亭址原座（坐落）于水池中央，后毁于山洪，明万历年间，移亭于岸上。一九九二年冬，陈进。"

以下录白居易《冷泉亭记》：

> 东南山水，余杭郡为最，就郡言，灵隐寺为尤，由寺观，冷泉亭为甲。亭在山下水中央，寺西南隅。高不倍寻，广不累丈，而撮奇得要，地搜胜概，物不遁形。春之日，吾爱其草薰薰，木欣欣，可以导和纳粹，畅人血气。夏之夜，吾爱其泉渟渟，风泠泠，可以蠲烦析醒，起人心情。山树为盖，岩石为

屏，云从栋生，水与阶平。坐而玩之者，可濯足于床下；卧而狎之者，可垂钓于枕上。矧又潺湲洁澈，粹冷柔滑。若俗士，若道人，眼耳之尘。心舌之垢，不待盥涤，见辄除去，潜利阴益，可胜言哉！斯所以最余杭而甲灵隐也。

亭内四柱，挂两副对联，一副为"泉自几时冷起，峰从何处飞来"，此联是明人董其昌撰。另一副为"泉自冷时冷起，峰从飞处飞来"。俞樾《春在堂随笔》中记载了一则故事："灵隐寺冷泉亭，旧县（同"悬"）一对联，云：'泉自几时冷起，峰从何处飞来。'乱后失去，寺僧属（同"嘱"）吴平斋观察补书之。戊辰九月，余与内子往游，小坐亭上，因读此联。内子谓，问语甚俊，请作答语。余即云：'泉自有时冷起，峰从无处飞来。'内子云：不如竟道'泉自冷时冷起，峰从飞处飞来'。相与大笑。越数日，次女绣孙来湖楼，余语及之，并命亦作答语。女思久之，笑曰：'泉自禹时冷起，峰从项处飞来。'余惊问'项'字何指？女曰：'不是项羽将此山拔起，安得飞来？'余大笑，方啜茗，不禁襟袖之淋漓也。"戊辰是1868年，即同治七年。

左宗棠在冷泉亭也有对联："在山本清泉，自源头冷起；入世皆幻峰，从天外飞来。"康有为有对联："泉声得清净，山色观庄严。"另有对联："自世外来，幸过冷泉，洗罢尘埃聆梵呗；出山门去，恰临净土，守持觉悟度慈航。"

冷泉亭之旁有壑雷亭，楚图南书匾。正面柱上挂对联："雷不惊人，在壑原非真霹雳；泉能泽物，出山要有热心肠。"亭内对联："飞瀑欲临空，远度峰头作霖雨；出山能泽物，先从壑底起风雷。""峰欲再飞无净土，泉甘耐冷有名山。"壑雷亭之名源自苏东坡《赠唐林夫》：

灵隐前，天竺后，两涧春淙一灵鹫。
不知水从何处来，跳波赴壑如奔雷。
无情有意两莫测，肯向冷泉亭下相萦回。
我在钱塘六百日，山中暂来不暖席。
今君欲作灵隐居，葛衣草履随僧蔬。
能与冷泉作主一百日，不用二十四考书中书。

除了对联，歌咏冷泉的诗词也很多，兹录几首。
白居易《留题天竺、灵隐两寺》云：

在郡六百日，入山十二回。
宿因月桂落，醉为海榴开。
黄纸除书到，青宫诏命催。
僧徒多怅望，宾从亦徘徊。
寺暗烟埋竹，林香雨落梅。
别桥怜白石，辞洞恋青苔。
渐出松间路，犹飞马上杯。
谁教冷泉水，送我下山来。

辛弃疾《满江红·题冷泉亭》云：

直节堂堂，看夹道冠缨拱立。渐翠谷群仙东下，
佩环声急。谁信天峰飞堕地，傍湖千丈开青壁。是

当年玉斧削方壶，无人识。

山木润，琅玕温。秋露下，琼珠滴。向危亭横跨，玉渊澄碧。醉舞且摇鸾凤影，浩歌莫遣鱼龙泣。恨此中，风月本吾家，今为客。

元代吕止庵《［仙吕］后庭花·冷泉亭》：

湖山曲水重，楼台烟树中。人醉苏堤月，风传贾寺钟。冷泉东，行人频问，飞来何处峰？

苍猿攀树啼，残花扑马飞。越女随舟唱，山僧遂渡归。冷泉西，雄楼杰观，钟声出翠微。

渔榔响碧潭，王孙徙翠岚。玉勒黄金镫，红缨白面骖。冷泉南，踏花归去，夕阳人半酣。

塔标南北峰，风闻远近钟。佛国三天竺，禅关九里松。冷泉中，水光山色，岩花颠倒红。

灵隐寺山门前有御碑亭，亭碑正面刻书"不碍静中喧，看取动时定。小坐忘万缘，湝然满清听。"落款为"题冷泉，乾隆辛未春御笔"。辛未，即乾隆十六年（1751），乾隆第一次下江南。碑阴面刻书："岭是西方鹫，飞来位岌嶪。名山观不少，此地比宁多。法苑开龙象，清襟洽薜萝。诸天应拱护，御辇昔曾过。"落款为"丁丑春日恭依皇祖灵隐寺诗韵御笔"。丁丑，即乾隆二十二年（1757），乾隆第二次下江南。康熙御诗刻在灵隐景区入口处御碑亭中，诗曰：

灵山含秀色，鹫岭起嵯峨。

梵宇盘空出，香云绕地多。

开襟对层碧，下马抚烟萝。

羽卫闲来往，非同问法过。

落款为"灵隐"，字间上方刻章"康熙御笔之宝"。

六和塔与六和泉

六和塔在杭州西湖西南的月轮山上，高 59.89 米，外观十三层，内七层。古吴越国时，这里是南果园，末代吴越王钱俶捐园建塔，以镇钱塘江之海潮。历史上六和塔多次毁坏又多次重建，宋江征方腊时毁于战火，太平天国时再次毁于兵燹，现塔是光绪年间重修的。塔一层正门对联："一塔耸江天，越水潮奔初月上；六和存佛地，吴山本落大桥横。"乾隆登六和塔，在内七层都有题匾，依次是"初地坚固""二谛俱融""三明净域""四天宝纲""五云扶盖""六鳌负载""七宝庄严"。塔前石坊额书乾隆御笔"净域江天"。

六和塔又名六合塔。关于塔名有不同解读。一说出自佛经《六和敬》"身和同住，口和无诤，意和同悦，戒和同修，见和同解，利和同均"，与儒家的"和为贵"相合。另一种说法是指"六合"，即天地以及东南西北四方。《晋书·五行志》："六气和则沴疾不生，盖寓修德祈年之意。"六和为"六气和"，而六气指六合之气，天地四方宇宙之气。

六和塔后有"六和泉"。泉水呈半月形，与月轮山相合，池后护坡石墙刻书"六和泉池"四字。落款为"周国城书"。

池旁有牌示文字："六和泉池　六和塔附近水资源丰富，自宋代以来就有喷月泉、持正泉、广福院灵泉等景点，为游人所称道。"现在这些景点已不复存在，为进一步开发六和塔文化旅游，再现昔日风貌，特在喷月泉旧址上新辟六和文化系列景观——六和泉池。六和泉与"天下第三泉"虎跑泉同出一源，水质优良，甘冽异常，富含矿物质。泉池小巧玲珑，呈半月形，恰与六和塔所在的月轮山相互呼应。站在六和塔畔，前后瞻望，不禁使人联想到苏轼《送张职方吉甫赴闽漕六和寺中作》中"门前江水去掀天，寺后清池碧玉环"的优美意境。

蒋庄古井

　　蒋庄位于杭州"花港观鱼"景区里，园内碑文："蒋庄原为无锡人廉惠卿的别墅，名小万柳堂，后归南京藏书家蒋苏庵，易名为兰陵别墅，俗称蒋庄。建筑分别建于1901年和1923年，整座庄园临小南湖而筑，前堂后园，采用钢筋混凝土结构，按中国传统造园手法建造。主体建筑风格中西合璧，别具特色，是西湖著名庭园之一。国学大师马一浮晚年曾居此庄多年。现辟为马一浮纪念馆。"

　　进庄园墙壁上有马一浮亲作亲书诗《题山中腊梅》：

　　　　弥天霜霰渺愁予，一树芳馨未遣锄。
　　　　行路视同薪后木，空山留伴壁中书。
　　　　时闻风折防根损，开到星回阅岁除。

破腊冲寒犹往昔，花香不共世情疏。

落款为"壬午冬十一月，蠲戏老人"，壬午是 1942 年，蠲戏老人是马一浮自号。

马一浮（1883—1967），国学大师，有"儒释哲一代宗师"之誉。与梁漱溟、熊十力并称当代"儒学三圣"。是引进《资本论》第一人，周恩来尊之为"当代国宝""当代理学大师"。1964 年全国政协会议结束后的宴席上，毛主席让马一浮坐在他和周恩来之间，并说"久仰大名"。

庄园里主体建筑为二层小楼，正中门上挂匾书"马一浮先生纪念馆"，落款为"沙孟海"。抱柱对联："千年国粹，一代儒宗。"落款为"马一浮纪念馆梁漱溟句"。墙上对联"胸中泛滥五千卷，足下纵横十二州。"落款为"林散之撰"。堂中塑马一浮坐像，背后屏风书马一浮作《浙江大学校歌》。

蒋庄前园圃中有古井一口，井旁牌示文字："蒋庄古井，此井位于省级文物保护单位蒋庄内，井所在位置竹林滴翠，环境优美。具体建筑年代和历史不详。井沿六边形，古井水浅而清，乃作为生活用水。"

钱塘第一井

杭州大井街 22 号门匾金字书"钱塘第一井"，门上石框上刻书对联，风蚀斑驳，已不可辨识。门前左右一对镇宅神兽，牛首龙角，熊背虎臂龙爪，体形似蜥蜴，口中吐水，蹲坐于水云龙纹石座上，应该是螭，螭为水精，镇水而驱火邪。

但是螭无角，而此兽有角，或许另有传说。墙根立石刻书"浙江省文物保护单位，鱼塘第一井"，墙上贴牌附文字"南宋御街特色钱塘第一井"。

杭州近海，水味咸，故凿井汲水。井口沿刻字"后唐清泰二年开"，为公元935年，是五代吴越国师法韶开凿。《梦粱录》载："钱塘第一井，山脉融液，泉源所钟。不杂江潮之水，遇大旱不涸。"该井又名大井，大井街因之得名，又名寒泉，号称"吴山第一泉"。初凿时，周四丈、无盖，曾溺死人，后来在泉池加盖，盖上留井口五个，便于汲水。《杭州府志》将其与虎跑泉、龙井、玉泉、郭婆井合称"杭州之圣水"。

大井街与御街景区相连，街上有胡庆余堂、张小泉刀剪等古商号，值得一游。

奉化雪窦寺乳泉

　　浙江奉化雪窦寺是弥勒道场，号称"佛教第五山"，在江南丛林"五山十刹"中位列"十刹"之中，等级地位是很高的。

　　五代十国时期，有一位名叫契此的和尚，整日身披布袋化缘修行，人称"布袋和尚"。布袋和尚在奉化岳林寺圆寂时留偈云："弥勒真弥勒，分身千百亿，时时示时人，时人自不识。"人们认为其是弥勒佛转世，从此汉族佛教寺庙天王殿正中有了大肚笑面弥勒佛，相传是按契此和尚生前容貌塑造的。契此长期在雪窦寺弘法，故而雪窦寺成了弥勒道场。弥勒佛是未来佛，是如来佛入灭后的接班人，在佛教中地位崇高。弥勒崇拜曾经一度盛行，由于常常为农民起义所利用，宣称未来佛降世，将改朝换代，在统治者的打压下，弥勒崇拜有所降温。弥勒是八大菩萨之一，"弥勒"是慈善之意，依梵文意译成"慈氏"。"凡事付之一笑，于人无所不容"，其笑口常开、大肚能容的形象深入人心。

雪窦寺始建于晋代，山门匾书"四明第一山"，是蒋介石题书。蒋介石生母王氏曾经是尼姑，在雪窦寺生活三年后还俗嫁给蒋父。进山门后的大照壁上书"弥勒道场"大字，是吴学谦题书。吴曾任副总理兼外交部部长。在中轴线上有弥勒大殿，是雪窦寺的特色。寺后半山腰有露天弥勒坐佛相，坐于九瓣莲花座上，莲座高9米，通高56.7米。

雪窦寺内殿东南角有"含珠林"黄巢墓。

按正史记载，黄巢兵败野狼谷（在今山东莱芜），被外甥林言杀害，首级被献给唐营。但是野史认为黄巢是诈死。黄巢无子，视外甥林言如同己出。黄巢与林言合演了一出诈降计，被杀害的是替身，林言借以邀功免死，黄巢也好乘机遁逃。不料唐将贪功，将林言杀死灭口，隐瞒投降情节，至于黄巢死亡的真伪，也就无从追究了。总之，黄巢之死疑点重重。黄巢的下落，传说版本很多，黄巢在奉化雪窦寺为僧、圆寂而善终是传说之一。

黄巢脱逃，找到昔日部下张全义，张全义已投靠朱温。黄巢得到张全义庇护，在洛阳南禅寺为僧，法号翠微。由于担心被人认出，方丈引荐他投奔宁波，并赠偈言"日月并明，遇雪而止"。黄巢到宁波栖心寺拜见心镜禅师，禅师指示："往雪窦寺度汝！"黄巢悟到了偈语的意思，宁波古称明州，明州雪窦寺符合偈语，遂投雪窦寺为僧。据说后来黄巢还当上了方丈，圆寂后葬于含珠林。黄巢有诗曰：

记得当年草上飞，铁衣著尽著僧衣。
天津桥上无人识，独依栏干看落晖。

宋代智鉴和尚有诗《黄巢墓》：

图上争霸业，自古仗戈矛。
英气今何在，都成一古丘。

宋代高元云《雪窦寺》曰：

雪窦深云处，相携到乳泉。
沙田春事晚，山寺野花妍。
香饭饥南烛，丹房记景天。
仙居应六八，更欲上风烟。

宋代诗咏提到了乳泉。出雪窦寺，在去往雪窦山的路上，有清泉喷涌，水量很大，此即乳泉。泉溪上有廊桥，桥头有对联："石窦源泉钟乳地，关山桥挂水晶帘。"溪水过桥后即沿一坡地冲下，形成瀑布，如同水晶帘，故雪窦寺又名瀑布寺。水晶帘一般的瀑布冲下之后并不停歇，从悬崖外直泻而下，瀑布落差116米，一流至底，中间没有阻隔间断。崖上刻书"千丈崖"三字。千丈崖旁设置观景台，站在观景台上，动魄惊心。宋代有诗赞此瀑布："一流瀑泻九重天，长挂如虹引洞仙。岩壁凫飞延岁月，石梁龙滚飞云烟。"《千丈岩诗》赞曰："惊见银河空外翻，奔流千丈有余寒。"宋代王安石曾在宁波担任县令，赋诗《千丈岩瀑布》：

拔地万重清嶂立，悬空千丈素流分。

共看玉女机丝挂，映日还成五色文。

乳泉，源自四明山乳峰，泉从洞窦中出，故名雪窦。雪窦山、雪窦寺因之而名。乳泉与雪窦寺、雪窦山渊源颇深。雪窦山上有亭名"乳泉亭"。

滁州琅琊山与泉

滁州琅琊山原名摩陀岭，西晋八王之乱中琅琊王司马睿曾经在此山避难，后来司马睿建立了东晋王朝，称晋元帝，此山遂改名琅琊山。北宋王禹偁曾任滁州太守，作诗《琅琊山》：

洞碧通仙界，溪明润药苗。
古台临海日，绝顶见江潮。

王禹偁在诗中自注："东晋元帝以琅琊王渡江，尝驻此山，故溪、山皆有琅琊之号。"汉高祖刘邦、宋太祖赵匡胤、明太祖朱元璋等在称帝之前也都到过琅琊山，民间传说琅琊山是助真命天子登龙位的福地。

唐代李绅《守滁阳深秋忆登郡城望琅琊》云：

山城小阁临青嶂，红树莲宫接薜萝。

斜日半岩开古殿，野烟浮云掩轻波。

唐代韦应物《游琅琊山寺》云：

受命恤人隐，兹游久未遑。

鸣驺响幽涧，前旌耀崇冈。

青冥台砌寒，绿缛草木香。

填壑跻花界，叠石构云房。

经制随岩转，缭绕岂定方。

新泉泄阴壁，高萝荫绿塘。

攀林一栖止，饮水得清凉。

物累诚可遣，疲痾终未忘。

还归坐郡阁，但见山苍苍。

唐诗的咏颂，表明在唐代琅琊山已是旅游名胜，但使琅琊山名声大噪的，还是欧阳修《醉翁亭记》一文。名文千古传颂，也使琅琊山名扬四海。

欧阳修《琅琊山》诗云：

南山一尺雪，雪尽山苍然。

涧谷深自暖，梅花应已繁。

使君厌骑从，车马留山前。

行歌招野叟，共步青林间。

长松得高荫，盘石堪醉眠。

止乐听山鸟，携琴写幽泉。

宋代曾巩《游琅琊山》云：

> 飞光洗积雪，南山路崔嵬。
> 长淮水未绿，深坞花已开。
> 远闻山中泉，隐若冰谷摧。
> 初谁爱苍翠，排空结楼台？

从琅琊山山脚下到醉翁亭，大约需步行四十分钟，与"山行六七里"之记述相合。明代王阳明《山中示诸生》云：

> 桃源在何许，西峰最深处。
> 不用问渔人，沿溪踏花去。

王阳明还有诗《琅琊山送蔡希颜》云：

> 山空响流泉，路僻迷深树。
> 长谷何盘纡，紫芝春可茹。

溪两岸风景幽美，诗僧拾得诗云："碧涧青流多胜景，时来鸟语合人心。"欧阳修《琅琊溪》云："空山雪消溪水涨，游客渡溪横古槎。不知溪流来远近，但见流出山中花。"曾巩《琅琊溪》诗云："野草山花夹乱流，桥边旌旗影悠悠。"

沿溪前行，有瀑布，落差大约一人高。攀上瀑布顶，豁然开朗，溪水在此汇聚成湖，名琅琊湖，湖头有亭，山光亭影，倒映湖面，风景迷人。湖亭倚傍薛老桥。薛老桥是石桥，桥头刻诗《薛老桥》："流泉渟处阔，跨石石桥横。题柱无踪迹，茫然薛老名。"作者韦骧，北宋时任滁州通判，也就是说北宋时已有此桥。薛老桥是进入醉翁亭景区的界标。

薛老桥西，溪水之南，有一片广阔地，立石刻书"千年醉翁亭"。题字后面溪南岸护坡石刻"讓（让）泉"两个大字。古文"讓"与"釀（酿）"相通假，因此不少人也称之为"酿泉"。刻石有落款："康熙甲子仲夏谷旦，杏山王赐魁刻立。"甲子，即康熙二十三年（1684），王赐魁时任滁州知州。刻石之前有两方池。让（酿）泉即琅琊溪。

醉翁亭在溪北岸，正对广阔地。亭位于院落之中，院门前有石板桥，桥面到溪底有一人高，涨水季节溪水很深，"临溪而渔，溪深而鱼肥。酿泉为酒，泉香而酒洌"。院门门楣刻书"醉翁亭"三字，落款为"同治壬申季冬，全椒薛时雨"。壬申，同治十一年（1872），同治年间对醉翁亭重修，薛时雨是咸丰三年（1853）进士，可能是捐资人，他在醉翁亭景区的题字不少。院门对联："翁去八百年，醉乡犹在；山行六七里，亭影不孤。"

历代文人歌咏醉翁亭的诗作很多。欧阳修挚友梅尧臣《寄题滁州醉翁亭》云：

> 琅琊谷口泉，分流漾山翠。
> 使君爱清泉，每来泉上醉。

北宋黄庭坚《瑞鹤仙·环滁皆山也》云：

> 环滁皆山也，望蔚然深秀，琅琊山也。山行
> 六七里，有翼然泉上，醉翁亭也。翁之乐也，得之

心寓之酒也。更野芳佳木，风高日出，景无穷也。

　　游也，山肴野蔌，酒冽泉香，沸筹觥也。太守醉也，喧哗众宾欢也。况宴酣之乐，非丝非竹，太守乐其乐也。问当时，太守为谁，醉翁是也。

元代庾天锡元曲《双调·蟾宫曲》云：

　　环滁列秀诸峰，山有名泉，泻出其中。泉上危亭，僧仙好事，缔构成功。四景朝暮不同，宴酣之乐无穷。酒饮千钟，能醉能文，太守欧翁。

　　对于醉翁之乐，欧阳修自己在《答李大临学士书》一文中说："修在滁之三年，得博士杜君与处，甚乐……固能达于进退、穷通之理。能达于此而无累于心，然后山林泉石可以乐。"处穷达、临祸福而能乐，才是君子之风。

　　进醉翁亭院门，往右拐，有院中院，醉翁亭在套院内。亭南临镂空花窗院，与琅琊溪相望。亭南北檐下皆匾书"醉翁亭"，南匾落款为"苏轼"，北匾落款为"沙孟海"。亭四方，有十六根立柱，中央四柱挂两副对联。对联一："翁昔醉吟时，想溪山入画，禽鸟亲人，一官遣责（迁谪）何妨，把酒临风，只范希文素心可证；我来凭眺处，怅琴操无声，梅魂不返，十亩蒿莱重辟，打碑剔藓，幸苏长公墨迹长（犹）存。"落款为"全椒薛时雨撰联，乙丑孟夏吴伯初敬书"。对联二："饮既不多，缘何能醉；年犹未迈，奚自称翁。"

　　作《醉翁亭记》时，欧阳修四十岁，自称翁，作诗说明，《题滁州醉翁亭》："四十未为老，醉翁偶题篇。醉中遗万物，岂复记吾年。但爱亭下水，来从乱峰间。声如自空落，泻向雨檐前。流入岩下溪，幽泉助涓涓。响不乱人语，其清非管弦。岂不美丝竹，丝竹不胜繁。所以屡携酒，远步就潺湲。"

院中嵌石刻古人诗歌不少。醉翁亭北是"二贤堂"，二贤指王禹偁与欧阳修，二人先后任滁州太守。王禹偁，字元之，北宋初太宗太平兴国八年（983）进士，北宋文坛先驱。堂内塑王、欧二公像。当年欧阳修游王禹偁纪念堂，见王禹偁画像，题诗《书王元之画像侧》："偶然来继前贤迹，信矣皆如昔日言。诸县丰登少公事，一家饱暖荷君恩。想公风采常如在，顾我文章不足论。名姓已光青史上，壁间容貌任尘昏。"

醉翁亭西侧有月洞门，过月洞门与醉翁亭隔壁相邻是"宝宋斋"，斋为廊式敞轩，壁上嵌石刻《醉翁亭记》，是苏轼楷书。苏轼楷书传世不多，欧文苏字，弥足珍贵。当年寺僧托人向苏轼求书，书后跋文"轼为先生门下士，不可辞"。

冯公祠与宝宋斋共一院落，冯公冯若愚，明代任南京太仆寺少卿，保护醉翁亭有功，后人立祠纪念。冯公祠院门门楣刻书"晴岚叠翠"，落款为"光绪七年九月全椒薛时雨题"。门刻对联："泉声如听醉翁操，海日已照琅琊山。"

欧阳修写出《醉翁亭记》，名文传天下，十余年后，太常博士沈遵慕名游醉翁亭，作琴曲《醉翁操》。欧阳修后来与沈遵相逢，作诗《赠沈遵》，其中有：

　　醉翁吟，以我名，我初闻之喜且惊。宫声三叠何泠泠，酒行暂止四坐倾。有如风轻日暖好鸟语，夜静山响春泉鸣。

又过了多年，苏轼为《醉翁操》琴曲填词《醉翁操·琅然》：

琅然。清圆。谁弹。响空山。无言。惟醉翁中知其天。月明风露娟娟。人未眠，荷蒉过山前。曰有心也哉此贤。醉翁啸咏，声和流泉。醉翁去后，空有朝吟夜怨。山有时而童巅，水有时而回川，思翁无岁年，翁今为飞仙。此意在人间，试听徽外，三两弦。

词前有序文：

琅琊幽谷，山水奇丽，泉鸣空涧，若中音会。醉翁喜之，把酒临听，辄欣然忘归。既去十余年，而好奇之士沈遵，闻之往游，以琴写其声，曰《醉翁操》，节奏疏宕而音指华畅。知琴者以为绝伦，然有其声无其辞。醉翁虽为作歌，而与琴声不合……后三十余年，翁既捐馆舍，遵已没久矣。有庐山玉涧道人崔闲，特妙于琴，恨此曲之无词，乃谱其声而请于东坡居士，以补之云。

冯公祠门前有一小院，院中有亭名"意在亭"，寓意"醉翁之意不在酒，在乎山水之间也"。亭上对联："酒洌泉香招客饮，湖光山色入樽来。"院内地面绕亭有小水渠，即"曲水流觞"。

冯公祠西邻院内有古梅一株，树旁立石刻书"欧阳修手植梅"，树根部设护台，台壁石刻"花中巢许"四字。"巢许"，即巢父和许由，尧时高人、隐士，当听到尧要将帝位传给他们时，二人远避，并且用清水洗耳朵，怕污了耳朵。此处以高士巢许比喻梅花，以人喻花，赞扬梅花不与百花争艳的高洁品质。清代黄世臣《醉翁亭老梅》云：

> 怪似苍龙卧，憨眠数百年。
> 素怀风冉冉，高钩月娟娟。
> 旧看舒新萼，今来发故妍。
> 孤山三百种，不及老癯仙。

欧阳修手植梅花是四大古梅之一。

梅树后有古梅亭。明代叶茂才《题梅亭》云：

> 选胜探奇入杳冥，醉乡深处有梅亭。
> 虬枝劲挺凌寒雪，玉蕊参差散晓星。
> 调鼎正须酸苦味，怀棠应护叶苗青。
> 先生手植清风远，坐须寒香醉亦醒。

古梅亭内墙壁上刻不少诗赋，有对联："品节似欧苏，千载芳梅撑铁骨；冰姿宜水月，一天香雪荡春风。"对联以花喻人，以梅赞誉欧、苏二公。

古梅院地势稍高，出门有台阶下行。台阶左右有护坡矮墙，嵌石刻书"寒流疏影"（落款为"吴兴尹梦璧题"）和"翠积清香"（落款为"乙丑正月杏山王赐魁"）。院门正对一方形水池，水池中央筑台，台上建亭，亭檐匾书"影香亭"。明仁宗洪熙元年（1425）凿石砌池筑台建亭，蓄琅琊溪水，亭名"见梅亭"。康熙二十四年（1685），即乙丑年，时任滁州知府的王赐魁在池边见梅树倒影，闻到梅花阵阵清香，遂将亭改名"影香亭"。亭柱对联："疏影横斜水清浅，暗香浮动月黄昏。"对联取自北宋林逋《山园小梅》：

众芳摇落独暄妍，占尽风情向小园。
疏影横斜水清浅，暗香浮动月黄昏。
霜禽欲下先偷眼，粉蝶如知合断魂。
幸有微吟可相狎，不须檀板共金樽。

林逋有"梅妻鹤子"之称。影香亭是滁州标志性的建筑之一，电视台播出各地天气预报时，滁州的图像通常是影香亭。千年梅花与酿泉有不解之缘。清代张鹏翮《咏欧梅》云：

孤芳先向百花开，拂槛西风匝地来。
影照酿泉留夜月，香浮曲水点霞怀。

琅琊山有欧阳修纪念堂，堂内匾书"一代文宗"。王安石评价："如公器质之深厚，智识之高远，而辅学术之精微，故充以文章，见于议论，豪健俊伟，怪巧瑰琦。其积于中者，浩如江河之停蓄；其发于外者，烂如日月之光辉。其清音幽韵，凄如飘风急雨之骤至；其雄辞闳辩，快如轻车骏马之奔驰。"苏轼评价："（公）论大道似韩愈，论事似陆贽，记事似司马迁，诗赋似李白。"

琅琊寺山门前有清泉，泉倚山岩下，岩上刻书"净手泉"。有游客在泉中洗手擦脸。过泉是数十步高台阶，山门坐于高台阶之上。山门也是天王殿，殿门对联："东晋留千秋遗迹，南谯第一座名山。"滁州古称南谯。琅琊寺是唐代大历年间李幼卿和法琛和尚建立的，李幼卿凿山得泉，依泉建寺。李幼卿时为滁州太守，由于李曾任太子庶子，故泉名庶子泉。

庶子泉在大雄宝殿北侧，崖壁下有一泓清泉，崖刻"濯缨"二字，是明代嘉靖年间郑大同刻书。池边原有李阳冰撰文并书写的《庶子泉铭》，可惜已毁。李阳冰是唐代人，以篆书闻名，其篆书称"阳冰篆"。李阳冰应李幼卿之请撰《庶子泉铭》：

> 贤哉宫相，牧此滁上。政成务简，心闲迹放。探幽近郭，选奇叠嶂。疏石导泉，飞流泻涨。蓄泄潭洞，嵌空演漾。澄注悬瀑，千名万状。能谐吏隐，吻合意匠。退食自公，尔和予唱。遗检舍局，休逸神王。勒铭层崖，来者斯尚。

"宫相"是太子庶子的尊称。

北宋王禹偁《阳冰篆》云："泠泠庶子泉，落落阳冰笔。云气势崩垂，龙蛇互蟠屈。"王禹偁另有诗《庶子泉》："物形固天造，物景不自胜。泉乎未遇人，石罅徒流迸。宫相政多暇，行乐蹑岩蹬。发蒙涨为溪，幽致兹焉盛。唐贤大历后，峭壁刻名姓。我来一何暮，今秋始乘兴。……饮多病骨换，照久尘襟迥。销尽谪居愁，无心治归艇。"诗言庶子泉可以治病消愁。

欧阳修《庶子泉》云："庶子遗踪留此地，寒岩徙倚弄飞泉。古人不见心可见，一片清光长皎然。"梅尧臣《庶子泉》

云："沙穴石窦无限泉，此泉缘底名不灭。庶子去来多少年，依归清心共泉洁。"

琅琊寺还有一副对联："望之蔚然，有千年明月梅花，佛国都成空色相；飘乎到此，作一日闲云野鹤，名山小结旧因缘。"

南京诸泉

南京栖霞寺与泉

栖霞寺是南京著名的旅游风景区，南京谚语"春牛首秋栖霞"，牛首山和栖霞山是南京的两处风景名胜。乾隆赞"栖霞为金陵第一山"。栖霞山四季皆美，尤以秋景绝佳，远山近坡红叶丹霞一片，有人说胜过北京香山。栖霞山的闻名得益于栖霞千佛寺。栖霞山本名摄山，由于栖霞寺声名远播，人们遂以寺名称山，反而将山的本名忽略了。栖霞寺是中国佛教传播史上的"丛林四绝"之一，早在隋唐时期，栖霞寺就与山东长清灵岩寺、浙江天台国清寺、湖北当阳玉泉寺并称"四绝"。

栖霞寺始建于南朝齐永明元年（483），隐士明僧绍（字栖霞）捐宅为寺，名"栖霞精舍"。栖霞寺山门前有牌坊，三门四柱，赵朴初书额"栖霞禅寺"，四柱刻两副对联。内对联："千佛名蓝，朗公说法宗三论；六朝胜迹，仰祖印心属二伽。"伽蓝，梵文庙宇的音译。朗公指法朗，南朝高僧。三论即三论宗，汉传佛教的一个宗派，由高僧吉藏创立。吉藏，安息人，祖籍西域安息，出生于金陵，七岁出家为僧，师事法朗，研究三论，即《中论》《十二门论》和《百论》，发扬法朗学说，著《三论玄义》。栖霞寺是三论宗祖庭。栖霞寺在佛教界中的地位不言而喻。山门外对联："隋塔唐碑留胜迹，龙盘虎踞获名蓝。"

栖霞寺山门是三座拱门，檐下匾书"摄山栖霞寺"，是乾隆御笔。左右拱门上方匾书"登菩提道"和"入般若门"。中门书对联："栖山观自在，霞水乐长安。"寺庙山门多为三门并排，寓意"三解脱门"，即"空门""无相门""无愿门"。康熙下江南时到过栖霞寺，乾隆六下江南，五次住在栖霞寺，寺内有乾隆行宫遗址。

进山门有湖，面积颇大，石板曲桥穿湖而过，桥上有亭，亭前水中塑白衣观音像，观音手执净瓶。此地原无湖，山泉聚汇于此，漫地滥流。为迎接康熙南巡，时人挖湖蓄水，名"留泉湖"。康熙巡游至此，正值雨后长虹，康熙临湖赋诗：

虹飞日照镜非铜，溪澈桥弯值偶同。
系必名中辨真假，借他假幻悟真空。

乾隆二十二年（1757），乾隆奉母二下江南，两江总督尹继善重修湖区，使之成为栖霞第一胜境，乾隆改湖名"彩虹明镜"。湖边刻有乾隆御诗：

> 第一金陵明秀山，所欣初遇足空前。
> 画屏云庵紫峰阁，乳窦春淙白鹿泉。
> 梵业镌碑尚隋代，净因舍宅自齐贤。
> 更谁凿壁名纱帽，只恐平原意未然。

落款为"丁丑春御题"。丁丑，即乾隆二十二年（1757）。

前行是月牙湖，即泉池，也叫月牙泉池。从月牙泉后穿过广场为二山门，也是三座拱门。正中书匾"栖霞古寺"，左右匾分别为"六朝胜迹""千佛名蓝"。二山门前有牌示文字介绍栖霞寺历史。从文字可知，此寺在太平天国时期毁于战火，现存建筑是清光绪年间至民国初年重建的。

二山门右前方不远有"明征君碑亭"，亭内有南京地区保护最好的唐碑。碑高 2.74 米，宽 1.31 米，厚 0.36 米，碑额篆书"明征君碑"，为唐代书法家王知敬书。碑文《摄山栖霞寺明征君之碑》，是唐高宗李治撰文，唐代书法家高正臣书丹。文中谈到明征君是南北朝时期的人，字承烈，号栖霞，祖籍平原郡，皇帝三次征召皆不就，故名征君。碑阴面刻书"栖霞"两个大字，是唐高宗御笔。此碑是全国重点文物保护单位。碑石材质有梅花纹，是中国海百合茎化石和中国孔珊瑚化石，称"栖霞灰岩"，碑石的文物价值和地质标本价值都极高。

明征君碑亭侧前方有井台，白玉护栏围砌，有口民国水井，井后立碑刻书："受降井，民国三十四年八月，日军战败，国民政府将日俘一部集中栖霞寺，听候遣送。日军自凿一井，专供俘食用，井在寺前二十码，因名受降井。"

从栖霞寺北侧登山路，在半山腰路边有湖，湖水来自桃花溪水，也源自珍珠泉水。湖池北岸有亭，亭中有泉眼，井口后立碑刻书乾隆御诗《题珍珠泉》：

一泓无滓印空澄，山脚泉喷珠颗砅。
凭揽不殊昔年况，剔疏犹忆尹家曾。

泉开凿于明代，为金陵二十四泉之一。珍珠泉湖风景绝美，不少游客在湖边驻足赏景。珍珠泉湖下方有桃花扇亭，是纪念李香君的。李香君后来到葆贞庵出家为尼，葆贞庵位于栖霞山桃花溪旁，李香君时常在溪中濯足。李香君墓与珍珠泉湖相邻，中隔一条登山路。李香君是明末秦淮八妓之一，根据她和侯方域的故事，清代孔尚任编写了名剧《桃花扇》。当年孔尚任曾到栖霞山白云庵采访道士刘瑶星，收集素材。刘瑶星曾在南明弘光朝为官。

白鹿泉、白浮泉都已枯竭。品外泉在栖霞寺南墙外，无碑无标志，泉在纱帽山下，大致为圆池，直径七八米，无护栏，无碑刻，呈自然野趣。品外泉西，紧挨"三圣殿"。三圣殿贴纱帽山而建，殿内崖刻无量寿佛、观音菩萨和大势至菩萨，称"西方三圣"。无量寿佛是阿弥陀佛的意译，也有译成无量光佛的。"阿弥陀"梵文意为"无限光亮、永远光亮"，即无限是包括时间和空间两方面的，空间无限而时间永恒。明僧绍和高僧在此讨论佛法，天出祥云中显无量寿佛，明僧绍便有了在纱帽山开凿洞窟、供奉无量寿佛之意。但明僧绍第二年就去世了，他的遗愿是由其子明仲璋完成的，明仲璋曾任临沂县令。

从三圣殿往西，纱帽山开凿有石窟 294 个，号称千佛崖，筑窟供无量寿佛，称石窟寺，三圣殿是石窟寺中体量最大的。当时南朝王公贵族争相在此筑窟造像，石窟造像年代稍晚于云冈石窟，而早于龙门石窟，有江南云冈之誉。该寺是全国重点文物保护单位。

品外泉旁，三圣殿下立石刻书梁元帝《摄山栖霞寺碑铭》：

金池无底，已通宝堑之侧；玉树生风，傍临彩船之上。七重栏楯，七宝莲华，通风承露，含香映日。铭曰：苔依翠屋，树隐丹楹；涧浮山影，山传涧声；风来露歇，日度霞轻；三灾不毁，得一而贞。

纱帽山下，千佛崖西侧有舍利塔，始建于隋文帝仁寿元年（601）。该年，笃信佛教的隋文帝得到神尼授予的一袋佛舍利，诏令天下三十州建舍利塔，蒋州（治今南京）栖霞寺所建塔原为木塔。塔是可以登临的，唐代蒋涣《登栖霞寺塔》云：

三休寻磴道，九折步云霓。
瀍涧临江北，郊原极海西。
沙平瓜步出，树远绿杨低。
南指晴天外，青峰是会稽。

南唐中主李璟为悼念生母宋氏，于保大三年（945）重建舍利塔，改成石塔。石塔高 18.73 米，五层八角密檐式，造型典雅秀美，塔身布满雕刻，技艺精湛，美轮美奂。塔身八面雕刻如来一生八相图佛教故事，包括降兜率、托胎、出生、出家、降魔、成道、说法、涅槃。石塔是五代十国时期佛教艺术的代表作，是艺术瑰宝，被列为全国重点文物保护单位。

《栖霞山修造记》："金陵名蓝三，牛首以山名，弘济以水名，兼山水之胜者，莫如栖霞。"栖霞山水，水之胜者，当数溪泉。栖霞一寺，全国重点文物保护单位就有三处，宗教文化底蕴深厚，品鉴文化，寻幽探泉，是别有风味的一种享受。

白鹿泉旁有试泉亭遗址，据说茶圣陆羽曾到摄山采茶试泉。唐代皇甫冉《送陆鸿渐栖霞寺采茶》云：

采茶非采菉，远远上层崖。
布叶春风暖，盈筐白日斜。
旧知山寺路，时宿野人家。
借问王孙草，何时泛碗花。

唐代歌咏栖霞寺的诗歌很多，如刘长卿《栖霞寺东峰寻南齐明征君故居》云：

山人今不见，山鸟自相从。
长啸辞明主，终身卧北峰。
泉源通石径，涧户掩尘容。
古墓依寒草，前朝寄老松。

又如皮日休《游栖霞寺》云：

不见明居士，空山但寂寥。

白莲吟次缺，青霭坐来销。

泉冷无三伏，松枯有六朝。

何时石上月，相对论逍遥。

雨花台与泉

雨花台有"第一泉"，位于二忠祠内。二忠祠原名褒忠祠，专为祭祀南宋抗金英雄杨邦乂所建。文天祥与杨邦乂同为江西吉水人，后来在褒忠祠里附祀文天祥，故祠改名二忠祠。这是雨花台公园内的独立小院，祠堂背后院墙根有古井一口，墙上嵌石刻书："古称一泉，年代已无从考，宋代因有一泉之说的存在，尔后陆游方有二泉之题曰，因此该泉应早于二泉之得名。"井旁还有泉池，太湖石环抱，绿茵掩映，环境幽静。

杨邦乂北宋末年任建康府通判，金兵围困南京时，他誓死抵抗不降，城破被金兵所俘后剖腹挖心。后人在其遭挖心处建祠祭祀。

从二忠祠北行，有高座寺，是南京最古老的唯一"梵刹"，有1700多年的历史。寺始建于西晋永嘉年间，初名甘露寺。西晋永嘉年间，一位印度王子放弃王位继承，出家来到中国，成为高座寺的开山祖师，最早将密宗梵呗由金陵传播到全国。

据《金陵梵刹志》记载，高僧名"帛尸梨蜜多罗"，"天姿高朗，风神超迈"，到东晋时得到丞相王导敬仰，名声大振。他在甘露寺说法，坐在高处，被尊为"高座道人"。帛尸黎蜜多罗是汉传密宗的祖师之一，他翻译的《大灌顶经》是密宗的重要经典。人们称甘露寺为高座寺，高座寺后遂成为正式寺名。

到了南朝梁武帝时，有云光法师在此说法，僧侣五百多人趺坐聆听，数日不散，感应佛祖，天上落花如雨。人们称讲经高台为"雨花台"，此即雨花台的来历。先有高座寺，后有雨花台。

高座寺山门对联："高座见如来，遍洒甘露皆道场；龙华开胜会，天降花雨即灵山。"大雄宝殿对联："灵鹫云深，花影泉声俱寂；山中竹翠，松风鹤梦同清。"大雄宝殿正中，如来佛端坐于高椅之上，不同于通常结跏趺坐于莲座上的造型。宝龛背面是观音，其神龛对联："慧光超三界圆通自在，神妙遍四方清净庄严。"圆通、自在通常都是指观音的。大殿东西序墙彩色浮塑十八罗汉，形象生动，颇有特色。

高座寺旁有御碑亭，亭中立碑刻乾隆第一次下江南时游雨花台的题诗："崇冈跋马晚春晴，凭览遗台触慨情。纵使云光致花雨，可能末路救台城。"台城，六朝时皇宫的宫墙。

高座寺后院有侧门，门楣刻书"甘露门"，门外有亭正对院门，亭檐匾书"甘露亭"三字，亭中有井，井沿四方，井口圆形，亭顶中心留有空洞，形成天窗。亭旁立牌书文字："南京历史最悠久的古井之一，距今已1700多年的历史。因久旱不涸，水质清纯甘甜，犹如甘露，故被誉为甘露井。"显然，高座寺初名甘露寺，应该与此井有关。古代井亭亭顶中心多半留有空洞天窗，并被赋予了风水的含义，日月星三光可以照见井泉，寓意天地交泰、阴阳既济，其实是实用需求，重修或者维护水井，需要淘取井底淤泥，亭顶中空，便于竹竿的升降。

高座寺东北方有小山，山上有古泉，名"永宁泉"。高座寺在元代曾改名永宁寺。陆游游雨花台，名之"江南第二泉"，泉池旁塑陆游坐像，执壶品茶逸然陶醉。陆游任常平提举茶盐公事（即政府负责盐茶专卖的官员）的官职多年，对于茶道极有研究，自谓有"四好"，即酒、茶、诗、友四种爱好。陆游游山玩水常自带茶铛，遇到好泉水，就地拾柴煎茶品茗，或许陆游就曾经在此煎茶，至于陆游将其品定为"江南第二泉"的依据是什么，就不得而知了。泉旁原有赵之谦题书的"江南第二泉碑"，可惜已经被毁。赵之谦是清末著名篆刻家。如今泉后崖壁上刻书"江南第二泉"，是萧娴题书，萧娴是康有为弟子，金陵书法四大家之一。有文章介绍说江南第二泉又名雨花泉，我认为是讹传。距江南第二泉不远，有壁刻"雨花亭"三字，壁顶有亭，亭顶中空，是井亭，亭中地面井口已经填平，填平的痕迹很明显。我请教老人，老人明白告知此处是泉，也就是说雨花泉是另有所指的，尽管它现在已经不存在了。雨花泉、雨花台，泉台同名，应有典故而非泛泛之谓，希望雨花台公园能恢复井的原貌，使之成为园中一景。

历代文人游雨花台诗咏不少，此处录文徵明《九日与彦明登雨花台》：

雨花台上雨初干，野色江光落坐间。

岂谓旅游逢九日，共来把酒看三山。
老年节物偏生感，到处云林不负闲。
落林满空秋万里，暝禽遥带夕阳还。

〔北宋〕王诜《瀛山图》（局部）

雲靈遷澤

極文化

閬道門

寶音山

崗軒書

研山铭

五色水浮

崑崙潭

昆顶出黑

云挂龙怵

〔北宋〕米芾《研山铭》（局部）

〔南宋〕马麟《坐看云起图》

〔南宋〕李唐《高士观瀑图》

〔南宋〕马远《松泉双鸟图》

震十郎法時三是上

濯塵出冰雪滿懷清

興孤

右二題岩濟南近

郭佳雲乙謹家坡

齋也遂為書此至順

趵突泉

濼水發源天下無平

地湧出白玉壺谷虛

久恐元氣泄歲旱不

愁東海枯雲霧潤

蒸華不注波闕聲

〔元〕赵孟頫《趵突泉诗》（局部）

〔元〕陈汝言《百丈泉图》

〔元〕赵孟頫《观泉图》

陸羽烹茶圖

古弁先生癖
畫曾課僮煮
茗雲霄間寄
活水憂浮煙
逍遙泌栖運
絕境意
鴻漸

睡起山龕渴思
長呼童剪茗芽
枯腸軟塵落磑
龍團綠活水翻
鐺蟹眼黃耳底
雷鳴輕著韻鼻

〔元〕赵原《陆羽烹茶图》（局部）

〔明〕谢时臣《虎丘图卷》（局部）

〔元〕赵孟頫、管道昇《鸥波亭图》

臘月景和暢同人試煮
泉有伯玉有道復方羽
波圖此地誠遠俗名庵
返是仙境前一印證以
與雲圖雅

甲辰春莫黃陽彤

惠山煮泉圖
庚午冬十二月九日寫于楚亭
錢穀

〔明〕錢谷《惠山煮泉图》

〔明〕王铎《咏金山寺诗》（局部）

绢封阳羡月　瓦缶惠山泉
至味心难忘　闲情手自煎
地炉残雪后　禅榻晚风前
为问贫陶谷　何如病玉川

徵明

〔明〕文徵明《煮茶诗》

〔清〕张若澄《燕京八景图》之《玉泉趵突》

林泉高
逸圖

項聖謨
為
魯之山
畫

〔明末清初〕項聖謨《林泉高逸图》（局部）

妙高峰

雷堆峰

雲寮峰

咇峰

禹碑

潛堃峰

兒昌峰

隆真峰

紅花峰

永和峰

白石峰

衡州府城

青草橋

石鼓嘴

江東岸

〔清〕佚名《南岳全图》（局部）

〔清〕冷枚《避暑山庄图》

〔清〕袁耀《蓬莱仙境图》

〔明〕梅清《鸣泉图》

細草綠如髮　春蘿暗倚煙桃
花初著雨半堤瀉紅泉

〔清〕華喦《觀泉圖》

〔明〕刘原起《憨憨泉图》

伍

四方·南

贵阳黔灵山麒麟洞二泉

在雪窦寺西侧有蒋介石最初幽禁张学良的居地，门口挂牌书写"张学良将军第一幽禁地"，张学良因此与雪窦寺结缘。张学良在大雄宝殿前手植了两株树，如今人们称之为"将军树"。张学良被幽禁后，多次辗转，抗日战争中转移至贵阳黔灵山麒麟洞幽禁。这里有两处名泉，即檀泉和白象泉，都与张学良的生活有关。

在抗日战争时期，贵阳城区不大，黔灵山是郊区，距城区较远。如今的黔灵山已与市区融为一体，成为闹市区。黔灵山被开发成公园，主要景点有弘福寺、麒麟洞、黔灵山动物园和儿童游乐场等。

弘福寺在黔灵山上，为康熙年间赤松和尚开创，属禅宗临济宗一系，是贵州省首刹。门匾"弘福寺"是赵朴初题书，董必武书匾"黔南第一山"。山门对联:"诣菩提场,五蕴皆空,六根俱寂;登圆通路,一尘不染,万德圆彰。"正对山门的大照壁有彩色浮雕九龙浴佛图,对联:"三界超凡空色相,九龙护法有灵光。"

方丈室前有董必武、朱德二老游弘福寺诗碑。董必武诗云:

> 竟上黔南第一山,老夫腰脚尚称顽。
>
> 泉清树古叶微脱,寺外双峰峙若关。

落款为"一九五九年十月二十三日偕李荣膺、美宾、伍嘉溁、诸振民、鲁平诸同志游黔灵山"。

朱德诗《上黔灵山》云:

> 黔灵山上望贵阳,建设十年换新装。
>
> 青年子弟多豪俊,鼓足干劲建家乡。

落款为"一九六〇年三月一日朱德"。还有赤松和尚诗碑:

> 翠嶂青溪跨白牛,乐眠水草已忘忧。
>
> 横吹铁笛无腔调,水月松风一韵收。

"水月"在此为双关,囚禁张学良的麒麟洞前身是尼姑庵,名白衣庵,又名水月庵。

抗日战争时期,张学良囚禁地由奉化溪口镇向内地转移,先转移至湖南沅陵凤凰山,再转移至贵州修文阳明洞。张学良于1941年五月患急性阑尾炎,不得不转移至贵阳。由于住院治疗不可能，就住到麒麟洞白衣庵，如今的麒麟洞景区的布置是尽量保存为当年张学良与赵四小姐生活状况，其实张学良也只是住到1942年2月，他担心距市区太近，又转移到贵州开阳县。

1949年2月至8月，西安事变的另一重要人物杨虎城也曾幽禁在此处，后来转移至重庆，被杀害在白公馆。

麒麟洞有对联："虎将入樊笼，士沦囚犯，空怀国恨家仇，抗倭难遂先驱志；檀山留胜迹，洞锁麒麟，不失高风亮节，养汇真堪流世师。"当代人有诗《麒麟洞》：

> 路傍七星潭侧行，谷幽林密啸猿声。
> 檀泉水映麒麟石，茂竹青淹白象峰。
> 豪杰初心怀壮志，英雄末路苦悲情。
> 岩溶笋乳异常志，灵洞但因双杰名。

麒麟洞分内外两院，外院大门翼然如飞，江泽民书匾"麒麟洞"三字，内院地势稍高，登台阶而上，内院的白墙门楣书"麒麟洞"三字。据工作人员讲解，张学良、赵四小姐住内院，监管人员居外院，但未经同意，外院人员不得入内院。

进入内院，左侧绝壁垂直如削，壁上有洞，洞高宽过丈，洞口有石形如麒麟，有钟乳石柱刻书"麒麟洞"三字，洞内宽敞如同大厅，足够铺开几个麻将桌，洞内有台阶向下至第二层洞。贴崖正对院门有平房，名之"麒麟阁"。与洞口相对有平房五间。洞口之前形成一闭合小院。五间平房一字排开，坐落于悬崖之上，正面面对洞口，背面有一半悬伸于岩石之外，平房置于几道石梁之上，石梁伸出崖外，五间平房是靠几道石梁托住的。五间平房正中一间是客厅，左右分别是餐厅与书屋，两端是张学良与赵四小姐的卧室。小院往里，贴绝壁还有一排房屋，是厨房和其他人员住房。内院有一块空地，平面平整，约半个篮球场大小，可供健身活动。

外院，檀峰下有半亭一座，贴崖而立，亭内壁刻"檀泉"二字，亭前四方池如桌面大小，泉水外溢，此为檀泉泉眼。外溢泉水汇流成湖，大小近二亩地，此即檀泉池。

麒麟洞（或者说白衣庵）风景不错，庵门曾经有对联："花掩寺门幽，题凤并无凡客到；苔缘山径曲，骑麟惟有谪仙来。"来的果非凡客，但也不是谪仙，而是叱咤风云的张、杨二将。

明代嘉靖年间镇守贵州的太监杨金有诗《题唐山洞》：

白云深隐一唐川，枕石烟萝洞口连。
策杖适情寻古迹，分云乘兴见壶天。
千重岚气千峰翠，万颗垂珠万象悬。
柯烂棋终事已注，吾身来复入桃源。

檀峰是一个山谷的尽头，源出檀峰的檀泉池水由堤坝下泻出，沿山谷而下，时而涓涓细流，时而汇成湖地，形成七个湖池，谓之"七星联珠"。串联七湖的泉溪时而伏行于草甸，时而形成瀑布，泉水叮咚如作乐之管弦。路旁有一碑，刻书"蒋介石与张学良会面处"，蒋与张何时为何在此处会面，按理应该立碑说明，可惜没有。

继续沿山谷下行，路旁有一亭。我称之为亭，实在是因为不知道应该怎么称呼。亭有上下两层，顶层平台有白玉栏杆三面围砌，一面开放，直接与山坡路相连，山坡路是直通弘福寺的大路。一层一面贴崖，类似半亭却是方形，两根立柱撑起二层平台，三面白玉围栏。上下两层白玉围栏，栏柱头和栏板都雕塑白象，亭中央有方形泉池，也是由雕象白玉石栏围砌，岩石刻"白象泉"三字。泉水流量很大，泉水从护栏板下方隙缝中溢出，清澈浸凉。

过白象泉不远，就到了谷口尽头。据有关回忆录介绍，张学良可以在山谷中从檀泉至白象泉之间走动，只要不出山谷，监护人员也不干涉，而张学良也从不迈过白象泉。

昆明二泉

西山孝牛泉

　　昆明三面环山，一面临水：东金马山，西碧鸡山，北长虫山，南滇池。云南名士孙髯公在大观楼书长联，由于楹联字数较多，此处仅列出上联："五百里滇池，奔来眼底。披襟岸帻，喜茫茫空阔无边。看东骧神骏，西翥灵仪，北走蜿蜒，南翔缟素。高人韵士，何妨选胜登临。趁蟹屿螺洲，梳理就风鬟雾鬓，更蘋天苇地，点缀些翠羽丹霞。莫孤负四围香稻，万顷晴沙，九夏芙蓉，三春杨柳"，对昆明的地貌环境做了描述。

　　"昆明"与"滇"，于今是地名，最初是古民族名。《史记·西南夷列传》:"昆明,皆编发,随畜迁徙,毋常处,毋君长,地方可数千里。"《华阳国志·南中志》:"夷人,大种曰昆,小种曰叟。"《史记·西南夷列传》还记载:"其(夜郎)西,靡莫之属以什数,滇最大。"汉武帝开辟西南方的丝绸之路,兵伐云南。当时昆明明族强大,与汉朝廷对抗,滇族较弱,依附中央。为此,汉武帝在长安以西挖大湖,操练水师,为了显示决心,将湖称为"昆明池"。北京颐和园昆明湖之名,说起来还与乾隆景仰汉武帝开疆拓土的功业有关。

《南诏野史》载:"云南府省城外二山,东为金马,西为碧鸡。……阿育王生三子,长扶邦,次宏德,三至德。王有神马,其色如金,三子争欲之。王令纵马,以辔私授至德,下令曰:'能获得者与之'。至德部众追至东山,以辔收得马,至德即止焉,故今名山为金马。扶邦、宏德部众继至,闻至德已得马,二人乃屯于西山,时山有碧凤,土人不识,呼为碧鸡。二人亦同止焉,故今名山为碧鸡。……哀牢夷阻道,三子遂不得返,既殁,扶邦为碧鸡山神。"

西山即碧鸡山。山下登山路口有牌坊,额书"碧鸡秋月",为昆明十景之一。山上有聂耳墓,为全国重点文物保护单位。聂耳是昆明人,1935年在日本溺海遇难,1980年,其墓迁至西山,墓园呈月琴状,月琴发音孔即墓穴。郭沫若书墓志铭:"中国革命之号角,人民解放之鼙鼓也。……聂耳乎!巍巍然其与国族并寿而永垂不朽乎。"

西山景观以道教景观为主,但是体现了儒释道三教合一。宗教景点多集中在罗汉崖上。山门正面额书"罗汉崖",刻对联:"时出云烟铺下界,夜来钟磬彻诸天。"背面额书"三清境",对联:"置身须向极高处,举首还多在上人。"进门是灵官殿。随山路而上，有三清阁、斗姆阁、老君殿、真武殿等。玉皇阁西有孝牛泉。

悬崖上有洞，泉水从洞中汩汩流出，洞口下有一泓清泉，洞口上岩刻"孝"字，泉池上方岩刻"孝为先"三字。岩上嵌石刻文字："孝牛泉，又名牛井。昆明县志记载，明嘉靖初年，道士赵炼隐居于此，'苦无水，以牛载汲，垂二十余年矣。一日牛忽死，其处即陷为井，水味殊甘洌，虽盛暑不竭'。"此处是观赏滇池风景的好地方，岩石刻书"览海处"。

过孝牛泉是一道山门，额书"普陀胜境"，对联："摘片金莲，南海渡来宏利济；凿开石室，西山跌坐放光明。"门内为龙门隧洞，全长66.5米，在绝壁上凿岩穿穴，螺旋而上，隧洞不时露出窗口，上接天风，下俯滇池，幽险奇绝，动魄惊心。隧洞从明嘉靖年间开始开凿，至清道光年间完成，历时三百余年。隧洞终点的龙门牌坊是昆明的标志性景点。

邓拓《登昆明龙门》云：

> 嵬嵬龙门千丈崖，游人仰止白云阶。
> 滇池水阔飞帆渺，不尽风光入客怀。

叶嘉莹《龙门魁星像》云：

> 山川自有钟灵意，斧凿道分造化工。
> 下瞰烟消五百里，危崖壁刻有雄风。

隧洞中间有洞窟为慈云寺，洞口上方额书"是亦普陀"，再上方书"福海无量"。洞口外悬空出平台，立碑刻书"云华洞"，依碑仰视龙门牌坊，是取景照相的好地方。洞口刻对联："仰笑宛离天尺五，凭临恰在水中央。"

隧洞终点洞窟为"达天阁"，三座拱门，内供神灵众多，有魁星、文昌星、关圣、八仙及云山洞府各路神仙。洞内对联很多，比如："作孝作忠，今古神圣常在；允文允武，山川风气全开。"又如："举步艰危，要把脚跟立稳；置身霄汉，更宜心境放平。"身处艰危脚跟立稳乃人之常情，但身处高位还心境平和，一般人往往做不到。

黑龙潭珍珠泉

昆明黑龙潭位于黑龙潭公园内，公园大门内布置花坛，坛后岩刻"龙泉探梅"四字，花坛旁立石刻书"千岁梅花千尺潭，春风先到彩云南"，出自清代阮元《游黑龙潭看唐梅二律》其一：

> 千岁梅花千尺潭，春风先到彩云南。
> 香吹蒙凤龟兹笛，影伴天龙石佛龛。
> 玉斧曾遭图外划，骊珠常向水中探。
> 只嗟李杜无题句，不与逋仙季迪谈。

玉斧，北宋开国之初，有人拿地图汇报大宋疆域，宋太祖手执玉斧一比画，将云南划出大宋疆域之外。逋仙，宋代林逋有"梅妻鹤子"之誉，与季迪（高启的字）均善于写梅花诗。

阮元，乾隆五十四年（1789）进士，曾任云贵总督。

公园分两大景区，前为黑龙宫，后为龙泉观。前观始建于明代洪武年间，明景泰年间黔国公重修，黔国公是沐英后人，世袭爵位。宫内的古碑刻、对联等都毁于1966年。黑龙宫东侧有黑龙潭，传说有黑龙潜于潭底。黑龙潭有深浅两个水池，深池圆形，大约600平方米，泉水自潭底涌出，水色清澈。浅池位于东北侧，水色微黄，大约2600平方米。两池之间有桥，两泉水面相接，虽然两水相交，两池之鱼却互不往来，彼此不越界，堪称奇异。黑龙潭旁边还有一个泉眼，立碑刻书"珍珠泉"三字。

后观龙泉观始建于唐玄宗年间。山门是拱形牌坊，额书"紫极玄都"，分四重，中轴线上，一进雷神殿，二进北极殿，三进玉皇殿，四进三清殿。观内有唐梅、宋柏、明茶三株古树，是镇观之宝。

唐梅乃唐玄宗天宝年间道安和尚由大理移植而来，有两株，位于北极殿前东侧。1923年两梅老死，仅留四分之一枝干，依然遒劲。宋柏在北极殿前居中。明茶在北极殿前西侧，古茶树前立碑刻诗：

> 茶花一树早桃红，百朵彤云啸傲中。
> 惊醒唐梅睁眼倦，衬陪宋柏倍姿雄。
> 崔嵬笔立天为纸，婉转横陈地吐虹。
> 黑水祠中三异木，千秋万代颂东风。

落款为"一九六一年一月廿三日游昆明黑龙潭即事。祠中三异木即唐梅宋柏茶花也。国芳同志。郭沫若"。国芳，即惠国芳，为当时云南省委书记夫人。

龙泉观后有大片梅林，梅花盛开之时，当地举办梅花节，骚人墨客赏梅、咏梅、画梅，络绎不绝。

九江三泉

前文谈到天下第一泉谷帘泉，天下第六泉招隐泉和东林寺诸泉都在九江，本文再介绍九江三处名泉，即浪井、白鹿洞书院圣泽泉和庐山秀峰聪明泉。

浪井

浪井位于九江市城区内西园路浪井巷，接近长江边，据说井水与长江相通，井中时时波浪起伏，故名浪井，又称灌婴井、端井。

灌婴是汉初名将，九江王英布反叛，灌婴以车骑将军之职任先行大将出征，荣立大功，曾驻军九江，于汉高祖六年

（前201）凿井穿泉，后人称灌婴井。因井水时时自起波浪，故又称浪井。此井后湮没。东汉末年，周瑜驻军柴桑（九江），令人凿井，恰好是旧井故址，挖出石函，石函上刻有铭文"汉六年颍阴侯开"，灌婴封颍阴侯。民间传说"三百年当塞，塞后百年当为应运者所开"，孙权闻报大喜，以为瑞兆，遂称其为"瑞井"。

我游览时，浪井亭是新修的，亭四方，原碑"浪井"立在井亭一角。亭正中是井口，石井沿是原物，用钢化玻璃罩保护起来了。亭柱对联："白浪击千里，无边无际；古井纳百川，有声有色。"款识"丙戌初冬蔡学轲撰联"，丙戌即2006年。亭内檩梁和亭顶绘书古人和当今名人诗歌。如李白《下浔阳城泛彭蠡寄黄判官》云：

> 浪动灌婴井，浔阳江上风。
> 开帆入天镜，直向彭湖东。
> 落景转疏雨，晴云散远空。
> 名山发佳兴，清赏亦何穷。
> 石镜挂遥月，香炉灭彩虹。
> 相思俱对此，举目与君同。

宋代苏辙《江州五咏·浪井》云：

> 江波浮阵云，岸壁立青铁。
> 胡为井中泉，浪涌时惊发。
> 水性本无定，得止自澄澈。
> 谁为女娲手，补此天地裂。

353

清代方休《浪井怀古》云：

忽报西风井浪生，短筇间共海鸥盟。
漫将豪杰推孙策，谁知屠沽有灌婴。
何处狂生登广玉，更无健笔赋芜城。
可怜雪浪如形白，慷慨题汀举步兵。

南宋度宗年间进士童湖《浪井涛声》云：

将军灌婴井，何事作涛鸣。
石响周宣鼓，辘轟汉武鲸。
地中风浪发，泉面雨花生。
功著寒泉食，垂名不在声。

井亭侧后黑色大理石方碑的碑文《重修浪井赞》云：

名城九江，古称浔阳。
大江枕流，匡阜屏障。
山水胜迹，四海传扬。
西海灌婴，南进守防。
筑郡凿井，蜚声八方。
年久湮塞，兹始圮荒。
三国孙权，屯兵柴桑。
掘地寻井，应运者昌。
遂称瑞井，兆之吉祥。
历代贤才，多此酌觞。

太白挥毫，江风激浪。

苏辙题咏，井中泉响。

风流遗韵，多有吟唱。

传以口碑，载以文章。

……

落款为"江州义门陈顺杰撰稿，浔阳墨客张心建书"。

浪井亭后是庾亮楼后门，后门书对联："浪井时惊发，听大江澎湃，长桥弄笛；庾楼总欢欣，观广场宽宏，高阁流丹。"庾亮楼是九江名胜，正门临沿江大马路，其侧是庾亮路。庾亮，东晋人士，三朝元老，其妹是晋绍帝皇后。曾出奔九江，联合陶侃平定苏峻叛乱，在九江留下一些当年活动的遗迹。庾亮楼临街正门对联："登门遥见六朝月，开怀兼收九派涛。"对联与唐代崔峒《书情寄上苏州韦使君兼呈吴县李明府》诗句有关，诗云：

数年湖上谢浮名，竹杖纱巾遂性情。

云外有时逢寺宿，日西无事傍江行。

陶潜县里看花发，庾亮楼中对月明。

谁念献书来万里，君王深在九重城。

白居易《庾楼小望》云：

独凭朱槛亦凌晨，山色初明水色新。

竹雾晓笼衔岭月，蘋风暖送过江春。

子城阴处犹残雪，衙鼓声前未有尘。

三百年来庾楼上，曾经多少望乡人。

苏东坡《庾楼》云：

> 元规情不薄，上客有殷生。
> 夜半酒将罢，公来坐不惊。
> 舞翻江月迥，谈落麈毛轻。
> 尘世风流尽，高楼空此名。

庾亮字元规。庾亮楼不高，却有"九江第一楼"之称，庾亮楼与浪井同为"江州十景"之一。庾亮楼原本是茶楼，观赏浪井之后再登庾亮楼品茶，是不错的选择。茶楼上还有清代洪亮吉撰书对联："半壁河山，六朝重镇；一楼风月，几辈传人。"可惜已改作他用。

九江烟水亭也是江州十景之一。北宋黄庭坚游九江烟水亭，当地一才子为刁难黄庭坚，出上联："烟水亭汲烟水，烟从水起。"让黄对下联。黄庭坚对曰："风浪井搏风浪，井自浪兴。"

白鹿洞书院圣泽泉

胡适说白鹿洞书院"代表中国近世七百年的宋学大趋势"，白鹿洞书院是四大书院之首。一般认为四大书院指白鹿洞书院、嵩阳书院、岳麓书院和应天府书院。

白鹿洞书院位于庐山五老峰下南麓，周围青山环合，唐代李渤在此养白鹿自娱，称此地为"白鹿洞"，其实无洞，只是此地闭合环境如同洞府。后来人为修筑一洞，并塑造一只石鹿置于洞中，以应洞名。书院依山傍水，水即圣泽泉。书院始建于南唐，称"庐山国学"，宋初定名"白鹿书院"，后来荒废。南宋朱熹力主朝廷恢复重建白鹿书院，并亲自主持讲学，使它发展成最具影响力的著名书院。

书院中有"丹桂亭"，亭中碑刻"紫阳手植丹桂"。朱熹居所在武夷山五夫镇紫阳楼，故常以"紫阳"指代朱熹。书院有对联："紫阳世泽，白鹿家声。""裁成天地，造端于中唐，毕力于晚宋；绍述圣贤，元公由默契，晦老集大成。"晦老，即朱熹，字元晦，号晦庵，别称紫阳。书院还有朱熹亲撰对联："鹿豕与游，物我两忘之地；泉峰交映，仁智独得之天。"《孟子·尽心》载："舜之居深山之中，与木石居，与鹿豕游，其所以异于深山之野人者几希。"我理解孟子此话意思是：舜居深山，几乎与野人差不多了，但关键在善于学习而增长才能，这是野人不能比的。书院中还有对联："前贤筑室，岂但木石之居，鹿豕之游；后学入门，要识宗庙之美，百官之富。"

白鹿洞书院正门临圣泽泉溪，书院沿泉溪展开，以正门为中心左右延伸。大门对联："千古余波流圣泽，四周深翠护儒关。"往里是棂星门，有对联："陵谷经几迁，此地依然为砥柱；江河同万古，斯文有幸见回澜。"意指江山几经改朝换代，白鹿洞依然是华夏文化的中流砥柱。棂星门后是泮池和泮桥，又称状元桥。向前是"正学之门"，前檐抱柱对联："诏有格言，求真才于正学；教无异术，体至理于常行。"门柱对联："古往今来，前贤后圣同脉络；天高地下，四时百物共流行。"正学门里是"礼圣殿",又称大成殿。门楣匾书"生民未有",是雍正御匾,出自《孟子》的"自生民以来,未有盛于孔子也"。意思是自有人类以来,没有比孔子更伟大的人了。檐下抱柱对联:"德冠生民,溯地辟天开,咸尊首望;道隆群圣,统金声玉振,共仰大成。"

礼圣殿之左为"朱子祠",祠门对联:"列嶂成垣,永护考亭之遗迹;环溪作泮,遥通泗水之真源。"祠内有不少碑刻,有朱熹刻像,并刻字"宋徽国文公朱晦庵先生遗像",像上方有康熙御匾"学达性天"。孔庙祭祀中,殿中供十二座灵牌作为陪祀,称"十二哲"。十二哲中,除朱熹外,其余十一人皆为孔子亲传弟子。可见朱熹在儒家的地位是他人难以企及的。朱熹《白鹿洞书院》云:

> 昔人读书处,町疃白鹿场。
> 世道有升降,兹焉更表章。
> 矧今中兴年,治具一以张。
> 弦歌独不嗣,山水无辉光。
> 荒榛适剪除,圣谟已汪洋。
> 亦有皇华使,肯来登此堂。
> 问俗良恳恻,怀贤增慨慷。
> 雅歌有余韵,绝学何能忘。

朱熹《白鹿讲会次卜丈韵》云:

> 宫墙芜没几经年,只有寒烟锁涧泉。
> 结屋幸容追旧观,题名未许读遗编。

青云白石聊同趣，霁月光风更别传。

珍重个中无限乐，诸郎莫苦羡腾骞。

朱熹《白鹿洞牒》提到："观其四面山水，清邃环合，无市井之喧，有泉石之胜。"书院临圣泽泉溪，泉源处有"闻泉亭"。明代邹元标《闻泉亭》云：

沥沥泉声响，因风杂洞篁。

仲尼观逝水，孺子咏沧浪。

明代徐矿《圣泽泉》云：

吾道由来今始见，清冷只在最高峰。

灵源直下三千尺，知是云端第几重。

泉溪中刻石甚多，不少游客在溪谷中游览嬉戏，别有一番情趣。刻石中最有名者，当数朱熹题书的"枕流"刻石，电影《庐山恋》中男女主角初次邂逅相识的地方就是枕流石。明代胡居仁《枕流石》云：

三峡涧头眠巨石，字有枕流留古迹。

一枕千年永不移，清流昼夜无时息。

乾隆《白鹿洞诗》云：

李渤结庐后，绛帐开紫阳。

经纶归性命，道德焕文章。

剖析危微旨，从容礼法场。

祗今传鹿洞，几席有余香。

庐山秀峰聪明泉

李白《望庐山瀑布》云：

日照香炉生紫烟，遥看瀑布挂前川。

飞流直下三千尺，疑是银河落九天。

诗中描述的景点就是庐山秀峰，在九江星子县境内。从九江市区乘车前往秀峰，路途中确实能看到"瀑布挂前川"的景象，一个"挂"字特别传神，动中取静，飞溅的瀑布挂在天空，静静地不动不摇，如同从一个巨大的水壶中倒出的水柱一样，定格在天地之间。"挂前川"似是信手拈来，却是神来之笔。但是真正走近秀峰时瀑布又看不到了，"遥望"是准确的。"生紫烟"其实是一种自然景象，当空气中弥漫的水珠极小时，透过小水珠折射出紫光，在薄雾中迎着太阳的方向看，就有可能看到淡淡的紫色。

歌咏庐山瀑布的诗歌很多，如唐代张九龄《入庐山仰望瀑布水》云：

绝顶有悬泉，喧喧出烟杪。

不知几时岁，但见天昏晓。

闪闪青崖落，鲜鲜白日皎。

洒流湿行云，溅沫惊飞鸟。

雷吼何喷薄，箭驰入窈窱。

昔闻山下蒙，今乃林峦表。

物情有诡激，坤元曷纷矫。

默然置此去，变化谁能了。

从秀峰登山，半山途中有"望瀑亭"，是近观瀑布的最佳地点，我坐在亭中一边休息，一边观瀑布，也一边想，当年张九龄入山仰望瀑布是在这里吗？

秀峰是在庐山香炉峰、鹤鸣峰、双剑峰、文殊峰、姐妹峰、龟背峰诸峰环抱之中，庐山瀑布是由双剑峰与文殊峰之间的山谷中泻下。苏辙《开先瀑布》云：

山上泉流自作溪，行逢石缺泻虹霓。

定知云外波澜阔，飞到峰前本末齐。

入海明河惊照曜，倚天长剑失提携。

谁来卧枕莓苔石，一洗尘心万斛泥。

瀑布两股泉水注入龙潭之中，龙潭四周摩崖刻字很多，其中最醒目者当数篆书大字"龙"字，落款为"南康守李亦然"。古代九江一带称"南康"，李亦然是宋代人。宋代米芾《开先寺观龙潭》云：

度峡扪青玉，临深坐绿苔。

水从双剑下，山挟两龙来。

青暖花惊雪，林空石迸雷。

尘缨聊此濯，欲去首重回。

秀峰寺古称开先寺，龙潭所在峡口称青玉峡。龙潭旁的登山道边有巨石刻满了历代文人题字题诗，其中最显眼的"青玉峡"三字是米芾题书，石上刻邵式平诗《漱玉亭》：

身坐漱玉亭，面对双剑峰。

欲识此间趣，且听龙潭中。

落款为"一九六三年"，当时邵式平任江西省省长。漱玉亭坐落于石旁路边，是游人登山休息观景的好地方。

苏东坡《开先漱玉亭》云：

乱沫散霜雪，古潭摇清空。

余流滑无声，快泻双石𬴂。

我来不忍去，月出飞桥东。

荡荡白银阙，沉沉水晶宫。

愿随琴高生，脚踏赤鲩公。

手执白芙渠，跳下清泠中。

宋代朱熹《开先漱玉亭》云：

奇哉康山阳，双剑屹对起。

上有横飞云，下有瀑布水。

崩腾复璀璨，佳丽更雄伟。

势从三梁外，影落明湖里。

平生两仙句，咏叹深仰止。

三年落星湾，怅望眼空眯。

今朝随杖履，得此弄清泚。

更诵玉虹篇，尘襟谅昭洗。

诗中两仙指诗仙李白和坡仙苏轼。

诗中提到的开先寺位于青山峡口，为庐山五大丛林之一，毁于太平天国兵燹。开元寺原为南唐中主李璟当太子时的读书处，李璟当上皇帝后下诏将读书处改建为寺，敕名"开先寺"。康熙南巡至此，御书《般若心经》一部赠给寺院，并改名"秀峰寺"，赞誉"峰秀、瀑秀、峡秀、潭秀、林秀、石秀"。青玉峡月洞门刻对联："千岩竞秀，万壑争流。"横批"月印龙潭"。月洞门前路边有康熙御碑刻"秀峰寺"三字。御碑侧还有石碑刻"漫松雪"三字，是康熙太子胤礽题书。御碑往前有两层小楼，匾书"中正行宫"，当年蒋介石曾住此楼。宋代王十朋《游开先寺，观香炉瀑布诸峰，读李苏二仙诗，知庐阜之胜在是，记以十韵》云："庐山何处好，胜地有开先。瀑水漱寒玉，香炉生紫烟。"庐山之胜在开先寺，在秀峰。古人云"庐山之美在山南，山南之美在秀峰，庐山之美美在山下，游庐山者，不得不知也。"

秀峰寺有对联："秀夺江山云拥寺，峰连壶峤碧摩天。""峰地涌灵泉，瀑布空中垂白练；峰峦生紫气，匡山天外着青装。""秀峰涌灵泉"，除了瀑布龙潭飞泉之外还有一处灵泉，水量很大，泉水从井泉中溢出后，形成瀑布沿壁漫下，泉音哗哗。泉口上有亭，亭后碑刻"聪明泉"三字，落款为"山谷庭坚"，是黄庭坚题书。亭畔有泉池，泉池后刻石书"聪明泉"三字，池后壁上刻书黄庭坚诗《香炉峰》：

> 香炉不铸石陶甄，鼻不闻香眼见烟。
> 上有文殊师利塔，好将一瓣此中燃。

还刻有张佳曾诗：

> 试酌聪明水，颟蒙得故吾。
> 应知柳子厚，溪谷总名愚。

柳子厚即柳宗元，有诗《八愚记》并作《愚溪诗序》。他发现了愚泉，并在愚泉旁建宅安家。聪明泉在一个独立院落里，院门五角梅花状，门楣上刻"聪明泉"三字，没有款识，应是名家手笔。秀峰寺和东林寺都是庐山五大丛林之一，两寺都有聪明泉，不知两者是否有渊源。

长沙二泉

长沙白沙井

毛主席词《水调歌头·游泳》有"才饮长沙水，又食武昌鱼"之句，武昌鱼，俗称鳊鱼，学名"团头鲂"。长沙水，即指白沙井水。白沙井始凿于明代，长沙市名胜古迹之一，湖南省重点文物保护单位。有人称长沙白沙井与济南趵突泉、镇江金山寺中冷泉、杭州虎跑泉为四大名泉。

白沙井临街，立有石牌坊，三门四柱。正中额书"白沙古井"，左右额书"星泉溥润"和"玉醴流甘"。内柱对联："高天聚风月一园，是造物之无尽藏，好为寄兴怡神地；古井媲潇湘八景，看游人之所共造，都在廉泉让水间。"外柱对联："高阁仰天心，贲临瀛海三千客；古城寻地脉，细品长沙第一泉。"泉池以大麻石铺地，低于周边半人多深，宽约十米，长约数十米，沿长边有四口泉眼，泉眼长方形，宽约一尺，长约四尺。每个泉眼可供二人同时汲水。泉水水面几乎与麻石地面齐平，清晨汲水之人甚多，依次取水，杂而不乱，不争不挤。

以泉池为中心，形成了一个街道景区，虽然不大，却小巧玲珑，文化底蕴深厚。有《白沙井公园记》碑文："井位于旧城之南隅，其显于世者三：水质清匀洁净，盛之于桶，则见底浮之于面，盈之以器，则面凸出于沿，一也；水位深不盈尺，信而守位，夏不盈升，冬无虚涸，取之不尽，二也；水味清淳，掬而试之，初冽而转甘，沸而沏之茶，爽口怡神，三也。"

泉池左侧有茶社，大门对联："一园月色和茶煮，万古泉声带韵流。"清晨茶社不开张，门前景致典雅。泉池右侧有人造摩崖，崖上刻"水"字百多个，名种字体，赏心悦目，看字是一种书法享受。再往右是碑廊，廊门有对联："常德德山山有德，长沙沙水水无沙。"廊中碑刻不少，如清代蔡以偁《白沙二泉记》：

　　　长沙城南五里地，鸡犬成村，桑麻可绘。沿城而行，不巷不衢，略行成野地，编茅竹藉，三四茅屋豁出，平芜迤逦。石路数百步，过此以往，半山垄，半田墅，沙石浴雨，列若棋阵，瑟瑟咭履有声，倒树张伞，罅漏日影，布落金点，然泉即出山下焉。满注不溢，取之不竭，俯视石底，脉隙一线，似鱼吹沫，出无痕迹，甘逾醇酒，凉能醉人。折十笏之西，又得一泉，盖即御泉，同老泉脉，有如开双瓮者焉。举瓢一汲，泠泠清冽，凄神寒魄，若僵卧冰雪。徙倚水憩，倦而思卧，因草铺席，捡叶堆枕，四望远色忽来，窥人断岩，若人时露半面。尖峰卓笔，江城一幅图画遁入毫吻，骇青裸绿，远走未了。移晌，赤日仄午，树影斜长，牧童驱犊，横笛叱拨，山僧赤脚出汲野寺，不觉有忘归意，迨至心凝境惬，暝烟一缕吹出野外，而后知此游与物适也。同游为李南州仲子鲁岩，并余成三人。

廊中还有清代张九思《白沙泉记》和清代旷敏本《白沙井记》，碑文都记述了白沙井的原始风貌和情趣。还有很多歌咏白沙井的诗歌，录几首。

清代周正权《白沙泉》云：

> 石罅泻珠泉一勺，千年不竭响玲玲。
> 番人翙汉沙名国，天阙垂芒井是星。
> 酿酒最宜浮大白，绘图莫漫染空青。
> 怅他渔低沧浪曲，鼓棹江潭笑独醒。

清代王先谦绝句二首云：

> 雪芽沙水最相宜，午睡初浓一沁脾。
> 还似江南风味否？墨华榭里品茶时。

寄我新芽谷雨前，呼奴饱汲白沙泉。

怪君诗思清如许，更有庐山活水煎。

清代唐仲冕《三月三日观白沙井用工部太平寺泉眼韵》云：

照见洁士心，皎然出榛莽。

泉脉千里遥，汲养与终古。

凝自天一生，来从清虚府。

万派何由侵，纤尘不敢侮。

细听岂有声，孰视若无睹。

弗竭且弗盈，可暵亦可雨。

我昔违乡井，衣沾软红土。

归来酌寒冽，绝胜斟膏乳。

饮水思其源，始达由半缕。

怡逢修禊辰，于此参静趣。

甚欲濯沧浪，底事灌园圃。

功在中泠上，品泉笑陆羽。

岳麓书院文泉

岳麓书院前门有对联："千百年楚材导源于此，近世纪湘学与日争光。"门楣额书"千年学府"。

大院内有赫曦台，台前碑文："岳麓书院是我国四大古书院之一。北宋开宝九年（976）潭州太守朱洞建，元、明、清在此相沿办学，清光绪二十九年（1903）改为湖南高等学堂。1926 年定名湖南大学。宋祥符八年（1015）真宗赐'岳麓书院'额，张栻、朱熹、王阳明等思想家来书院讲学，书院对湖湘文化教育产生过重要影响。建筑物多为明代遗物，抗日战争时期，部分被毁，院内保存有大量碑刻匾额。1956 年被公布为省级文物保护单位，1981 年后分期修复。保护范围东至湖大礼堂，西抵爱晚亭停车坪堪下，南抵上山公路护路基坡，北抵黉门池北塘基，往西至望江墈下一线。"台前还有碑刻"岳麓书院"四个大字，是宋真宗御笔，下刻小字"全国重点文物保护单位"，时间是 1988 年。

赫曦台近一人高，两端之墙有屋顶，如同敞轩。正面柱上对联："三湘隽士讲研地，四海学人向往中。"台正中立一屏风，书诗三首，其一为朱熹、张栻《登岳麓赫曦台联句》："泛舟长沙渚，振策湘山岑。烟云渺变化，宇宙穷高深。怀古壮士志，忧时君子心。寄言尘中客，莽苍谁能寻。"其二为王阳明《望赫曦台》："隔江岳麓悬情久，雷雨潇湘日夜来。安得轻风扫微霭，振衣直上赫曦台。"其三为毛泽东《和周世钊同志》："春江浩荡暂徘徊，又踏层峰望眼开。风起绿洲吹浪去，雨从青野上山来。尊前谈笑人依旧，域外鸡虫事可哀。莫叹韶华容易逝，卅年仍到赫曦台。"赫曦台左右墙壁上分别写"福""寿"两个大字。朱熹称岳麓山顶为"赫曦"，明嘉靖七年（1528）知府孙存在山顶建赫曦台，后来毁废，清乾隆五十五年（1790）岳麓书院山长罗典于书院重建赫曦台，以纪念朱熹。赫曦台正对岳麓书院正门。

正门额匾是宋真宗御笔"岳麓书院"，大门对联："惟楚有材，于斯为盛。"门洞两侧墙对联："治无古今，有才是急，莫漫观四海潮流，千秋讲院；学有因革，变通为雄，试忖度朱张意气，毛蔡风神。"

二门额书"名山坛席"。门上对联："纳于大麓，藏之名山。"源自《尚书·舜典》"纳于大麓，烈风雷雨弗迷"及《史记·太史公自序》"成一家之言，厥协六经异传，整齐百家杂语，藏之名山"。二门背面额书"潇湘槐市"，落款为"楚图南补书"。西汉时期，汉代大学所在地在长安槐市。二门为过厅式，还有对联："地接湘衡，太泽深山龙虎气；学宗邹鲁，礼门义路圣贤心。"

再进是讲堂。檐下匾书"实事求是"，出自《汉书·河间献王刘德传》。檐下抱柱对联："工善其事必利其器，业精于勤而荒于嬉。"抱柱外对联："岳麓学府传千载，学院育才有良规。"堂上挂御匾，前匾"学达性天"，为康熙御题；后匾"道南正脉"，为乾隆题书。讲堂两侧序墙嵌石刻书"忠""孝""廉""节"四个大字，是朱熹题书。正中屏风书张栻《岳麓书院记》。讲堂厅柱上挂对联，录三副，其一："惟楚有材，于斯为盛；沅生芷草，澧育兰花。"其二："院以山名，山因院盛，千年学府传于古；人因道立，道以人传，一代风流直到今。"其三："是非审之于己，毁誉听之于人，得失安之于数，陟岳麓峰头，朗月清风，太极悠然可会；君亲恩何以酬，民物命何以立，圣贤道何以传，登赫曦台上，衡云湘水，斯文定有攸归。"

讲堂后是御书楼，楼前左右有亭，亭坐落于泉池之上，右亭檐下匾书"汲泉亭"。讲堂与御书楼之间左侧延伸出一闭合小院。小院正中为天井，天井之南平房三间，门楣匾书

"百泉轩"，落款为"新安朱熹"。檐下抱柱对联："教同化雨绵绵远，泉似文澜汨汨来。"当年朱熹访问岳麓书院，与张栻在百泉轩论学三日三夜，"同游岳麓，昼而燕坐，夜而栖宿"。天井东角有古井一口，井沿四方，桌面大小，井沿石板内外雕刻兰草花卉。井后墙上嵌石刻书"文泉"两大字，下刻《岳麓书院文泉记》一文，是乾隆四十年（1775）庚子年九月湖南提学使姚颐撰文。文中谈到，重修岳麓书院，竣工之日，泉适涌于讲堂之西，既清且甘，可饎可酌，同人相贺曰"瑞也"，遂疏以方池而栏之，名之"文泉"。文泉的涌出，喻示了岳麓书院"泉似文澜汨汨来"。

百尺轩之南是岳麓书院的院内园林，园林内池沼遍布，泉溪纵横，"碧沼观鱼"是岳麓八景之一，泉源之丰富，号称百泉亦不为过。

湖北诸泉

武汉归元寺翠微井

归元寺在汉阳翠微路上，为武汉四大名寺之首，湖北省佛教协会及武汉市佛教协会所在地。归元寺创建于清代顺治十年（1653），归元寺创建人是高僧白光与主峰，二人俗家是亲兄弟，白光出身明代进士，主峰是举人。白光是禅宗曹洞宗第三十一代大师，归元寺属禅宗曹洞宗。归元寺道光年间毁于太平天国兵乱，光绪年间重建。罗汉堂里有对联："从白光开创以来，祖德灵长，迄今三百余年，重兴广厦供罗汉；历同治中兴而后，人心沉溺，愿将二十八品，普济群生讲法众。"对联讲述了归元寺开创和复建的历史。

归元寺山门有对联："有缘山色来禅寺，无限风光入翠微。"翠微，语意双关，归元寺所在地名翠微路。山门还有对联："归元不二性，方便有多门。"源自佛经《楞严经》"万法归元，佛性无殊"。对联或许是在诠释归元寺寺名之由来。顾炎武《日知录》曰"元者本也"。《春秋繁露·重政》曰"故元者为万物之本"。《易经》曰"大哉乾元，万物资始，乃统天""至哉坤元，万物资生，乃顺承天"。归元即归真，回归根本，回归元始。古人元、玄不分。《老子》曰"玄之又玄，众妙之门"，佛说"万法归元，众妙之门"。元者，数之始，道之极，万物之总。

我是武汉人，对归元寺印象最深的是到五百罗汉堂数罗汉。游人到罗汉堂内，随意选一罗汉，从选中的罗汉开始往前数，数到自己的年龄数为止，看终止罗汉的面容和表情来猜测一年的年运。少儿时期，我随母亲到归元寺去数罗汉，感到很新鲜。长大了，我游历了很多地方，也见过不少五百罗汉堂，不数罗汉了，而是注意鉴赏宗教艺术。坦率地说，我认为归元寺的五百罗汉造型艺术最高。归元寺五百罗汉体形稍小，也没有泥金，但每个罗汉都活灵活现，惟妙惟肖，栩栩如生，反映了人生百态，生活气息浓郁。据说这五百罗汉是黄陂王氏父子用九年时间制作完成的。

归元寺有一座别院，院门刻书"翠微妙境"。明代万历年间，王氏富绅在此筑园，名葵园，园中有一奇石，园主在石上刻书"翠微峰"三字。石旁有井，名翠微井、翠微泉。如今石已不存，但井尚在。清初，高僧白光、主峰募集资金，买园建寺，而寺院所在地段称翠微路。

翠微井上为一方亭，井口石沿上盖石板，石板上供小佛。

亭一侧倚墙，墙上有文字："翠微古井，建于明万历年间王璋圃葵园，归元寺留用至今，井深 11 米，水质优良。"文字下方嵌石刻"翠微井"三大字，字下刻诗一首：

> 翠微山下有卤泉，欲凿泉源问老禅。
> 常作涛声穿石罅，不随花片出山泉。
> 清冷灵液同潮涌，荡漾寒光讶月圆。
> 却是莲池功德水，分来香积结清缘。

诗是白光长老诗作。王璋圃在明万历年间曾任华州知州。

翠微别院的主体建筑是藏经阁。阁门匾"胜大宏阔"，款识"中华民国四年十一月黎元洪题"。藏经阁门上对联："见了就做，做了便放下，了了有何不了；慧生于觉，觉生于自在，生生还是无生。"殿内对联："世外人法无定法，然后知非法法也；天下事了犹未了，何妨以不了了之。"殿内供如来佛，神龛对联："观如来是空是色，顾大众即心即佛。"

归元寺天王殿檐下匾书"归元古刹"，落款为"中华民国四年黎元洪题"，门上对联："曹洞东来归元得路，凤山西去勒马回头。"中华民国四年，即 1915 年。

襄阳隆中卧龙岗六角井

苏东坡《隆中》云：

> 诸葛来西国，千年爱未衰。

今朝游故里，蜀客不胜悲。

谁言襄阳野，生此万乘师。

山中有遗貌，矫矫龙之姿。

龙蟠山水秀，龙去渊潭移。

空余蜿蜒迹，使我寒涕垂。

　　隆中卧龙岗是诸葛亮故居，隆中十景为：草庐亭、躬耕田、武侯祠、小虹桥、三顾堂、六角井、半月溪、梁父岩、抱膝石和老龙洞。

　　在进入景区前，路交叉口有环岛，环岛中心立石牌楼，这是风景区的前置标志。牌楼最高处刻竖匾"龙卧处"，横刻额书"古隆中诸葛亮故居"。六立柱刻三副对联由内向外，依次是"大智大忠，两表垂千古；非贤非圣，三代下一人""耕读成才留胜迹，勤廉治国树高风""景是隆中秀，山因隆中高"。

　　车继续前行了一阵，便到古牌坊，这种牌坊是景区的界标，功用是"迎宾"，告诉游人景点到了，欢迎到来。牌坊三门四柱，正面正中额书"古隆中"，左右额书"淡泊明志""宁静致远"。文字出自诸葛亮《诫子书》："非淡泊无以明志，非宁静无以致远。"石柱对联："三顾频烦天下计，两朝开济老臣心。"出自杜甫《蜀相》诗。牌坊背面额书"三代下一人"，是王维新对诸葛亮的评价"两汉以来无双士，三代而后第一人"，意思是西汉、东汉只出了一个诸葛亮，夏、商、周三代之后，无人可与诸葛亮相比。石柱对联："伯仲之间见伊吕，指挥若定失萧曹。""伊吕"，即伊尹和吕望，伊尹为商汤大臣，吕望即姜太公。"萧曹"，即萧何、曹参，汉初名相，意思是诸葛亮的才能与伊尹、姜太公比肩，而在萧何、曹参之上，出自杜甫《咏怀·古迹》：

> 诸葛大名垂宇宙，宗臣遗像肃清高。
> 三分割据纡筹策，万古云霄一羽毛。
> 伯仲之间见伊吕，指挥若定失萧曹。
> 运移汉祚终难复，志决身歼军务劳。

武侯祠始建于晋，现存建筑从风格上看，应该是建于明清时期。大门上方立匾书"汉诸葛丞相武侯祠"，左右檐下书"掀天""揭地"，是明嘉靖帝题书。庙宇祠堂山门额匾，只有帝王敕书才可以书立匾。大门对联："冈枕南阳依旧田园淡泊，统开西蜀尚留遗像清高。"祠中匾与对联甚多，神龛供诸葛亮神像，神龛上方匾书"天下奇才"，这是司马懿对诸葛亮的评价。

武侯祠里有《铭德志功碑》，其中，蒋介石评价诸葛亮："夫隆中为诸葛武侯高卧之处，布衣躬耕，不求闻达。迫感昭烈之三顾，匡扶汉室于颠危，智勇忠贞，古今无二。"碑文落款时间为"中华民国二十二年"，即1943年。

杜甫《武侯庙》云：

> 遗庙丹青落，空山草木长。
> 犹闻辞后主，不复卧南阳。

三顾堂是在草庐旧址上修建的。门前左右各有一通古碑。大门额书"三顾堂"，大门为："两表酬三顾，一对足千秋。"

堂前檐下抱柱对联为："大猷是经，谋国早读隆中对；淡泊明志，慕公好为梁父吟。"堂内匾"三顾遗迹"是方毅题书。明代唐寅《三顾草庐图》云：

> 草庐三顾屈英雄，慷慨南阳起卧龙。
> 鼎足未安星又陨，阵图留与浪涛中。

左宗棠《题卧龙岗诸葛草庐》云：

> 文章西汉两司马，经济南阳一卧龙。
> 出处动关天下计，草庐我亦过来人。

传说曾国藩为请左宗棠出山，也曾"三顾草庐"。唐代胡曾《南阳》云：

> 世乱英雄百战余，孔明方此乐耕锄。
> 蜀王不自垂三顾，争得先生出旧庐。

现在在三顾堂旁的"诸葛草庐"是为了拍摄电视剧《三国演义》而修建的。院里立碑，上方刻书"诸葛草庐"四大字，落款为"郭沫若"。碑下方文字："诸葛隐居隆中时，躬耕自食，足与陶渊明先后媲美。然陶令隐逸终身，而武侯则以功业自见，盖时会使然。苟陶令际遇风云，未必不能使桃花源实现于世。如武侯终身隐逸，致力于诗，谅亦不逊于陶令也！"落款为"一九六四年岁首，郭沫若"。

景区有"八阵图"景点，位于一个山谷中，谷底平坦，约有足球场大小，正中有八卦，由绿草与道路构成，由于四面高而中间低，颇似一个运动场。三面高是自然山势形成，一面高是人工垒砌而成，颇似河谷中的大坝，只是因为无水，是个旱坝而已。堤坝之上修建了一座纪念碑，碑座中间收腰，呈"工"字形，碑座平面是长方形。碑座之上是碑身，碑身是一面铜鼓造型，正反鼓面刻有碑文，鼓面上蹲四只蟾蜍。碑冠变形为一支羽毛扇，羽毛直指蓝天，扇面刻云纹，既似云又似风，扇面正中刻书"古隆中诸葛亮故居"八个大字。

卧龙冈有泉源"老龙洞"，泉池甚大，泉池中央有水榭，泉池一角有石洞，洞内塑一石龙卧伏，洞口岩石刻"老龙洞"三字，池边上立碑刻书"老龙洞"三大字，此处是卧龙冈水源，当年诸葛亮隐居草庐躬耕，就是引用老龙洞水灌溉田地。有对联："老龙洞泉水不竭，应思躬耕古贤者；小虹桥溪流焉断，该想开拓今后人。"

至于诸葛亮生活饮用之水，则取自六角井。六角井井台青砖铺地，六方石围栏，六栏蘑菇头，六护块刻云水纹。井旁立石刻书文字"六角井乃诸葛亮青少年时期耕读隆中时，草庐居宅院内的生活用井。据东晋史学家习凿齿《襄阳记》记载，襄阳有孔明故居，有井深五丈，广五尺，曰葛井。《水经注》亦有载，隆中诸葛故居有旧井一。齐建武中有人修井得一石枕，高一尺二寸，长九寸，献齐安王。此后，历代典籍石铭载记不断，仁人志士来游来歌。在历史发展的长河中，六角井不仅成为古隆中传统的十大人文景观之一，而且亦为草庐故址所在地的实物佐证。"明成化荆南道观察使《六角井》云：

庵前存古秋，云是汉时穿。

用洁橱中物，灵通地底泉。

流香来一脉，遗泽永千年。

良夜涵明月，光澄六角天。

明人王越《六角井》云：

一脉深情起卧龙，独怜未遂济时功。

古今多少英雄泪，尽在先生此井中。

当阳玉泉寺珍珠泉

《三国演义》中讲到关羽过五关斩六将，过汜水关，守将卞喜使诈，假意奉迎，在关前镇国寺埋伏刀斧手，企图利用在寺里招待关羽之机杀害关羽。多亏寺中住持和尚普净与关羽是蒲州同乡，普净再三暗示，关羽有了防备，斩杀了卞喜。普净和尚后来去了哪里呢？据说在湖北当阳玉泉山下修行。《三国演义》中记述，关羽被斩首后，阴魂不散，骑赤兔马在空中大呼"还我头来"，至玉泉山下，被普净和尚点化，"恍然醒悟，稽首皈依而去"。汜水关镇国寺被火焚之后，普净和尚云游四海，最终在当阳玉泉山下结庐修行。刘备得荆州之后，感念普净当初救助关羽之恩，在玉泉山建寺，供普净礼佛，名"普净庵"，此为玉泉山开山建寺之始。以上掌故不见于正史记载，只能视为传说。

南朝梁宣帝在普净庵基础上扩建寺院，因寺院背靠覆船山，称"覆船山寺"。山体形状如同倒覆之船，故名。隋代文帝和炀帝皆笃信佛教，隋炀帝杨广当太子时曾请高僧智顗"剃度"。智顗是湖北潜江人。杨广出资，让智顗在家乡湖北建寺，智顗选定了玉泉山。因寺后有珍珠泉，隋文帝敕名"玉泉寺"，覆船山亦改名玉泉山。杨广书匾"智者道场"四字。原玉泉寺大雄宝殿檐下竖匾"智者道场"四字不知是否为杨广真迹，现在的匾是赵朴初书匾。

智顗是汉传佛教天台宗的实际创建者，依传承称之为"天台四祖"。智顗传教三十多年，建寺三十六所，弟子四千多人，传业弟子三十二人，以灌顶居首。智顗创建了湖北当阳玉泉寺和浙江天台国清寺。山东长清灵岩寺、江苏南京栖霞寺、湖北当阳玉泉寺、浙江天台国清寺合称为"禅林四绝"，是隋唐时期四大寺庙。智顗在玉泉寺说法，听讲《法华玄义》《摩诃止观》《法华文句》（天台宗的主要经典，合称"天台三部"）。天台宗又称"法华宗"。

玉泉寺是智顗创建，智顗又在玉泉寺广传佛法，因此玉泉寺在佛教界地位很高。武则天时期，禅宗分裂成南宗和北宗，北宗首领神秀颇受武则天器重，曾为"三帝国师"，在玉泉寺传教二十多年，并最终在玉泉寺圆寂。玉泉寺不仅佛缘深厚，而且是旅游胜地，历代文人诗咏很多。

唐代张九龄《祠紫盖山经玉泉山寺》云：

指途跻楚望，策马傍荆岭。
稍稍松篁入，泠泠涧谷深。
观奇逐幽映，历险志岷嵚。

上界投佛影，中天扬梵音。

唐代元稹《玉泉道中作》云：

楚俗物候晚，孟冬才有霜。
早农半华实，夕水含风凉。
遐想云外寺，峰峦眇相望。
松门接官路，泉脉连僧房。

唐代贾岛《送惠雅法师归玉泉》云：

只到潇湘水，洞庭湖未游。
饮泉看月别，下峡听猿愁。
讲不停雷雨，吟当近海流。
降霜归楚夕，星冷玉泉秋。

后二首诗歌中都提到了泉（即珍珠泉）。泉水成溪，水色如同碧玉，溪上有桥名珍珠桥，桥头有石刻书"珍珠泉"三个大字，另刻小字："此处为玉泉八景之一，名'珠泉跳玉'。泉水自地下涌出，泡似珠玉，故名玉泉。游人一鼓掌，叠叠如贯珠，宋苏东坡赞曰'漱玉喷珠'，明袁宏道称'珠泉跳玉'。"

智𫖮在创建玉泉寺时，编撰了一个"神水通楚"的神话，说峨眉山的神水由神人导引流入楚地当阳，成珍珠泉，亦即玉泉。如今峨眉山金顶下方有万定桥，桥下有泉。泉旁石刻"玉液泉""神水""神水通楚"等字，建有神水阁。峨眉山是佛教圣地，神水通楚，玉泉是由神人从峨眉山导引而来，暗示了玉泉寺与峨眉山的渊源，意在宣扬玉泉寺的来历不同凡响。

珍珠泉临一低矮山冈，山冈上立碑，准确地说是石望表，刻书"汉云长显圣处"，立于明代万历年间。石望表之西有碑刻书"关云长最初显圣之地"，是毕沅题书。毕沅，清乾隆庚辰科状元，曾任湖广总督。石望表距珍珠桥只有十来步之遥。珍珠泉又名马跑泉，传说关羽常到此显圣，赤兔马立于泉边，马蹄刨地悲鸣，激起泉底蹿出串串水泡，如同珍珠。

前面谈到关羽阴魂不散，被普净和尚点化，稽首皈依而去，时常在玉泉山显圣，护佑当地生灵，保一方平安。唐代《重修玉泉关庙记》载"关羽神灵拜令智颤大师，曰：'予即关某，死有余烈，故王此山，禅师何枉法足？弟子愿与子平建寺。'寺成，关公乞大师受归戒，由此成为护法伽蓝"。伽蓝，梵语，庙宇之意。关公成为玉泉寺的护法神。全国各大寺庙都有伽蓝殿供护法神，主供关羽。显然这个故事也是智颤杜撰的。神水通楚、关公护法两则神话故事，给玉泉寺赋予了神秘的色彩。关羽神化了玉泉寺，佛教也神化了关羽。

过珍珠桥，与关羽显圣的石望表隔珍珠泉溪相望，有一座小关庙，是全国第一座祭祀关羽的神庙。南北朝时期，陈文帝天嘉三年（562）敕修显烈祠，俗称小关庙。庙内有对联："赤面秉赤心，骑赤兔追风，驰驱时，无忘赤帝；青灯观青史，仗青龙偃月，隐微处，不愧青天。"从小关庙起，历代帝王对关羽层层加封，明万历年封关羽"三界伏魔大帝神威远镇天尊关圣帝君"，清光绪帝封"忠义神武灵佑仁勇威显护国保民精诚绥靖诩赞宣德关圣大帝"。儒教称"圣"，道教称"天尊"，佛教称"盖天古佛"，关羽集神、仙、圣于一身。游玉泉寺，品关羽文化，不可错过。

从当阳县城出发至玉泉寺，公路一路降坡，此即著名的"长坂坡"。车至一牌坊，牌坊横跨于路上，额书"十里长坂"，此牌坊是长坂坡起点标志。此处有一岔路，是通往玉泉山的路口。

玉泉寺山门匾书"三楚名山"，赵朴初题书。明万历帝曾敕匾"荆楚第一丛林"。山门旁有宋代铁塔，是北宋嘉祐六年铸建，塔身铁质，塔刹铜质，仿木构楼阁式，八角十三层，通高17.9米，重26吨，是国内最重之铁塔。由于塔基倾斜，1994年有关人士将塔拆卸重修，打开塔下地宫，地宫中大石函中供奉佛牙舍利，函盖上有铭文："寺僧弘景被召入京，数年后放还，武则天亲授佛牙舍利，令下塔中，宋天圣年初，重修藏经阁时得到石匣，匣内有文字载内存舍利。至宋嘉祐六年，选此胜地依旧安葬舍利，铸造铁塔一座，置于地宫之上。"天圣是宋仁宗早年的年号，嘉祐是其晚年年号。

宋代铁塔是玉泉寺三宝之一，本名"佛牙舍利塔"。另外二宝是隋代大铁镬和传为吴道子所做的石刻观音像。铁镬置于大雄宝殿前，观音像立于观音阁中。

从"三楚名山"山门往里走，不远处有"神龙池"，泉水从洞中流出成溪，洞口塑二龙，一青龙，一赤龙，飞翔盘旋于蓝天。洞口上方石刻"龙"字，泉水来自珍珠泉。

宜昌三游洞陆游泉

宜昌下牢溪只是长江的一个小支流，但在地理上却有标志性意义，它是长江上游与中游的分界点，长江从此走出了高山峡谷，进入了平原区。下牢溪流近江边，受到一座山头阻拦，贴山脚绕行，拐了个直角大弯才流入长江。这个山头，三面临水，如同楔子楔入长江与下牢溪之间，山头上立碑刻书"三峡起始点"。郭沫若书杜甫诗句"峡尽天开朝日出，山平水阔大城浮"擘窠大字刻于绝壁之上。长江三峡到此终止，因此此处也称"峡口"。陆游《峡口夜坐》："三峡至此穷，两壁犹峭立。估船无行时，妇盘有夜汲。风生树影动，月碎水流急。草根缀微露，荧火飞熠熠。吾行已四旬，才抵楚西邑。浩歌散郁陶，还舟觉衣湿。"

下牢溪的军事地位很重要。早在战国时期，楚国就在山头上筑城，留下"楚塞"遗址。三国时，刘封在山头筑城，名刘封城。张飞曾在此操练水军，亲自擂鼓指挥，山上有张飞擂鼓台遗址，如今塑有张飞擂鼓的塑像。下牢溪口古代筑有关隘，称下牢关，也称下牢戍。进出三峡的舟船物资要在此集散，游人旅客要在此休整调息，从而在下牢溪形成商埠，称下牢津。杜甫《春夜峡州田侍御长史津亭留宴》："北斗三更席，西江万里船。杖藜登水榭，挥翰宿春天。白发烦多酒，明星惜此筵。始知云雨峡，忽尽下牢边。"下牢溪口有下牢津亭。唐代戴叔伦《次下牢韵》："独立荒亭上，萧萧对晚风。天高吴塞阔，日落楚山空。猿叫三声断，江流一水通。前程千万里，一夕宿巴东。"诗歌表明，下牢津在唐代已经是比较热闹的商埠。

至于此地成为旅游胜地，则起因于元稹、白居易与白行简三人同游山中一山洞，后人称之为"三游洞"。如今山头塑有元稹、白居易、白行简三人立像。

元稹与白居易齐名，世称"元白"，二人文才相匹，宦海浮沉，惺惺相惜，友谊深厚。元稹临终遗言交代家人，托白居易写墓志铭。二人都被贬出长安，元稹由通州（治今四川达州）司马擢虢州（治今河南灵宝）长史，经三峡出川赴任。白居易由江州（治今江西九江）司马擢忠州（治今重庆忠县）刺史，溯江而上赴任，其弟白行简陪同。元、白不期而遇于宜昌，喜不自胜。三人同游，意外发现下牢溪山腰洞穴，在洞穴中逗留了三天，诗歌唱和，名之"三游洞"。白居易为诗歌集写了《三游洞序》，文中说："予自江州司马授忠州刺史，微之（元稹）自通州司马授虢州长史……各祗命之郡……会于夷陵（今湖北宜昌）。翌日，微之返棹，送予至下牢戍。又翌日，将别未忍，引舟上下者久之。酒酣，闻石间泉声，因舍舟进策，步入缺岸。初见石，如叠如削，其怪者如引臂，如垂幢。次见泉，如泻如洒，其奇者如悬练，如不绝线……虽有敏口，不能名状。既而通夕不寐，迨旦将去，怜奇惜别，且叹且言……斯境胜绝，天地间其有几乎？……又以吾三人始游，故目为三游洞。"

由于元白名气大，诗美，文美，洞亦美，三游洞成了后来文人过下牢溪必游之地。欧阳修、黄庭坚、陆游等人都游览过三游洞，而其中最值得称道的是苏洵、苏轼和苏辙父子三人游三游洞，被称为"后三游"。

北宋嘉祐二年（1057），苏洵、苏轼、苏辙父子三人同中进士，名满汴京。嘉祐四年（1059），苏洵妻亡，三人回川奔丧，然后由三峡出川。父子三人慕名游三游洞，欲效仿先贤，夜宿洞中。当时雨雪交加，苏轼兄弟力劝老父回舟中，兄弟二人在洞中过夜。洞中刻有三苏诗咏。

三游洞中碑刻、崖刻诗词很多，其中黄庭坚书写的《三游洞序》白文黄字，珍贵无比。另外还刻有白居易《赠元微之诗并序》：

（元和）十年三月三十日，别微之于沣上。十四年三月十一日夜，遇微之于峡中。停舟夷陵，三宿而别。言不尽者，以诗终之，因赋七言十七韵以赠。且欲记所遇之地与相见之时，为他年会话张本也。

沣水店头春尽日，送君马上谪通川。夷陵峡口明月夜，此处逢君是偶然。一别五年方见面，相携三宿未回船。坐从日暮惟长叹，语到天明竟未眠。齿发蹉跎将五十，关河迢递过三千。生涯共寄沧江上，乡国俱抛白日边。往事渺茫都似梦，旧游零落半归泉。醉悲洒泪春杯里，吟苦支颐晓烛前。莫问龙钟恶官职，且听清脆好文篇。别来只是成诗癖，老去何曾更酒颠。各限王程须去往，重开离宴贵留连……君还秦地辞炎徼，我向忠州入瘴烟。未死会应相见在，又知何地复何年？

欧阳修《三游洞》云：

漾楫泝清川，舍舟缘翠岭。
探奇冒层险，因以穷人境。
弄舟终日爱云山，徒见青苍杳霭间。
谁知一室烟霞里，乳窦云腴凝石髓。
苍崖一径横查渡，翠壁千寻当户起。

昔人心赏为谁留，人去山阿迹更幽。

青萝绿桂何岑寂，山鸟嘤嘤不惊客。

松鸣洞底自生风，月出林间来照席。

仙境难寻复易迷，山回路转几人知？

惟应洞口青花落，流出岩前百丈溪。

苏洵《三游洞题壁》云：

洞门卷石流成乳，山下寒溪冷欲冰。

天寒二子苦求去，我欲居之亦不能。

苏轼《三游洞题壁》（楚图南书，诗旁刻苏轼像）云：

冻雨霏霏半成雪，游人屦冷苍苔滑。

不辞携被岩底眠，洞口云深夜无月。

苏辙《三游洞题壁》云：

昔年有迁客，携手过嵌岩。

去我岁三百，游人忽复三。

说到三游洞，必须提到陆游。陆游关于下牢溪和三游洞的诗歌不少。三游洞中有五块碑石并立，刻陆游长诗《系舟下牢溪游三游洞二十八韵》："怪怪与奇奇，万状不可名""穹穹厦屋宽，滴乳成微泓""息倦盘石上，拾樵置柴铦"。诗中描述三游洞中有一泉，泉池只有茶杯大小，陆游和书童就地拾柴取泉水煮茶。据说此泉有治病的功效，称"观音泉"。

陆游曾长期在福州及江西担任提举常平茶盐公事一职，南宋时期，茶盐实行专卖，即由朝廷经营，陆游在福州以及江西省任负责茶盐专卖的官员，对于品茶是行家，自称有"酒茶诗友""四好"。他每次旅游都备上茶具、茶叶，遇到中意的泉水便就地拾柴取泉水煮茶。

除了观音泉以外，三游洞景区还有一处清泉与陆游有关。进三游洞景区大门，通常路线是往左前行，贴下牢溪一侧山崖，有门洞刻"三游洞""隔凡"等字，向前可以到达三游洞，若继续前行，可以绕山头一圈返回公园大门。但清泉却不在这个主流游览路线上。进公园前行不远，从岔路折拐而与主流方向相反而行，在下牢溪大桥下方的半山腰处有一清泉，即陆游泉。如果不是专门探泉，游人很少到此一游。悬崖峭壁如削，临下牢溪，崖下贴壁有四方半亭，壁上清泉汩汩汇入亭下小潭，亭旁壁上刻"陆游泉"三个大字，并刻陆游题诗《三游洞前岩下小潭水甚奇取以煎茶》：

> 苔径芒鞋滑不妨，潭边聊得据胡床。
> 岩空倒看峰峦影，洞远中含药草香。
> 汲取满瓶牛乳白，分流触石佩声长。
> 囊中日铸传天下，不是名泉不合尝。

"胡床"是一种可折叠的轻便坐具。陆游有备而来，着芒鞋，携胡床，怀揣名茶、茶具、茶铛，就地拾柴、架铛、汲泉水煮茶。"日铸"是名茶。欧阳修《归田录》载："草茶盛于两浙，两浙之品，日注（铸）为第一。""不是名泉不合尝"，由于陆游的推崇，此泉名声大噪，得名"陆游泉"。

香溪源与照面井

　　按照地理学对河源的定义，每一个河流的源头通常是泉。昭君故里濒临香溪，是香溪东西支流的汇合处。香溪正源是西源，西源称木鱼河，其上游是木鱼镇，是神农架林区下属的一个镇。传说炎帝神农氏在这一带生活，架梯筑室居住，故名神农架。神农架是中国第一个被联合国教科文组织授予的世界地质公园、世界自然遗产、人与生物圈活动保护区三者合一的自然保护区，其主峰大神农顶海拔3105.4米，是华中第一高峰，地处中纬度和北亚热带季风区。其植被处于南北过渡带，物种丰富。传说华夏先祖神农氏在此活动，尝百药，采百草，筛选宜于人类饮食、耕种的植物。木鱼河就发源于大神农顶主峰之南坡。

　　我曾夜宿木鱼镇，清晨雾霭笼罩下的古镇格外美丽。寻找木鱼河源头，从木鱼镇出发，沿山谷前行，河谷两岸，峰峦叠嶂，瀑布飞溅。河水时而奔腾咆哮，时而静谧成清潭，清澈甘甜。一路披荆斩棘而上，抵达大神农顶南坡之下，一泓深潭，潭边巨石，当代作家徐迟题书"香河源"三字，刻于石上，茶圣陆羽称之为"天下第十四泉"。

　　香河源景区里有神农祭坛，立有巨大的神农头像，人面牛角，高21米。

　　清代嘉庆年间文人张鹏飞《秋夜宿香溪洞》云：

未得忘忧地，登高强策筇。
寰中僧俗累，方外觅仙踪。
溪转疑无路，云开别有峰。
棋枰闲白鹤，丹灶冷青龙。
掩映楼台错，幽深洞壑重。
已瞻蓬岛像，不遇酒家佣。

诗歌描述了香溪如同蓬莱的方外仙境。

香溪哺育了两位著名人物，一位是四大美女之一的王昭君，另一位是才华横溢的爱国诗人屈原。昭君故里有娘娘泉、楠木井，前文已经介绍过了。屈原故里则有照面井。

屈原故里秭归县乐平里，也称屈原家坪，是屈原出生的地方。最早于唐代元和年间建庙，称女媭庙，是纪念屈原的姐姐女媭的，后来改称屈原庙。传说当屈原投江的消息传回家乡时，女媭也投河自尽了。

庙门匾"屈原庙"三字是郭沫若题书。

屈原故里有八景，分别是照面井、读书洞、玉米田、擂鼓台、响鼓岩、回龙锁水、伏虎降钟和滴崖珍珠。有诗将八景连缀在一起：

降钟伏虎啸天来，响鼓岩连擂鼓台。
照面井寒奸佞胆，读书洞出《离骚》才。
丘生玉米扬清烈，帘滴珍珠荡谷埃。
锁水回龙含泽畔，三闾八景胜蓬莱。

八景都有与屈原相关的故事传说。

照面井在伏虎山山坡上，与屈原庙所在的香炉坪相对，传说为屈原挖掘，井水清澈，井沿六方如同菱花镜一般，当年女婆时常对着水井梳妆，故称照面井。据说心地善良的人对井照面，越照越美，而奸邪之人则越照越丑，故而邪恶小人不敢对井照面。井后左右种植了两株常青树，虽然算不上是千年古树，但也颇有年月，两树之间立碑刻书"照面井"三字。另刻小字："予白退迩人等，此系屈公遗井，特遵神教，重新整顿，以后切勿荒秽。倘若故违，定遭天谴。此株青树，永世不得砍伐。三闾阖坛弟子同修。皇清咸丰十年七月十二日立。"

清代谭炳轩诗咏：

何年凿破楚山河，富贵形象看末讹。
照彻悲欢如对镜，涵来云水不生波。
无尘荡漾殊相浦，有客行吟异汨罗。
古井独清谁得似，孤忠到底鉴心多。

清代向谨斋诗咏：

深山一井涌寒泉，照面遗踪话昔年。
人杰地灵都还俗，常教野径锁云烟。

现代有诗《照面井》：

井堪照面独称奇，一股清流万古诗。
莫道西湖灵隐寺，大夫遗水胜瑶池。

黄梅四祖寺灵润桥泉

"佛教汉化出禅宗，天下禅宗出黄梅。"佛教的汉化从庐山东林寺慧远和尚开创的净土宗起始，而由禅宗最终完成。禅宗是汉传佛教的重要流派，影响深远。禅宗四祖、五祖在黄梅弘法，使禅宗发扬光大者，当数六祖惠能，而惠能的受法和得衣钵就在黄梅。

传说汉传禅宗初祖为达摩，祖庭为嵩山少林寺。达摩依传承是印度禅宗第二十八祖。印度禅宗初祖是迦叶，迦叶是释迦牟尼首徒、大弟子，大雄宝殿中站在如来佛身边有两位和尚，一老年和尚，一中年和尚，年老者即迦叶，中年者为阿难，阿难是法嗣传人。佛祖在灵山告诫迦叶："吾有正法眼藏，涅槃妙心，实相无相，微妙法门，不立文字，教外别传，付嘱摩诃迦叶。"并复告迦叶："吾将金缕僧伽黎衣，传付于汝"，迦叶成禅宗一祖，佛法以衣钵传承。达摩之后为二祖慧可，三祖僧璨，四祖道信，五祖弘忍，六祖惠能。

四祖道信（580—651），俗姓司马，湖北广济人，七岁出家，十二岁参谒三祖僧璨，侍奉十二年，得衣钵。唐太宗贞观十七年（643）四次下诏入京，皆以老病辞。贞观十八年（644）传衣钵于弘忍，唐高宗永徽二年（651）圆寂。唐代宗敕谥塔号"慈云"，元英宗敕谥"妙智正觉禅师"。

四祖寺古称幽居寺、正觉寺，又称双峰寺，位于双峰山下，山又名破额山。寺为四祖道信于唐高祖武德七年（624）创建，名胜很多，其中三塔、二桥、一石刻为全国重点文物保护单位。

三塔是毗卢塔、衣钵塔和众生塔。毗卢塔建于唐高宗永徽二年（651），四祖自入塔门，垂诫门人，言讫而寂。毗卢塔旁有传法洞，洞口有衣钵塔，传说四祖在此传衣钵于五祖弘忍。毗卢塔在破额山上，登山道口建石牌坊。牌坊正面额书"慈云之塔"，内对联："佛法传四祖，金容镇双峰。"外对联："慈云弥布，西山圣景千秋塔；慧日高悬，东土禅门万世师。"背面额书"万世宗师"，有对联："百千法门同归方寸，河沙妙德总在心源。"对联是四祖道信的四句偈语。

二桥是灵润桥和明月桥。当年四祖道信看中此地"好泉石"，决定在此建寺。灵润桥下石鱼矶泉，对弘扬佛法功莫大焉。灵润桥在山门前，元顺帝至正十年（1350）修建。一股清泉从破额山石鱼矶中涌出，水量很大。灵润桥建于石鱼矶上。桥北泉水汇聚成湖，泉水从桥下流淌而过，桥南是悬崖，泉水从崖上泻下，形成瀑布，景色壮观。桥下岩石有历代文人题刻二十多处。其中最大最显眼者，当数柳公权所题擘窠大字"碧玉流"。柳宗元题诗《酬曹侍御过象县见寄》（破额山）云：

破额山前碧玉流，骚人遥驻木兰舟。
春风无限潇湘意，欲采蘋花不自由。

另有题刻《西山》（落款为"明都御史李得阳"）：

停骖选胜到禅扉，寂寂寒山碧四围。
老衲莫嫌身未隐，闲心已逐野云飞。

另外一些题刻或字迹模糊，或不便于采集，此处不录。

陆

四方·西

兰州五泉山诸泉

兰州古称金城，濒临黄河。在这里，黄河终于突破祁连山的阻截，从青藏高原中冲出。从兰州往西走的通道，南边是延绵不断的祁连山，北边是大漠，古称河西走廊。兰州是河西走廊的起点，有特殊的战略意义，它位于一个山谷之中，城区狭长，最窄处只有五公里，南依皋兰山。

传说霍去病征讨匈奴，路经兰州，士兵口渴难耐，四处无水，霍去病用马鞭在山上敲击了五下，五股泉水应声而出，从此有了五泉山之名。霍去病从此地出征，西击匈奴，大获全胜，汉武帝将取胜之地命名为"武威"，从此牢牢地控制了河西走廊，为开辟西域、打通丝绸之路做出了重大贡献。焉支山在河西走廊上，因种植胭脂草而得名，焉支即胭脂。

较真地说，五泉山不是山，而是皋兰山麓的一段位于两条山沟之间的山坡。两条山沟从皋兰山主脉垂直而下，而清泉也沿沟涓涓下流。五泉山是兰州著名旅游景点。明代段坚《五泉山》云：

> 又向城南觅故踪，嵯峨宫殿耸晴空。
> 水流东涧来西涧，坐倚南峰对北峰。
> 千尺松杉欺晚雪，一番桃李媚春风。
> 逢僧借问登高处，笑指云山有路通。

段坚是兰州本地人，明景泰年间进士。诗中东涧、西涧就是指两条山沟。北峰是指黄河北岸的白塔山，也是著名景点，因山上有白塔而得名。著名的兰州铁桥就在白塔山下，号称"万里黄河第一桥"，清光绪三十三年（1907）由德国人承建。

董必武1955年到兰州，作诗《游兰州五泉山》：

> 兰州名胜地，共说五泉山。
> 近市尘嚣远，多龛香火悭。
> 溪流随小径，岭色压雄关。
> 清景难为状，看云独树闲。

我第一次游兰州是在1966年3月，确如董老诗作所说，当时兰州城区不大，五泉山属于近郊区，清静、冷落。1966年，我刚参加工作，那是第一次出差，看什么都新鲜，而且印象深刻。兰州黄河水是清的，有羊皮筏子渡河，也可以从铁路桥边步行过河。城区不大，走不多远，就是城乡接合部，公路两边的地里铺满鹅卵石，地头堆着花盆式的瓦罐，一摞摞的如同矮墙。请教当地人得知，地里铺鹅卵石是为了防止太阳直晒，以免土地水分过分蒸发，谓之"保墒"。瓦罐是用来罩瓜秧的，兰州出产白兰瓜。兰州天寒风大，幼苗初出，用瓦罐罩住可以挡寒防风。

我重游兰州是在2014年3月，时隔将近50年，兰州城市变得拥挤喧嚣，半城半乡的空旷地没有了，更找不到瓦罐和鹅卵石了，只留下河对岸山上一排排的洞口，颇似窑洞，不过当地人告诉我那不是窑洞，而是当年为了掏取鹅卵石而留下的遗痕。羊皮筏子也找不到了，只是在兰州铁桥边立起一个羊皮筏子的样品，供游人观赏。五泉山已经不是"近市尘嚣远"，而是在闹市尘嚣之中了。

登台阶而上，有牌坊书"五泉山"，是刘尔炘题书。刘尔炘是民国初年兰州名流，在五泉山留下很多启迪世人的对联，游五泉山，鉴赏对联是一大特色。山门有对联："林木葱郁花草香，雕梁飞阁泉瀑鸣。"

进山门曲折而上是一个广场，广场上塑有霍去病骑马像，像立于座墩上，座上刻书"霍去病"三字。史载，霍去病出临洮，过焉支山，与匈奴鏖战皋兰山。不过史书中记述的皋兰山并不是兰州皋兰山。人们把这一仗的地点归到兰州，在此立霍去病纪念像，并编出了马鞭击泉的故事。有《五泉山》诗赞曰：

当时望断祁连，前路大漠风烟。
也曾勒马石壁，犹忆奋勇击鞭。
泉涌昂扬斗志，一心踏破关山。
铁肩不论今古，从来撼地动天。

另有《五泉山赋》曰：

山不在高，五泉驰名。
水不在深，日月取影。
千载香火，三教景行。
古木参天，四季分明。
去病早逝，勇冠群英。

明正德年间进士黄谏《五泉山》曰：

水绕禅林左右连，萧萧古木带寒烟。
共夸城外新兰若，自是人间小洞天。
僧往上方如罨画，雨余下土应丰年。
明朝再拟共来赏，竹里行厨引涧泉。

诗中的"禅林""兰若"是指"浚源寺"。唐宋时期五泉山就有寺庙，元顺帝至正十一年（1351）大规模营建寺院，初名"皇庆寺"，后改名"浚源寺"，有"固本浚源，思安广德"之意，出自唐魏徵《谏太宗十思疏》："求木之长者，必固其根本；欲流之远者，必浚其泉源；思国之安者，必积其德义。"浚源寺是甘肃省佛教协会所在地。五泉山上还有文昌宫、紫虚府、小蓬莱、八卦台等道教建筑，也有武侯祠、左宗棠祠等其他建筑，景区最高点"三教洞"里供佛祖、太上老君和孔圣人。

浚源寺山门是砖砌砖雕三连拱门。正中额书"濬源寺"三字是刘尔炘题书，中门对联："大地山河造成乐土，满林风月来扣禅关。"右门额书"流水今日",对联:"笑指河山问释迦,不知我千圣百王继志传心之地,种甚么因结这般果;别开世界生盘古,好度那五洲万国圆颅方趾之侪,悟无为法登自在天。"左门额书"明月前身",对联:"花即是禅,鸟即是禅,山耶云耶亦即是禅,钟磬声中随你自寻禅意去;男可成佛,女可成佛,老者少者都可成佛,松杉影里何人不抱佛心来。"

大雄宝殿烟雾缭绕,香客摩肩接踵。大殿侧,地藏殿有左宗棠撰书对联:"未能拔尘海中历劫众生,同向人间游乐土;莫若修神境内妙明慧业,别从世外造天堂。"寺院侧门对联:"光明路,方便门。"从侧门出,沿西涧上山,路边有泉池,僧侣从泉池中汲水。

西涧称西龙口,涧谷外有嘛呢寺、动物园、儿童乐园等。涧沟中泉水涓涓,溯涧而上有廊桥,廊檐刻书"企桥"二字,题款"民国壬戌夏,全陇希社立"。廊门砖刻对联:"要过去么,过去便能通碧落;休下来了,下来难免入红尘。"题款:"壬戌夏五月上澣,五泉山人刘尔炘。"壬戌是1922年。

企桥之侧是惠泉,泉池圆形,直径约5米,泉水从池槛中溢出,从企桥下流过,是西龙口涧水主源。光绪三十年(1904)甲辰科进士杨巨川有诗曰:"泉出山腰树障空,我来听水又听风。斜阳却为西崖隐,留得三台一点红。"三台指三台阁,在皋兰山顶。

过惠泉,有登山廊梯,从谷底攀上,可见"甘露泉"。泉亭为六角形砖亭,砖雕各种花卉,工艺精湛。亭壁开有窗口,亭内壁嵌石刻书"甘露泉"三字。下刻小字"位于清虚府院内,为五眼泉中地势最高者,泉水自岩缝中流出,清如碧玉,味似甘露，古人有'天下太平则天降甘露'之说，故此得名"。清虚府又名广寒宫，应是供奉嫦娥仙子的，实际上却是左公祠、岳王庙等。

往东是文昌宫，其前身是五泉书院，文昌院里有蜡像馆。文昌宫东墙外有掬月泉，泉池圆形，桌面大小。墙上刻文字："掬月泉，位于文昌宫东墙下，深约五尺，形若井状，此处为五泉山月亮东升时最早得月之处。尤以中秋赏月时，月影直投泉心，似掬月盘中，故名掬月泉。"

文昌宫往东景观甚多，千手观音殿有对联："眼不宜多，眼多则偏，观那人世间困苦颠连，徒增难过；手尤要少，手少则专，抱我自家的精神念虑，免得乱抓。"

再往东地藏殿旷观楼下有摸子泉。檐廊下有门，进门有台阶，左右有扶手，沿着台阶而下，到底有一汪清泉。探手泉底，求子者摸石得男，摸瓦片得女。檐廊有匾书"摸子泉"三字，廊柱挂对联："糊糊涂涂，将佛脚抱来，求为父母；明明白白，把石头拿走，说是儿孙。"

继续东行，到东龙口，即东涧沟。东涧沟的上端是千佛阁，阁内有张骞、霍去病、左宗棠等人的圆雕像。阁内对联："佛地本无边，看排闼层层，紫塞千峰凭槛立；清泉不能浊，笑出山滚滚，黄河九曲抱城来。"千佛阁是五泉山公园的最高点，是观景的好地方，对于皋兰山而言却只是半山腰，景区只是皋兰山夹在东西两涧沟之间山坡的下半部分。

千佛阁坐落在绝壁之上，壁上刻书"玄岩吐液"擘窠大字，是刘尔炘题书。多股清泉从绝壁上汩汩冒出，汇积在崖根，形成一片浅浅的水池。游客或是在泉口，或是在水池中嬉戏。

泉水从东涧沟蜿蜒而下，两岸是陡崖、栈道，风景秀丽，沿途有八卦台、洗心亭等道教景点。洗心亭有对联："何以解忧，万古牢愁浇浊酒；偶然小憩，一湾流水涤尘襟。"我坐在亭中稍作休息，沉醉在水色山光之中，物我两忘。

八卦台往下有泉，泉池八方，泉池立碑刻书"蒙泉"二字。泉旁有四方亭，亭中也立碑刻出"蒙泉"二字，题款："壬申岁夏，沈年润书，时年八十有三。"壬申，我估计是1992年。亭柱书对联："上人邀我烹新茗，水汲山中第五泉。"为明代李文撰联。蒙是六十四卦中的一卦，《易经》："象曰：山下出泉，蒙。君子果行育德。"附近有"水月邨"，邨中对联："四围山色里，终日泉石中。"

蒙泉已接近山脚下，从西龙口绕至东龙口，走完了上坡下坡的游程，折而西行，回到中心景区，有万源阁。阁门对联："正学废兴关世运，斯文绝续在人才。"阁东钟亭有金章宗年间铸铁钟，钟上铭文："仙闻生喜，鬼闻停凶，击破地狱，救苦无穷。"万源阁下有高台阶，名"青云梯"，有对联："高处何如低处好，下来还比上来难。"大雄宝殿后有卧佛殿，俗称睡佛。清康熙年间，将军王进宝平定吴三桂在甘肃的余党，至五泉山对睡佛咏诗："你倒睡得好！一睡何时了？众人都像你，江山谁来保！"卧佛殿里有对联："还不起来么，此等功夫怕是懒人都借口；何妨睡着了，这般时代倘成好梦亦欢心。"

离开五泉山之前，在山门里的殿堂上看到了舒同书匾"乐在名山"，在这里可以礼佛，可以求道，可以朝圣，可以参禅，可以祈福，可以悟无为法，可以登自在天，可以逐梦，找到乐处。

嘉峪关九眼泉

嘉峪关是明长城西端起点，是历代长城关隘中保存最为完整的一座，1961年定为全国第一批重点文物保护单位。

嘉峪关的创建者是明初征西大将军冯胜。冯胜奉旨征讨"北元"，出击西域，得胜班师，一路思考一个问题，"北元"蒙古是游牧部落，骑兵作战，机动性强，防守困难。撤军途中，路过名叫"嘉峪塬"的地方，他看山川形势适于防守，便奏请皇帝在此建关，得到明太祖批准。从明洪武五年（1372）起，在此建筑关隘。

嘉峪塬南倚祁连山支脉，北靠黑山，两山之间形成狭峪，在此建关有"一夫当关，万夫莫开"之效，外镇西域，内守河西走廊。1875年左宗棠平定新疆叛乱就是以嘉峪关作为军事基地的。左宗棠对嘉峪关进行了修葺，并且题书了"天下第一雄关"匾。嘉峪关正门匾"嘉峪关"三字是乾隆题书。

明代陈棐《祁连山》云：

> 马上望祁连，奇峰高插天。
> 西走接嘉峪，凝素无青云。

林则徐《出嘉峪关感赋》云：

> 严关百尺界天西，万里征人驻马蹄。
> 飞阁遥连秦树直，缭垣斜压陇云低。
> 天山巉削摩肩立，瀚海苍茫入望迷。
> 谁道崤函千古险，回看只见一丸泥。

于右任《嘉峪关前长城尽处远望》云：

> 天下雄关雪渐深，烽台曾见雁来频。
> 边墙尽处掀髯望，山似英雄水美人。

于右任诗中的"水美人"是指"九眼泉"，也叫九眼湖。这是嘉峪关内的一块湖区，一片湿地。嘉峪塬地势险要，冯胜在此筑关，筑关就得驻扎兵马，就需要大量生活用水，而此地降雨量少，年蒸发量大于降雨量。由于祁连山终年积雪，雪水消融注入地下，形成地下泉区，"九"只是泛指很多泉眼之意，正是这个泉群提供了充足的用水保障，筑关设隘才能顺利进行。故而《秦边纪略》记："初有水而后置关，有关而后建楼，有楼而后筑长城，长城筑而后可守也。"九眼泉对于嘉峪关意义重大。

嘉峪关城分内城和外城。内城呈正方形，边长160米，墙高11米，另有垛高1.7米。东西城门筑有瓮城。中轴线上有三座城楼，由前向后依次是嘉峪关楼、柔远门楼和光化门楼。光化门里有马道可以登上城墙头。内城四角还有角楼。内城之外有外城，称罗城。

内城后的光化门外与罗城之间有较大的空场地，建有文昌阁、关帝庙、戏台等。文昌阁是二层楼阁，位于中轴线上，无论是在建筑规模的大小还是地理位置的显要程度上，文昌阁都胜过了关帝庙。军事关隘中建关帝庙很常见，北京内城八座城门的瓮城里也建有关帝庙。在军事要塞中建文昌庙，而且位置显要，则大有讲究。

文昌阁供文昌帝君，主管文昌府事，掌管人间禄籍，官员升迁都需要拜文昌帝君，尤其是天下学子，在科举应试之前更要拜祭文昌帝君。但是文昌帝君怎么与军事搭上了关系？这就得从唐玄宗说起了。

传说文昌帝君俗名张亚子，是四川梓潼人。梓潼有七曲大庙。主殿供文昌君张亚子。传说安史之乱时，唐玄宗避难入蜀，路经梓潼，夜宿七曲大庙，睡梦中见一方巾儒士向皇帝贺喜。次日果得捷报，唐军大胜安禄山。玄宗认为方巾儒士是张亚子显灵，应梦建"灵应祠"，封张亚子为"右丞相"。多年后黄巢攻入长安，唐僖宗也避乱入川，路过梓潼，也希望张亚子再次显灵，于是封其为"济顺王"。到了南宋，宋光宗封张亚子为"忠文仁武孝德圣烈王"，张亚子不但管文，而且管武，有安邦定国之武德。唐代王铎《谒梓潼张恶（亚）子庙》曰：

盛唐圣王解青萍，欲振新封济顺名。

夜雨龙抛三尺匣，春云凤入九重城。

剑门喜气随雷动，玉垒韶光待贼平。

惟报关东诸将相，柱天功业赖阴兵。

既然祈求鬼神保佑江山，嘉峪关罗城中建文昌阁供文昌帝君就可以理解了。

明末张献忠占据四川建立"大西王朝"，也希望得到文昌帝君庇佑，因都姓张，张献忠还认了"亲"，尊张亚子为祖宗。张献忠诗曰：

七曲羊肠路，一线景色幽。

天人皆一体，祖孙共源流。

太庙千秋祀，同国与天休。

从兹宏帝业，万世永无忧。

只可惜张献忠依旧没有借到阴兵，最后在四川盐亭兵败被杀。

陕西三泉

本文介绍的陕西三泉，一是姜太公钓鱼台滋泉，一是周公庙润德泉，一是五丈原诸葛泉，与三位传奇式人物有关。

宝鸡姜太公钓鱼台滋泉

"任凭风浪起，稳坐钓鱼台。"姜太公渭河之滨钓鱼遇周文王的故事家喻户晓。《史记》载：

> 吕尚盖尝穷困，年老矣，以鱼钓奸周西伯。西伯将出猎，卜之，曰："所获非龙非彲，非虎非罴，所获霸王之辅。"于是周西伯猎，果遇太公于渭之

阳，与语大说，曰："自吾先君太公曰'当有圣人适周，周以兴。'子真是邪！吾太公望子久矣！"故号之"太公望"，载与俱归，立为师。

传说周文王做了一个怪梦，梦见了"飞熊"，请太史编解梦。太史编卜卦之后说，到渭河之滨狩猎，可以得到栋梁之材。而姜子牙道号"飞熊"。"奸"乃求取之意。明代许仲琳《磻溪歌》曰：

> 短竿长线守磻溪，这个机关那个知？
> 只钓当朝君与相，何尝意在水中鱼。

"太公"指周文王祖父古公亶父。周文王遇姜子牙，尊之为"太公望"，拜为师，成就了周朝八百年基业。明代许仲琳有诗曰：

> 渭水溪头一钓竿，鬓霜皎皎两云蟠。
> 胸横星斗冲霄汉，气吐虹霓扫日寒。
> 养老来归西伯下，避危拚弃旧王冠。
> 自从梦入飞熊后，八百余年享奠安。

白居易《渭上偶钓》曰：

> 昔有白头人，亦钓此渭阳。
> 钓人不钓鱼，七十得文王。

传说姜子牙为躲避纣王，隐遁江湖，曾留下多处钓鱼台，如河南新安石钓台、咸阳土钓台和磻溪钓鱼台。磻溪钓鱼台最有名，被认作是文王访贤之处。有诗曰：

弃却朝歌远市尘，法施土遁救民生。
闲居渭水垂竿待，只等风云际会缘。
武吉灾殃为引道，飞熊仁兆主求贤。
八十才逢明圣主，方立周朝八百年。

磻溪发源于秦岭北麓，是渭河支流，位于宝鸡东南。《水经注》载："渭水之右，磻溪水注之……溪中有泉，谓之兹（滋）泉，泉水潭积，自成渊渚，即《吕氏春秋》所谓太公钓兹泉也。今人谓之凡谷，石壁深高，幽隍邃密，林嶂秀阻，人迹罕交，东南隅有石室，盖太公所居也。水次平台钓处，即太公垂钓之所也。其投竿跽饵，两膝遗址犹存，是有磻溪之称也。"磻，缴鸟之石也。磻溪，又名伐鱼河。

滋泉，直径六米，水深一米半，清澈见底，传说与水府相通。临泉有一巨石，在泉池之南，石宽二米，长约二米半，石顶面平滑。临泉一边有两条凹痕，宽约六寸，深约四寸，两痕长短不一，一痕长过一尺，一痕长近二尺。传说此即姜太公钓鱼时的跽痕。此巨石即传说中之钓鱼台。雨季之后磻溪中水量较大，上游之水从钓鱼台西侧之深沟中冲下，在钓鱼台前形成巨潭，将滋泉淹没。北周时期庾信诗《文王见吕尚赞》云：

言归养老，垂钓西川。

岸上磻石，溪唯小船。

风云未感，意气怡然。

有此相望，于兹几年。

钓鱼台巨石之东临溪岸，从岸上可以一步跨到巨石之上。岸崖石上刻书"钓鱼台"三字，篆字，无款识，不知何人何时题书。崖石之顶筑亭，为石柱四方亭，名"独钓亭"。石柱上刻对联："一竿谋略岂仅为鱼，千年风雨独壮斯台。"唐代胡曾《咏史诗·渭滨》云：

岸草青青渭水流，子牙曾此独垂钓。

当时未入飞熊兆，几向斜阳叹白头。

从溪岸有台阶曲折而上可以登上独钓亭。台阶石壁刻书"愿者上钩"四字。传说姜子牙钓鱼是用直钩，钓钩离水面三寸，为愿者上钩。姜子牙声言："吾宁在直中取，不向曲中求。不为锦鳞设，只钓王与侯。"苏东坡有诗曰：

鸡岭云霞古，龙宫殿宇幽。

南山连大散，归路走吾州。

欲往安能遂，将还为少留。

回趋西虢道，却渡小河洲。

闻道磻溪石，犹存渭水头。

苍崖虽有迹，大钓本无钩。

诗后跋文曰："十四日，自宝鸡行至虢。闻太公磻溪石在县东南十八里，犹有投竿跪饵两膝所著之处。"宝鸡县，又称虢。

钓鱼台往南不远，溪谷中有巨石，高6.7米，上大下小，状如莲座，称璜石，又名丢石。石上刻"孕璜遗璞"四个大字，是乾隆五十九年（1794）宝鸡知县徐文博题书。璜指半壁如虹的玉器，磻溪又名璜河，因姜子牙在磻溪钓鱼曾得玉璜而得名。

从璜石往上游走二百多米，有大坝，是伐鱼河水库。传说当年姜子牙居住的石室已经没入水库之中了。大坝之旁有太公庙。李白《梁甫吟》中就有对姜太公的描写："君不见，朝歌屠叟辞棘津，八十西来钓渭滨。宁羞白发照清水，逢时壮气思经纶。广张三千六百钓，风期暗与文王亲。大贤虎变愚不测，当年颇似寻常人。"

传说姜太公在渭水垂钓十年，在未遇到文王之前，也颇似寻常人。王安石词《浪淘沙·伊吕两衰翁》云：

> 伊吕两衰翁，历遍穷通。一为钓叟一耕佣。若使当时身不遇，老了英雄。
>
> 汤武偶相逢，风虎云龙，兴王只在谈笑中。直至如今千载后，谁与争功。

伊吕，伊是伊尹，商汤时大臣，曾是陪嫁的奴隶；吕即吕望，姜太公。太公庙始建于唐贞观年间，平房三间，屋前四株古柏，也是唐贞观年间种植，每株柏树树根旁有一地漏式小井坑，用于灌输油脂，种植柏树要时不时往地漏中灌油，柏树方可生长繁荣而油性十足。庙内陈设很简朴，供奉姜太公神像。门框上对联："斩将封神，功贯古今神第一；兴周诛纣，才兼文武世无双。"门扉上还贴有一副对联："百里磻溪文王访贤，千年古庙太公蓄锐。"宋代封姜太公武成王，姜太公是武圣。明朝以后，姜太公武圣的地位逐渐被关羽取代。

距太公庙不远的山崖上刻书"赵云邓芝屯兵处"大字，旁题小字"蜀汉建兴六年诸葛亮一出祁山"。诸葛亮第一次出祁山，派将军赵云、监军邓芝带领一支兵马屯据此处，"扬声由斜谷取郿"。诸葛亮则率主力破天水，收姜维，"声东击西"，可惜因马谡失街亭而满盘皆输。街亭在甘肃省秦安县境内。

全真教丘处机曾隐居磻溪六年，著有《磻溪集》。姜太公、诸葛亮、丘处机都是传奇人物，都在磻溪留下活动记录。

磻溪钓鱼台成为关中著名的旅游景区，公园里有"封神宫""万神宫"等景点。公园门口刻有《六韬》，传说是姜子牙著述的兵书。

岐山周公庙润德泉

岐山是周人发祥地。周人最初活动区域在豳（今陕西旬邑县）一带，延绵了十几代人，到了古公亶父时，遭到戎狄侵略，敌强我弱，古公亶父不愿子民为打仗而死亡，决定退让，遂迁徙到岐山一带，此地名"周原"，部族以周人自称，周人开始兴盛。古公亶父是周文王的祖父，即周太公。《诗经·绵》中"周原膴膴，堇荼如饴。爰始爰谋，爰契我龟。曰止曰时，筑室于兹"记述了这段历史，古公亶父带领族人来到周原，见土地肥沃，"堇荼如饴"，聚众商议，决定龟卜，占卜结果是："时运之地，留居此地。"

周公姬旦是文王第四子，为记述曾祖父迁周的不得已，作诗《岐山操》："狄戎侵兮，土地迁移。邦邑适于岐山，烝民不忧兮，谁者知。嗟嗟奈何兮，予命遭斯！"唐代韩愈《岐山操》云："我家于豳，自我先公。伊我承绪，敢有不同。今狄之人，将土我疆。民为我战，谁使死伤。彼岐有岨，我往独处。人莫余追，无思我悲。"诗中反映了古公亶父的爱民思想。从古公亶父到文王，再到周公，传承了爱民思想，此思想被孔子继承，成为儒家核心思想之一。

姬旦的封地原本是鲁国，由于他要辅佐多病的武王和年幼的成王，不能去封国，改由世子伯禽适鲁。为了保障姬旦的生活，在关中岐山脚下另外封赐了一块封地作为他的"采邑"，地名"周原"，故而姬旦名周公。

同样，召公姬奭封地原为燕国，由于辅政不能赴燕国，改由世子姬克适燕，在关中另封采邑名召，故姬奭名召公。召公姬奭是文王庶子。传说文王"百子"，百子属于夸张的说法。

周原在如今陕西省岐山县境内，岐山为古时山名，关于古之岐山是现在的哪座山，有不同的说法。周原上有凤凰山，有人认为就是岐山。凤鸣岐山乃吉祥之兆，《竹书纪年》载"文王梦日月著其身，又鸑鷟鸣岐山"。《国语·周语》载"鸑鷟，周之兴也，鸑鷟鸣于岐山。"鸑鷟，不少人认为即凤凰。宋代汪藻《凤凰山》："凤凰山上凤曾飞，百鸟群中识者稀。一自岐山鸣未已，周家文运与天齐。"凤凰山在今岐山县城北边。周公庙就在凤凰山上，凤凰山在这里拐了个弯，形成一个山窝，称为"卷阿"。阿，土山之意，"卷阿"是山折拐之处。周公辅政七年后，成王成年，周公归政于成王，就隐居在卷阿。明代梁建廷《谒周公庙》："周公庙宇贮卷阿，古木参天翥凤窠。德备先朝光日月，道流后世配山河。精忠昭感风雷护，达孝默通神鬼呵。甚矣吾衰劳孔梦，衮衣难见思如何！"

周公庙始建于唐高祖武德元年，李渊为表彰周公，在其生前隐居之地建祠祭祀周公。如今的周公庙是陕西省较大的古代建筑群，现存建筑大多是明代的，是全国重点文物保护单位。景区里道教景观不少，但核心景观是周公祠。

周公庙山门匾是舒同题书，山门对联："胜地矢君子之音，想当年优游伴奂；灵水卜土人之端，看今日澎湃汪洋。"矢，施行之意。卷阿在西周初期就已经是休闲娱乐中心。

进山门甬道，甬道两旁碑刻名人题字、诗词，甬道尽头正对乐楼门洞，门洞上方匾书"飘风自南"，题书于清道光年间。卷阿三面环山，只有向南缺口，南风可以吹进来。门洞对联："父兄王道圣功善继善述，姜召帝师皇属一心一德。"父兄指文王、武王，姜召指姜太公和召公。改建后的对联是："临流水犹听古乐，遇崇山若仰大贤。"

进乐楼门洞，门洞上方是戏台。戏台台柱对联："卷阿古土，八方信士瞻圣母；西岐宝地，四海游人谒周公。"戏台是一个闭合四合院的南屋。院内空地中央立周公塑像，像后的八卦亭为重檐八角，亭抱柱对联："厚德载物岐周仰止，穷理研几文明创纪。"门柱对联："轻扣天枢徵大化，小襄心籁拟玄同。"亭内顶上藻井绘八卦图。文王演绎八卦不同于伏羲的先天八卦，故称后天八卦，作八八六十四卦卦辞。一卦六爻，周公继承父志，作爻辞，共三百八十四爻辞。普遍认为，后来孔子整理《易经》，作《易传》。《易经》《易传》总称《周易》。

八卦亭之后是四合院北屋，为周公献殿，是祭祀周公的地方。大殿门上对联："制大礼作大乐并戡大乱，大德大名垂宇宙；训多士诰多方兼膺多福，多才多艺冠古今。"对联赞颂了周公的功业和品德。周公隐居卷阿之后，制定礼、乐，以礼教治天下。《多士》《多方》是周公训诰大臣和天下的训诰文，收录在《尚书》中。戡大乱是指"平定三监之乱"，一种说法是斩武庚，杀管叔，蔡蔡叔，降霍叔为庶人。

这种说法具体是，武王伐纣灭殷商，封纣王子武庚于殷故地以抚殷遗民。封姬鲜（文王嫡三子）于管，今新乡一带。封姬度（文王嫡五子）于蔡，今河南上蔡一带。封姬处（文王嫡八子）于霍。将殷故地三分之，令管叔、蔡叔、霍叔为殷相监治，史称"三监"。武王崩，周公以嫡四子辅政，管叔不服，联合蔡叔、霍叔，并裹胁武庚禄父叛乱，史称"三监之乱"。周公花了三年时间平定叛乱，斩武庚，斩是身首异处。杀管叔，杀乃打死，尸首完整，对古人而言，斩与杀是有区别的。蔡蔡叔，蔡指流放，流放蔡叔。降霍叔为庶人，削去爵位降为平民。

周公献殿是过厅式建筑，出献殿北门，三座殿宇并列，规模制式一样。正中是周公殿，殿门对联："自古勋劳推元圣，从来梦见有几人。"孔子崇拜周公，曾经梦见过周公，儒家尊周公为元圣。

周公殿西侧是召公殿，殿门对联："棠风普被娑椤树，膏泽清涟润德泉。"召公殿前种植一株甘棠树。甘棠，即野梨树，未经嫁接的原生梨树，梨树须嫁接之后结果才甘甜。召公勤政，曾坐在甘棠树下办公。《诗经·甘棠》："蔽芾甘棠，勿翦勿伐，召伯所茇。蔽芾甘棠，勿翦勿败，召伯所憩。蔽芾甘棠，勿翦勿拜，召公所说。"反映了人们对召公德政的怀念。召公殿前有碑刻《召伯甘棠图》，图上方刻文《甘棠图记》，图文并茂，清道光年间岐山县令李文瀚绘画并撰写文字刻碑立于殿前。碑顶书"云房"二字是横着所书，即须将碑放倒了看，据说为八仙之一的汉钟离所书。《史记·燕召公世家》载："召伯之治西方，甚得兆民和。召公巡行乡邑，有棠树，决狱政事其下，自侯伯至庶人，各得其所，无失职者。召公卒，而民人思召公之政，怀棠树而不敢伐，哥咏之，作《甘棠》之诗。"

周公殿之东是太公殿，殿门对联："此老天下称大老，唯公终古配周公。"

清代许苏荃《岐山下谒周公庙》云："召主陕之西，惟公主陕东。甘棠托古柏，千祀青茏葱。白发垂钓叟，鹰扬接雄风。俎豆幸不隔，遗碑摩苍穹。"

太公殿往东有碑亭，亭内有碑十通。亭后有一院落，前院有二株汉代古槐，后院是姜嫄殿。殿门对联："培斯世奇男异女，育周家圣子贤孙。"殿内供五位圣母，姜嫄居中，左右分别是太姜、太任、太姒和邑姜。姜嫄，周氏始祖，有邰氏女，帝喾元妃，生子后稷是周人初祖。太姜，太公古公亶父妃。生子泰伯、仲雍和季历。太任，季历妃，生子姬昌，即文王。太姒，文王妃，生子武王姬发、周公姬旦等。邑姜，武王妃，姜太公之女，生子成王。五位伟大女性都生育圣子贤王，成为人们心目中的圣母，民俗尊之为送子娘娘，求子者络绎不绝，香火不断，求子时还举行仪式，有远古求子祭祀的原始遗风。

姜嫄殿后，半山坡上是后稷殿。殿内神龛上正中是后稷像，东侧是泰伯、仲雍像，西侧是季历像。殿门对联为："教稼穑诚宜称后，明农功即可名官。"后，古代对君主、首领的称呼。后稷是帝尧时的四大臣之一，主管农政，后稷原为官职，后转化为人名。后稷本名弃，依传说，弃与尧是异母兄弟，同为帝喾之子。明代康海《谒后稷庙》云：

> 翠柏笼香殿，苍云荫石苔。
> 春深迷古砌，日夕暗层台。
> 文德通时夏，烝尝尚有邰。
> 万年瞻庙貌，茅土也悠哉。

后稷殿向东，山腰上有"郊禖庵"，庵门有匾书"祥开有周"。禖，求子之祭。传说姜嫄到野外郊祭求子，踩到了天帝的大脚印，身体感应怀孕生子，姜嫄以为不祥，弃之，此子却得到禽兽呵护，于是姜嫄重新拾回抚养，即后稷。《诗经·生民》："厥初生民，时维姜嫄。生民如何？克禋克祀，以弗无子。履帝武敏歆，攸介攸止，载震载夙。载生载育，时维后稷。"帝，天帝。武，足迹。敏，大拇指。歆，心有感应。

润德泉在姜嫄殿东侧，是岐山八景之一，又称周公泉、药泉、治泉、圣水。山坡下有亭，亭一面临坡，坐落于护坡的高台上。亭中有唐碑，弥足珍贵，碑文是崔珙撰书的"润德泉记"。如今用钢化玻璃罩将唐碑保护起来了。亭座高台嵌石刻书"润德泉"三字，亭前是泉池。泉池是清代道光年间修筑的。泉眼是四方池，桌面大小，方池中螭头高昂，泉水从螭口中喷出。传说泉水涌流则国泰民安，风华物茂；泉水枯竭则世态动乱，兵荒不断。泉涌时为风则滥，喷珠溅玉，湛然澈底，水则澄莹如镜，味甘如醴。外池八方，由下向上，由内向外，逐层扩张，至地面有立柱八根，构成八边，每边有护板两块，而两护板之间又立以加强柱，从而形成十六柱、十六板之八边形。柱头雕神怪异兽，护板正反面雕奇花异草、飞禽走兽，工艺精湛。《食物本草》载："润德泉水，味甘，主补元气，治劳瘵，泄肺邪，通隧道，降痰火。"传说慈禧西逃至西安时，当地人特意从润德泉取水供老佛爷饮用。

润德泉最初开凿于何时，史料已经湮没，已无可考证。大唐宣宗大中年间，一阵狂风之后，泉水复涌，被视为祥瑞。凤翔节度使崔珙上书《周公祠灵泉奏状》称："岐山县凤栖乡周公祠，旧有泉水，枯竭多年，去冬十一月十七日，忽因大风，其泉五处，一时涌出，深一尺已来，又有七处见出……询诸故老，博访里闾，咸称此泉出，必时泰岁丰者……伏请宣付史官，以光典册。"唐宣宗答崔珙奏敕曰："朕闻致理之代，地出醴泉，盖以泽可济时，德推上善，征诸传记，最为休祥……今赐名'润德泉'。"可见润德泉名为唐宣宗御赐。泉亭旁的护坡壁上嵌石刻"周公圣水"四字，是明天启年间钦差大臣题书。

历代文人歌咏润德泉的诗词甚多。明代赵忠《周邸治泉》云：

一泓岐水净年芳，漾漾溶溶玉液香。

莫把流泉等陈迹，缘知地久与天长。

明代王九思《周邸治泉》云：

泉涌出前道，滔滔兆丰年。
山前问古老，泉上拜周公。

苏轼《周公庙》云：

吾今那复梦周公，尚喜秋来过故宫。
翠凤旧依山碑兀，清泉长与世穷通。
至今游客伤离黍，故国诸生咏雨濛。
牛酒不来乌鸟散，白杨无数暮号风。

苏辙《次韵子瞻题岐山周公庙》云：

周人尚记有周公，禾黍离离下有宫。
破豆炙豚非以报，野巫长跪若为通。
山围栋宇泉流近，凤去梧桐落叶濛。
有客赋诗题屋壁，二南犹自有遗风。

"白杨集乌"是周公庙八景之一，庙内有白杨林，日暮乌鸦集聚树上，成为庙中一景，故而苏东坡有诗句"白杨无数暮号风"。

台西古柏也是周公庙八景之一。黄巢之乱时，唐朝官府屯兵于周公庙，斩此柏树，以誓军令。柏树上斧痕犹在，树半身枯，但枝叶繁荣，有诗赞曰："生机不死总由天，一脉根蟠润德泉。古柏已枯还复茂，独留瑞物万斯年。"

五丈原诸葛泉

元代鲜于必仁《折桂令·诸葛武侯》词曰：

草庐当日楼桑，任虎战中原，龙卧南阳。八阵图成，三分国峙，万古鹰扬。

《出师表》谋谟庙堂，《梁甫吟》感叹岩廊。成败难量，五丈秋风，落日苍茫。

诸葛亮第六次北伐中原，行辕设在五丈原。"陨大星汉丞相归天"，星落五丈原。从此五丈原妇孺皆知。明代南宫《秋风五丈原》曰：

四野平旷可屯兵，果是天生地设成。
霭霭祥云犹锁阵，摇摇古树尚披旌。
英雄直欲吞曹魏，忠义常存扶汉京。
星堕于今知几代，高原还尔俨芳名。

五丈原在陕西渭河南岸，在岐山县境内，形如琵琶，从秦岭北麓中伸出，直指关中，八百里秦川尽收眼底。《地理通释》载"（五丈原）高、平、阔、远，实为兵者必争之地"。

关于五丈原的名称来由，有多种说法，一种说法是与秦二世胡亥有关。秦二世二年（前208），胡亥西巡至此，虽然时值秋天，却酷热难耐，胡亥移驾坡顶纳凉，正遇一阵旋风，刮起五丈多高的尘土，令人顿觉凉爽，胡亥欣然赞曰"秋风五丈原"。但由于胡亥名声不好，许多人不愿意承认此说。

西晋陈寿《三国志·诸葛亮传》载："（建兴）十二年春，亮悉大众由斜谷出，以流马运，据武功五丈原，与司马宣王对于渭南。亮每患粮不继，使己志不申，是以分兵屯田，为久驻之基。耕者杂于渭滨居民之间，而百姓安堵，军无私焉。相持百余日。其年八月，亮疾病，卒于军，时年五十四。及军退，宣王（司马懿）案行其营垒处所，曰'天下奇才也'。"《魏氏春秋》载："诸葛亮据渭水南原，司马懿谓诸将曰：'亮若出武功，依山东转者，是其勇也。若西上五丈原，诸君无事矣。'"记载表明诸葛亮屯兵五丈原，是打算长期驻扎。

五丈原上有诸葛亮庙。元代郭思恭《祀五丈原武侯祠碑记》载，"庙自今千有余年"。明确记载，从蜀汉时起，在五丈原就已经有庙祭祀诸葛亮。元代梁恂《五丈原武侯祠》云：

> 曹魏宫阙草芊芊，丞相祠中碑灿然。
>
> 二表出师全仗义，三分立国总由天。
>
> 浮云尚结吞吴恨，衰草犹含伐魏冤。
>
> 千载精忠享明祀，人人谁不仰前贤。

现存山门是清光绪年间重修的。但是匾额对联原物都已毁坏，现匾和对联或是复制或是当代人补书。正中檐下匾书"五丈原诸葛亮庙"，是舒同书写。左右匾"西蜀贤相""南阳纯儒"，原匾是郭思恭题书，现物是今人补书。门前抱柱对联为："一诗二表三分鼎，万古千秋五丈原。"原对联是孙中山秘书孙墨佛撰书，现物是今人补书。山门前左右檐下、壁上绘老将黄忠、严颜画像。

山门里侧，檐下匾书"忠贯云霄"，原匾是嘉庆帝御笔，抱柱有两副对联。内对联："伐曹魏名留汉简，出祁山气吞中原。"外对联："隆中对策论天下大势，深谋远虑定天下；蜀都上表为汉室江山，呕心沥血佐汉室。"门前檐下左右塑马岱、魏延立像，塑于明代。五丈原武侯祠走廊还塑有蜀汉文武百官像。

献殿是元代建筑，檐下匾书"五丈秋风"。门柱对联："三顾许驰驱，三分天下隆中对；六军彰讨伐，六出祁山纲目书。"殿内壁上嵌刻岳飞书《出师表》，由名工匠樊登刻石，以文、书、刻被誉为"三绝碑"。宋绍兴八年岳飞领兵过南阳谒武侯庙，遇雨而夜宿祠内，秉烛细细揣摩《出师表》文章，有感于"还我河山"壮志难酬，遂向道士索要纸笔，激情中笔走龙蛇，书出杰作。明太祖评曰"纯正不曲，书如其人"。左宗棠平叛新疆，出征时路过五丈原，与诸葛亮、岳飞惺惺相惜，于岳飞书后写出跋文。诸葛亮文、岳飞书和左宗棠跋又是三绝。殿中对联不少，录一副："勤王事大好儿孙，三世忠贞，史笔犹褒陈庶子；出师表惊人文字，千秋涕泪，墨痕同溅岳将军。"陈庶子，即陈寿，官拜"太子庶子"，其所著《三国志》中载：魏军破剑门关，直指成都，诸葛亮长子诸葛瞻率子诸葛尚领兵勤王，死战绵阳，双双殉国。诸葛亮一门三世忠贞，为蜀汉鞠躬尽瘁，死而后已。

正殿檐下匾书"英名千古"。门对联："成大事以小心一生谨慎，仰风流于遗迹万古清高。"对联原物为冯玉祥撰并书，可惜已毁。殿内神龛供诸葛亮坐像。神龛对联："短兵五丈原，长眠一卧龙。"

正殿后有"落星亭"，亭中放置一陨石。东晋《晋阳秋》一书记载："有星赤而芒角，自东北西南流，投于亮营。三投再还，往大还小，俄而亮卒。"据说亭中之石即此陨石，五丈原乡有落星坡。

星落五丈原，历代文人有诗咏叹。唐代胡曾《五丈原》云：

> 蜀相西驱十万来，秋风原下久裴回。
> 长星不为英雄住，半夜流光落九垓。

宋代蒋子奇《五丈原怀古》云：

> 蜀相扬声欲取郿，关中形势已全窥。
> 当时不是长星坠，席卷中原未可知。

五丈原有诸葛亮衣冠冢，墓冢建于三国末年，明代嘉靖年间重修。石护栏立柱二十八根，象征诸葛亮辅佐蜀汉效劳二十八年。诸葛亮墓在汉中定军山下，墓碑书"汉丞相诸葛忠武侯之墓"，是清代果亲王题书。陈寿《三国志·诸葛亮传》载："亮遗命葬汉中定军山，因山为坟，冢足容棺，殓以时服，不须器物。"

诸葛亮真正宾天之地在五丈原下，当时诸葛亮行辕设在五丈原下的高坡上，如今建有一组庙宇。从行辕故址步几十级台阶而下，有井泉一口，即诸葛泉。泉所在位置如今是五星村。村中有泉眼两口，即上井和下井，上井供人用，下井供牲口用。上井六方石栏，刻"诸葛泉"三字，泉水从井旁流出，村民在溢水口上建小亭，直接在亭下洗涮。上井、下井是当年诸葛亮命令兵士挖掘的。如今，每年诸葛亮生日、忌日，五星村举行庙会，逛庙会的人们多到诸葛泉饮水，尤其是小孩，期盼通过饮泉水沾上诸葛亮的灵气。

山西诸泉

前文在天下第一泉中谈到临汾尧井是在山西，本文再介绍山西省几处名泉。一是霍山与霍泉，二是太原晋祠三泉，三是绵山诸泉。

霍山与霍泉

一种说法是，周公平三监之乱时，把霍叔降为庶人，三年不理会他，那么三年之后呢？重新恢复了霍叔姬处的爵位。霍山下的霍州即古霍国，是姬处的封国，春秋时期被晋国灭了。

不过，我怀疑山西霍国并不是姬处的首封地，而是姬处复爵后的二次封地。复爵后的姬处虽然仍称霍公，但地位已大不如前，封地地点也迁徙了。理由如下：周伐纣灭商，分封诸侯，在地理政治上是精心布局的，殷故地是河南安阳，郑州到安徽亳州一带。封嫡三子姬度于管，今新乡一带。封嫡五子姬鲜于蔡，即今河南上蔡。嫡八子姬处虽不知首封何处，但既为"三监"之一，封国当距殷故地不太远，以便于兼顾。同时封嫡四子于鲁，封嫡六子于曹，有腹背夹击殷故地之意。管、蔡、霍三叔封地应该是殷故地与关中之间的屏障，故霍叔的首封地不太可能是山西霍山，因为山西霍山离中心地理位置太远。历史上称霍山的地名很多。霍字为上雨下隹，霍应该是雨燕之类的与雨水有关系的鸟。霍山则是栖息这种水鸟之山。除了山西霍山，河南洛阳东偏南也有霍山，安徽天柱山也称霍山。我曾查阅中国历史地图册，西周、春秋时期霍标注有两地，一在河南，一在山西。我想地图对我的猜测是佐证，姬处首封之霍国可能在河南，霍叔复爵后改封至山西。

武王崩时，成王才十三岁，周公辅政七年后成王成年，周公归政于成王。在归政之前，为了缓和矛盾，恢复了姬处的爵位。至于山西霍山之名是原名就叫霍山，还是霍叔迁至山西后才改称霍山，就不得而知了。总之，霍山见证了西周开国之初的一段动荡历史。《史记·晋世家》载："（献公）十六年，晋献公作二军。公将上军，太子申生将下军，赵夙御戎，毕万为右，伐灭霍，灭魏，灭耿。"姬处的封国霍被晋献公所灭。

霍山主峰在霍州境内，又名太岳山，延绵一百多公里，是五大镇山之一。五大镇山为：东镇蒙山，西镇吴山，南镇会稽山，北镇医巫闾山，中镇霍山。镇，本意是压席子的重物。古人生活多在席子上，席子容易挪动，需要用重物压住，富贵人家用金属制作重物压席，称之为"镇"。将天下江山比作席子，用镇山镇住，天下就安定了，江山就稳固了。霍山为五镇之一，可见霍山在时人心目中地位之重要。

霍山从霍州向南延绵至洪洞县，古时这一带称"岳阳"，即太岳山之阳，地域包括洪洞和赵县，如今赵县改为赵城镇，是洪洞县下属的一个镇。据史料记载，嬴姓十四氏原来是东夷人，生活在山东一带，其中有四支西迁。其中秦氏迁陇山东侧，赵氏迁霍山之阳，《史记·赵世家》载，赵氏之先与秦共祖。蜚廉有二子，即恶来与季胜。恶来为秦氏先人，季胜之重孙造父是周穆王驭手，为周穆王赶马车。《史记·赵世家》："穆王使造父御，西巡狩，见西王母，乐之忘归，而徐偃王反，穆王日驰千里马，攻徐偃王，大破之。乃赐造父以赵城，由此为赵氏。"造父是赵氏始祖，赵城是赵氏发祥地。

霍泉在霍山南端，如今是洪洞县广胜寺镇，古代属赵城县。《水经注》载"（霍）水，出霍太山，发源成潭，涨七十步而不测其深"。《赵城县志》载："霍泉源出沁源县诸山，流经岳阳县南渗水滩，伏流八十里，至县东南霍山下复出。"泉池南北长 40 米，东西宽 20 米，池底泉眼多达 108 个，泉池东南角可以见到泉水从池底涌起的水柱有六七个之多。泉水流量大，平均流量 4.31 立方米／秒，即每秒有 4 吨多的出水量。霍泉不仅是重要的旅游景点，也是丰富的灌溉资源。霍泉泉畔建分水亭，将泉水分别引向赵城和洪洞两个方向。从干渠再分成网状分渠，灌溉粮田约 13 万亩，形成江南水乡景象。唐代李端《山下泉》云：

碧水映丹霞，溅溅度浅沙。

暗通山下草，流出洞中花。

净色和云落，喧声绕石斜。

明朝更寻去，应到阮郎家。

阮郎，指刘晨、阮肇入天台山采药遇仙故事中的阮肇，阮郎家意指仙境。

有诗《咏霍泉》云：

山川秀色气钟灵，汹涌奔突洪赵风。

泽被槐乡八万里，三七何累后人评。

"三七"指泉水按3:7比例分水。霍泉又名"洗耳泉"，有诗《洗耳泉怀古》："曾见箕山颍水幽，更闻洗耳伴云游。弃瓢池畔寻高士，千古流传说许由。"许由是尧时贤士，有人告诉他尧选他做接班人，他立即躲起来，并用清泉洗耳以防污染了自己的耳朵，传说这个洗耳清泉就是霍泉。霍泉分水亭有对联："分三分七分隔铁柱，水秀水清水成银涛。"

霍泉在广胜寺下院山门前。广胜寺始建于东汉桓帝建和元年（147），分上、下院。上院在山上，下院在山下。唐代汾阳王郭子仪奏请重修。唐代宗恩准并敕名"大历广胜之寺"。广胜寺有三绝：飞虹塔、赵城金藏和水神庙壁画。

飞虹塔是四大名塔之一，四大名塔指登封嵩岳塔、应城释迦塔、大理千寻塔和洪洞飞虹塔。嵩岳塔是最古砖塔，释迦塔是最古木塔，飞虹塔是现存最大琉璃塔。飞虹塔始建于北周保定二年（562），现存琉璃塔是明正德至嘉靖年间历时

16 年建成的，八角十三层，五彩琉璃，高 47.31 米，绚丽壮观，富丽堂皇，构作奇巧，工艺精湛。登塔临空御风，令人心旷神怡。建塔僧人达连禅师，法号飞虹，故以"飞虹塔"命名。清代周之丰《登飞虹塔》云：

> 十三层塔挂长虹，绝顶登临眼界空。
> 穿户鸟冲残雨白，攀梯人倚落霞红。
> 光浮酒盏思吞月，爽入诗怀欲御风。
> 自笑平生高位置，好挥吟袖把仙翁。

广胜寺上院山门有两副对联。一曰："广胜寺佛光照地，飞虹塔紫气腾天。"另一曰："飞虹宝塔迎日月，光明普照广胜寺；金版藏经留禅院，佛学流布大霍山。"

《赵城金藏》原藏于广胜寺，现藏于国家图书馆，是国家一级文物，与《永乐大典》、《四库全书》、敦煌遗书并称四大镇馆之宝。《中华大藏经》就是以赵城金藏为蓝本编印的。金代时潞州人崔法珍劝化募资，在山西解州静林山天宁寺刻成大藏经七千多卷，内容涉及佛学、哲学、历史、语言、文学、艺术、天文、历法、医学、建筑等领域，对中国及世界文化都有深远影响，因保存在赵城广胜寺里，称"赵城金藏"。日寇侵华时企图掠夺金藏，为保护金藏，寺僧与当地民众进行了掩护和周旋，可惜仍有部分经卷散失。

宋代王渊亭《广胜寺》云：

> 春岭碧嵯峨，公余载酒过。
> 红尘随地少，野意近山多。

泉溜寒鸣玉，杨花碎剪罗。

归衫未能著，斜日上松坡。

　　广胜寺下院殿宇原有壁画，被盗卖到美国，为美国博物馆收藏。下院旁的水神庙如今是下院的一部分。其实水神庙有自己的山门、仪门，原来独立的祠庙与霍泉相呼应，专门供奉水神明应王。唐代封李冰为明应王，为水神。水神庙里有《重修明应王殿之碑》："晋宁路赵城县尹兼管本县诸军奥鲁劝农事王剌哈剌撰并书。"落款日期为"元延祐六年八月初六日"。碑文局部模糊，但总体可读："赵城之为邑，其来尚矣。斯东有山巇岩，积而能大，峻而能乔者，霍岳也。其下有波汹涌，挠之不浑、用之不竭者，霍泉也。……皇帝遣使，岁时致祭，壮国阜民、兴云洩雨，非南山有台有莱、兴乐贤之比，实能为邦家立太平之基矣。"文中还谈到了南北渠分水比例为 3:7，文后还有洪洞县尉及赵城县尉署名。

　　明应王殿内的壁画描绘了民众祈雨，龙王施雨，五谷丰登，百姓庆丰收，酬谢水神的一系列场面。尤其珍贵的是描绘元代杂剧戏曲的壁画，上面横幅书"尧都见爱太行散乐忠都秀在此作场"，下面有十一个艺人，扮作七男四女，有净、末、丑等行当，化妆、服饰、乐器、道具刻画精细，《中国戏剧史》一书说这是"研究元代杂剧演出面貌的唯一形象资料"，有极高的史料价值。另外还有《捶丸图》，反映了中国是高尔夫球的起源地之一。

　　霍泉泉池四周用铁护栏加了高高的玻璃钢隔墙，是为了保护水源不被污染，将泉池与游人隔开，游人只能远看。水神庙的碑文称赞霍泉"昼夜溉回""德世济民"，生活在霍泉下的农户真是有福。

太原晋祠三泉

　　山西简称晋，是因为古代有晋国，而晋国得名之由来则是因为有晋水。晋水在太原城南，晋水的源头有晋祠，晋祠之内有难老泉、鱼沼和善利泉三泉，三泉合一之处即形成晋水。晋水是汾河支流，晋水不长，却与晋文化的发展息息相关。

　　晋祠原本是祭祀唐叔虞的。叔虞是周武王次子，周成王二弟，是晋国的始祖。著名的"桐叶封侯"的故事说的就是唐叔虞。《史记·晋世家》："武王崩，成王立，唐有乱，周公诛灭唐。成王与叔虞戏，削桐叶为珪以与叔虞，曰'以此封若'，史佚因请择日立叔虞，成王曰'吾与之戏耳'。史佚曰：'天子无戏言，言则史书之，礼成之，乐歌之。'于是封叔虞于唐。"《吕氏春秋》也有桐叶封侯的记载，稍有不同的是，劝说成王的不是史佚，而是周公。周天子分封诸侯，临行前赐以玉珪。唐是古国，活动范围最初是河北唐县一带，后扩大到山西太原一带。尧称帝前在太原一带活动，故称唐尧。后人为纪念唐叔虞的功绩，在晋水源头修建唐叔虞祠。唐叔虞之子姬燮因境内有晋水，改国号为晋，故而唐叔虞祠又称晋祠。关于唐叔虞首封的是太原还是侯马，史学家有争议，不过那是史家考证的问题。我个人认为应该是在太原，姬虞既称唐叔，应与唐地有关，姬燮改国号称"晋"，应与晋水有关，封地临晋水。《水经注》载："（晋水）其川上溯，后人踪其遗迹，蓄以为沼，沼西际山枕水，有唐叔虞祠。"

晋祠公园坐西朝东，位于悬瓮山下。景区分南、中、北三路，南路以奉天寺为主，是唐初名将尉迟敬德的家庙。中路是王氏宗祠，周太子子乔与其父灵王政见不合而被废黜，贬往太原，后人遂以"王"为姓，王氏宗祠是王氏族人的祖祠。北路是晋祠，是公园的核心景区。

晋祠中轴线上规模最大的殿宇是圣母殿，而唐叔虞祠却是在偏殿位置上，规格低，规模也小。圣母是谁呢？是唐叔虞的母亲邑姜。邑姜为周武王元妃，姜太公之女，周成王和唐叔虞之母，地位尊崇。圣母殿的位置原来是唐叔虞祠，何时、又为什么要用圣母殿取代唐叔虞祠呢？说来话长。

乾祐元年（948），后汉皇帝刘知远病死，刘承祐即皇帝位。乾祐三年（950），郭威取而代之，建立后周，刘知远弟刘崇在太原自立为帝，史称北汉。后周由郭威传柴荣，继而为赵匡胤取代，三十多年里，北汉与中原政权对峙。赵匡胤之弟赵光义先引汾水、晋水灌城，继以火攻，消灭了北汉，也毁了太原城，强迁北汉遗民至汾河边上的唐明镇，即如今的太原城。在北宋之前，太原、晋阳、并州在晋水北岸，临近晋祠东边，并不是如今的太原城所在地。北宋野蛮的军事进攻以及毁城强迁令北汉遗民心怀不满，这种不满常以祭祀唐叔虞的方式发泄出来。对于北汉遗民的唐叔虞情结，北宋朝廷十分忌惮。北宋初年，山西发生大地震，官府利用重修晋祠的机会，在唐叔虞殿里供奉了圣母邑姜，唐叔虞只是作为立像站在圣母像侧陪祀。圣母地位尊贵，以母代子，北汉遗民无话可说。再后来干脆将作陪衬的唐叔虞立像也撤了，单独于偏殿位置重建唐叔虞祠，则是后来的事情了。明代嘉靖己丑科状元罗洪先题诗刻碑立于圣母殿南墙根，诗曰："悬瓮山中一脉清，龙蟠虎伏隐真明。水飘火劫山移步，五十年来帝母临。"暗喻了唐叔虞改为圣母殿的变迁。"水飘火劫山移步"，指宋太宗先用汾水、晋水灌晋阳，然后火焚晋阳，山西大地震后借重建晋祠的机会，用帝母邑姜取代唐叔虞，偷梁换柱。

圣母殿中圣母的形象是按刘艳妃刘娥的形象塑造的。刘娥是山西人，宋真宗妃，宋仁宗嫡母，传说故事《狸猫换太子》中的刘妃是也。仁宗年幼，刘娥以太后临朝称制，据宋史记载，政绩还不错，但戏曲与历史是两码事。仁宗生母李宸妃原为宫女，出身低微，死在刘娥之前。刘太后驾薨之后，仁宗亲政，方知与其生母有关的事情。

晋祠有三绝：圣母殿42位宫娥像、周柏和难老泉。晋祠古建筑有三宝：北宋圣母殿、献殿和鱼沼飞梁。另外还有贞观宝翰，唐太宗书碑《晋祠之铭并序》是书法碑刻中的珍品。

圣母殿中圣母以及42位宫娥像制作工艺精湛，对于研究北宋宫廷生活、服饰、化妆等有重要作用，艺术价值和历史价值极高。

晋祠现存两株周柏，一称齐年柏，一称长齿柏。齐年柏从根部就分为两枝，是倾斜的，倾斜角度很大，与地面夹角近30度。"古柏齐年"是晋祠八景之一。冯玉祥《咏晋祠周柏》云：

大树苍苍数千载，虽然倾斜诚大观。
饱经世间冷暖事，能耐风霜不畏寒。

长龄柏前立牌书写："相传西周所植，距今三千年。树高17米，胸围5.15米，有诗'桐祠荫八百，下阅二千纪。两柏尚丸丸，三千龄弗止。同心德不孤，连理长不死。庸知遗世材，得算类若此'。"牌中所引诗句来自《古柏齐天》，可能是明末清初太原名士傅山所作。欧阳修《晋祠》云："古城南出十里间，鸣渠夹路何潺潺。行人望祠下马谒，退即祠下窥水源。地灵草木得余润，郁郁古柏含苍烟。"董必武1960年游晋祠也有诗句"悬瓮山前晋水清，晋祠古柏翠森森"。长龄柏旁还有隋槐。总之，晋祠古木甚多。

圣母殿前抱柱上挂了很多楹联，选录两副。其一："悬瓮山高，碧玉一湾分晋水；剪桐泽远，慈云千古荫唐村。"撰联者祁寯藻，清嘉庆年间进士。其二："灵泉浩浩，万顷琉璃穷地脉；圣水溶溶，九涯珠玉荡天光。"圣母殿神龛对联："沛泽共汾川，十里稻畦流碧玉；剪圭分参野，千年桐荫普黎甿。"圣母殿匾亦录几副："灵源惠泽""坤厚载物""泽被河汾"。

圣母殿前献殿和连接两殿的鱼沼飞梁是古建筑中的佳品，尤其是鱼沼飞梁，十字形桥梁跨坐在鱼沼之上，是古建筑中的孤例。圣母殿坐落在六个泉眼之上，泉水汇聚到殿前方池之中，池中有鱼，曰鱼沼。圆形曰池，方形曰沼。鱼沼是晋祠三泉之一。《水经注》载，唐叔虞祠建在沼西枕水之际，沼上设有飞梁。如今圣母殿的位置即是原唐叔虞祠位置，即在泉眼之上，只是不知北魏时期的飞梁是什么样子。

善利泉在圣母殿东北角，是晋祠三泉之一，但水量较小，泉眼上座一六角亭，亭中匾书"善利"二字，传说泉本名"三利"泉。六角亭前有松水亭，亭为敞轩式，亭中有多道古碑，为名亭之一。亭柱对联："晋水源流汾水曲，荷花世界稻花香。"

匾泉在圣母殿之南，是三泉中水量最大者，被认作是晋水正源。《诗经·泮水》："永锡难老。"难老，即长寿、永葆青春之意。难老泉是一口深井，从井沿往下看去，可以看到井底泉水汹涌翻滚。泉眼上乃一八角亭，亭内上方挂竖匾书"难老"二字，是傅山题书。竖匾下横匾书"晋阳第一泉"，题款"康熙壬申孟夏之吉，于越刘汇题"。壬申是康熙三十二年（1693）。亭攒尖顶，八角八柱，八柱上挂四副对联。其一："昼夜不舍，天地同流。"其二："悬山玩翠，袖海观珠。"其三："无量渊源无量泽，第一山林第一泉。"其四："泉出乎地，地久泉俱久；水生于天，天长水也长。"亭旁有砖壁，泉水从壁上螭口中喷涌而出。难老泉、鱼沼和善利泉三泉会合形成晋水，按3:7比例分成南北二渠。

北渠从洗耳洞中流过，洞上方有一亭名"真趣亭"。真趣亭亭柱挂两副对联。其一："此地饶山中兴趣，到处皆水面文章。"其二："穿花蛱蝶深深见，点水蜻蜓款款飞。"

从洗耳洞流过的北渠，称智伯渠。据《史记·赵世家》记载，智伯挟韩康子、魏桓子，三家联合攻赵襄子，赵襄子退守晋阳，智伯引晋水灌晋阳城，导致"城不浸者三版，城中悬釜而炊，易子而食"，水面只差三块木板就可以漫过城头，晋阳城危在旦夕。赵襄子派说客说服了韩康子、魏桓子，韩、魏临阵倒戈，赵、韩、魏三家联合攻智伯，智伯灭亡。三家尽分智伯之地，赵、韩、魏三卿更加强大，不久三家更是瓜分了晋国，晋国灭亡，标志着春秋时期结束，历史进入了战国七雄的时代。智伯引晋水灌晋阳、修智伯渠是重大的历史事件。智伯渠在晋祠中蜿蜒绕行是园中一景。到了宋太宗时，赵光义重演智伯故伎，引晋水灌太原城。

《难老泉赋》："览晋源之形胜，耸瓮岭之峥嵘，嘉斯泉之灵异，锡难老之怡心。"《难老泉》："（泉水）喷若玉窦，泄为瑶池，滔滔不可遏，泠泠无竭时。"宋范仲淹《晋祠泉》云："神哉叔虞庙，地胜出嘉泉……此异孰可穷，观者增恭虔。锦鳞无敢钓，长生同水仙。千家溉禾稻，满目江乡田。我来动所思，致主愧前贤。大道果能行，时雨宜不愆。皆如晋祠下，生民无旱年。"

李白诗《忆旧游寄谯群元参军》云："时时出向城西曲，晋祠流水如碧玉。浮舟弄水箫鼓鸣，微波龙鳞莎草绿。兴来携妓恣经过，其若杨花似雪何。红妆欲醉宜斜日，百尺清潭写翠娥。"黄庭坚书此诗刻碑立于晋祠里，该碑李诗黄字，是晋祠镇祠之宝。

唐太宗《晋祠之铭并序》由李世民亲撰亲书，刻碑立于"贞观宝翰"亭里。李渊任太原留守，但隋炀帝对这位姨表兄并不信任，密令亲信抓捕李渊，以晋祠设宴为名作了布置，但是被李渊、李世民父子察觉，他们在晋祠作了反布置，斩杀了隋炀帝亲信，并在唐叔虞祠前明誓起兵。多年之后，李世民写文章纪念了这件事情，赞颂是唐叔虞的功德庇佑了大唐王朝的建立。《晋祠之铭并序》文中对晋水三泉称赞有加："飞泉涌砌，激石分湍。萦氛雾而终清，有英俊之贞操，任方圆以成像，体圣贤之屈伸，日注不穷，类芳猷之不绝；年倾不溢，同上德之诚盈……兹泉表异，带仙宇而为珍，仰神居之肃清……泉涌湍萦，泻砌分庭。非挠可浊，非澄自清。地斜文直，涧曲流平。翻霞散锦，倒日澄明。冰开一镜，风激千声。"将晋水三泉描述成人间仙境。唐太宗书法宗王羲之《兰亭序》，用行书书碑。碑刻的文史及书法价值极高。

明代于谦《忆晋祠风景且以致望雨之意》云：

> 悬瓮山前景趣幽，邑人云是小瀛洲。
> 群峰环耸青螺髻，合涧中分碧玉流。
> 出洞神龙和雾起，凌波仙女弄珠游。
> 愿将一掬灵祠水，散作甘霖遍九州。

郭沫若1959年游晋祠题诗：

> 圣母原来是邑姜，分封桐叶溯源长。
> 隋槐周柏矜高古，宋殿唐碑竞炜煌。
> 悬瓮山泉流玉磬，飞梁荇苔布葱珩。
> 倾城四十宫娥像，笑语嘤嘤立满堂。

晋祠山门后是水镜台，是公园的露天戏台，檐下匾书"三晋名泉"。对联："水秀山明无墨无笔图画，鸟语花笑有声有色文章。"

绵山诸泉

绵山是霍山的一个支脉，在山西介休市，境内有介子推墓，是介子推长眠之地，故名介休，绵山也因此又名介山。介休之名是晋文公定的。

晋文公是春秋五霸之一，晋文公与介子推的恩怨，说来话长。晋文公名重耳，是晋献公的庶子。晋献公宠信骊姬，骊姬为了能让自己的儿子当上世子，设计陷害了太子申生，进一步陷害太子申生的同党重耳等人。重耳被迫流亡国外长达 19 年之久，终于在 61 岁时返回晋国，当上国君。随同重耳流亡的有一帮忠义之士，介子推是其中之一。在逃难途中，有一次大伙都饿得走不动了，介子推向重耳奉上一份肉汤。重耳食后追问，才知是介子推割自身股肉做汤。介子推对重耳之忠心可以想见。回国后当了国君的重耳遍赏追随流亡的众人，却唯独未赏介子推。《左传》载："晋侯赏从亡者，介子推不言禄，而禄亦弗及。"对于介子推之"割股啖君"，《东周列国志》有诗赞曰：

孝子重归全，亏体谓亲辱。
嗟嗟介子推，割股充君腹。
委质称股肱，腹心同祸福。
岂不念亲遗？忠孝难兼局。
彼哉私身家，何以食君禄。

有人为介子推鸣不平，作书贴在朝廷大门上：

有龙矫矫，顷失其所。
五蛇从之，周遍天下。
龙饥无食，一蛇割股。
龙反其渊，安其壤土。
四蛇入穴，皆有处所。

一蛇无穴，号于中野。

晋文公明白这是介子推的怨词，派人找介子推，介子推已经携母隐遁，找不到了。《左传》载隐遁之前母子对话：

> 推曰："献公之子九人，唯君在矣。惠、怀无亲，外内弃之。天未绝晋，必将有主。主晋祀者，非君而谁？天实置之。而二三子以为己力，不亦诬乎？窃人之财，犹谓之盗，况贪天之功以为己力乎？下义其罪，上赏其奸，上下相蒙，难以处矣！"其母曰："盍亦求之，以死谁怼？"对曰："尤而效之，罪又甚焉！且出怨言，不食其食！"其母曰："亦使知之若何？"对曰："言，身之文也。身将隐焉用文之，是求显也。"其母曰："能如是乎，与女偕隐。"

有人发现介子推隐于绵山，告知晋文公，晋文公亲自到绵山，却找不到人，文公面有愠色曰："子推何恨寡人之深焉，吾闻子推甚孝，若举火焚林，必当负其母而出焉。"魏犨曰："今子推隐身而要君，逗留车驾，虚费时日，待其避火而出，臣当羞之。"大火烧了三日，子推终不肯出。子母拥抱，死于枯柳之下。文公见之，为之流涕。命葬于绵山，立祠祭之，曰："改绵山曰介山，以志寡人之过。"后世于绵上设县，谓之介休，言介子推休息于此也。

民间因思慕介子推，不忍举火，遂成"寒食节"。在古人习俗中，寒食节是个重要节日。《东周列国志》有诗曰："羁绁从游十九年，天涯奔走备颠连。食君刳股心何赤，辞禄焚躯志甚坚。绵上烟高标气节，介山祠壮表忠贤。只今禁火悲寒食，胜却年年挂纸钱。"《楚辞·惜往日》："介子忠而立枯兮，文君寤而追求。封介山而为之禁兮，报大德之优游。思久故之亲身兮，因缟素而哭之。"屈原在诗歌中说道，介子推被烧死后，晋文公穿白色素朴丧服痛哭哀号，因而绵山介公岭前有"哀号岭"，后世转成"艾蒿岭"。介公岭上有介子推墓。墓碑前有石供桌。左右各有一石人侍立，再往前有拜亭，墓道左右各有两位石翁仲，另外还有石碑十余通。

从一个山谷可以攀上介子推墓，由于是介子推长眠之地，此谷又称栖贤谷。栖贤谷中泉水时而成溪，时而成瀑布，有栈道和铁索。手足并用沿栖贤谷向上攀爬，泉水喷洒如同蒙蒙细雨，虽然爬坡有点累，但细雨带来的丝丝凉意令人心清气爽，这是绵山上一斗泉泉水的恩赐。传说绵山曾经缺水，元始天尊便用拂尘在东海里蘸了一下，洒了几滴水珠到绵山，一斗泉就是几滴水珠中的一个。

介子推墓下方的半山坡上，贴崖建有介公祠。介公祠导游介绍，当时晋文公烧山打算逼迫介子推走出来，有奸臣从中作梗，存心烧死介子推，四面围烧，不留一面活口。此说虽然可以解说介子推何以被烧死，但却降低了介子推的人格和品位。

太原与寿阳之间有"妒（妒）女泉"和"妒女祠"，是纪念介子推的妹妹介山氏的。金代元好问《游承天镇悬泉》诗中自注："土俗传介子推被焚，其妹介山氏，耻兄要君，积薪自焚，号曰'妒女'。"介子推的妹妹认为其兄"要挟君主"，陷主公于不义，以其兄之行为为耻。

对于介子推的评价，仁者见仁，智者见智。有一个词语叫"狷介"。狷是一种性情暴躁、气量很小的动物，因于笼中往往生气撞笼而死。"介"或许是由介子推而得来的。"狷介"一词有洁身自好、孤傲之意。介子推如果是隐士、贤人，洁身自好、孤傲都无可厚非，可是他追随主公流亡十九年，偏偏当了政治人物，孤傲、洁身自好而难与他人相处，恰恰是政治人物的大忌。"割股啖君"对主公忠心不假，但是介子推与重耳之间究竟发生过什么事，与一起流亡的同胞又是如何相处的，史书中没有记载。介子推不讨赏，而文公也不封赏，显然君臣二人是杠上了。介子推要文公主动封赏，把自己的功劳看得太高了，而晋文公则是不讨赏则不封，弄僵了，双方都下不了台。孔子评价晋文公"谲而不正"，君主诡谲也无可厚非，但文公不是昏君，随同流亡诸人也不是奸臣，介子推却认为是"上下相蒙，难以处矣"。政治人物要包容，要善于与人相处，能够和不同人物打交道。我认为介子推的悲剧是由于其政治角色与狷介性格不相符造成的。

绵山沟深涧奇，崖悬岩险，风景独特，佛道两教在山中都有寺庙宫观，但以道教建筑为主，是著名的道教文化圣地。绵山分为几个景区。

首先进入的是龙头寺景区，龙头寺有御碑亭，亭分两层，一层是唐太宗御碑，二层有唐太宗、尉迟恭等人塑像。唐太宗李世民曾两次登绵山，讨伐刘武周，将行辕设在绵山，收复了尉迟恭。亭后为南天门，一组建筑贴崖而建，由下向上直达崖顶，有十神殿，包括财神、药神、关帝、观音等。

过龙头寺，左侧百丈峭壁高耸云端，右侧千仞深涧坠入危谷，司机若非胆大心细，真不敢在此驱车前行。悬崖上时不时呈现黑色条痕，是崖上浸出的乳泉形成的。山壁上刻书"圣乳泉""飞泉挂壁""养心一洞水，习静四围山"等崖刻，为傅山等名人题书。

继续向前是大罗天景区。道教认为天分三十六层，不同神仙居不同层次。第三十三层天为大赤天，太清仙境，居太上老君道德天尊。第三十四层天为禹余天，上清真境，居灵宝天尊。第三十五层天为清微天，玉清圣境，居元始天尊。第三十六层为大罗天，是最高境界。大罗天景区总面积达三万多平方米，是绵山最大的道教建筑群，贴崖由下向上有救苦天尊殿、三官殿、六十元辰殿、六丁六甲殿、九曜星君殿、二十八宿殿、妈祖殿、灵官殿、八仙殿、圣母殿、玉皇殿，最高处为三清阁，几乎囊括了道教的主要神仙。

再向前是天桥景区，有全真七子殿，全真北五祖殿、南五祖殿，诸真人殿。景区位于一个山窝里，高处是一个弧形走廊——天桥，如同玉带绕在山腰上，一头连大罗天，一头接一斗泉景区。最高处是洞神宫，供太上老君。

一斗泉景区因一斗泉而得名，有十六天帝殿，最高处为"洞真宫"，供元始天尊。

再向前是朱家凹景区，有二十四神将殿，最高处为洞玄宫，供灵宝天尊。道教将经典分归三洞，即源出太上老君的"洞神经"，源出灵宝天尊的"洞玄经"和源出元始天尊的"洞真经"。三洞真经中以洞真经为最上乘。朱家凹因朱元璋的祖父在此修行并安葬于此而得名。

从栖贤谷以前坡路下行，到达谷底，谷底有溪流，水量很大，溪谷两岸风景秀丽，有江南山清水秀的特色，溪流的源头是马跑泉。

柒

四方・北

河南诸泉

淇县灵山醒目泉

　　河南淇县，因境内有淇河而得名。淇县在春秋时期是卫国的都城。《诗经·卫风》中有不少歌咏淇河的诗句。如《淇奥》："瞻彼淇奥，绿竹猗猗。"又如《氓》："淇水汤汤，渐车帷裳。"又如《竹竿》："淇水滺滺，桧楫松舟。"再如《有狐》："有狐绥绥，在彼淇梁。"诗歌反映出卫国百姓的生活与淇水的密切联系，称淇水是卫人的母亲河也不过分。

　　淇县，古称"朝歌"，取"喜迎朝阳，高歌黎明"之意。关于朝歌是不是殷商的国都，史学界有争论。一派认为自从盘庚迁殷（今河南安阳）之后，商朝二百多年未再迁都。一派认为商朝在第六次迁都殷之后，还有第七次迁都朝歌。两派各执一词，但有一点共识，即殷商晚期的几代帝王，尤其是纣王时期，实际的政治活动中心是在朝歌。淇县有很多纣王活动历史遗存。简而言之，淇县在周朝是卫国国都，在殷商末期是政治中心。

淇县有朝歌镇，向东淇河岸边有纣王墓，墓冢高大，如覆盆状，由于有人从墓冢取土，墓冢塌了一小半，"纣王之墓"的墓碑倒卧在路边，无人问津。怎样评价纣王是一回事，历史文物应该保护又是另一回事。我正在感慨，过来一位放羊老人，他问我："想看妲己坟吗？"顺着他手指的方向，我看到淇河岸边还有两座坟墓，一是姜皇后墓，一是妲己墓。姜皇后墓碑立在墓前，但是妲己墓碑却找不到。还是放羊老人指点，我拨开蔓草，拂去表面一层泥土，摸到了碑石。继续扒开泥土，"苏妲己之墓"五字展现碑上。

淇县西北，接近太行山脚下有灵山，是太行山余脉。有灵山寺，在寺门公园入口处，奇峰兀立，悬壁如削，看上去似有位女子侧身立在绝壁上，人称女娲峰。公园门口广场上是"女娲补天"的塑像。这里虽名灵山寺，民众却习惯称之为女娲宫；虽名灵山寺，却是佛道共祀，道教景观多于佛教。

我先后游灵山寺两次，第一次是在2002年，寺庙布局呈两轴线，东轴线是佛寺，西轴线是道观。主殿供奉洪钧老祖，传说洪钧是"三清"的师傅。女娲宫是偏殿，但虽说是偏殿，其香火却更盛于主殿。2016年重游，寺庙完全重建，昔日的模样荡然无存：东边是孤零零的大雄宝殿，显得孤单；西边是女娲娘娘宫，道教宫殿甚多。

《淮南子·览冥训》说："往古之时，四极废，九州裂，天不兼覆，地不周载。火爁焱而不灭，水浩洋而不息。猛兽食颛民，鸷鸟攫老弱。于是女娲炼五色石以补苍天，断鳌足以立四极，杀黑龙以济冀州，积芦灰以止淫水。苍天补，四极正，淫水涸，冀州平，狡虫死，颛民生。"

现在的女娲宫颇似一个大院，院门上书"女娲宫"三字。布局没有传说的中轴对称，进院门是"人祖殿"，供奉伏羲和女娲，似乎是主殿。门上对联："乞黄帝，请上骈，邀桑林，抟土造人；折鳌足，戮黑龙，积芦灰，采石补天。"上联颂伏羲功德，下联颂女娲功德。殿内绘壁画，描述女娲斩鳌、屠龙、治洪、补天的功绩。人祖殿台基上刻书文字："三月十五日，女娲圣诞，纣率三千铁骑，八百御林，满朝文武随行，赴灵山敬祭，留诗一首：'凤鸾宝帐景非常，尽是泥金巧样装。曲曲远山飞翠色，翩翩舞袖映霞裳。梨花带雨争娇艳，芍药笼烟骋媚妆。但得妖娆能举动，取回长乐侍君王。'"

小说《封神榜》中第一回"纣王女娲宫进香"讲述，纣王见女娲圣像"容貌端丽，瑞彩翩跹，国色天姿，婉然如生，真是蕊宫仙子临凡，月殿嫦娥下世……神魂飘荡，陡起淫心……在行宫粉壁上作诗一首。"女娲神驾回宫，见壁上题诗，大怒曰："不想修身立德以保天下，今反不畏上天，吟诗亵我……气数已尽，若不与他个报应，不见我的灵感。"女娲娘娘遂遣三妖"千年狐狸精""九头雉鸡精""玉石琵琶精"隐其妖形，托身宫院，惑乱君心。

女娲宫里还有其他殿宇，如三清殿、玉皇殿、王母殿等，其中有对联："龙吟灵泉开盛世，虎啸山谷启升平。""灵山抱妙寺，神泉涤心埃。"灵山有摩崖石刻："山卓碧云插汉，泉瀜绿玉飞花。三仁六七贤圣，灵杰千古同嘉。"落款为"明崇祯乙卯邑人御史孙征兰书"。对联和题诗都提到了清泉。

女娲宫往后有玉带河，过河桥有方亭，亭柱对联："仙窟岩岩彰仙山，圣漠洋洋源圣水。"方亭贴崖，岩缝中泉水汨汨流出，泉下有洗水池式圆盆积水。泉上岩壁刻书"醒目白"三字，这是文字游戏，"白"字下有水，即"泉"字也。亭中有用白玉石塑的仙女，右手执净瓶，左手高举执一眼球。从塑像造型猜测，应该有故事传说。游人到醒目泉水池中掬水擦脸拭目，借神泉之水清心醒目，据说可以明是非、辨忠奸。我也到水池中蘸水拭目，不过逢场作戏而已。亭下有牌示文字："古灵山醒目泉文化历史渊源已久，早在《诗经·泉水》中即有'毖彼泉水，亦流于淇。有怀于卫，靡日不思'之记载。醒目泉源自古灵山岩层深处，水质清醇甘冽，四季恒温，富含铁、铜、锰、铬、溴、锌等多种有益人类的微量元素，可有效调节人体代谢，尤以清水洗眼而清心醒目著称，故以'醒目泉'闻名遐迩。"

景区内还有涤心泉、凉水泉等。

卫辉比干庙圣水井

比干是纣王叔父，商文王太丁次子，官居少师。比干面对纣王暴行，说："君有过而不以死争，则百姓何辜？主暴不谏，不忠也！畏死不言，非勇也！见过即谏，不用即死，忠之至也！"比干跪在摘星楼前苦谏，"三日不去"，纣王怒曰"闻圣人心有七窍"，剖而视之。

传说比干被摘心后，姜子牙欲救比干，令其往南至牧野换心。比干骑马南下，途中见一妇人卖菜，菜无心，比干便问："此菜无心，人若无心若何？"妇人说："人无心必死。"比干醒悟，吐血坠马而死。人们说妇人是妲己以妖术幻化的。比干死后，天刮狂风，卷土将比干就地掩埋。故而比干墓又称"天葬墓"。比干墓在摘星楼往南几十千米，如今属于卫辉市境内。武王伐纣灭殷，褒奖比干忠烈，恢复比干爵位，并在比干墓前建庙祭祀。比干庙是墓庙合一，前庙后墓。人们称之为"天下第一仁""天下第一庙"。庙内生长"无心菜"，三叶无心，据说此菜只生长在庙内，别处没有。

比干庙香火很盛，其来源有三：一是仰慕华夏第一忠臣而瞻谒天下第一庙者；二是海内外林氏宗亲扫墓祭祖者，武王赐林坚林氏，为林氏始祖，而比干则为林氏太祖；三是拜神求财者。比干为人正直又无私心，被封为财神。财神有文财神比干和武财神赵公明，但如今武财神有逐渐被关公取代的趋势。另外在文武两总财神之下还有东、南、西、北四路分财神，俗称六路财神。

比干庙前扩建了宽敞的广场，广场中有聚宝盆、摇钱树等。广场后有比干巨大立像。像后牌楼三门四柱七重楼，额匾书"赤胆忠心"，是张爱萍题书。四石柱刻两副对联。其一："禹甸兴名坊，粤潮统绪扬赤胆；西河衍望族，中泰一家仰丹心。"是泰国林氏族人捐资建牌楼撰联。海外林氏大多数是从潮汕地区移居的。其二："万古留青史，渊祖忠勇并日月；千秋仰牌坊，云孙孝悌扬宗风。"

比干庙山门匾"比干庙"三字是罗哲文题书，门旁立牌刻书指出此处是全国重点文物保护单位，1996 年公布。二山门匾为"谏臣极则"。门上对联:"犯颜直谏,丹心炳炳照太岳;杀身成仁,正气堂堂壮卫川。"落款为"黄池李天惕书"。二山门门洞里嵌石刻诗《谒殷太师庙》字迹难以尽识,落款为"明万历庚戌仲春巡按河南御史曾用升题"。明万历庚戌,即1610年。另有碑刻《重修殷太师比干庙记》,落款为"明万历三年"。明万历三年,即1575年。

二山门里是二进院落,北面和东西两侧面有围廊。存历代碑刻六十四通,其中最著名的是北魏太和碑和唐贞观碑。北魏孝文帝曾两次亲临比干墓吊唁,感叹"呜呼介士,胡不我臣"。"太和碑"刻于北魏太和十八年(494),称《魏孝文帝吊殷比干墓刻石》,碑文是魏孝文帝亲撰,南北朝时书法家崔浩书。此碑一出,统一了北方的书法风格。康有为推崇其为"真书之鼻祖""瘦硬峻拔之宗",将此碑书法定为"高品上",在书法史上地位极高。唐贞观碑名《祭比干碑》,贞观十九年(645)刻。唐太宗封比干为殷太师,谥忠烈公。碑文如下:

> 道丧时昏,奸邪并用。暴君虐主,正直难居。虽识鉴存亡,讵遣凶残之累。智周万物,不离颠沛之间。然则大厦将崩,非一木之能正;天道去矣,岂一贤之能全!奋不顾身,有死无二。蹈斯节者,罕有其人。所以惨怆风烟,靡寻余迹,暄凉邱垄,空有其名。虽古今殊途,年代冥寞,式遵故实,爰赠太师,谥忠烈公。请酌少牢,以陈薄礼。游魂仿佛,昭此嘉诚。

第三道院门匾书"殷太师庙"。右偏殿匾书"三公世第"。门对联:"长林启胤,孔圣称贤,仁德贯天地;六兰同宗,闽安盛牧,忠孝传古今。"殿内供奉博陵三监圣公林坚、长山侯林放和晋安郡王林禄。林坚是比干之子,生于博陵长林,武王赐姓林,官居太子三监。林放是孔子门生中七十二贤人之一。林禄曾任晋安郡守。三人都是林氏后裔中的名人。

左殿是妈祖殿,檐下匾书"后德配天"。对联:"派衍西河,林氏幽光发圣母;功昭天下,祖姑恩泽被苍生。"妈祖俗名林默娘,为林禄第二十二世孙。北宋时期,林默娘出生在福建莆田湄洲岛,又称天后、天妃、天上圣母。妈祖为海上守护神,我国沿海和东南亚盛行妈祖崇拜。

正殿檐下匾"丹心千古"。抱柱对联:"剖心谏纣,数万世忠烈有谁能比;焚身丧殷,留千古唾骂与公无干。"对联是光绪帝御撰。门上匾"取义成仁"。门上对联:"主德谏难回,当此亲离众叛,欲尽如微子去,箕子奴,无以激亿万人忠贞之气;臣心剖不死,即以血溅魂飞,且将以周日兴,殷日衰,上诉诸六七王陟降之灵。"殿内神龛供比干神像。

殿后石坊额书"殷太师比干墓",对联:"孤忠心不死,故社柏犹存。"墓碑是四字残片碑"殷比干莫",是孔子用剑所刻,故称"孔子剑刻碑"。残碑上置碑冠,刻书"宣圣真笔"四字,是乾隆御笔。碑后墓冢很大,隆起约一人高,呈圆形。

比干庙里有财神殿,檐下匾书"布德施惠"。对联:"财颁有德,诸黎庶取之有道;神佑无邪,众信徒受之无愧。"殿内神龛供比干财神像。神龛对联:"无私心,身公正,执掌天下财富;有德品,心虔诚,赢得世间清风。"

享殿西侧有圣水井。周武王在此地封墓立庙，是因为此地是风水宝地。《周武王铜盘铭》载比干庙"左林右泉，前岗后道，万世之灵，兹焉是宝"。"左林右泉"的泉即指圣水井之泉，井石沿上现用石板盖住。石板上座一双头神兽，似龙非龙。井台侧壁临低洼地，古时应是沟壑。井台临沟一面砌成石壁，有台阶可上下，石壁上刻书"圣水井"三字。

比干庙中碑刻历代名人诗咏很多，兹录几首。

明代蒋机诗云：

> 微去箕奴纣贯盈，孤臣死谏竭忠贞。
> 惟忧七窍食不血，岂恤三仁传后名。
> 拱木风号亡国恨，残碑泪堕碎心茔。
> 肃瞻遗像凛生气，万古春霆白昼轰。

明代余乾贞诗云：

> 国政故遭妲己荒，孤臣抗节植纲常。
> 三仁一体公尤烈，七窍浑身胆最扬。
> 周武兴邦旌直谏，仲尼适卫纪幽光。
> 忠魂千古洋洋在，索毕含悲泪两行。

明代张秀彦诗云：

> 古柏苍苍翳远村，宗臣马鬣枕黄昏。
> 一腔血渍忧时泪，七窍心孤悟主魂。
> 钟虞空悲禾黍在，铜盘尚倚故墟存。

荒林似抱兴亡恨，暮日寒烟锁石门。

清代方观国诗云：

> 七窍诳言惨毒成，丹心一片死犹生。
> 甘将直谏输肝胆，恨为捐躯累圣明。
> 遁迹肯随微子去，褒封耻受武王旌。
> 至今殷墓展山笔，万古常留故土名。

淇县县城名朝歌镇，镇内有朝歌公园，园内有摘星台遗址。按《封神演义》记述，纣王自焚于摘星台：

> （纣王）自服衮冕，手执碧圭，珮满身珠玉，端坐（摘星）楼中……话说朱升举火，烧着楼下干柴，只见烟卷冲天，风狂火猛……那楼下的柱脚烧倒，只听得一声响，摘星楼塌倒，如天崩地裂之状，将纣王埋在火中。

摘星楼遗址现存高大土台，四方锥台，形如大覆斗。据导游介绍，专家曾取土台土作考古鉴定，确定是先周之前的土质。土台半腰处立碑刻书"比干摘心处"。碑旁有石坊，额书"忠烈坊"，柱刻篆字对联："刚之忠之仁之勇之，惨也酷也悲也伤也。"此处当年应该是摘星楼殿阁之门，比干在此苦谏三日。由于比干在此摘心，故又名摘心台。摘星台中央最高处建有"心星阁"，其实为四面透风的凉亭，四方石柱。正面石柱刻对联："心存社稷，德昭天地；亭对纣窝，气贯长虹。"

摘星台下有"警示亭",为四方砖亭。四面皆有拱形门,亭中悬警示钟。亭南北门楣刻匾书"警钟长鸣""临政平廉"。

摘星台西侧还有一个小土台,立碑书"林坚台"三字。传说比干被摘心后,遭"夷族",即被满门抄斩。比干妻有孕,逃走,至长林石室生子名坚。周武王封坚"林氏",林坚遂成林姓始祖。林坚曾在摘心台西筑台,为其父比干守灵。

淇县云梦山鬼谷祠三泉

淇县云梦山是鬼谷子隐栖之地。据说国内有九处云梦山,当地人都声称是鬼谷子隐栖之地。到底何处为真,我也说不清楚。鬼谷子是奇人,《鬼谷子》是奇书,人和书都透着诡秘。鬼谷子的生平很神奇,甚至史学家都怀疑鬼谷子其人的真实性。抛开历史考证不说,淇县云梦山有大量的传说中的鬼谷子活动的遗存。据可以考证的记载,从北宋起就有了鬼谷祠的说法。国内的云梦山我去过几处,其中淇县云梦的历史遗存是比较丰富的。

传说鬼谷子之母王霞瑞原是大家闺秀,食异谷(鬼谷)而孕,被逐出家门,在云梦山分娩。鬼谷子因母食鬼谷而孕,故名。云梦山鬼谷祠北宋有记载,元、明、清三代有大量的碑刻摩崖刻字。鬼谷子被道教尊为"玄微真人",淇县云梦山被道教列为三十六洞天之一,山上有道观。

云梦山本名青岩山,是太行山的一个支脉。青岩山重峦叠嶂,险峰列崎,密林繁秀,涧飞泉湍,奇草异木,云蒸霞蔚，景象万千。进入青岩山如同步入梦幻世界，故青岩山又称云梦山。苍峪是青岩的一个山沟，鬼谷祠就在苍峪尽头的剑绣峰下。明代杨鹍《青岩仙境》云：

> 苍峪扎过是青岩，寸步登临似青天。
> 读罢石崖方外记，应知此处有神仙。

剑绣峰绝壁有洞，洞口高七八米，宽三四米，洞深八十多米。洞外崖壁上刻书"天开道眼，山透玄心"大字。旁边有刘华清题书"奇人奇书"，迟浩田题书"纵横捭阖，旷世奇人"。洞口刻石"水帘洞"三个大字，旁边小字"鬼谷子先生隐处"，落款为"龙门窦文题书"。窦文为明万历年间人士，曾任洛阳通判。清代何士琦《云梦山游记》载："水帘一洞，尤极幽玄，乃鬼谷先生仙栖之处。"明代《淇县志》载"云梦山乃鬼谷先生仙栖之处"。洞口和洞内有大量碑文，为历代文人诗文。如元代王恽《水帘洞》云：

> 秋云不卷水晶寒，芝草年深湿未干。
> 翠壁悬冰鸣剑佩，朱丝穿露织琅玕。
> 夕阳倒影鲛绡薄，春雨添流瀑布宽。
> 我欲寻真问丹诀，凭谁传简寄青鸾。

王恽，卫辉人，元好问弟子，翰林学士。
明代窦文《诣水帘洞有感》云：

> 天开云窍授名贤，地涌灵泉在里边。

万古水甘帘不卷，有谁读易绝韦编？

洞内有仙泉，有白玉栏杆和台阶，直达泉底。我曾先后两次游云梦山。一次在旱季，泉水水面低于洞面大约五米，盘旋而下，由于黑暗路滑，虽然有微弱灯光照明，我还是不敢深入泉底，半途而返。一次在雨季，泉水涨溢从井口漫出，在洞内形成浅水溪，再流出洞口形成瀑布，确是"春雨添流瀑布宽"。井口上方有洞可以仰望青天，此即"天眼"。有水滴沿天眼壁滴下，形成水帘。洞内地面有两行车辙痕和一排牛蹄印。传说鬼谷子居此洞中，乘牛车出入，故水帘洞又称鬼谷洞。洞内刻有对联"出水帘跨扶青牛，持拐杖驾起祥云"。清代张福辰《云梦胜境》云：

云梦崇岩万壑中，水帘洞泄玉玲珑。
屏峰笏立通宵汉，一园桃花满如红。

洞内有对联："碧水为帘山头接，红桃似锦洞口开。"

诗歌和对联都点到了红桃花。当年苏秦、张仪向鬼谷子学艺，住在桃花林。苏秦、张仪学成下山，纵横捭阖，叱咤风云，名满天下。剑绣峰上有桃花林，剑绣峰下有苏秦洞、张仪洞、毛遂洞等，相传是当年他们居住的地方。

水帘洞外有鬼谷亭，亭内塑鬼谷子立像，鬼谷子右手执竹简，左手放背后，作边行边凝思之状。亭柱对联："心向鬼谷，通臆测权，谋解世上情故；身居云梦，精揣摩术，数晓天下事缘。"

距水帘洞不远有"洗尘洞"，又名"孙膑洞"。洞口额书

"洗尘正渡"，赞扬孙膑入红尘而不染，功成身退。洞门刻对联："道讲刑名，勋垂渤海；胸罗甲兵，气镇风云。"洞内神龛供孙膑神像。神龛对联："会众英戡乱天下，扫群魔旋转乾坤。"

庞涓洞与孙膑洞隔沟相望，洞内杂草丛生，无人光顾。有诗曰：

求学同窗手足情，贪心一动起纷争。
纵使地府重言好，人间千古定骂名。

孙膑洞面对九龙脊，脊背上立黑色大理石方碑。方碑刻书"龙吟"二字，是国务院原副总理方毅题书。方毅还作有《龙吟赋》。九龙脊上可以尽览鬼谷祠全貌，鬼谷祠殿宇巍峨，参差错落，不愧是洞天福地。九龙脊上立碑刻书《青岩山道院记》，落款为"翰林学士、中奉大夫、知制诰同修国史秋涧王恽谨记并书题额"。碑刻《云梦山游记》落款为"顺治庚寅仲冬，召陵何士琦、嵩岳文撰"。

九龙脊下有龙泉亭，亭为六方亭，亭中有井泉一口，即龙泉。亭畔有长方形泉池。龙泉水量很大，是苍峪的主要饮用水源。龙泉亭前有茶社，在茶社小憩，品一杯龙泉水沏茶，或许能沾上一点鬼谷子的灵气吧！

沿龙泉水而下，有霞瑞池。池下有霞瑞圣母洞。霞瑞是鬼谷子老母之名。池上方有鬼谷子骑牛像。池旁有映瑞井，井与池只虽有咫尺之隔，但水源互不相通。霞瑞池水主要来自鬼谷洞仙泉和九龙脊龙泉，而映瑞井则另有水源。传说鬼谷子老母临终交代，可以在此处凿井。从井水水面可以看到老母映像，故名映瑞井，又名鬼谷井。根据井中水位变化可以洞察天气阴晴，人称"井底洞天"。

从霞瑞池向前，可见石牌坊，三门四柱，正中额书"鬼谷祠"，左右额书"文经""武纬"。四石柱刻两副对联。内柱对联："志匡天下，创序育人，功盖百世；心怀国是，著书立说，名播千秋。"外柱对联："鬼谷三卷隐匡天下，兵家七国才出一门。"牌坊前立碑刻书"战国军校"，张爱萍题。这里是"华夏第一军校"遗址。《孟子·滕文公上》曰："夏曰校，殷曰序，周曰庠。"鬼谷子在此"创序育人"。序在古代泛指学校。有摩崖题字"朝歌云梦仙境，战国军庠圣地，成就孙子兵法，左右乾坤纵横"和"云梦鬼谷，中华瑰宝。"

封丘陈桥驿甘泉井

陈桥驿是位于封丘县的一个古镇，镇名就叫陈桥驿。古时陈桥驿规模似乎很大，目前陈桥驿庙宇还在，虽然有些破败，但文物古迹"越旧越真，越陈越香"。

我去参观时，庙前有几个衣着朴素的老农，坐着抽烟聊天。从老农惊奇的表情可以猜测，到此观光的游客并不多。

山门檐下匾书"陈桥驿"，檐下抱柱对联："陈桥兵变奠宋代基业，黄袍加身定赵氏乾坤。"山门门楣匾书"显烈观"。

进入山门，院落正中立一照壁，有正面大型石刻画《陈桥兵变图》。背面刻碑文："后周显德七年，正月之初，陈桥这个小小的驿站里，发生了一件震动全国，长远影响后世的大事件。三军拥戴殿前都点检赵匡胤为天子，回戈东京，建立北宋，史称陈桥兵变。"碑文中还谈到陈桥兵变是由乱到治的大转折，赵匡胤回师开封之日，秋毫无犯，市不易肆，对后周皇室、官僚以礼相待，安定了人心，稳定了局势。宋室很快完成了统一大业，制定了长治久安的治国方针，达到经济、文化大发展的新的历史高度。总之，对陈桥兵变的历史作用评价极高。

后周显德七年（960）正月初一，北汉利用周世宗柴荣驾崩，恭帝柴宗训才七岁的时机，联合契丹军南下进犯，朝廷派殿前都点检赵匡胤领兵御敌。兵过黄河，在陈桥驿小住一宿，第二天清晨，赵匡胤已黄袍加身。赵匡胤于正月初四回师开封，后周禅位。

据史料记载，北宋太庙里有一间密室，室内碑刻赵匡胤誓词："一、柴氏子孙有罪不得加刑，纵犯谋逆，止于狱中赐尽，不得市曹刑戮，亦不得连坐支属；二、不得杀士大夫及上书言事人；三、子孙有渝此誓者，天必殛之。"《水浒》中柴进执有"丹书铁券"，虽说是小说故事，但情节靠谱。

照壁后是正殿。殿前有月台，月台前有左右两通古碑，西碑刻书"宋太祖黄袍加身处"，东碑刻书"系马槐"。碑旁塑白色石马，碑后有一株古槐，似乎已经死去，树干几近石化。

正殿檐下匾书"显烈"二字，瘦金体，据传为宋徽宗御笔。落款为"崇宁乙酉岁"，即1105年。殿门扉上钉铜牌书写文字："宋徽宗大观元年（1107年）九月七日诏：艺祖创业自陈桥，其地今为传舍，可即建观，赐名'显烈'。宣和六年（1124年）三月二十一日成，凡二百三十二间，命李炳撰记。前后营建费时十七年，规模宏大，殿宇壮丽。每年的正月初四，为宋创业之日，修斋设醮，以示纪念。后毁于战火，清光绪年间重建。"崇宁、大观都是徽宗早年的年号。

对于这段文字我是如此解读的：陈桥驿是赵宋江山的肇兴之地，但自从赵光义当上皇帝之后，北宋皇帝皆太宗赵光义后裔，刻意冷落赵匡胤黄袍加身处，并未对其认真维修并予以祭祀，到了徽宗登基，150多年过去了，陈桥驿已经破败，徽宗或许是过意不去了，便赐名"显烈观"并予以扩建。显烈观建成后的第三年，即1127年，亦即靖康二年，徽、钦二帝被掳到北国，北宋灭亡，陈桥驿一带沦为金国属地。看来显烈观也是命运多舛。

显烈殿正殿神龛供赵匡胤黄袍加身金身像，灵牌书"九龙天子赵圣驾之神位"。正殿柱对联："定天下致太平，除非汉祖唐宗，谁堪伯仲；说本来论当世，好似巨川大日，各自东西。"殿内四周墙上图绘赵匡胤事迹。其中《赵氏衍派》一文引起了我的注意，文章主要内容为：赵弘殷有五子，长子匡济，次子匡胤，三子匡义（后更名光义），四子匡美（后更名廷美），五子匡赞（后更名光赞）。长子、五子夭亡。陈桥兵变，应天顺人，太祖受禅而有天下。太祖四子，长德秀，次德昭，三子德林，四子德芳。长子、三子早夭，次子德昭封燕王，后立为太子，四子德芳封秦王，德芳在兄弟辈中行八，即后世传说中的八贤王。太祖是个孝子，侍候母亲杜氏至孝。杜太后病重时，命太祖传位于匡义、匡美及德昭，谓"国有长君，社稷之福"，遂命赵普为誓书，欲传长久，一堂欢笑，言色自若，共享富贵，以乐太平。太祖驾崩，太宗继位，违母命，自贪富贵，谋长兄，谋弟侄，骨肉相残。德昭自刎，德芳继之病逝，廷美被贬，免去开封府尹，于房州忧愤而死。

文章记述了杜太后的贪婪与昏聩。她企盼自己的三个儿子轮流坐庄，都当上皇帝，然后再传到孙子德昭。文中也记述了宋太宗的阴险和狡诈。赵光义利用赵匡胤的孝心，在昏聩的杜太后面前下足了功夫，灌够了迷魂汤，让杜太后提出皇位先兄弟相传然后传孙的要求。结果是杜太后不仅害死了自己的小儿子，还害死了自己的孙子。

陈桥兵变中，赵匡胤以温和的手段夺取了政权，但在赵匡胤与赵光义兄弟之间的权力交接中，其骨肉相残的血腥不在玄武门兵变之下，而赵光义之阴损则更过之。《宋史·太宗本纪》："若夫太祖之崩，不逾年而改元，涪陵县公（廷美）之贬死，武功王（德昭）之自杀，宋后之不成葬，则后世不能无议也。"陈桥驿开启了北宋王朝，陈桥驿的兴衰也见证了北宋王朝的兴亡。

陈桥驿内有对联："元勋一夕承天运，村镇千秋纪地灵。"有诗赞曰：

> 黄袍初进御，系马耀军威。
> 翠盖开皇极，清荫护紫薇。
> 风声惊虎啸，日影动龙飞。
> 千古兴王地，擎天一柱巍。

正殿之后有井亭，为四方攒尖顶，四面砖墙留门，亭中有井，井上架辘轳，此井现在还在使用。亭上挂牌书文字："甘泉井，此井开凿于唐代，其泉冽味甘，故名。古井上设有辘轳，可以汲水，后殿坏。原井上方悬壶，令军士望见，知此下有井，'壶所以盛饮，故以壶表井'，有诗写道：'无井不成邑，有井乃为田。美水长不竭，泉甘更永年。'"陈桥驿隔黄河与开封相望。

龙门石窟与白园诸泉

在伊河西岸，进入景区有禹王池，传说大禹治水曾到此，故名。山崖下还有锣鼓泉、珍珠泉，我游览时正值河南大旱，泉水干涸，还好继续前行有"龙洞泉"，一泓泉水从崖体中渗出，汇聚成池。

一般人游龙门石窟往往侧重在西岸观看石窟，对东岸则未加留意。事实上，东岸名泉甚多，几乎是隔几步就有一股清泉，值得一游。晚唐诗人韦应物《游龙门香山泉》云：

> 山水本自佳，游人已忘虑。
> 碧泉更幽绝，赏爱未能去。
> 潺湲写幽磴，缭绕带嘉树。
> 激转忽殊流，归泓又同注。
> 羽觞自成玩，永日迹延趣。
> 灵草有时香，仙源不知处。
> 还当候圆月，携手重寄寓。

"牡丹泉"故事说龙门山脚下有牡丹女一家三口，有一天，牡丹女携子在河边洗衣，有恶霸见牡丹女貌美，欲抢占为妻，牡丹女不从，一家三口被逼投河自尽。此时河中涌起三股水柱，将三人托起，直飞天际。在水柱涌起之处出现三股清泉，泉水翻腾，就像三朵牡丹花，牡丹泉因此得名。

往北行有"花仙泉"，泉池在树木掩映之中。白居易晚年居龙门香山，广植白牡丹花，有诗《白牡丹和钱学士作》，其中有这样四句：

怜此皓然质，无人自芳馨。

众嫌我独赏，移植在中庭。

传说白牡丹盛开，白居易请"九老"前来赏花饮酒，忽见一群美女着白衣翩翩起舞。众人酒醒顿悟：白衣少女们乃是白牡丹仙女。此时恰逢香山寺下涌出清泉，"九老"便将此泉命名花仙泉。

再前行有"莲花泉"。传说龙门奉先寺大佛竣工开光之日，武则天率文武百官驾临龙山，忽见一道白光横空落下，在水面溅起波澜，形成泉眼。武则天令人探查，捞出一块莲花状宝玉，群臣奏称"莲花乃圣洁之物，天降祥瑞，兆示陛下圣明"。武则天大喜，将泉命名莲花泉。

从莲花泉往前有神鹿泉。传说明代时白居易第三十二代孙白介从宜阳到龙门香山祭祖，一时难以找到先祖墓茔，正在为难之际，忽见一只金色神鹿，前蹄轻踏青石，石下竟有泉水涌出，向其暗示。白介领悟到这是先祖显灵，便由神鹿引路前行，找到了白居易墓。白介在神鹿踏石出泉处建神鹿泉。

另外还有老君泉等，都有传说故事。

伊河之东有山名香山，山上有寺名香山寺。山下寺门前有牌示文字：

　　"洛都四郊山水之胜，龙门首焉。龙门十寺观游之胜，香山首焉。"香山寺位于龙门东山（香山），建于北魏熙平元年（公元 516 年），唐垂拱三年（公元 687 年），印度来华高僧地婆诃罗（日照）葬于此，重建佛寺。天授元年（公元 690 年）武则天称帝，梁王武三思奏请，敕名"香山寺"。该寺危楼切汉，飞阁凌云，巍巍壮观。武则天常驾亲游幸，御香山石楼坐朝，留下了"香山赋诗夺锦袍"的佳话。唐大和六年（公元 832 年）河南尹白居易捐资六七十万贯，重修香山寺，并撰《修香山寺记》，寺名大振。白居易以"香山居士"情结与如满和尚等九人结成"香山九老会"吟咏于该寺的堂上林下。会昌六年（公元 846 年），白居易去世，遗命葬于香山寺如满大师塔侧。宋金时期，香山寺犹存，元末废弃。清康熙年间重修，乾隆皇帝曾巡幸香山，称颂"龙门凡十寺，第一数香山"。1936 年蒋介石和宋美龄在此避暑。今香山寺的主要建筑有山门、钟鼓楼、天王殿、罗汉殿、弥陀宝殿、石楼、御碑亭、衣钵塔、蒋宋楼等。香山寺自创立以来，法音绵延，香火炽盛。文人墨客，纷至沓来，赋诗酬唱。名山名寺名人，相得益彰。登临香山寺，眺西山石窟，观伊阙风光，尽享人文与自然的和谐之美。

　　白居易活了七十五岁，晚年有十八年是在香山度过的。

白居易与香山寺结缘，有诗《初入香山院对月》：

老住香山初到夜，秋逢白月正圆时。

从今便是家山月，试问清光知不知？

可见白居易晚年将香山当作自己的家乡了。

白居易墓称"白园"，位于龙门东山琵琶峰上，占地面积三万平方米，1961年与龙门石窟同时被定为国务院第一批全国重点文物保护单位。白居易葬龙门，李商隐作墓碑铭，河南尹卢贞刻《醉吟先生传》立于墓侧。

进园门有泉池名白池。泉水从琵琶峰上一路滴落下来，层层泉池、层层瀑布、涓涓流水相伴行人沿泉水盘路曲折而上，风景秀美。

琵琶峰头有一片碑林，其中有不少日本友人碑刻。其中一碑刻"樱献"两个大字，刻小字"君不闻琵琶铮铮弹尽声，峰上幽谷月晕开；亦不见樱花烂漫似云明，散泛一片居易杯"。落款为"日本沼田守助，山田浩史文并书"。一碑刻《白居易献碑之诗》，为沼田真翠所作："起笔云门拓，名声四海临。诗韵常漂处，白苑绿逾深。"一碑刻"白乐天万古流芳"大字，刻小字"达则兼济天下，立身为民请命。世界文化名人，历史诗坛巨星"，落款为"日本东洋文化振兴会会长鬼头有一"。一碑刻"伟大的诗人白居易先生，您是日本文化的恩人，您是日本举国敬仰的文学家。您对日本之贡献，恩重如山，万古流芳，吾辈永志不忘，谨呈碑颂之。"后面用日文刻书，落款为"日本中国文化显彰会酒井……"白居易在日本影响深远，有人说超过李白和杜甫。

墓碑刻书"唐少傅白公墓"大字，刻小字："公讳居易，字乐天，仕至太子少傅、刑部尚书。墓在龙门香山寺旁，已近千余年，半为居人所侵毁。学使者都给事汤公右曾与河南守张君珺，既重修香山寺，复清公之故垅而加崇焉，封殖其草木，又举守祠生二人，春秋奉祀不绝。士铉适过洛阳，因书大字揭诸墓道。康熙四十八年，岁次己丑三月十三日，内廷侍直，日讲官左春坊左中允吴郡汪士铉题。"碑是康熙四十八年（1709）汪士铉题书。学使汤右曾与河南守张君珺重修墓茔。

白居易晚年自号醉吟先生，墓旁巨石刻白居易自撰《醉吟先生墓志铭并序》：

> 先生姓白名居易，字乐天。其先太原人也，秦将武安君起之后。……始以校书郎，终以少傅致仕，前后历官二十任，食禄四十年。外以儒行修其身，中以释教治其心。旁以山水风月、歌诗琴酒乐其志。前后著文集七十卷……语其妻与侄曰："吾之幸也，寿过七十，官至二品，有名于世，无益于人。褒优之礼，宜自贬损。我殁，当敛以衣一袭，送以车一乘，无用卤簿葬，无以血食祭，无请太常谥，无建神道碑，但于墓前立一石，刻吾《醉吟先生传》一本可矣。"语讫命笔，自铭其墓云："乐天乐天，生天地中，七十有五年。其生也浮云然，其死也委蜕然。来何因？去何缘？吾性不动，吾形屡迁。已焉已焉！吾安往而不可？又何足厌恋乎其间？"

墓志铭后刻《醉吟先生传》：

　　……年虽老，未及昏耄。性嗜酒，耽琴，淫诗。凡酒徒、琴侣、诗客，多与之交游。游之外，栖心释氏，通学小、中、大乘法……放情自娱，酩酊而后已。往往乘兴，屡及邻，杖于乡，骑游都邑，肩舁适野。舁中置一琴、一枕、陶谢诗数卷，舁竿左右，悬双酒壶，寻山望水，率性便去；抱琴引酌，兴尽而返……因自吟《咏怀》诗云："抱琴荣启乐，纵酒刘伶达。放眼看青山，任头生白发。不知天地内，更得几年活。从此到终身，尽为闲日月。"……醉复醒，醒复吟，吟复饮，饮复醉。醉吟相仍，若循环然，由是得以梦身世，云富贵，幕席天地，瞬息百年，陶陶然，昏昏然，不知老之将至。故谓得全于酒者，故自号为醉吟先生。

　　墓前石枋，正面额书"望阙"，刻对联："嵩烟半卷青绡幕，伊浪平铺绿绮衾。"背面额书"鸟乐高枝"，对联："爱风岩上攀松盖，恋月潭边坐石棱。"返回道上有白亭，亭柱有对联"雨添山气色，风借水精神"和"树集莺朋友，云行雁弟兄"。最后回到乐天堂，就告别琵琶峰头，攀行下山。从此处看白泉池，上下四级泉池，层层跌落，别是一番景致，真不愧"三季有花，四季常青，曲径通幽"。

嵩山少林寺与泉

少林寺名扬海内外，有两个原因：一是少林寺乃禅宗祖庭，一是武术。金庸的武侠小说和电影《少林寺》使中国功夫的少林武术影响深远。电影故事源于一段真实的历史"十三棍僧救唐王"。

少林寺里保存着"皇唐嵩山少林寺碑"，是少林寺镇寺之宝。碑文是秦王李世民为感谢少林寺僧人救命之恩而特意颁刻的，不知是何人书丹，但文中"世民"二字似为李世民亲书。碑冠文字"皇唐太宗文皇帝赐少林寺柏谷坞庄，开元神武皇帝御书额"，即碑冠文字是唐玄宗御笔。我特别注意碑文中李世民的一系列头衔：太尉、尚书令、陕东道行台、益州道行台、雍州牧、左右武侯大将军使持节、凉州总管、上柱国、秦王。在朝堂上，尚书令掌握着行政权。太尉、大将军使持节掌握着军权。道，唐代地方最高规格建制，相当于后来的省，陕东道，是以洛阳为中心的地区，是战略要地。益州道，成都地区为最富庶的地方之一。行台，类似后来的行辕，代表朝廷掌管这两个地区。而在关内，李世民还控制着雍州和凉州。除了太子的头衔之外，唐高祖李渊把可以给的权力都给了李世民，谁当太子都会害怕他，玄武门兵变的祸根早就种下了。这个碑刻据说是唐高祖武德四年（621）所刻立，而玄武门事变是武德九年（626）。

少林寺有碑刻《混元三教九流图赞》，赞词："佛教见性，道教保命，儒教明伦，纲常是正。农流务本，墨流备世，名流责实，法流辅制，纵横应对，小说咨询，阴阳顺天，医流原人，杂流兼通……要在圆融，一以贯之，三教一体，九流一源，百家一理，万法一门。"这副碑刻是根据明成化皇帝所绘的《一团和气图》刻制的。成化帝受"虎溪三笑"故事启发而绘制"一团和气图"，并有御制《一团和气图赞》：

嗟！世人之有生，并戴天而履地，既均禀以同赋，何彼殊而此异。惟凿智以自私，外形骸而相忌，虽近在于一门，乃远同于四裔。伟者达人，遐观高视，谈笑有仪，俯仰不愧，合三人以为一，达一心之无二，忘彼此之是非，蔼一团之和气。噫！和以召和，明良其类，以此同事事必成，以此建功功必备。岂无斯人辅予盛治？披图以观，有概予志。聊援笔以写怀，庶以警俗而励世。

寺里有乾隆御碑诗："明日瞻中岳，今宵宿少林。心依六禅静，寺据万山深。树古风留籁，地灵夕作阴。应教半岩雨，发我夜窗吟。"落款为"乾隆庚午九秋之杪，宿少林寺，用唐沈佺期初韵，御笔"。庚午，即乾隆十五年（1750），乾隆奉母皇太后登嵩山，上山前宿少林寺。沈佺期，唐代上元（指前上元）进士，曾任太子少詹事，有诗《宿少林寺》："长歌游宝地，徙倚对珠林。雁塔风霜古，龙池岁月深。绀园澄夕霁，碧殿下秋阴。归路烟霞晚，山蝉处处吟。"

少林寺门前广场有古井，井台旁有文字："少林寺院古井建于唐代，最初为寺僧取水用，后来少林寺周边移居百姓日益增多，也取用此井水生活。该井后来多次重修，至今保存完好。井水甘甜清冽，水质优良。"

少林寺山门匾"少林寺"是康熙御笔。天王殿内乾隆御匾"天下第一祖庭"。达摩在少林寺修炼，为汉传禅宗初祖，少林寺尊为禅宗第一祖庭。

达摩，原是南天竺香至国三太子，按印度传承，是禅宗第二十八代祖师。达摩由广州至建康见梁武帝，二人话不投机。传说达摩乘苇叶渡江，最后到达嵩山少林寺面壁十年（一说九年），得到魏孝文帝器重，任少林寺住持，为汉传禅宗初祖。圆寂前授二祖慧可《楞伽经》四卷，传衣钵，留偈言："吾本来兹土，传法救迷情。一华开五叶，结果自然成。"禅宗后来衍生出沩仰、临济、曹洞、云门和法眼五个分宗派，禅宗走向鼎盛。

初祖庵在后山上，有达摩面壁洞。少林寺里有立雪亭，达摩收二祖慧可为徒的故事就发生在这里。亭门对联："禅宗初祖天竺僧，断臂求法立雪人。"僧人神光是河洛一带知名和尚，一心想拜达摩为师。据《景德传灯录》记载，有一年十二月九日傍晚，天降大雪，神光和尚在亭前站立一夜，雪没膝盖。达摩开门，悯而问神光："汝久立雪中，当求何事？"神光悲泣曰："惟愿和尚慈悲，开甘露门，广度群品。"达摩曰："诸佛无尚妙道，旷劫精勤，难行能行，非忍而忍，岂以小德小智、轻心漫心，欲冀真乘？徒劳勤苦。"神光听了达摩教诲之话后，取刀自断左臂，送给达摩。达摩说："诸佛最初求道，为法忘形。汝今断臂吾前，求亦可在！"遂收神光为徒，并改其法名曰"慧可"。

慧可断臂之后，在少室山钵盂峰养伤，北宋时期在其养伤地建二祖庵。二祖庵里有四口古井，传说为慧可卓锡（僧人在某地居留）时而凿。二祖庵现存瓦房三间，明清石碑数通，古柏三株。有酸、甜、苦、辣水井四口，分布于院内四角。当年慧可卓锡得四泉，是要告诫世人，人生品尝酸甜苦辣，方能苦尽甘来。

二祖庵院门对联："心到前时佛有眼，缘到此处石能言。""知因识果得吉祥，心有慈悲增瑞气。"三间瓦房殿比较破败，殿门对联："一缕青烟腾空起，诸神皆知；三炷高香已燃尽，事随心愿。"山门对联："积德行善添福寿，朝山进香保平安。"

武则天《从驾幸少林寺》诗云：

> 陪銮游禁苑，侍赏出兰闱。
> 云偃攒峰盖，霞低插浪旂。
> 日宫疏洞户，月殿启岩扉。
> 金轮转金地，香阁曳香衣。
> 铎吟轻吹发，幡摇薄雾霏。
> 昔遇焚芝火，山红连野飞。
> 花台无半影，莲塔有全辉。
> 实赖能仁力，攸资善世威。
> 慈缘兴福绪，于此罄归依。
> 风枝不可静，泣血竟何追。

宋代道济（济公）《寂后寄少林长老》云：

> 片帆飞过浙江东，回首楼台渺漠中。
> 传与诸山诗酒客，休将有限恨无穷。

乾隆《少林寺》云：

少林千载寺，少室一房山。

禅悦偶重叩，秋岩此乍攀。

树姿纷绮绣，涧响静潺湲。

却见来时路，轩辕云外关。

景区前有江泽民书碑"少林文化人类遗产"。碑旁有石碑楼，三门四柱七重楼。正面正中额书"嵩山少林"，启功书。左右为"武林胜地""禅宗祖庭"。内柱对联："百代衣钵赓承一花五叶，千秋山河襟带四水三城。"外柱对联："胜地有缘听法雨，少林无处不雄风。"背面正中额书"嵩山少林"，欧阳中石书。左右为"大乘胜境""跋陀开创"。内柱对联："一苇渡长江修持九载，两山藏古寺参拜十方。"外柱对联："香火千秋兴宝刹，关河万里拱神山。"跋陀，天竺僧人，由西域到中原，得到魏孝文帝礼遇，于北魏太和十九年（495）在少室山下创建少林寺，原属小乘佛教，后来达摩到少林寺传授禅宗，禅宗属大乘佛教。

少林寺山门前广场两侧有两座古牌坊，建于明嘉靖年间。西牌坊额书"大乘胜境"，石柱对联，字迹斑驳，经仔细辨认，释读为"心传古洞，严冬雪拥神光膝；面接高峰，静夜风闻子晋笙"。内侧刻对联："双双玉井，碧澄冷侵千秋月；六六玄峰，翠耸光连万壑云。"东牌坊额书"跋陀开创"，对联中的"双双玉井"是指二祖庵中的四口井，"六六玄峰"指嵩山少室山三十六座山峰。

蒲松龄故居与柳泉

《聊斋志异》在几千年中国文言小说史上的地位，就如同《红楼梦》在中国通俗小说史上的地位一样，是独一无二、至高无上的。而蒲松龄正是《聊斋志异》的作者。

蒲氏世代书香门第，祖上四代人都止步于秀才，蒲松龄肩负为蒲家科举扬名的重任，但是科考不利，始终未能考上举人，直至63岁终止乡试。

蒲松龄将书房定名"聊斋"，并非取"聊天"之意，而是与《离骚》中"聊假日以媮乐"的"聊"字一样取"姑且，暂且"之意，"聊以自慰"，有自慰自嘲之意。蒲松龄书房一对铜尺镇纸上刻对联："有志者，事竟成，破釜沉舟，百二秦关终属楚；苦心人，天不负，卧薪尝胆，三千越甲可吞吴。"

蒲家庄很大，有围墙，有寨门，有箭垛，虽不及县城高大，但也相当气派了。解放战争中华东野战军取得莱芜战役胜利后，1947年2月集结于淄博休整，司令部就在蒲家庄，庄内建有纪念坊。

蒲松龄故居在蒲家庄的中心位置。大门上匾书"蒲松龄故居"，郭沫若题书。门口挂牌书"蒲松龄纪念馆"，沈雁冰题书。蒲松龄故居在2006年被定为全国重点文物保护单位。正院二进，一进院里有蒲松龄坐像，二进是四合院，北房三间，东间为卧室，中间和西间合一是书房和客堂。蒲松龄就是在此房南窗下正襟危坐中去世。正中一间挂匾书"聊斋"二字，隶书，路大荒题。路大荒是淄博人，是研究"聊斋"的著名专家。匾下对联："写鬼写妖高人一等，刺贪刺虐入骨三分。"题款："一九六二年初冬题为蒲松龄故居，郭沫若"。

对联中间挂蒲松龄画像，蒲松龄身着贡生服装。画面上方空白处为蒲松龄亲笔题书的两段文字。

其一：

> 尔貌则寝，尔躯则修。行年七十有四，此二万五千余日，所成何事，而忽已白头。奕世对尔子孙，亦孔之羞。

其二：

> 癸巳九月，筠嘱江南朱湘鳞为余肖像，着世俗装，实非本意，恐为百世后所怪笑也。

癸巳是1713年，蒲松龄时年74岁。"寝"，其貌不扬，可能是自谦之词。"笃"，蒲松龄之子。

蒲松龄71岁时，"援例"获得贡生资格，得到一个"候选儒学训导"的虚衔，儒学训导是县办学堂的副长官。候选，即得等职位空缺时递补。"援例"即"例贡"，在清朝，贡生有六种，即岁贡、优贡、拔贡、恩贡、副贡、例贡。前五贡为晋升贡生的正常门径，例贡通常是捐钱买或者破例照顾。画像是蒲氏生前留下的唯一形象，有人认为蒲氏不喜欢，理由就是画上题字。但是我个人认为蒲氏是喜欢此画像的，因为蒲氏不但有两款亲笔题字，而且还钤有五枚印章，"非本意""百世后所怪笑"都是自谦之词。蒲松龄终其一生不甘心于白衣秀才身份，这是时代的限制，不必苛求古人，但也不必为古人遮掩，更不必为了适应现代需求而重新塑造古人。蒲松龄48岁科考时"越幅"，即违反了书写规则而被取消参试资格，后作词《大圣东》："得意疾书，回头大错，此况何如！觉千瓢冷汗沾衣，一缕魂飞出舍，痛痒全无。痴坐经时总是梦……"可以看出科考在他心目中的地位。

这二进院是蒲松龄故宅，现为其后人居住。至于西边的院落，则是建蒲松龄纪念馆所扩充的。柳泉属于另一个景区，在"聊斋园"内。

聊斋园在蒲家庄东门外，园门前立石牌坊，三门四柱，柱头上蹲狐仙，正面额书"聊斋园"，背面额书"柳泉"。淄博市主要大街称"柳泉路"，柳泉已经是淄博的形象代理。进门就是狐仙馆，沈鹏题门匾，门口挂牌书"聊斋艺术馆"，沈雁冰题书。

走进狐仙馆，迎来一副对联："一世无缘附骥尾，三生有幸落孙山。""三生"的说法出自佛教，即前生、今生、来生。

没有考取举人的蒲松龄却给我们留下了不朽著作，因此谓"有幸"。蒲松龄在《聊斋自志》中说："独是子夜荧荧，灯昏欲蕊；萧斋瑟瑟，案冷疑冰。集腋为裘，妄续《幽冥》之录；浮白载笔，仅成《孤愤》之书。"但是对于蒲松龄本人而言，科考失意却是三生不幸，是前世不修。蒲松龄在《聊斋自志》中说："而三生石上，顿悟前因……松悬弧时，先大人梦一病瘠瞿昙，偏袒入室，药膏如钱，圆黏乳际。寤而松生，果符墨志……每搔头自念：勿亦面壁人果是吾前身耶？盖有漏根因，未结人天之果。""悬弧"，旧时习俗，家中生了孩子，是男孩则在门上挂一张弓。"瞿昙"，指和尚。"果符墨志"，蒲松龄出生时，乳际有铜钱大小的胎记，如同梦中病和尚胸前膏药。蒲松龄认为自己科考不利，就是因为前生是"苦行僧"，前世不修，"有漏根因，未结人天之果"。

狐仙馆里有碑廊，刻古今诗词，碑刻中有蒲松龄诗词，蒲氏的诗词造诣很高。前面提到的《大圣东》词就刻在碑廊里。再录一首蒲松龄《偶感》：

潦倒年年愧不才，春风披拂冻云开。
穷途已尽行焉往，青眼忽逢涕欲来。
一字褒疑华衮赐，千秋业付后人猜。
此生所恨无知己，纵不成名未足哀。

碑廊中还有王士禛与蒲松龄的唱和诗。王士禛，号渔洋山人，康熙年间曾任刑部尚书，清初诗坛盟主，对《聊斋志异》赞赏有加。王士禛《聊斋志异题》云：

姑妄言之姑听之，豆棚瓜架雨如丝。

料应厌作人间语，爱听秋坟鬼唱诗。

蒲松龄《次韵答王司寇阮亭先生见赠》云：

志异书成共笑之，布袍萧索鬓如丝。

十年颇得黄州意，冷雨寒灯夜话时。

聊斋园很大，共分六部分，除了狐仙馆，还有石隐园、满井寺、聊斋宫等。柳泉因在大片柳林旁边而得名，井台后立碑刻书"柳泉"二字，落款为"沈雁冰书，一九七九年三月"。因井水常常满溢，又称满井，蒲家庄本名满井村，后来因蒲姓居多而称蒲家庄。蒲松龄自号"柳泉居士"。井北原来有龙王庙，蒲松龄撰文《募建龙王庙序》，文中说："淄东七里许有柳泉，邑乘载之，志胜也。水清以冽，味甘以芳，酿增酒旨，瀹增茗香……深丈许，水满而溢，穿甃石潺潺出焉，故土人又名满井。"龙王庙已毁，但此碑保存下来了。

蒲松龄时常在柳泉旁摆茶座，听过路人讲故事，收集写作素材。清代邹弢《三借庐笔谈》载："（蒲）每临晨，携一大磁罂，中贮苦茗，具淡巴菰一包，置行人大道旁，下陈芦衬，坐于上，烟茗置身畔。见行道者过，必强执与语，搜奇说异，随人所知。渴则饮以茗，或奉以烟，必令畅谈乃已。偶闻一事，归而粉饰之。"

距蒲松龄故居不远处有蒲松龄墓。蒲松龄墓碑刻书"蒲松龄柳泉先生之墓"，碑后有四方砖亭，四面砌墙开拱门。亭内立碑刻《柳泉蒲先生墓表》，落款是"1980年重刻"。碑文载：

先生讳松龄，字留仙，一字剑臣，别号柳泉。以文章意气雄一时，学者无问亲疏远迩，识与不识，盖无不知有柳泉先生者。由是先生之名满天下。先生初应童子试，即以县、府、道三第一补得博士弟子员，文名藉藉诸生间。然如棘闱辄见斥，慨然曰：其命也夫……

济南七十二名泉

刘鹗在《老残游记》中说济南"家家泉水，户户垂杨"。于钦《齐乘》中说"济南山水甲齐鲁，泉甲天下"。有诗歌描述济南："泺水悠悠绕齐城，众泉汩汩流不停。岸柳荷色多碧翠，歌绕幽航穿桥林。"《听泉斋记》说"历下之泉甲海内，著名者七十二，名而不著者五十九，其它无名者奚啻百数"。有人统计济南泉水有名称者多达七百三十三处。"溶天地万物之灵气，孕大地山川之精华"，是大自然对济南之厚赐，构成济南独特的城市风貌和人文景观。

人们常说济南有七十二名泉，但具体是哪七十二泉，说法就不一致了。汇总起来有四个版本，其一是金代《名泉碑》列书七十二泉名。其二是明代晏璧"七十二名泉诗"，对名泉逐一赋诗。其三是清代郝植恭"七十二名泉记"。三者都列出七十二泉，但又不尽相同。将三者汇总，列入七十二名泉者，大约一百一十处。由于历史的变迁，名泉发生了变化，济南市名泉研究会和济南市名泉保护管理办公室联合组织了重新评定七十二泉活动，新定了七十二泉并于 2004 年正式公布，即第四版本新七十二泉，又与一百一十处名泉不尽相同。

新版七十二泉分布于大济南辖区，城区有趵突泉泉群、五龙潭泉群、珍珠泉泉群、黑虎泉泉群，郊区有章丘百脉泉泉群、柳埠涌泉泉群、长清灵岩寺铁袈裟泉群、白泉泉群、历下玉泉泉群，东阿有洪范泉群，另外有不在泉群之列的名泉共七处。城区的四大泉群，无论是何种版本的七十二泉我几乎都游览了一遍。只要是有名牌的、可以找得到的，我都尽力找寻了。

趵突泉泉群

趵突泉泉群在旧城西南，今辟为趵突泉公园，园内有名泉 28 处。趵突泉古称泺水，为泺水之源。早在"纣克东夷"甲骨文中即有"泺"字，至今已有三千多年的历史。《水经注》："（泺）水出于历城县故城西南，泉源上奋，水涌若轮……俗谓之为娥姜水也，以泉源有舜妃娥英庙故也。"

娥英庙在泺源堂后，檐下匾书"娥英祠"，门上对联："琴瑟友之钟鼓乐，凤凰归矣潇湘吟。"祠中神龛供娥皇、女英神像，眉批"孝友齐家"。娥英庙后是"三圣殿"，供尧、舜、禹三圣王。娥英祠后墙根有"满井泉"，井沿上摆满了祈福的红彩带，该井随季节变化，水时常漫溢出井口，故名满井。明代晏璧《满井泉》云：

> 川流不息井泉涌，明秀亭前脉脉清。
> 应是夜来春雨急，水高三尺小池平。

娥英祠东院墙有门，门上书匾"孕鲁育齐"，是乾隆御笔。院外有"卧牛泉"，传说舜耕于历山下，耕牛曾在此卧伏。明代晏璧《卧牛泉》云：

> 昔闻陶墓有牛眠，今见齐州溢井泉。
> 千载历山遗胜迹，秋风禾黍满虞田。

卧牛泉东侧，与其并排有皇华泉，泉池大小制式与卧牛泉完全相同。《诗经·皇皇者华》歌咏了使臣为民辛劳。明代晏璧《皇华泉》云：

> 金线池东涌碧泉，皇华使节耀齐川。
> 圣恩浩荡宽如海，散作甘霖遍八埏。

诗中的皇华使者歌咏的是谁呢？有人说是汉景帝时的晁错，不过另一种说法认为皇华泉是纪念虞舜的，舜名重华，皇华即虞舜。

娥英庙西侧有"杜康泉"。明晏璧《杜康泉》云：

> 甘泉一脉舜祠下，此地千年说杜君。
> 不是重华常嗜酒，几厄聊借解南熏。

传说杜康酒神以此泉之水酿酒，甘美无比，故称杜康泉，泉池之南有亭，亭中台上有泉水喷洒，有人掬水品尝，认为杜康泉泉水味甘如醴，但也有一种说法认为泉原名"煮糠泉"，后来讹传成杜康泉。

趵突泉泉池之南是无忧泉，泉池很大，一道碑廊院墙将趵突泉泉池与无忧泉分开。泉水清澈，水草浮动，锦鳞游弋。传说饮此泉水可以消愁。明代晏璧《无忧泉》云：

> 槛泉西畔漱清流，酌水能消万斛愁。
> 白叟黄童争击壤，春来有事向东畴。

诗中所说"槛泉"即趵突泉，古文"槛"与"滥"通假，槛泉即滥泉。

无忧泉往南为白雪楼，是李攀龙纪念祠。李攀龙，字于鳞，明嘉靖年间著名文士，"后七子"领袖。檐下匾书"白雪楼"，题款"嘉庆八年三月，英山金光悌书"，门上匾书"泺源讲社"。门对联："人拟古今双学士，天开图画两瀛洲。"取自边习诗《登白云楼怀李于鳞》：

> 泺源风景冠齐州，更筑诗豪白雪楼。
> 人拟古今双学士，天开图画两瀛洲。
> 云间黄鹤还飞去，海上沧波欲倒流。
> 聚散存亡余感慨，转怜花鸟不知愁。

清初王士禛《由来鹤桥登白雪楼观趵突泉》云：

南郭山泉好，登临复此楼。

碧晴诸岫雨，绿淡一泓秋。

晓日浮沙迹，琅玕出静流。

翳怀林木处，吾意已沧洲。

白雪楼旁有"沧园"，是李攀龙早年读书处，李攀龙号"沧溟"。沧园里有"沧泉"。

白雪楼前有三处名泉，正前方为石湾泉，泉池长宽皆约十米，池南岸山石壁立如林，池中有荷花、锦鳞，池水清澈。明代晏璧《石湾泉》云：

石湾池接槛泉南，涌出清流味更甘。

旋汲井花烹石鼎，崝华秋净暮烟涵。

酒泉在石湾泉东，湛露泉在石湾泉西。明代晏璧《湛露泉》云：

泉如湛露味甘香，如入三焦齿颊凉。

通乐古园饶爽气，厌厌夜饮醉无妨。

其意出自《诗经·湛露》："湛湛露斯，匪阳不晞。厌厌夜饮，不醉无归。"

通乐古园，今称"万竹园"，始建于元代，明代隆庆年间礼部尚书殷士儋隐居于此，取名"通乐园"。《聊斋志异》中《狐嫁女》称："历城殷天官，少贫，有胆略。邑有故家之第，广数十亩，楼宇连亘。常见怪异，以故废无居人。"故事发生地即通乐园。到了清代，名人王苹购得此园，因园中望水泉在金代"名泉碑"中位列二十四，易园名"二十四泉草堂"，并将自己诗作名之《二十四泉草堂集》，赋诗曰：

> 吾家望水泉边宅，旧是平泉竹万丛。
> 几缺土垣乔木下，半间茅屋菜花中。

民国初年山东督军张怀芝奉袁世凯旨意，在此为袁筑建"生祠"，即现在之纪念馆。袁世凯倒台后，张怀芝将园林吞为私有，称之为"张家花园"。园林风格集北京王府、济南四合院与南方园林艺术于一体。园内石雕、砖雕、木雕为三绝。大门对联为："二十四泉清流，遍绕楼台亭榭；万千个竹绿意，长存春夏秋冬。"从湛露泉往西，穿过"竹径通幽"石径就到达万竹园。万竹园内有李苦禅纪念馆。

万竹园是趵突泉公园中的园中园。园内有东高泉、白云泉、白龙湾泉和望水泉，进园门之后，右侧竹林之下有东高泉，泉池方形，因地势稍高，在园内东墙下，故名东高泉。望水泉被院墙隔成南北两池，中分墙上刻书"望水泉"三字。南北池皆有石板桥跨池而过，北池桥上有八角亭，有四副对联。其一："竹影拂阶尘不起，月光穿池水无声。"其二："芳溢苍宇无相意，花归莲房有苦心。"其三："花径丝丝联故土，碧叶习习爽晚风。"其四："朱颜迎旭从无蔓，玉质出泥自超尘。"明代晏璧《望水泉》云：

> 万竹园中景趣幽，双泉一脉望登州。
> 碧梧百尺栖丹凤，雪浪千堆戏白鸥。

据说登州泉与望水泉一脉相通，登州泉在万竹园外的东北角，泉池呈回字形，内方泉池稍高于外方，泉水从内方溢出，呈瀑布状注入外方，形成水帘，在阳光照映下，珠帘挂壁，甚是好看。明代晏璧《登州泉》云：

> 文登一脉透潭城，澄澈全无屋气腥。
>
> 安得雪堂苏学士，朗吟万竹濯清冷。

苏东坡曾任登州太守，登蓬莱阁观海市蜃楼。

从皇华泉向东有柳絮泉和金线泉两泉并列，柳絮泉中气泡翻飞，状如柳絮飘飘。每年阳春三月，柳絮飘落泉中，更是真假难辨。明代晏璧《柳絮泉》云：

> 金线池边杨柳青，泉分石窦晓泠泠。
>
> 东风三月飘香絮，一夜随波化绿萍。

金线泉（老金线泉在趵突泉北）在七十二名泉中名列第二，仅次于趵突泉。宋代王辟之《渑水燕谈录》云：

> 石甃方池，广袤丈余，泉乱发其下，东注城壕中，澄澈见底。池心南北有金线一道，隐起水面。以油滴一隅，则线纹远去。或以杖乱之，则线辄不见。水止如故，天阴亦不见。

宋代曾巩《金线泉》云：

玉瓽常浮灏气鲜，金丝不定路南泉。

云依美藻争成缕，月照寒漪巧上弦。

已绕渚花红灼灼，更萦沙竹翠娟娟。

无风到底尘埃尽，界破冰绡一片天。

明代晏璧《金线泉》云：

水纹浮绿影摇金，倒挽银河百尺深。

中有锦鱼三十六，碧波荡漾任浮流。

金线的形成原理是泉底的泉水上涌，沿泉边上升，最终由两个方向向泉面汇合，在泉面形成一道水纹，在阳光或者月光下，水纹摇曳，如同一条金线飘荡。20世纪50年代因施工挖断了泉脉，老金线泉已干涸，后来扩修趵突泉公园，在柳絮泉泉池旁小池中出现了金线，乃修建泉池，命名为金线泉，并将老金线泉题名刻字挪移过来刻在泉池上，为新金线泉。

尚志堂又名尚志书院，在柳絮泉东北方向，丁宝桢任山东巡抚时在此办学，如今是丁宝桢纪念堂，有一道名菜"宫保鸡丁"与丁宝桢有关。丁宝桢任四川巡抚时，以山东家乡大花生米配鸡胸脯肉丁，用川味爆炒，遂成名菜。因丁宝桢加太子少保衔，称之"宫保"，故以宫保鸡丁命名此菜。尚志书院大门对联："雅量含高远，清言见古今。"《庄子》有"贤人尚志"句，丁宝桢将书院命名为尚志书院。正堂檐下匾书"尚志堂"，是丁宝桢题书。檐下抱柱对联："尚志齐贤士人事，礼门义路君子行。"堂内供丁宝桢半身塑像。堂上方匾书

"进德修业"，是何绍基题书。堂上挂丁宝桢自撰对联："列事系时左迁有述，同天稽古彭契无言。"像座上刻丁宝桢语录："读书岂为虚名误，报国须教俗念空。"堂内还有对联："举座儒生雅士，居邻白石清泉。"堂前院内太湖石围砌之中有一泓清泉，石刻"尚志泉"三字。

清代任宏远《柳絮泉访李易安故居》云：

> 为寻词女舍，却向柳泉行。
> 秋雨黄花瘦，春流漱玉声。
> 收藏惊浩劫，漂泊感生平。
> 往昔风流在，犹传乐府名。

诗中说为寻李清照（号易安居士）故居，却走到柳絮泉边。

尚志堂向东是漱玉泉，漱玉泉后为李清照故居。"漱玉"一词出自《世说新语》"漱石枕流"。泉池方形，白石栏沿，栏沿南面有缺口，泉水自泉底冒出，形成串串气泡在泉面破裂，发出丝丝响声。泉水从南向缺口处溢出，形成瀑布跌入南边大水池之中，发出哗哗响声。南边大水池山石围砌，池中另含一泉，泉水杂带气泡呈螺旋形上升，故名螺丝泉。池边立碑刻书"鸢飞鱼跃"四字，是光绪年间龚葆琛题书。《诗经·大雅·旱麓》"鸢飞戾天，鱼跃于渊"，意指万物各得其所。明代晏璧《北漱玉泉》云：

> 泉流北涧瀑飞琼，静日如闻漱玉声。
> 纤手掬来清彻骨，高人宜尔濯尘缨。

清代田雯诗曰：

> 跳波溅客衣，演漾回塘路。
> 清照昔年人，门外垂杨树。

漱玉泉后的院落是李清照故居，是李清照未出嫁之前的娘家居地，如今开辟为李清照纪念馆，名"漱玉堂"。堂门对联："大明湖畔，趵突泉边，故居在垂杨深处；漱玉集中，金石录里，文采有后主遗风。"题款"李清照纪念祠，一九五九年九月，郭沫若"。李清照的诗词集称《漱玉集》。李清照的丈夫赵明诚是金石学家，《金石录》是赵明诚研究金石的著作，李清照为《金石录》作后序。《金石录后序》作为名文曾经列入中学语文教材。正厅塑李清照立像，像后屏风有郭沫若题诗：

> 一代词人有旧居，半生飘泊憾何如。
> 冷清今日成轰烈，传颂千秋是著书。

诗名《题济南李清照故居》。李清照出生于书香世家，父李格非是北宋元祐名士，是"苏门后四学士"之一，母亲为状元王拱辰的孙女。李清照是"婉约派"代表人物，与李白、李煜并称词坛"三李"，其词称"易安体"，有"词压江南，文盖塞北"之誉。侧厅有李清照仕女像，像左右对联："词人称三李，宋代有二姬。"二姬指李清照和朱淑真。故居侧厅称"静治堂"，抱柱对联："济南泉水，洛下园林，间气英华钟韵语；故国前尘，归来梦影，偏安文献让遗嫠。"题款"题济南李易安祠楹，一九九〇年冬，启功。"

漱玉堂东侧有"马跑泉"，泉池位于大型假山之旁，而假山另一侧还有"浅井泉"。假山四周风景绝佳。相传金兵南下攻济南，知府刘豫被金人收买，献城投降，守将大刀关胜誓死抗敌，屡创金兵，但寡不敌众，在金兵和刘豫的夹击下，战死于济南西门外。坐骑见主人遇难，仰天嘶鸣，马蹄刨地出泉。后人遂名之"马跑泉"。这位守将关胜即《水浒》中的关胜之原型。明代晏璧《马跑泉》云：

> 马蹄踏破迸飞泉，流出济城浅水边。
> 八骏曾闻驰八极，百年几见海成田。

泉北原建有关胜庙，后人讹传为关圣庙。如今庙已毁。

趵突泉泉群共二十八泉，在新版七十二名泉中列入十四泉，包括趵突泉、金线泉、皇华泉、卧牛泉、柳絮泉、漱玉泉、马跑泉、无忧泉、石湾泉、湛露泉、满井泉、杜康泉、望水泉及登州泉。

五龙潭泉群

五龙潭泉群有二十八处泉池，除了西密脂泉、灈泉和天镜泉在公园南墙之外，绝大部分在五龙潭公园内。五龙潭公园与趵突泉公园仅一街之隔。

五龙潭位于公园中心，是泉群中最大的泉池，长70米，宽35米，原是大明湖的一部分，由于湖面缩小而与大明湖分离。潭底有泉眼，故称泉池。时人曾经在潭西建"五龙堂"祭祀五龙，如今堂已不存。清乾隆年间文人桂馥在潭西筑"潭西精舍"，成为名胜。桂馥撰《潭西精舍记》云："历城西门外，唐翼国公故宅，一夕化为渊，即五龙潭也。潭之名，始见于于钦《齐乘》……"唐翼国公为秦琼，即秦叔宝。明代刘敕诗云："传是蛟龙宅，龙潜何处寻。潭中台殿古，门外石潭深。树密云常合，亭高日半阴。生来水色净，聊可空人心。"桂馥筑潭西精舍并赋诗：

> 树色不离门，水声长绕屋。
> 昨夜月上时，散步未能宿。

清代方世振《潭西精舍》云：

> 天然成结构，曲折使人迷。
> 花径窗三面，茅亭水半溪。
> 芳林入幽处，画壁尽留题。
> 倚杖桥边立，听泉日向西。

潭西精舍已毁，现存建筑为二层楼，名"名士阁"。潭西有"古历下亭遗址"，唐代杜甫与北海太守李邕等在历下亭宴饮，有诗句"海右此亭古，济南名士多"，故称"名士阁"。二层檐下有名人武中奇书匾"名士阁"。阁基石刻"近水楼台"四字，字有一部分没入水中，一层如今是茶社，抱柱对联："潭影泉声添秋韵，湖光山色醉春风。"四周挂多副对联，录两副，其一："五方龙戏潭中月，七彩笔生泉上花。"

其二："千载神龙潜潭底，一城山色映湖中。"游人可以登临二层，凭栏观看四周风景，美不胜收。名士阁东侧临湖挂匾书"龙潭观鱼"。龙潭观鱼是泉城八景之一。明代晏璧《五龙潭》云：

东望扶桑海岱连，澄潭月冷水涓涓。
钓竿一拂珊瑚树，惊起潭心龙夜眠。

五龙潭南大门，进门右侧几股泉水汇成一个泉池区，以回马泉为中心，方池之北形成曲廊，曲廊有对联"潭临外廊园临水，池带轻波柳带风"和"廊绕翠障龙凭雨，石伴青松鸟伴花"。传说秦琼骑黄骠马路过此地，紧急勒马回马，马蹄踏地冒出清泉。回马泉池底有点点窝坑泉眼。回马泉曲廊观鱼是五龙潭中一景。回马泉之西南是东蜜脂泉，回马泉之西北是古温泉，三泉之水相连，汇成"余乐池"，池中有"余乐树"，形成风景幽美的一个小区域。

明代晏璧《古温泉》云：

太真偏爱浴华清，温润何如历下城。
玉韫昆山何借润，不劳薪樇与煎烹。

回马泉之南有一座二层小楼，院内有"东流泉"。小楼是王尽美私宅，曾经是中共山东省委领导机关办公楼。回马泉曲廊以北有王尽美、邓恩铭二人塑像，广场称"美铭广场"，像座上刻董必武题诗：

四十年前会上逢，南湖舟泛语从容。

济南名士知多少，君与恩铭不老松。

董必武、王尽美、邓恩铭都是中共一大代表。

古温泉之东有月牙泉，当初泉池形似初月，故名月牙泉。改建后泉池如同满月。池中央有奇石兀立，形同蘑菇，泉水可以从蘑菇顶渗出，顺石四沿散下，谓之"月牙飞瀑"，是园中八景之一。月牙飞瀑的状况可以反映济南地下水位的变化。

月牙泉西北角有小泉池，白玉石护栏，为"北洗钵泉"。月牙泉西南角立石刻书"东流水街"，背面是徐北文撰书的《东流水街记》。文中谈到，流水街早在元代《齐乘》一书中就已被提及，当时街上店铺林立，多药肆，以制售阿胶而著名，店铺汲取临近泉水制作阿胶。古温泉、回马泉、月牙泉、洗钵泉、洗心泉、悬清泉等名泉绕宅穿户进入沿街各家，再潺潺汇入护城河中。当年街道河水东流，街道半边沿河拂柳，巷陌流泉，风光旖旎。如今塑有同仁堂少东家乐镜宇纪念像，1909 年，乐镜宇在东流街创办"宏济堂"制售阿胶，名之"东流水九天贡胶"，后荣获巴拿马国际博览会金奖。电视剧《大宅门》七老爷白景琦的原型就是他。

月牙泉东北角有"虬溪泉"。泉池巨石围砌，错落有致，林木竹丛掩映。

在五龙潭南侧，有泉从石穴中涌出，石上篆书"玉泉"二字，乾隆南巡品此泉，赋诗"灵泉清泚涤烦疴，功德由来利物多"。泉旁有"玉泉茶园"，门上对联："清泉生响当为漱玉，诸客仰流应是洗心。"

五龙潭西北侧有以濂泉为中心的一组泉池，包括显明池、官家池、裕宏泉、聪耳泉和濂泉。濂泉长宽各 26 米，俗称陈家池子。泉池中有亭。池旁有濂轩，亭轩之间有廊连接。轩前空场，块石铺地，泉池之水浅浅漫过池面，"清泉流石"是园中八景之一。不少小孩子在水中嬉戏。空场之中，浅水之上，有石刻"福""寿""禧"等，石蛙、石龟、镇水怪兽等趴伏水中，濂轩有对联："濂泉清明鉴廉仕，绿烟浓荫惠黎民。"

濂轩东南角巨石围砌中有泉池，泉池水面高于四周，泉水从石头缝隙中溢出，巨石上篆字刻书"聪耳泉"三个大字，下刻小字："聪者察也，相传长饮此泉水，永不耳聋，濯面则耳聪目明，俗称耳朵眼泉也。"

濂泉的东北方有贤清泉，又名悬清泉、李家池子。泉池较大，形成一湖，池北岸筑有"贤清榭"。大门对联："烹茗莫非陶学士，来贤疑是陆茶仙。"内设茶社，榭侧门挂牌"潭西诗社""潭西印社""潭西琴社"，是文人雅会的场所。明代晏璧《贤清泉》云：

中州文物重谭城，故以贤清易水名。
安得箪瓢颜氏子，秋风来此濯尘缨。

贤清泉西北是秦琼祠。祠前照壁正面刻书《秦叔宝传》，背面刻两匹战马的浮雕，并刻诗两首。右侧诗："奋蹄追风透骨龙，一任壮士横戈行。梨园传唱留佳话，自有良骥伴英雄。"落款为"荣斌先生诗《黄膘马》"，历史故事"秦琼卖马"传为佳话。左侧诗："金蹬银鞍骋沙场，痛饮醇醪意气昂。悲嘶长随壮士去，留得美名天下扬。"落款为"荣斌先生诗《忽雷驳》"，忽雷驳是秦琼的坐骑，秦琼殁时，此马也悲鸣而死。

祠大门对联为："身通百战术，气作万夫雄。"落款为"康有为"。大门旁有文字说明："唐朝左武卫大将军胡国公秦琼的故宅即在五龙潭畔。祠为纪念秦琼，于 2010 年建成。占地面积 1128 平方米，采用一进四合院落式布局，典型的唐代风格，由影壁、大门正殿、东西两侧连廊等组成。东侧连廊间建'建节轩'，两侧连廊南端有'集英亭'，其内外陈设意在展示秦琼'忠、孝、勇、信'之精神，并传递秦琼故里的乡土文化气息。"

正殿檐下匾书"忠义千秋"，是唐初大书法家褚遂良题书。抱柱对联："黄骠铜锏隋唐业，大义精忠海岱魂。"门上匾书"义薄云天"。殿内正中塑秦琼坐像，像上书匾"英风永存"，唐初大臣虞世南题书。殿内对联："民间传说，为朋友插刀两肋中义薄九天，四海皆仰秦叔宝；历史记载，擒敌酋撄锋二百次血出数斛，三军尽服胡国公。"右廊檐下匾书"望隆桑梓"，郭沫若题书。廊内刻有唐太宗将秦琼等功臣绘像于凌烟阁的诏书，但是秦叔宝的名次比较靠后。左侧集英亭对联："真邪幻邪五龙潭底胡公府，巍哉盛哉历下亭畔秦琼祠。"集英亭旁有古碑刻书"唐左武卫大将军胡国公秦叔宝之故宅"，碑文斑驳风蚀，不知是何时刻立。碑旁立有"秦琼墓志铭"，从铭中文看，秦琼生前是翼国公，胡国公是死后追谥的，故而前面提到翼国公府也是对的。

五龙潭西有"青泉"，青泉北有碑廊，有武中奇书法展。武中奇在书法中赞曰："舜耕禹迹几沧桑，信史龙山岁月长。带河历岳英雄地，襟鲁因齐礼义邦。泉城美誉流天下，名士高风播八荒。喜看四化开新局，谱写文明又一章。"

天镜泉在五龙潭公园南门外，但仅一墙之隔，是个独立的小院。院中巨石上刻"天镜泉碑记"。泉名江家池子，因泉池清澈，可鉴须眉，故又名天镜泉，有人赞曰："池涌千珠乱，天垂一镜明。"

天镜泉以流水量计，是五龙潭泉群中的第二大泉。

天镜泉向西二十多步，临街有醴泉，泉池圆形，直径约2米，泉池紧贴建设银行大门。明代晏璧《醴泉》云：

九成曾刻醴泉名，历下泉如竹叶清。
山水之间有真乐，何须留连醉翁亭。

据说这一带曾是"贾家楼"旧址，《说唐》小说中三十六好汉"贾家楼结拜"就在此地。

醴泉往南十余步，即关帝庙后院，院内有西蜜脂泉。关帝庙临街在高楼林立的济南市街面上，这座古朴庙宇保留至今，弥足珍贵。《重修关帝庙碑记》中记载，元代时关帝庙就已存在。临街平房，门前一对石狮，耳朵是兔耳，传说为赤兔马所转化，为关帝守门。门对联："三教劲（尽）皈依，正直聪明，心似日悬天上；九州隆享祀，英灵昭格，神如水在地中。"门楣匾书"关帝庙"。殿门对联："大义参天地，英风冠古今。"殿门楣匾书"义炳乾坤"。殿内不大，里面很昏暗，站在关帝圣像前，我心中不禁肃然起敬。

殿前是一个狭长的天井，天井中两口泉池并列，泉池方形，比桌面稍大。石护栏，两泉之间留出通道，正对殿门。殿前墙上嵌牌书明代晏璧《西蜜脂泉》：

西池泉味比东强，何必天寒割蜜房。

莫道脂甘能悦口，试将一饮胜天浆。

牌下小字文字："此水专供大户人家使用，清代卖一文钱一桶。"文中说"同治八年，山东巡抚丁宝桢接密旨斩杀祸国殃民的慈禧太后贴身太监安德海于此处"。

五龙潭泉群二十八处，列入新版七十二名泉者十一处，包括五龙潭、北古温泉、贤清泉、天镜泉、月牙泉、官家池、回马泉、虬溪泉、玉泉、濂泉、西蜜脂泉。

珍珠泉泉群

珍珠泉泉群比较分散，实际上是指分布在城区的泉群，列入新版七十二泉的有珍珠泉、溪亭泉、濋泉、散水泉、舜泉、芙蓉泉、玉环泉、濯缨泉、腾蛟泉和双忠泉等十泉。

珍珠泉在山东省人大常委会的大院里。溪亭泉距珍珠泉仅几米之遥，泉旁有《溪亭泉题记》一文：

宋代文豪苏辙任官济南时，有《题徐正权秀才城西溪亭》诗云"竹林分径水道渠"，"溪上路穷惟画舫"。宋代大明湖居府城之西……此泉居大明湖南畔，故名"城西"。溪亭泉与附近珍珠诸泉汇为濯缨湖，当时面积颇大，可乘船而游，故诗有"画舫"之语。李清照居青州时，返济南省亲，曾作《如梦令》，有"常记溪亭日暮"及"兴尽晚回舟，误入藕

花深处"之句……当时泉主人徐正权为山东大儒石
徂徕女婿,乃著名医学家。石徂徕与欧阳修友好甚
笃,苏李二氏均系出欧阳之门,故得以就徐氏游赏。
溪亭泉于宋代蒙医学家徐正权之管理,又经古文大
家苏辙与杰出女词人李清照之品题,文化底蕴深厚,
洵为历史悠久之名泉云。

苏辙《题徐正权秀才城西溪亭》云:

> 竹林分径水通渠,真与幽人作隐居。
> 溪上路穷惟画舫,城中客至有罾鱼。
> 东来只为林泉好,野外从教簿领疏。
> 不识徂徕石夫子,兼因女婿觅遗书。

李清照《如梦令》云:

> 常记溪亭日暮,沉醉不知归路。
> 兴尽晚回舟,误入藕花深处。
> 争渡、争渡,惊起一滩鸥鹭。

李清照词作中,写到故乡济南者仅此一首。
明代王象春《济南百吟》云:

> 一曲溪流一板桥,浣衣石面汲泉瓢。
> 家家屋后停针女,树底横舟手自摇。

明代晏璧《王氏溪亭泉》云：

> 鱼池西北水涓涓，王氏溪亭尚翼然。
> 溪上槐阴清昼永，凭栏徙倚听鸣蝉。

诗歌表明古时溪亭泉一带还是一片湖区，溪渠相连，可以行船。

散水泉在山东省人大常委会的大院内，是一座旧建筑，牌示是"清巡院署大堂"。在其东南角有四方泉池，白石护栏上刻"散水泉"三字。明代晏璧《散水泉》云：

> 珠泉东向水萦回，荡漾涟漪去复来。
> 时有濯缨佳客至，方池如鉴绝纤埃。

灊泉也在山东省人大常委会的大院内。清康熙七年（1668），时人在巡按院内挖土时，见泉水涌出。巡抚刘芳躅斟酌命名，幕僚朱彝尊依《尔雅·释水》"水自河出为灉，济为灊"意，建议命名为"灊泉"。

院内西北角还有泉，泉池呈九角形，名九角泉，泉临溪，风景绝美。

舜井在舜井街，原有舜庙，现庙已无存，尚有古碑一通，文字斑驳难以辨识。《水经注》载："城南对山，山上有舜祠，山下有大穴，谓之舜井。"即在北魏时期已有舜井的记载。传说舜的后母不贤，欲陷害舜，将其埋入地下，舜采纳娥皇女英的主意，掘井逃出。

另外，传说尧命舜治水擒蛟龙，舜用铁链锁住蛟龙，将其囚禁于井中，舜井中有一条长长的铁链。舜井围栏四方，有白石柱和护板，一面护板刻"舜井"二字，另三面刻诗。其一为唐代魏炎《舜井题诗》：

> 齐州城东舜子郡，邑人虽移井不改。
> 时闻汹汹动渌波，犹谓重华井中在。

其二为宋代曾巩《舜泉》：

> 山麓旧耕迷故垄，井干余汲见飞泉。
> 清涵广陌能成雨，冷浸平湖别有天。
> 南狩一时成往事，重华千古似当年。
> 更应此水无休歇，余泽人间世世传。

其三为乾隆帝《谒舜庙》：

> 孝称千古独，德并有唐双。
> 历下仪刑近，城中庙貌庞。
> 春风余故井，云气护虚窗。
> 缅继百王后，饮瞻心早降。

另外，明代晏璧《舜井》云：

> 巍巍舜庙历城南，中有清泉味极甘。
> 流出迎祥仙馆去，汪汪千顷泛波澜。

濯缨井，又名大王府池子，得名于《孟子·离娄》："有孺子歌曰：'沧浪之水清兮，可以濯我缨，沧浪之水浊兮，可以濯我足。'孔子曰：'小子听之！清斯濯缨，浊斯濯足矣。自取之也。'"泉池旁立碑，正面刻"濯缨泉"三字，背面刻书《濯缨泉碑记》：

> 濯缨泉又名濯缨湖，俗称王府池子……清道光《济南府志·山水二》载："濯缨泉称湖，前在德王宫内，今在院署（清山东巡抚署，即今珍珠泉大院）西墙外百余步，俗称王府池，围圆四十余丈，由地沟北流，穿民巷，出起凤桥下，至院后会珍珠泉水，经百花、鹊华两桥入大明湖。"

今池乃1997年6月重修，2009年9月再次整修。清淤疏浚，沿池筑护栏，南北长30米，东西宽19米，周边泉水众多，涌流成河，小桥曲巷，深宅浅院，绿杨飘拂，到处可见清代刘鹗《老残游记》所描绘的"家家泉水，户户垂杨"的景象。

明代晏璧《濯缨泉》云：

> 石罅流泉可濯缨，复无斧凿自天成。
> 一清疑挽银河水，应叹沧浪浪得名。

从珍珠泉大院出来，寻找濯缨泉，一路曲折小巷，家家户户门上贴有对联，井泉文化底蕴深厚。录几副："水能性淡为吾友，竹解心虚是我师。"落款为"陈元龙"。"道义极知当负荷，湖山仍得饱登临。"落款为"梁启超"。"烟外好花红浅淡，槛前叠石翠参差。"落款为"吴湘帆"。"山势盘陀真是画，泉流宛委遂成书。"落款为"何绍基"。"柳韵飞白絮，荷香伴清泉。""泉流自然韵，城载齐鲁风。""春风有形在流水，古贤寄迹于斯文。""春风戏柳柳丝醉，泉水润心心地宽。""柳堆千叠绿，泉涌一池春。"一个卖茶水的小店也贴出对联："清泉称人意，古巷烹茶香。"还可以在深巷宅院中见到"知鱼泉""忠义泉""小王府池子"等泉名。

腾蛟泉位于王府池子街北端，泉两侧原有牌坊，额书"腾蛟起凤"四字。牌坊旁有平板石桥名"起凤桥"，如今石桥仍在，但牌坊已不存。桥下小溪源自濯缨泉的泉水，小溪流向大明湖，小巷沿溪延伸，溪水与大青石板路相伴而行，形成"小桥流水人家"的景致。腾蛟泉在路边，泉池长方形，紧贴住户院墙墙根，墙壁上嵌石刻书"腾蛟泉"，是清同治年间题书。清代郝植恭在《七十二泉记》中说："曰腾蛟，如蛟之得云雨而飞腾也。"

泉对门一家门上对联："一城泉水韵，千古圣贤风。"

芙蓉泉位于芙蓉街，现为济南旅游商业街，尤以小吃为主，既琳琅满目，也嘈杂不堪。泉池前立石刻书"芙蓉泉"三字，正对碑石是一老字号旗袍店，店门对联："门前圣水芙蓉泉，旗袍世家数百年。"对联是旧物，不知何时题书。明代晏璧《芙蓉泉》云：

> 崒华紫翠削芙蓉，山下流泉石涧通。
> 朵朵红妆照清水，秋江寂寞起西风。

玉环泉在省府前街马路中间，显然，为了保留此井，市政规划作了细心安排，使玉环泉巧妙地位于隔离带上。泉口井沿双石栏并联，石栏宽窄正好与隔离带齐平，井旁立石刻书"玉环泉"三字，落款为"庚辰初冬"，据记载是1880年。明代晏璧《玉环泉》云：

泉脉盘回似玉环，天留胜地在人间。
温泉曾被杨妃辱，故引清流到历山。

双忠泉位于双忠祠街西首，此处是双忠祠故址，明崇祯十三年（1640）清兵入关，绕过北京，直取济南，山东巡按御史宋学朱和历城知县韩承宣率千余乡兵和民众殊死抵抗，城陷，二人殉职。后人为纪念宋、韩二人，建双忠祠。清康熙四十五年（1706），乡人修复双忠祠，将掘地涌出的清泉命名为双忠泉。泉一度被填埋，2000年重新修复，泉在两座垂直交会的住居山墙之下的空当处。

黑虎泉泉群

黑虎泉泉群在济南老城区南护城河沿线，共有十六处泉水，列入新版七十二名泉者五处，分别为九女泉、白石泉、玛瑙泉、黑虎泉和琵琶泉。五泉集中在护城河之东端，其中以黑虎泉名声最大。

护城河东端有解放阁，阁名为陈毅题书。1948年解放军围攻济南时，以此处为突破口攻入。这是解放军攻克大城市的一次胜利，在这次围攻中，许世友一战成名。

九女泉在河北岸，泉池甃石围砌，呈长圆形。池西有亭，六角重檐攒尖顶，亭柱临河与迎岸皆有对联，临河对联：“仕女沐泉飞夜韵，金鳞穿水戏池波。”迎岸对联：“天上秋期近，人间月影清。”

泉水清澈，水色碧蓝，水面如镜，亭映池中，亭影相伴，令游人流连驻足。

白石泉在九女泉东的解放阁下，泉池白色甃石围砌，大致呈方形，长 6 米，宽 5 米，泉池伸入河中，泉池水面高于河面。石上刻书“白石泉”三字。泉水清澈，不少当地人携各种容器在泉池中汲水。此泉问世较晚，乾隆年间时人疏浚护城河时发现此泉。

从白石泉上河岸，走过解放阁下的桥，可到达护城河南岸。玛瑙泉在南岸与白石泉相对，泉池方形，长 4 米，宽约 2 米，泉池高于河面，泉池北面有石涵洞，泉水由涵洞注入护城河中。在阳光照映下，池水与泉底辉映，色彩斑斓，如同玛瑙，池中锦鳞游泳，清澈可数。

玛瑙泉向西是黑虎泉。河南岸有悬崖，崖下有天然洞穴，洞口稍高于人，如同一扇不规则的单扇门，但如今装上了铁栅栏，不让人进入了。洞很深，洞内有巨石卧伏，如卧虎，如伏鳌。汹涌泉水从巨石之侧冲过，分成三股，由暗渠注入黑虎泉泉池之中，池壁伸出三虎头，泉水从虎口中喷出，咆哮之声如同虎吼。泉池方形，约 120 平方米。临河一面缺口，池水由缺口跌入河中，形成瀑布。水量很大，若以流量计算，黑虎泉仅次于趵突泉，位居第二。洞口旁石刻“黑虎泉”三字，洞口上方刻“黑虎啸月”四字。崖顶是茶社，名“虎泉阁茶馆"。

明代胡缵宗《嘉靖丁酉城南踏泉诗》云：

> 济水城南黑虎泉，一泓泻出玉蓝田。
> 巨鳌伏地来河内，灵液流出到海边。
> 杨柳溪桥青绕石，鹭鸶烟雨碧涵天。
> 金汤沃野还千里，春满齐州花满川。

明代刘敕《咏黑虎泉》云：

> 悬崖之下碧潭深，潭上悬崖欲几寻。
> 石激湍声成虎吼，泉喷清响作龙吟。
> 寒光一柱常惊骨，澄色千年可洗心。
> 最喜酒家多野趣，相携同醉绿杨阴。

明代晏壁《黑虎泉》云：

> 石磻水府色苍苍，深处浑如黑虎藏。
> 半夜朔风吹石裂，一声清啸月无光。

琵琶泉位于黑虎泉西，泉池方形。盛水季节，泉水从地下涌出，声如琵琶铮铮。泉池高于河面一米，临河一面有二层石阶，泉水从池中溢出，经石阶注入河中，泉声叮咚。泉旁有清音阁，墙基浮雕，飞天翩翩翱翔，仙女弹奏琵琶，天籁之音响遏行云。檐下匾书"清音阁"，对联："山沟静对烟波，阁影清印冰月。"

再往西有五莲泉，泉位于河中心，河中岩石突兀，高出河面，五莲泉位于岩石之中，五莲泉水从岩石上溢出，注入河中，岩石在河中形如五朵莲花，石上刻书"五莲泉"。

沿河向西还有一虎泉、金虎泉、胤嗣泉、汇波泉等。

柳埠神通寺与泉

济南城东南约30公里有柳埠古镇，柳埠有涌泉泉群。新版七十二名泉中有涌泉、苦苣泉、避暑泉、圣水泉等，各泉地处山区，又比较分散，难以尽游。涌泉位于神通寺景区里，神通寺里还有滴水泉，旧版的七十二泉中也曾纳入。

神通寺又名朗公寺，创建人为南北朝时高僧僧朗。前秦皇始元年（351），僧朗考察此地，见清泉幽谷，群山回环，决定在此开山建寺，得到了前秦皇帝苻坚的扶持。《水经注》记载"朗居昆瑞山，大起殿舍，连楼垒阁"。据《十六国春秋》记载，前秦苻坚赠朗公紫金数斤，南燕慕容德入主山东，曾得到朗公帮助，致书朗公"假东齐王，奉高、山茌二县封给"。《续高僧传》载"燕主以三县民调用给予朗，并散营寺，上下诸院十有余所，长廊延袤，千有余间"，号称山东第一寺。

到了隋朝，隋文帝得到神通寺感应，找到了其母的娘家人。杨坚之母是济南人，早年与娘家人失散。隋文帝将朗公寺改名神通寺并大力扩建，神通寺成为山东影响最大的佛教圣地，是山东佛教的发源地。

神通寺在历史上盛极一时，属于禅宗临济宗。明代济南人李攀龙《神通寺》云：

> 相传精舍朗公开，千载金牛去不回。
> 初地花间藏洞壑，诸天树杪出楼台。
> 月高清梵西峰落，霜净疏钟下界来。
> 岂谓投簪能避俗，将因卧病白云隈。

诗人许邦才与李攀龙同游，回赠《神通寺二首》，其一：

> 百里泰山阴，千年号宝林。
> 诸天闻说法，初地问安心。
> 古殿松声合，长廊月色深。
> 梦醒禅榻寂，清磬下云岑。

清代李间《神通寺》称"松风涌似潮，山接岱宗腰"。晚清董芸《神通寺》云：

> 朗公精舍古神通，劫火烧残五代空。
> 惟有四门孤塔下，长松九顶尚青葱。

诗歌表明，到了晚清，神通寺遭兵燹战火，已经荒芜了。

我曾先后两次游神通寺，第一次游时，只存古塔、摩崖石刻和废址。重游时见殿宇赫赫，巍然壮观。我重游是为了寻泉探古，对新建筑并无兴趣，于是穿殿宇而过，直奔四门塔。

四门塔号称"华夏第一石塔"，建于隋炀帝大业七年

（611），全部用青砖砌成，四面各有一个半圆形拱门，故称四门塔。

塔这种建筑形式源自印度，梵文称"窣堵波"，意为坟冢、圆丘，原是埋藏高僧舍利的建筑。四门塔的单层结构形式与印度原始佛塔比较接近。传说阿育王将佛塔从印度传播四方，他将释迦牟尼的舍利分成八万四千多份，到世界各地建塔，以此宣扬佛法。佛塔传入中原，建筑形式汉化而丰富多彩，但地宫埋藏佛和高僧舍利的基本功能不变。

四门塔阿閦佛的佛首曾被盗窃，转卖海外。台湾法鼓山圣严法师得到佛首，决心将佛首奉送回四门塔。1997 年 3 月 17 日佛首被盗，2002 年 12 月 21 日阿閦佛身首合一，一时传为佳话。我在阿閦佛前瞻仰过，粗看看不出破绽，细看佛脖上有一道印痕。

塔旁有九顶松，松前有乾隆御碑和乾隆御笔"九顶松"。碑冠双龙戏珠，篆刻"通灵神松"四字。据记载，隋文帝杨坚曾在此树下求愿，后果登大基，遂于开皇三年（583）改朗公寺为神通寺，封此树为神松。

四门塔旁有指示路标，指出了神异井和滴水泉的去向。塔前有一位法师，我向法师请教，他指出了具体路径，但声言"不太好找"。然而任何事都难不住有心人。从跨路桥下到沟谷，沟谷路边巨石刻"滴水泉"三字。我游览之时，正值济南大旱，石下泉池已经干涸，仅能见到些许水迹。滴水泉在旧版金代七十二名泉碑中榜上有名，但新版中只保留了涌泉。两泉相互呼应，神通寺编撰了一个"孝女"的故事，"滴水之恩，当以涌泉相报"。"孝"是儒家文化的中心内容之一，"孝"是华夏文明核心价值观之一，佛教曾经因讲出家弃家、不事父母、不孝不慈而遭到诟病，后来佛教便在汉化过程中增加了很多"孝"的故事内容。

找神异井颇费周折，幸好经一位清扫寺院的大嫂仔细指点，在荒芜的古神通寺殿宇废址之旁，贴溪沟的山崖边，见到四方亭，亭中有井，亭旁石刻文字："神异井，在神通寺遗址东北方向的琨瑞溪旁。是当年神通寺僧众用水之井。井口方形，底部用大砖青石砌成。井壁圆形砖砌，深5.2米，水深2.6米，水质甘冽，冬夏不竭。据碑载'其处乏水，（朗公）禅定三次，闻地下有水声，便穿凿，果获甘泉，迄今以为神异井焉'，故名神异井。"

神通寺遗址向北是高僧墓塔林，共有墓塔46座。塔林之南端有龙虎塔，塔高11米，砖石仿木结构，因雕有龙虎而得名，塔身方形，四面券门，门外有四大天王塑像，造型生动，建于盛唐时期。塔身建于唐，而塔顶建于宋。对于此塔何以在盛唐成为"烂尾"工程，有人猜测是由于武则天武周政权的终结而使工程中止。这座唐宋古塔的建筑价值、艺术价值和历史价值均极高，塔旁立碑刻书"全国重点文物保护单位"。

从龙虎塔向上爬山，到达千佛崖造像，这也是全国重点文物保护单位。崖长约65米，悬崖上有石窟100多个，现存造像220多尊。造像中题记有记年的十篇，最早于唐高祖武德二年（619）由沙栋和尚开凿。纪年中包括武德、贞观、显庆、永淳和文明五个年号，武德是唐高祖年号，贞观是唐太宗年号，显庆、永淳是唐高宗年号，文明是唐睿宗李旦的年号。造像主要投资人是唐太宗第三女南平公主及其驸马，以及太宗子赵王李福。南平公主为其父唐太宗造坐佛，佛像面目饱满，神采奕奕。

千佛崖旁有园门，是神通寺辖区的终止。门外通向涌泉。涌泉庵虽然曾经归神通寺管辖，但从现今的管理状况看，涌泉不在神通寺的"行政"辖区内。门里门外两重天，门里的路面是重新铺修过的，有人打扫卫生，进门要收门票，门外的路面是旧的，无人打扫。我之所以用了"行政"辖区，是因维护管理费用只用在门内。

涌泉庵曾经是神通寺下院，是尼姑修行的地方，位于白虎山上，庵堂如今已不存在，仅存一碑，碑文："涌泉庵，庵始建于南北朝时期，原占地六千三百八十平方米，现存大殿三间，吕祖祠一间，为2000年据明代面貌复原。"据说，涌泉庵创立庵主为明喜庵主，是个孝女。

碑旁有涌泉池，池方形，长宽均约五米，白玉石护栏，螭头从池壁上伸出，泉水由螭口注入池中。泉池地势较高。泉池下方另有水池，在丛竹蔓草掩映之中，风景秀美，是涌泉下池。两池之间危石叠立，石间立碑刻书"涌泉"两个大字，书小字"济南七十二名泉"。没有落款，字体是舒同的。

涌泉泉水沿山谷而下，或溪或涧，青龙桥跨涧而过，汇聚成青龙潭，潭面如镜，四周老干虬枝盘旋于潭面之上，倒映于潭中，状如青龙。再沿山谷而下，溪水形成瀑布，从嶙峋怪石中间泻下，水泻之周边青苔绿茵，亦状如青龙。瀑布之下地势平坦，是一草甸，溪水在草甸林木中蜿蜒穿行，同样状如青龙。

长清灵岩寺与泉

新版七十二名泉中，铁袈裟泉群有五泉：袈裟泉、卓锡泉、檀抱泉、清泠泉和晓露泉，五泉中有三泉在长清灵岩寺里。

长清灵岩，称方山，《水经注》中称"玉符山"，是泰山西北方的支脉。灵岩寺开山祖师与神通寺为同一高僧僧朗。传说僧朗由神通寺到此地讲学说法，引得猛兽归伏，岩石点头，他认为此山有灵性，在此开山建寺，名"灵岩寺"。

明代王世贞《陪段侍御登灵岩绝顶》云：

> 径折全疑尽，峰回陟自开。
> 苍然万山色，忽拥岱宗来。

王世贞还说："灵岩是泰山背最幽绝处，游泰山而不至灵岩，不成游也。"历代帝王文人参拜泰山后，会特意游灵岩寺，与佛结缘。

宋代王安石《送道光法师住持灵岩》云：

> 灵岩开辟自何年？草木神奇鸟兽仙。
> 一路紫苔通窈窕，千崖青霭落潺湲。

宋代苏辙《灵岩寺》云：

> 青山何重重，行进土囊底。
> 岩高日气薄，秀色如新洗。

明代薛希琏《题灵岩寺》云：

齐鲁观风处，灵岩景最幽。
四围山叠嶂，一径水萦流。
宫殿浮苍翠，文章焕斗牛。
红尘无半点，清趣豁吟眸。

灵岩寺山门前有参天古松，谓之"十里松"，从"灵岩胜境"牌坊至此松十里山路，古木参天。古松下有碑刻书"大灵岩寺"，是元代文人文书讷题书。山门旁右侧为御书崖，有乾隆御诗八题，歌咏了灵岩寺八个景点。录一首：

东西路径原一路，南北灵岩有二灵。
岂必长卿重赓句，依然玄奘尚留亭。
漫云逝水如其往，试看石亭镇此浔。
调御丈夫独无语，由他色色与形形。

落款为"甲辰仲春上瀚御笔"，甲辰，即乾隆四十九年（1784），乾隆第六次下江南时驻跸灵岩寺。

还有于绍舜咏滴水崖诗：

悬崖滴滴绝喧尘，杖履何辞远问津。
石窦飞泉寒漱玉，溪花落水淡含春。
斜攀曲径松为盖，倦枕清流草作茵。
自是桃源仙隐地，可怜身世日因循。

山门前立有世界自然文化遗产特有的标志碑，灵岩寺与泰山一起被评为世界自然与文化双遗产。

　　进门即见天王殿，殿右侧一块方台上收集了历代古碑，其中《唐垂拱造塔记碑》年代最早，垂拱是武则天的年号。有《灵岩寺敕牒碑》，落款是"熙宁三年"，落款人中有"右谏议大夫参知政事王石"（即王安石），这一片碑林弥足珍贵。

　　灵岩寺千佛殿始建于唐代，宋代与明代两度重修，现存建筑是明代的，殿内供佛千座。正中供"三身佛"：法身毗卢遮那佛，报身卢舍那佛，应身释迦牟尼佛。沿廊四十尊泥塑彩色罗汉，其中三十二尊塑于宋代，八尊塑于明代，形象各异，罗汉像与历代高僧相对应，是研究佛教史、美术史和雕塑史的珍贵资料。殿前立有几通石碑，碑刻梁启超题书"海内第一名塑"，刻刘海粟题书："灵岩名塑，天下第一，有血有肉，活灵活现。"刻书贺敬之题词："传神何妨真画神，神来之笔为写人。灵岩四十罗汉像，个个唤起可谈心。"

　　辟支塔是灵岩寺的标志性建筑。辟支佛，辟支迦佛陀之简称，"辟支迦"意为"缘觉""独觉"，靠自身智慧醒悟得道，是观音三十三化身中的佛身。塔八角九层，高五十多米，建于宋代。明代王重儒诗云：

　　　　宝塔巍峨振地灵，摩云剑阁映高屏。
　　　　应经炼石女娲手，玉柱擎天碧海青。

　　辟支塔往西是墓塔林，有历代高僧墓塔 167 座，是石造塔林，为石刻艺术宝库。

　　灵岩寺里有"御书阁"遗址，御书阁今已毁，只有唐太宗手敕"御书阁"三字碑尚存。御书阁原有宋太宗、宋真宗、宋仁宋、宋徽宗之御书碑，金世宗、元世祖、明英宗对灵岩寺的颁诏及敕令等，可惜都毁坏不存。历代帝王与灵岩寺结缘者不少，隋文帝参拜泰山后特意临幸灵岩寺。隋炀帝是灵岩寺的檀越，即捐资人，隋炀帝游灵岩寺赋诗《谒方山灵岩寺》云：

> 梵宫既隐隐，灵岫亦沉沉。
> 平郊送晚日，高峰落远阴。
> 回幡飞曙岭，疏钟响昼林。
> 蝉鸣秋气近，泉吐石溪深。
> 抗迹禅枝地，发念菩提心。

与灵岩寺佛缘最深的当数乾隆帝，乾隆九次巡幸灵岩寺，八次驻跸寺内，寺中筑有乾隆行宫。乾隆歌咏灵岩寺的诗作有一百多首。灵隐寺的第一道牌坊之额书"灵岩胜境"是乾隆御笔，并附魏士章诗："环谷千峰秀，寻溪万滤清。几番脉落后，迭见翠微迎。"

宋代蔡安特诗曰："四绝之中处最先，山围宫殿锁云烟。当年鹤驭归何处，世上犹传卓锡泉。"诗中提到灵岩寺为四绝之首。唐德宗时宰相李吉甫在《十道图》中称，山东灵岩寺与栖霞寺（江苏南京）、国清寺（浙江天台）、玉泉寺（湖北当阳）为天下"丛林四绝"。诗中还提到白鹤泉和卓锡泉。宋代曾巩《灵岩寺兼简重元长老二刘居士》云：

> 法定禅房临峭谷，辟支灵塔冠层峦。

轩窗势耸云林合，钟磬声高鸟道盘。

白鹤已飞泉自涌，青龙无迹洞常寒。

更闻雷远相从乐，世道嚣尘岂可干。

诗中也提到了白鹤泉。

从千佛殿往东，可见山崖下有泉池，池水清澈，"镜池春晓"是灵岩一景。池前卧石刻书"五步三泉"。池边山崖上刻书"白鹤泉""卓锡泉"等字。传说灵岩寺开山祖师寻找水源，经人指点，双鹤起舞之处可以找到水源，这位开山祖师就是曾巩诗中提到的法定禅师。法定到了双鹤起舞之地，果然看到二泉，并将其命名为白鹤泉、双鹤泉，感叹之中以锡杖叩击山崖。泉水应声从岩缝中涌出，法定将其命名为卓锡泉。崖上篆刻"卓锡泉"三字，崖上嵌石刻乾隆御诗五首。

其一：

泉临卓锡一亭幽，万壑千岩景毕收。

最喜东南缥缈处，澄公常共朗公游。

落款为"丁丑春题卓锡泉御笔"。是乾隆二十二年（1757）乾隆第二次下江南时作。

其二：

古寺礼灵岩，春泉憩卓锡。

泉上自有亭，左倚千寻壁。

松盖密密张，乳窦淙淙滴。

眉目于焉朗，心神一以涤。

志乘谁所作，咄咄夸妙迹。

锡如能昭昭，泉即所历历。

便实有其事，临济与捧吃。

落款为"壬午新正泉上作御笔"，是乾隆二十七年（1762）乾隆第三次下江南时作。

其三：

卓锡仍论今有无，实遥名在两非孤。

试观树石丹青老，尽是雪溪礼佛图。

落款为"丙申暮春月中澣御题"，是乾隆四十一年（1776）乾隆第四次下江南时作。

其四：

卓锡犹传经佛图，六神通越世间无。

虽然更有欲咨者，四句金刚亦识乎？

落款为"庚子新正下澣御题"，是乾隆四十五年（1780）乾隆第五次下江南时作。

其五：

杖锡原从天竺来，适然小驻此崔嵬。

六通得谓神奇矣，四句金刚可识哉。

落款为"甲辰仲春上澣御题"，是乾隆四十九年（1784）乾隆第六次下江南时作。

从五步三泉向东，有乾隆行宫，行宫里有甘露泉。继续前行，山崖下有铁袈裟泉，崖前有大泉池，池边崖下有廊亭，廊檐匾书"铁袈裟泉"。廊和崖间置一物，旁边标识"铁袈裟泉"四字。我是学机械制造专业的，我仔细观看，这个东西是个废弃了的铸铁件，大致是铸造佛像右肩以及胸部的一部分，废弃不用而埋入地下，若干年后又被僧人发现，刨了出来，视作"铁袈裟"，而且编造故事，托名到开山祖师法定禅师身上。乾隆已认为是铸铁佛废件，故有诗咏"铸钟想以不成废，置此半途徒费勤"。

泉水沿崖根沟涓涓而流，注入泉眼，最终汇聚到廊亭前的大泉池之中。泉池旁立牌书写文字："又名印泉，为济南七十二泉之一。《灵岩志》载，当年法定禅师建寺时，有铁自地涌出，高可五六尺，重可数千斤，天然水田纹，与袈裟无异。该泉四季长流，泉源不竭，有诗赞曰：'岩畔涓涓流千年，昔将遗迹号印泉。清水喷向寺院内，汲煮香茗味更全。'"

崖上刻诗《咏铁袈裟一首》："天生顽物类袈裟，斜倚风前阅年华。形迹俨如僧卸下，游观时有客来夸。云延野蔓丝为补，雨长新苔绣作花。安得金刚提领袖，共渠披上白牛车。"落款为"嘉靖庚寅六月五日箬溪顾应祥书"。

明万历年间进士刘公严（即刘亮采，号印泉）曾在此地隐居，故泉又名印泉。《聊斋志异·刘亮采》中故事主人公的原型即刘公严。

灵岩寺是中国北方茶文化的发源地。据《封氏闻见记·饮茶》记载，北方的饮茶习惯是从灵岩寺开始的。文中说"茶早采者为茶，晚采者为茗……南人好饮之，北人初不多饮。开元中，泰山灵岩寺有降魔师大兴禅教，学禅务于不寐，又不夕食，皆许其饮茶，人自怀挟，到外煮饮，从此转相仿效，遂成风俗"。"茶道"一词反映了茶的文化品位、茶与儒释道的密切关系。灵岩寺在茶文化史上有一席之地。

有诗曰"济南山水窟，岩寺风景美"，游泰山而不游灵岩寺，不成游也；到济南不游灵岩寺，憾事也。

章丘百脉泉泉群

在新版七十二名泉中，章丘有六泉：百脉泉、东麻湾泉、墨泉、净明泉（也称眼明泉）和西麻湾泉。章丘原为县级市，如今成了济南的一个区。泉区里还有其他名泉，如百脉泉湖区有龙湾泉、龙泉、漱玉泉、筛子泉、金镜泉等。如眼明湖区有眼明泉、伏鳌泉、瑞蚨泉等。百脉泉湖是个公园，范围很大，风景优美。眼明泉湖是个街道公园。

墨泉在百脉泉湖公园里，方池，池护板上刻书"墨泉"二字，是舒同题书。墨泉泉池如同方桌大小，泉水呈墨色，泉水在池中翻滚，形成一个蘑菇头，在阳光下闪闪发亮。池旁有碑刻文字："位于龙泉寺西南侧，泉池呈方形。泉眼直径0.4米，正常年流量0.3立方米／秒。盛水期流量可达0.5立方米／秒，为济南市地区单眼泉涌水量之冠。泉水腾涌而出，水势浩荡，素有'一泉成河'的美誉。因水色苍苍故名'墨泉'。"

墨泉池北为龙泉寺山门。寺内有百脉泉，又称珍珠泉。《水经注》载"（百脉）水出土鼓县故城西，水源方百步，百泉俱出，故谓之百脉水"。元代于钦著《齐乘》载："盖历下众泉，皆岱阴伏流所发，西则趵突为魁，东则百脉为冠。"

龙泉寺主殿梵王宫，宫前有拜亭，拜亭坐落于月台之上，而月台临池，即百脉泉池。月台临池前壁刻书众多文字，正中刻"百脉泉"三个大字，由中向外，左右书四副对联，一是："空明通地脉，活泼见天机。"二是："一泓清沁尘无染，万颗珠玑影自圆。"三是："绿筠雨过色偏好，黄稻风来香细生。"此联出自清代焦诜曾《百脉泉》诗："方池半亩水盈盈，蘋藻交横彻底清。万颗珠玑时沸涌，一天星斗自空明。绿筠雨过色偏好，黄稻风来香细生。应识寒泉分济脉，倚栏闲自洗茶铛。"四是："石泉经年觱沸，宝刹此日庄严。"对联之间还刻有两首诗。其一："百脉名泉一鉴开，禅关掩映起楼台。何当风雨潇湘竹，卷入涛声匝地来。"其二："谁开鸿蒙万窍通，泉源涌出梵王宫。眼前无限生生意，只在空明佛照中。"

龙泉寺两侧院墙上还刻有历代名人诗赋，兹录几首。当代文人徐北文撰《龙泉赋》：

> 人钟秀则才，地蕴泉乃雅。东来紫气，起迎大海朝阳；西接龙山，承继有虞文化。地负亿年岱骨，土石通灵；水涵百脉、济源，湖山如画。情萦明水，乐景物之旖旎；心仪章丘，羡士林之潇洒。章丘市者：安镇三齐，水木清华之福地；附郭省会，楼台典丽之名邦。泉源竞发，市里（廛）景色比双历下；古迹遍罗，城郊名贤驰誉遐方。百脉泉者：地不爱宝，明珠万斛，纷涌灵沼，天故呈奇，阴窍百条，通达远洋。英英白云湖，为一家美眷；泪泪清溪水，

延百里绣江……梵王风光胜迹无价，古寺名泉称双。天朗气清，携朋访胜：黄花匝地，觅绣江水之渊源……美哉章丘：西齐沃土，东国雄藩。百脉一泉，泛绣江水，汇小清河，势连大海。千家万户，踞齐城岭，倚龙藏洞，地接泰山。广厦高楼，耸出于桃红柳绿；嘉宾良友，畅游于月下花前……乐莫乐兮泉苑美，庆复庆兮升平年。

落款为"公元第二千年孟秋吉日，徐北文撰，朱学达书"。

金代元好问《泛舟大明湖》云：

> 长白山前绣江水，展放荷花三十里。
> 看山水底山更佳，一堆苍烟收不起。

百脉泉是明水，是绣江的源头。

明代王世贞《珍珠泉宴赏》云：

> 嘉泉灵沼向齐称，百道清淙地底腾。
> 炯炯骊珠回夜色，盈盈蛟泪夺秋澄。
> 初疑碧汉翻金粟，忽忆明河写玉绳。
> 最是沾恩歌湛露，赐来尊酒又如渑。

清代蒲松龄有《和张邑侯过明水之作》，选二首。

其一：

> 楼台近接绣河阳，菱芡风来水气香。

黄鸟时鸣杨柳院，清溪常绕芰荷乡。

僧房窜鼠松云冷，苔径无人鹿迹荒。

乍有高轩来系马，惊鸥飞去不成行。

从诗中可知清初龙泉寺之冷清荒凉。

其二：

百脉泉生白山阳，野田草发青莲香。

长杨浮动龙蛇影，丛苇横遮雁鹜乡。

马迹渡桥惊鸟梦，人家流水作花荒。

使君更有濠梁思，挥断烟云墨几行。

又有诗歌《百脉荷香》云：

济南二安誉天下，藕花深处争渡声。

百脉泉群成一脉，白云湖上快哉风。

诗中"济南二安"是指李清照（号易安居士）和辛弃疾（字幼安）。龙泉寺后有李清照故居。李清照是章丘人，这里才是她真正的故居。

李清照故居门外有碑刻"一代词宗"，是舒同题书。大门对联为："与青莲后主齐名，词坛载誉称三李；同绿绮梅花做伴，杏靥含愁寂寞半生。"前厅塑李清照立像，立像后屏风刻《声声慢》，碑廊中有舒同题书"前期悠逸，后期感伤，清照风韵，独具宋词特色"。故居里有梅花泉和漱玉泉。梅花泉泉池很大，池中五峰趵突，状如梅花。

李清照纪念堂有四个，济南、章丘、杭州和南华各一，足见人们对这位卓越女词人的深切怀念。李清照《题八咏楼》云：

千古风流八咏楼，江山留与后人愁。
水通南国三千里，气压江城十四州。

辽阳白塔泉

辽阳位于沈阳市之南，是历史古城，为我国东北地区最早建邑的城市之一。春秋时期燕昭王二十八年（前284），大将秦开率军奔袭东胡，使"东胡却地千里"，又进击箕子朝鲜，"取地二千里"，设辽东郡，置襄平县，郡治所和县治所在地都在如今的辽阳。从此襄平就一直是关东地区政治、文化中心。耶律阿保机建辽国，称辽太祖，设辽阳府，襄平改称辽阳，为陪都。完颜阿骨打建立金国，辽阳为"五京"之一，称东京。完颜雍任东京留守，拥辽阳府自重，1161年在辽阳称帝自立，后入主北京，史称金世宗。努尔哈赤1616年建国，称后金，建都赫图阿拉，1621年攻破辽阳，并迁都辽阳。1625年建沈阳城，迁都沈阳，称奉天。辽阳是大清帝国的发祥地之一。

号称关东第一才子的清代翰林编修王尔烈有诗赞辽阳白塔曰：

拔地擎天浩洁身，更有流波漱凡尘。

待到霞霓拂荡日，自有佛歌磬敲云。

白塔位于广场内，广场很大，为街头公园。辽阳白塔是全国76座古塔之一，属国家级文物保护单位。白塔坐落于辽阳中华大街北侧，塔高71米，八角十三层，密檐式结构，是东北地区最高的砖塔，也是全国六大高塔之一。据《重修辽阳城西广佑寺宝塔记》记载，建筑基座和塔身都以砖雕的佛教图案为饰。塔身八面都有佛龛，龛内砖雕坐佛，塔顶有铁刹杆、宝珠、相轮等。因塔身、塔檐的砖瓦上涂抹白灰，俗称白塔。

白塔八面，八个佛龛，八个坐佛，供奉的是谁呢？说法很多，主要有两种。其一认为是释迦牟尼的八位弟子。释迦牟尼十大弟子，历史上真有其人，对佛教的传播都有贡献。大雄宝殿中，站在佛祖左右的两位和尚，年长的是首徒迦叶，年轻的是阿难，释迦牟尼选择的接班人。白塔中供奉的是另外八位弟子：阿那律、富楼那、迦旃延、优婆离、罗睺罗、舍利弗、目犍连和须菩提。其二认为供奉的是密宗八大如来：大日如来、药师琉璃光如来、善名称吉祥王如来、宝月智严光音自在王如来、金色宝光妙行成就如来、无忧最胜吉祥如来、法海雷音如来、法海胜慧游戏神通如来。

白塔佛龛八大佛妙相庄严，临虚望空，伴云倚霞，风送佛法，铎传梵音。塔之雄浑，张华夏精神，扬中华文明。塔角存一残碑，碑文依稀可读，为《药师佛亭碑记》，记载药师佛像造于元代，1900年广佑寺被沙俄侵略者焚毁，只存白塔。

广佑寺为复建。山门前广场立石牌坊，五门六柱，正中额书"广佑众生"，左右额书"千秋衍水""万世襄平"。

辽阳位于衍水河畔，衍水几乎与辽河下游平行相伴注入渤海，春秋战国时期，衍水是燕国的边界，后来大体上也是以衍水作为华夏东北方的边界。燕太子丹刺杀秦始皇不成，秦军攻打燕国，太子丹藏匿在衍水。燕王无奈之下杀太子丹，将太子头颅献给秦始皇，秦始皇不为所动，依旧不依不饶，终于灭了燕国。人们怀念太子丹，称衍水为太子河。

新修建的广佑寺气势恢宏。山门是五座门洞，正中檐下匾书"广佑寺"，费孝通题书。门上匾书"慈云衍水"，欧阳中石题书。山门抱柱对联："衍水佛光释教传承存古邑，襄平塔影民族文化耀新城。"

白塔之南有湖池，湖水源自白塔下岩石间的一股清泉，泉眼上设石井沿，泉水从井沿上漫出，铺满石沿，在阳光照射下闪闪发光，光滑的石沿看上去晶莹剔透。泉旁立石刻书"塔泉"二字。立石背面刻文《重整塔泉百字记》："塔泉，传为白塔下海眼之水由此涌出而成。泉水清澈甘冽，敢与无锡天下第一泉媲美。相传于明代始引此水制塔糖，糖体洁白细腻，糖体酥松甜脆，老少咸宜，名扬遐迩。此泉淹没多年，今予疏浚，整其源，导其流，为使潺潺之声万世不绝，以娱八方之游人。"无锡为天下第二泉，此处原文为"天下第一泉"，非我写错。

康熙二十一年（1682），康熙皇帝回盛京祭祖，游辽阳广

526

佑寺，赋诗：

禅宫多岁月，瑞塔积风烟。

翡翠苔碑暗，珠玑宝相传。

驯檐来紫鸽，涌地出青莲。

微雨轻埃洗，兹晨兴独偏。

跋

谢麓彬

　　同窗好友余兄道范，原是班上的数学"尖子"，几十年后成为我国国防工业功臣。然而，他做着"武化"的工作，对文化却一直心心念念。工作让他有机会走遍全国各地，他于工作之余，游览山山水水，对各地名泉情有独钟。但凡略有名气之泉，必设法一游，品泉，品泉背后的文化，有时甚至重游乃至三游、四游、五游。

　　道范游泉，"两眼"共重，既重自然景观，更重文化内涵。既细描汩汩流水的泉眼，更深挖古人所谓"之三者，山水之眼也"的"文化眼"。三者即事、诗、文也（见作者自序）。凡与所游山泉有关的历史掌故、民间传说、文人题咏、联匾碑刻，乃至民俗、宗教等，他无不广搜精辨，然后梳理成文，给我们制成一份营养丰富、爽口爽心的文化大餐，提供了品鉴"名泉文化"的盛宴。

或许有人会说，余道范先生作为一家军工大厂的副厂长兼总工程师，一等功获得者，在常人看来，他早已功成名就，何以还要在这体衰多病的晚年，不辞辛劳，大伤脑筋来弄这本小书？这是不懂道范者之言也。我无意在这里对道范兄的本意妄加猜测，也无意给他送上一堆道德表彰，只想就我所知谈谈自己的看法，这也是我极力促成道范兄印行此书的原因。余道范在航天事业中已经付出了毕生心血，航天事业的发展自有后来人，然而，中国博大精深之"名泉文化"，千百年来，散见者有之，零星者有之，片面者有之，但有几个人能亲历遍布全国之名泉？其中又有几个人能以文化载体的眼光去看待它们？其中更又有几个人能有道范这样的见识与毅力，以毕生之力去深探而穷究，广搜而精辨，并梳理成文？中国的名泉文化，山水文化，旅游文化，是一座无穷无尽的宝藏，正有待有志者去开发。若能由此书之出版而带动这件有意义的事业，则道范兄筚路蓝缕，功莫大焉！

　　2005 年，我们的母校湖北省武昌实验中学八十五周年校庆活动中，我与余道范等许多老同学在分手四十五年之后首次重聚，从此恢复了联系。我开始给他寄阅我所任职的长江大学一群离退休老人自己创办的小报《长江诗书画》，并向他约稿。也许是我们这份同人小报浓浓的文化休闲气息吸引了他，从 2009 年春天起，他持续赐《名泉漫谈》《名泉漫游》等稿数十篇，成了《长江诗书画》最受欢迎的"专栏作家"之一，我本人则有幸成了他这些文章的第一个受益者。

　　我与另一位也十分看好《名泉漫谈》系列文章的老同学唐兄翼明商定，劝道范将他历年撰写的此类文章辑为一册，成书出版，既献母校，亦馈亲友。难得道范欣然允诺。为此他还以老病之躯重游了许多名泉，充实内容，补拍照片，使全书更为完备。

现在，饱含着作者心血和读者期盼的《泉水里的中国》终于要正式出版了，我作为此书最初的倡导者与编辑者之一，自然倍感欣慰，乃略述其成书梗概以为跋。

中国部分名泉简介

北京玉泉山玉泉　玉泉位于北京西郊玉泉山上，水从山间石隙中喷涌而出，淙淙之声悦耳。下泄泉水，艳阳光照，犹如垂虹，在明代被列为"燕京八景"之一。为明清两代宫廷用水水源。

北京香山双清泉　双清泉位于北京西郊香山公园双清别墅院内，因该地并列两股清泉而得名。在香山泉水群中，双清泉曾经是佼佼者，现在已经断流。

北京碧云寺卓锡泉　卓锡泉是北京西山最著名的泉源之一，长久以来一直出现冬季枯竭现象。近年来，香山公园开展了疏浚工程，竣工后泉水日出水量可达到 400 立方米左右，恢复了往昔的历史景观。

承德避暑山庄热河泉　热河泉是山庄湖泊的主要水源。水从地下涌出，流经澄湖、如意湖、上湖、下湖，自银湖南部的五孔闸流出，沿长堤汇入武烈河。热河全长 700 多米，在一般地图上找不到它的踪迹。热河发源于避暑山庄诸泉的一条涓涓细流，主要水源来自热河泉，冬季水温为 8℃左右。泉侧有巨石，刻"热河"两字。

临汾尧井　临汾尧庙大殿前有一眼特别醒目的水井，人们称之为"尧井"。相传尧带领大家"寻蚁造井"，并依靠水井解除了旱灾。之后，人们就把尧庙大殿前的这口井称为"天下第一井"，围井而居，改变了依赖河流而住的状况，遂有了村落、乡镇、城市，形成了华夏民族最早的文明。

济南趵突泉　趵突泉位于山东省济南市历下区，被誉为"济南第一泉"。趵突泉最早并没有正式名字，因为是古泺水的源头，所以历史上人们经常以"泺"代指趵突泉。泉水有三个出水口，水量巨大。

镇江金山寺中泠泉　中泠泉也叫中濡泉、南泠泉，位于江苏省镇江市金山寺外。此泉原在波涛滚滚的江水之中，由于河道变迁，泉口处已变为陆地。

南岳衡山水帘洞泉　水帘洞泉坐落在紫盖峰下，人称"紫盖仙洞"。历代名人在水帘洞的题刻颇多，有宋代潘畤书的"水帘洞"，明代计宗道题的"天下第一泉"，唐代李商隐手书的"南岳第一泉"。传说此地还是神农氏尝百草到过的地方，至今仍有洗药池遗迹。

敦煌鸣沙山月牙泉　月牙泉古称沙井，俗名药泉，自汉朝起即为"敦煌八景"之一，得名"月牙晓澈"。月牙泉长一百多米，最宽处五十多米，泉水东深西浅，最深处约五米，弯曲如新月，因而得名，有"沙漠第一泉"之称。鸣沙山月牙泉风景名胜区位于甘肃省河西走廊西端的敦煌市。

武昌卓刀泉　卓刀泉位于湖北武汉东湖边的伏虎山下。据明代《寰宇通志》、清代《武昌府志》记载及民间传说，东汉末年，蜀将关羽曾驻兵于此，因天旱无水，兵干马渴，关羽一急之下，卓刀于地，顿时水涌成泉，后人便把此泉取名为"卓刀泉"。

呼和浩特大召寺御泉井　御泉井位于内蒙古自治区呼和浩特市旧城大召前街北口。传说清圣祖康熙皇帝于康熙三十五年（1696）亲自率领大军，出兵三路西征讨伐噶尔丹。大军奏凯回师路过大召寺时，正当天气炎热，人饥马渴，思求饮水。正在焦急之时，御马奋鬣腾空，四蹄刨坑，涌出泉水。人们用大石块将其围砌成井，上面有九个口，其中一个在南端的祠庙里，于是称之为"御泉井"。因井水饮之甘甜清冽，人们又谓此井为"玉泉井"。井水四季长流，品尝其味，清冽甘甜、水质良好，远近闻名。大召寺山门有"九边第一泉"横匾。

庐山谷帘泉　谷帘泉发源于庐山主峰汉阳峰，中道因被岩山所阻，水流呈数百缕细水纷纷散落而下，远望似亮丽晶莹的珠帘悬挂谷中，故名"谷帘"。

虎丘剑池　虎丘剑池位于苏州古城西北角的虎丘山风景名胜区内。据《苏州府志》记载，剑池下面是吴王阖闾埋葬的地方。据说阖闾生前喜爱的"专诸""鱼肠"等宝剑就埋葬于此，故得名"剑池"。石壁上刻有"虎丘剑池"四字，相传是唐代大书法家颜真卿的手迹。剑池位于千人岩底下，呈长方形，深约 5 米。崖壁上有宋代书法大家米芾手书的"风壑云泉"刻石，字体雄浑遒劲。唐代贞元年间，陆羽曾住虎丘，亲自从山上挖了一口井，专门研究泉水水质对煎茶的作用。虎丘泉因水质清甘味美，被唐代刘伯刍评为"天下第三泉"，被唐代李季卿评为"天下第五泉"。

济南珍珠泉　珍珠泉位于济南市城区山东省人大常委会大院附近，毗临清朝山东巡抚衙门故址，是济南第三大名泉。珍珠泉泉池长 42 米，宽 29 米，周围砌以雪花石栏，岸边杨柳轻垂，泉水清澈如碧，一串串白色气泡自池底冒出，仿佛万颗珍珠，迷离动人；泉的西北角有濯缨池，由泉水汇聚而成，泉水向北流经百花洲后进入大明湖。

杭州虎跑泉　杭州虎跑泉位于浙江省杭州西湖南面的虎跑公园内。虎跑泉十分清澈，水质洁净，龙井茶叶与虎跑水历来被誉为"西湖双绝"。虎跑泉水是由虎跑的地势自然形成的，从地质构造来看，这一带山岭的岩层为千里岗砂岩，岩石向东南方向倾斜，虎跑泉就在岩层斜角的下方，因而落到山岭的雨水渗到地下成为地下水，地下水沿着岩层渗出，从而使虎跑泉大旱不涸，而且水量充足，水流量每秒钟可达两升以上。

杭州龙井泉　龙井泉位于浙江省杭州市西湖风篁岭上。泉水出自山岩中，水味甘甜，四季不干，清如明镜。龙井泉的水由地下水和地面水两部分组成。地下水比重较大，因此地下水在下，地面水在上，如果用棒搅动井内泉水，下面的泉水会翻到水面，形成一圈分水线，当地下泉水重新沉下去时，分水线渐渐缩小，最终消失，非常有趣。

浠水兰溪石下泉　兰溪石下泉位于湖北省黄冈市浠水县兰溪镇。陆羽曾遍游名山大川，品尝各地的碧水清泉，按冲出茶水的美味程度，将泉水排了名次，最后确认庐山的谷帘泉为"天下第一"，江苏无锡的惠山泉为"天下第二"，湖北蕲水（今浠水）的兰溪石下泉为"天下第三"。兰溪石下泉经陆羽评定后，声誉倍增。

宜昌扇子峡蛤蟆泉　蛤蟆泉位于湖北省宜昌市境内的扇子峡。陆羽在品尽天下名泉后，誉之为"天下第四"，陆游亦有诗赞其为"天下泉中第四泉"。除"二陆"之外，苏辙、黄庭坚、王士禛、张之洞等都曾在此留下咏泉诗文。

丹阳观音山玉乳泉　玉乳泉开凿于东晋太元年间，现位于江苏省丹阳市丹阳建筑材料总厂内。玉乳泉泉栏呈等边八角形，青石质地，泉栏上镌刻隶书"玉乳泉"三字，边款刻"陈尧佐书"。

扬州蜀冈大明寺泉　大明寺泉在扬州蜀冈大明寺内的西花园里。陆羽在沿长江南北访茶品泉期间实地品鉴过大明寺泉，将其列为天下第十二佳水，而唐代刘伯刍则将其评为"天下第五泉"。

庐山观音桥招隐泉　招隐泉位于庐山脚下的栖贤谷森林公园里。"招隐"两字的来历相传有二：一是陆羽曾隐居浙江苕溪——当地人称"苕隐"，"招隐"由此演变而来；一是由唐朝宗室李季卿慕名召见隐居在此的陆羽而来，因"召"与"招"同音，故后人将此泉称作"招隐泉"。

上海静安寺泉　静安寺始建于三国时期，原来寺内山门与大殿之间有井，被称为"天下第六泉"。新中国成立后，将井填平了。改革开放后重修静安寺，为了恢复第六泉景观，在静安寺鼓楼下重新凿井。泉池全部由 666 块花岗石砌筑，井深 6 米，井口直径 1.2 米，井底直径 1.8 米，井底石重 6000 斤，篆体"天下第六泉"五个大字由著名书法家顾廷龙老先生在 95 岁时专为静安寺题写。

无锡泰伯陵让泉　泰伯陵又名泰伯墓，位于江苏省无锡市东郊风景秀丽的鸿山脚下，素有"江南第一古墓"之称。泰伯墓墓道前的半月池旁有一口古井，井沿石风蚀斑驳，刻篆字"让泉"二字。井后石碑碑文中说，泰伯当年率民众在此垦田，开凿此井，后人为怀念泰伯的让王之德，称此井为"让泉"。

常熟虞山焦尾泉　焦尾泉位于江苏省常熟市虞山东麓，因东汉名士蔡邕在辛峰下制琴，伴泉而居，泉因名琴而扬名。焦尾泉疏浚于明代成化、弘治间，明代万历时成为一景。今原溪已无，泉穴形如浅池，水质甘洌，为烹茗之上品。

无锡鸿山鸿泉井　鸿泉井位于江苏省无锡市鸿山鸿隐堂前的

天井中。相传梁鸿、孟光夫妻隐居皇山后，带领乡民开垦荒地，却无水灌田。在当地老农建议下，他在山上找到一块湿地挖掘，地下突然冒出清泉，灌溉了土地。唐高宗永徽元年（650），为纪念梁鸿，皇山改名为鸿山，此泉也被命名为鸿泉。因为此泉是以井的形式存在，故又被称为"鸿泉井"。

季子庙九里沸泉　季子庙位于江苏省丹阳市延陵镇九里村。季子庙门前有条香草河，河边有六口古井，因为距延陵镇刚好九华里，故称九里沸泉。这六口古井有三个奇妙之处：一是井水时刻都在沸腾；二是六口古井虽然紧挨在一起，但却呈现出"三清三浊"的奇妙情景；三是六口古井的味道各不相同，功能也不同，传说有的能清肝明目，有的能止痒祛湿。在庙周边的河沟水塘内，还有多处沸泉在滚涌，从不停息，乡民谓之"龙气"，称沸井塘为"龙潭""沸潭"。

苏州灵岩寺玩月池　灵岩寺位于江苏省苏州市太湖之滨，木渎古镇西北。春秋后期，吴王夫差在灵岩山山巅建造园囿"馆娃宫"，这是我国最早的山顶皇家园林。灵岩山上除玩月池，至今还存有吴王井、流花池、西施洞、宫墙、琴台、思乡岩、石射棚等遗迹。

昭君故里楠木井　楠木井位于湖北省宜昌市兴山县昭君镇的昭君故宅内。井水清澈碧绿，四季不竭，冬暖夏凉，清甜可口。井台由瓷石筑成，中嵌楠木，清晰可见，旁立石碑，上刻"楠木井"三字。附近有一条溪水，相传此井为昭君当年汲水之处，王昭君出嫁前经常在那里梳妆打扮。原先水量微少，稍旱即枯，昭君出世后，井水陡增，澄碧清亮，村人纷传乃昭君出世惊动玉帝，令黄龙搬来龙水所致。后昭君之母忽梦黄龙欲逸，井水将涸，村人即从西蜀秀山采来楠木，嵌入井口，锁住了龙头，从而使井水丰裕、长年不竭，楠木井因此扬名。

南京胭脂井　胭脂井位于江苏省南京市玄武湖南侧的鸡鸣寺内，为南朝陈后主的寝宫景阳殿中的一口井。南朝陈祯明三年（589），隋兵南下过江，攻占台城，陈后主闻兵至，与妃张丽华、孔贵嫔投此井。至夜，为隋兵所执，后人因称此井为辱井。隋唐以后，台城屡遭破坏，景阳殿已毁，该井也随之湮没。后人为了汲取陈后主亡国的教训，遂在鸡鸣寺立井。

成都薛涛井　薛涛井位于四川省成都市望江楼公园里，是纪念女诗人薛涛的主要遗迹，也是望江楼公园最古老的遗迹之一。薛涛井在宋、元以前不见记载，现存的薛涛井为明代遗迹。据明代何宇度《益部谈资》及曹学佺《四川名胜志》记载，薛涛井旧名玉女津，水极清澈，石栏环绕，为明代蜀藩制笺处。

柳毅井　洞庭湖畔君山和太湖洞庭东山各有一处柳毅井。位于君山龙口内的龙舌根部的柳毅井，"相传为柳传书之处（入龙宫之门）。井入口丈许，有片石作底，凿数孔以通泉，石下深不可测"。位于东山席家湖启园畔的柳毅井距太湖不足200米。相传神话故事《柳毅传书》中的柳毅就是从此井进入龙宫的，井因此得名。井至今已有千余年历史。

南京夫子庙玉兔泉　玉兔泉位于南京夫子庙与学宫之间的院

子里，泉水清澈透明，水质上乘。相传玉兔泉在学宫内出现，造就了大批经国人才，故后人根据孔子名言"仁者乐山，智者乐水"，把玉兔泉改为"智泉"。

北京孔庙砚水湖　砚水湖是北京孔庙里的一口古井，因坐落在北京德胜门至安定门内一带的水线上，井水常溢到井口，水清浅而甘冽，故又被称为"满井"。相传前来祭孔的士子学人如果喝了"圣水"，就可精神振奋、文思焕发，在科举考试中取得佳绩。由于该井形似一小砚台，故乾隆帝特赐其"砚水湖"之美名。

庐山东林寺聪明泉　聪明泉位于庐山西北麓的千年古刹东林寺内。传说东晋名将殷仲堪到东林寺拜访慧远大师，二人行至山脚，见此处苍松翠柏、泉水潺潺，便于此听泉谈《易》。殷将军博学多才、能言善辩，慧远大师指泉赞道："将军之辩，如此泉涌，君侯聪明，若斯泉矣！"此泉因此得名"聪明泉"。

京山虎跑泉　据宋代王象之《舆地纪胜》载：虎跑泉，在京山。旧传关羽驻兵于此，山高无泉，士卒渴甚，夜有虎蹲哮而石间泉涌，故得名"虎跑泉"。虎跑泉又名马跑泉，泉眼现已没入位于湖北省荆门市京山县的马跑泉水库里，无从得见。

终南山上善池　上善池位于陕西省西安市附近的终南山国家森林公园内。相传元至元二十年（1283），陕西周至地区发生瘟疫，病者无药可医，死者无数。楼观台监院张志坚晚上梦见太上老君对他说："山门前有块石板，石板下有泉水一眼，泉内有吾炼就之丹药，可治民疫。"后来果然在西边的石板下挖出一泉。张监院忙给患时疫的道士饮用，道士神奇地痊愈了。消息传出后，远近百姓都来取水治病，时疫遂退。三年后，翰林学士赵孟頫来此游览，闻听此事，十分惊奇，遂索纸笔，大书"上善池"三字，取《道德经》"上善若水"之意。

武当山五龙井　五龙宫建于武当山五龙峰下，主殿前的五龙井有井五口，按五行方位分布。因一井汲水，五井皆动，象征五龙感应，故五龙井被称为"地脉香甘，万古灵泉"。

茅山龙池　茅山又名句曲山、地肺山，位于江苏省句容市，是中国的一座道教名山，也是道教上清派的发源地，被道家称为"上清宗坛"，有"第一福地，第八洞天"之美誉。坎离宫是茅山上的一处道观，其西墙根有龙池，又名天池。龙池虽位于茅山极顶，但池水不涸。池沿墙展开，池长20多米，墙上雕有九龙，正中一龙盘踞，左右八龙两两相对呈二龙戏珠状。池中塑一巨龙，龙首高昂。南朝齐梁时著名道士陶弘景曾结庐于"龙池"之旁修炼。

崂山神水泉　神水泉位于山东崂山狮峰。据史料记载，神水泉有"三神"——一神，水质清澈甘冽。二神，水位恒定，大旱三年不涸，大涝三年不溢。三神，矿物质含量丰富，对人们的身体健康有一定好处。

拙政园天泉　天泉亭位于苏州拙政园内，亭内有一口古井，相传为元代大弘寺东斋遗物。因此井不枯，犹似天泉，故曰"天泉"。

钱塘第一井　钱塘第一井坐落在浙江省杭州市清河坊大井巷 22 号一个民居的天井里，共有五眼井错落排列，呈不规则椭圆形。钱塘第一井的井壁用条石抹角砌筑，井台水泥抹面，仿方砖铺地；三面围有二层走马楼，砖木结构，民居形式，从风格判断为民国遗构。

滁州琅琊山让泉　让泉位于安徽省滁州市琅琊山国家森林公园内，与醉翁亭隔溪相望。泉眼旁用石块砌成方池，水入池中，然后汇入山溪。水池三尺见方，池深二尺左右。池上有清康熙四十年（1701）滁州知州王赐魁立的"讓（让）泉"二字碑刻。古文"讓"与"釀（酿）"相通假，因此不少人也称之为"酿泉"。让泉水温度终年变化不大，保持在十七八摄氏度。泉水"甘如醍醐，莹如玻璃"，所以又被称为"玻璃泉"。

南京雨花台甘露井　甘露井始建于西晋，距今已有 1700 多年的历史，因水质清纯甘甜，被誉为"甘露井"。1997 年，雨花台风景区建甘露井亭于其上。亭呈八角，秀亭空透，古朴典雅，别具一格，亭顶部开有"天井"，与古井水面相辉映，形成"坐井观天""井天一色"的独特景观。

昆明西山孝牛泉　孝牛泉位于云南省昆明西山玉皇阁西，悬崖上有洞，泉水从洞中汩汩流出，洞口下有一泓清泉，洞口上岩刻"孝"字，泉池上方岩刻"孝为先"三字。岩上嵌石刻文字："孝牛泉，又名牛井。昆明县志记载，明嘉靖初年，道士赵炼隐居于，'苦无水，以牛载汲，垂二十余年矣。一日牛忽死，其处即陷为井，水味殊甘冽，虽盛暑不竭'。"

襄阳隆中卧龙岗六角井 六角井位于湖北省襄阳古隆中风景名胜区里，乃诸葛亮青少年时期耕读隆中时，草庐居宅院内的生活用井。关于六角井的记录最早见于东晋习凿齿《襄阳耆旧记》："襄阳有孔明故宅，有井，深五丈，广五尺，曰葛井。"南朝宋盛弘之《荆州记》说："齐建武中有人修井，得一石枕，高一尺二寸，长九寸，献晋安王。"南朝梁鲍至《南雍州记》记载："隆中诸葛故宅有旧井一，今涸无水。"

宜昌三游洞陆游泉 陆游泉位于距湖北省宜昌市约10千米的西陵山山腰上，有石磴径直可达。泉水自岩壁石罅中流出，汇入长、宽各1.5米、深约1米的正方形泉池中。泉水清澈如镜，透亮见底，夏不枯竭、冬不结冰，取而复满，常盈不溢，水质味甘凉爽，饮者无不赞叹，故旧称"神水"。

嘉峪关九眼泉 九眼泉是嘉峪关内的一块湖区，又名九眼湖。九眼泉并非指有九个泉眼，其得名是因其泉眼众多、长流不息。在单个数字中，"九"是最大的一个，"九"又与"久"谐音，故名九眼泉。

霍泉 霍泉又名广胜寺泉，位于山西省洪洞县霍山南端，泉水出露点集中，槽中大小泉眼108个，均从东侧山边奥陶系灰岩中溢出，属岩溶上升泉。

柳泉 柳泉位于山东省淄博市淄川区蒲家庄东侧的山谷中，因四周植柳百株，有柳有泉，故称柳泉。传说蒲松龄曾在泉边茅亭下设茶摆烟，每逢路人经过，便邀其休息，请其谈狐说鬼，借以搜集素材，创作《聊斋志异》。蒲松龄非常喜欢柳泉，自号"柳泉居士"，并刻了一枚柳泉肖形图章。他撰写的《募建龙王庙序》碑文中称此泉"水清以冽，味甘以芳，酿增酒旨，瀹增茗香"，并称"予蓬莱不易也"。此泉现已干涸。

五龙潭　五龙潭也叫乌龙潭、龙居泉，为济南七十二名泉之一。金代《名泉碑》有著录，称灰湾泉。五龙潭位于济南旧城西门外，泺源桥北，东距护城河西岸百余米处。潭池石砌，南北长方规整形式。长70米，宽35米，水深4米有余，常年涌水，久旱不涸，日涌水量居五龙潭泉群诸泉之首。相传昔日潭深莫测，每遇大旱，祷雨辄应，故元朝初年在潭侧建庙，内塑五方龙神，此后便称"五龙潭"。

黑虎泉　黑虎泉为济南七十二名泉之一，属于黑虎泉泉群。黑虎泉泉水来源于一处天然洞穴。洞穴高2米，深3米，宽1.7米，由青石垒砌，洞穴隐露在岩壁下。泉池由石块砌成，略呈长方形，宽约17米，深约3米。泉池南壁并列三个石雕虎头。泉水流过暗沟，经三个石虎口喷出。黑虎泉涌水量仅次于趵突泉。

墨泉　墨泉为济南七十二名泉之一，属于章丘百脉泉泉群。它位于济南百脉泉南约30米处，在龙泉寺大门西南侧，为一钻孔喷泉，1966年钻，孔深150米，泉口直径0.6米。该泉因泉口铸铁管黑色，水清透明，望去泉水黝深，故名"墨泉"。泉水出自深部奥陶纪石灰岩裂隙，盛水期泉流量0.3立方米／秒，为济南地区单泉涌水量之冠。

高高芳園
高高国际社科品牌